W0315803

100
DÍAS EN ESTADO DE
ALARMA

última línea
de líderes comprometidos

María Eizaguirre Comendador

100 DÍAS EN ESTADO DE ALARMA

LA DEMOCRACIA CONFINADA

prólogo de Kathleen Kennedy

HAC

última línea

Primera edición, noviembre de 2020

© María Eizaguirre Comendador, 2020
© De cada capítulo, su autor

© Última línea, S.L., 2020
Strachan, 11
29015 Málaga
www.ultimalinea.es
editorial@ultimalinea.es

© HAC Leadership & Management
228 E 45t st. New York
Estados Unidos
https://hacnyc.org

Cualquier forma de reproducción, distribución, comunicación pública o transformación de esta obra solo puede ser realizada con la autorización de sus titulares, salvo excepción prevista por la ley. Si necesita fotocopiar o escanear algún fragmento de esta obra diríjase a CEDRO (Centro Español de Derechos Reprográficos, www.cedro.org)

ISBN: 978-84-18492-02-0
Depósito legal: MA 1255-2020
THEMA: JPV, JP, JPQB

Impreso en España — Unión Europea

ÍNDICE

AGRADECIMIENTOS 11

PRÓLOGO: La verdad en tiempos del Covid
Kathleen Kennedy 13

LA DEMOCRACIA CONFINADA
María Eizaguirre Comendador 17
¿No se podía saber? 19
Diario de una pandemia 51
La llamada 'nueva normalidad', un sálvese quien pueda 185

LA PRENSA SE REBELA
Juan Fernández-Miranda 207
'La libertad de preguntar' 209

LIDERAZGO ANTE UNA PANDEMIA 219
Don Felipe, el Rey de todos los españoles,
por María Eizaguirre Comendador 221
Pedro Sánchez, en estado de alarma
por María Eizaguirre Comendador 243
José Luis Martínez-Almeida: el alcalde de España,
'uno de los nuestros', por Paula Gómez de la Bárcena Ansorena 295

EL CORONAVIRUS, UNA AMENAZA MUNDIAL 311
Estados Unidos en tiempos de crisis, por Ana Céspedes 313
Covid-19 en el Reino Unido, por Eduardo Barrachina 355
Gestión de la Crisis del coronavirus en Alemania,
por Ana de Requesens Moll 377
La llegada del virus a Francia, por Bijan Eghbal 403
Italia y la Covid-19, por Giuseppe Tringali 423

AUTORES 463
María Eizaguirre Comendador 465
Paula Gómez de la Bárcena Ansorena 467
Juan Fernández-Miranda 468
Ana Céspedes 469
Eduardo Barrachina 470
Ana de Requesens Moll 471
Bijan Eghbal 472
Giuseppe Tringali 473

En honor a la verdad

Este libro está dedicado a las víctimas de la Covid-19

AGRADECIMIENTOS

A todos y cada uno de los periodistas que cada día trabajan sin descanso para informar verazmente. Sin periodismo libre no hay democracia.

A Kathleen Kennedy por su generosidad y dedicación.

A todos los coautores de este libro por sumarse a la aventura sin dudarlo un segundo: Juan Fernández-Miranda, Eduardo Barrachina, Paula Gómez de la Bárcena Ansorena, Ana Céspedes, Ana de Requesens Moll, Giuseppe Tringali y Bijan Eghbal.

A toda mi familia, y especialmente a mis padres —Lourdes y Miguel— y mis hermanos —Andrea, Elisa y Miguel— por demostrarme que en los momentos difíciles siempre puedo contar con ellos.

A Ray y Esther, por compartir ilusiones y ser unos maravillosos compañeros de viaje.

Y a Francisco Almoguera Haro. Sin ti, nada sería posible.

* * *

Finalmente quiero nombrar al Hispanic American College (HAC) y a la editorial Última Línea, por su ofrecimiento de publicación de este libro. Un agradecimiento especial en este sentido a Ray Cazorla, presidente de HAC y uno de los grandes referentes hispanos actuales en liderazgo y gestión de talento, así como a Gonzalo Sichar, director de Última Línea y vicepresidente editorial de HAC, que desde el primer momento me mostró su entusiasmo por incluir esta edición entre las primeras publicaciones de 2020 de esta prestigiosa iniciativa conjunta que ha promovido con HAC.

PRÓLOGO

LA VERDAD EN TIEMPOS DEL COVID

Kathleen Kennedy

«¿A quién va usted a creer, a mí, o a sus ojos mentirosos?». La famosa frase de los hermanos Marx, que siempre es relevante, ha vuelto a salir a la superficie nuevamente con fuerza durante estos días.

Yuval Noah Harari, en su bestseller *Sapiens*, señala que los humanos son más débiles, más lentos y tienen peor vista y sentido del olfato que muchas otras especies. Lo que los hace la especie dominante en el reino animal es su habilidad única de contar historias capaces de cautivar y hacer creer a millones. La habilidad de dudar ante nuestros 'ojos mentirosos', y conseguir que otros duden también, es lo que nos hace especiales como humanos.

A veces, nuestras 'falsas' historias inspiran: «Todos los hombres son creados iguales», cuando obviamente no lo son. O incluso algunas historias pueden ser destructivas, cuando obviamente no lo son: «aquellos que veneren a un Dios distinto, tengan un tono de piel distinto, hablen otra lengua, ganen más o menos dinero, tienen menos valor».

Nuestra historia está llena de cuentos y mitos de personas que siguen a falsos profetas, que caen en las trampas de falsas curas, y que creen en encuestas sin fundamento. No hace falta mirar más allá de la respuesta ante el Covid.

El presidente Trump restó importancia al virus durante toda la primavera, afirmando que venía de una sola persona, que desaparecería, que el primer ministro de China era transparente, que el verano y el calor acabarían con el virus, que la cura era el clorhidrato —sugirió beberlo— y dijo que dejáramos de contar el número de casos, ya que eso empeoraría todo. Después de 170.000 muertes, su partido, el Partido Republicano organizó su convención, en la que casi no se hizo alusión a la pandemia. Las pocas veces que se mencionó siempre se hizo en pasado, como si se tratara de algo que había acabado. Terminado. Caput.

Hicieron esto mientras ni siquiera organizaban una convención partidista real. Sus 'ojos mentirosos' intentaban ocultar que no estaban en un estadio, vitoreando, con trajes extravagantes y banderas. Hablaban desde sus casas, no en halls llenos de gente, porque el Covid todavía es capaz de matar y hacernos daño.

El presidente Trump espera que su habilidad para contar historias alternativas le ayude a hacer desaparecer la historia en la que la gente sí que cree. Sí, las élites han aumentado. Algunos de los republicanos de más peso apoyan a Biden. Pero Trump aún cree que su GRAN MENTIRA triunfará.

La última gran vergüenza tiene que ver con la FDA (Federal Drug Administration) o la principal agencia de medicamentos de EE.UU., a la que el presidente presionó para que anunciara que el plasma de los pacientes curados de covid era más efectivo de lo que realmente es. Los científicos de todos los rincones del país se escandalizaron —incluidos el director de la NIH (el Instituto Nacional de Salud), el Dr. Francis Collins y el Dr. Anthony Fauci, director de Enfermedades Contagiosas— y al día siguiente, los administradores de la FDA pidieron disculpas, y despidieron a su jefa de comunicación, que llevaba 11 días en el puesto. Era muy de 'derechas'.

La FDA todavía está sufriendo este golpe de credibilidad. Si uno no puede confiar en los científicos para que estos sigan los procedimientos correctamente, ¿cómo podemos tener fe en las vacunas que estos aprueben? Particularmente, cuando existen tantas dudas acerca de las vacunas. Y si la mayor parte de la población no se pone las vacunas, no funcionará.

¿Dónde deja todo esto a la verdad? ¡Todavía hay esperanza!

El 1 de septiembre, el 58,1% de los americanos no estaban conformes con la gestión del coronavirus de Trump, y solo un 38,9% lo aprobaba. Dentro de ese porcentaje de aprobado, encontramos un 78,1% de republicanos, independientes, y un 8,5% de demócratas.

Esta división partidista y política no es inevitable. Por ejemplo, el gobernador republicano de Massachusetts, Charlie Baker, ha hecho un trabajo extraordinario ganándose el apoyo de ambos partidos con su gestión.

Entre los votantes registrados, un 81% aprueba cómo Baker ha gestionado la pandemia. Dentro de ese grupo, un 91% de demócratas aprueban su gestión, y dentro de ese grupo un 56% lo aprueba con un 'fuerte apoyo'. Entre sus compañeros del Partido Republicano, Baker recibe un 74% de respaldo.

Si bien las valoraciones de Baker son altas, hay un número importante de gobernadores que han realizado también un buen trabajo siguiendo las recomendaciones de sanidad pública, que combina la seguridad con la necesidad de abrir la economía.

Este es el plan que ofrece Joe Biden. Tiene la credibilidad de alguien que ha sufrido pérdidas, una y otra vez, que puede entender a alguien que haya sufrido pérdidas en su familia. Ha estado en política un largo tiempo, y es parte de una generación que es capaz de trabajar de forma transversal con ambos partidos para resolver los problemas de esta nación.

Nadie acusa a Joe Biden de mentir, hacer trampas, o engañar. Quizás, si la campaña de Trump hubiese dedicado un año y un billón de dólares a esa historia, podrían haber conseguido algo. Sin embargo, muchos de sus ataques no han surtido efecto. Todavía no han sido capaces de averiguar cuál es la mejor forma de sacar a Joe de sus casillas.

La política a menudo se balancea de un extremo a otro. Después del sabio Eisenhower, tuvimos a John Kennedy y su 'Nueva Frontera'. Después de la 'Gran Sociedad' de Lyndon B. Johnson, se suponía que nos habían prometido la 'Ley y Orden' de Nixon. Cuando vimos que no eran más que mentiras y engaños, votamos por un hombre que hablaba claro, sacado de Georgia, pero que según reconoció tenía 'lujuria' en su corazón. Y de ahí saltamos a la estrella de Hollywood, Ronald Reagan. Ya me van entendiendo.

Hoy, después de 170.000 muertes, con una falta de empatía y una falta de verdad, creo firmemente que estamos listos para un cambio. El péndulo oscilará, y la verdad saldrá a la luz. Nuestra historia no estará basada en una mera estafa, sino en la fuerza de nuestra Constitución.

LA DEMOCRACIA CONFINADA

María Eizaguirre Comendador

DIRECTO
Palacio de la Moncloa (Madrid)
Pedro
Sánchez
Presidente del Gobierno
VLTRA

¿NO SE PODÍA SABER?

El 14 de marzo de 2020 ha pasado a la historia como el día de mayor consumo televisivo en España. Según Barlovento 35 millones de personas vieron al menos un minuto, y pasaron de promedio, más de seis horas y media frente al televisor. Algo que se podía esperar teniendo en cuenta el estado de alarma decretado: cierre de comercio y hostelería y la conveniencia (en unas horas obligación) de quedarse en casa. El espacio estrella, fue la comparecencia pasadas las 21h del presidente del Gobierno. Unas palabras que siguieron el 80% de los espectadores que a esa hora sintonizaban la pequeña pantalla. El minuto de oro fue a las 21.18 horas: 4.655.000 espectadores vieron en ese momento La Sexta Noticias. La televisión como medio, cuestionada por muchos en los últimos tiempos, levantó la mano para reclamar su papel protagonista. Demostró en definitiva que a sus 64 años estaba todavía en plena forma.

Informe de la comparecencia del presidente del gobierno Pedro Sánchez para informar a la opinión pública española del decreto de alarma por la crisis del coronavirus
14 marzo 2020

En la siguiente tabla se muestra el desglose de cadenas:

	Cadena		CuotaAE*	AM(000)
			80,9	**18.003**
1	LA SEXTA	→	19,3	4.298
2	La1	→	17,3	3.853
3	T5	→	16,1	3.580
4	A3	→	9,7	2.162
5	24H	→	4,3	951
6	TV3	→	21,9	800
7	C.SUR	→	15,7	615
8	TELEMADRID	→	9,4	309
9	TRECE	→	1,3	282
10	3/24	→	7,3	271
11	ETB2	→	16,2	188
12	ARAGON TV	→	16,9	111
13	TVG	→	0,5	109
14	A PUNT	→	4,0	101
15	TVCAN	→	6,4	56
16	IB3	→	12,0	54
17	LA 7TV	→	7,1	50
18	CMM	→	4,3	45
19	CANAL EXTREM.	→	8,3	44
20	TPA	→	6,2	32
21	LAOTRA	→	0,9	31
22	La 7	→	2,6	31
23	CSUR-AND	→	0,5	29
24	TV MEDITERRANEO	→	0,1	2

Ind. 4+ (inv) | LINEAL | TSD | ESPAÑA

Cobertura: total audiencia acumulada
(este concepto no incluye "invitados")

21,7 Millones (sin inv)

48,0 % de la población de España

El consumo de televisión en la franja 20:59-21:50 horas fue de:

+22 Millones

Consumo TTV

Máximo de consumo diario de un sábado de la historia con **316 minutos español/día** ***(lineal)*** **y 326 minutos español/día** ***(lineal+ADV)***

BARLOVENTO COMUNICACIÓN

© BARLOVENTO COMUNICACIÓN, SEGÚN DATOS DE KANTAR MEDIA

El coronavirus colocó en lo más alto del podio a la televisión, se repitieron imágenes de familias enteras sentadas en torno a la pequeña pantalla. También se disparó el consumo de internet (ese día) hasta un 40%. El uso del móvil aumentó alrededor de un 40% en la voz, y un 25% en los datos. Si nos fijamos en las aplicaciones el consumo de WhatsApp llegó a multiplicarse por cinco. En las tiendas virtuales de Apple y Android, 'Movistar +' y Netflix lideraron las listas de aplicaciones más descargadas junto a otras como Google Class, Skype, Zoom o WebEx. Ocio pero también un concepto nuevo: el «smart working».

Desde el 24 de febrero hasta el 1 de marzo, según datos de Kantar, las ventas online de los supermercados y las grandes cadenas de distribución se dispararon hasta un 138%. Mercadona llegó a cancelar la venta de sus tiendas en línea de Madrid, y Carrefour lo limitó a quienes más lo necesitaban. El 11 de marzo el repunte llegó al 180%. Los supermercados, que llegaron a contratar seguridad privada, amanecieron como si hubiera comenzado una guerra mundial.

Con este panorama se activó en España por segunda vez en democracia el estado de alarma. La anterior fue en 2010 y provocado por una huelga de controladores aéreos. Algo también muy serio, pero que comparado con el coronavirus resulta hoy un mero juego de niños.

Sobra decir que en tiempos de crisis es cuando aflora en el ser humano lo mejor de sí mismo. Si lo aplicamos a la política, es cuando surgen entre las tinieblas, los verdaderos líderes.

La crisis del coronavirus ha sido una crisis hasta ahora desconocida, una crisis eminentemente de gestión pública, donde la comunicación, de nuevo, se ha convertido en el arma más poderosa. Básicamente por tres motivos: para saber qué está pasando, cómo se debe actuar y por último para frenar algo tan humano como es el miedo. La Covid-19 ha descubierto un nuevo terreno de juego. Un tablero hasta ahora desconocido, donde las recetas del pasado, no son suficientes.

En esta situación la ciudadanía reclama de manera urgente información. La necesita aquí y ahora. El margen de error no es que sea pequeño, es que directamente no existe. Y no existe porque hablamos de lo que más nos importa, de nuestra salud, de nuestra vida y la de los seres a los que más queremos. Es un asunto que se sitúa en el terreno emocional, y por eso, la prudencia se convierte en imprescindible. Como también la necesidad de concienciar sin alarmar, de informar sin caer en la trampa de las *fake news*.

Ante una crisis de dimensión mundial, e insisto, donde la incertidumbre es total y el miedo un sentimiento al alza, lo principal es decir la verdad. Entendamos el miedo como una reacción ante un peligro inminente. Y entendamos verdad como la correspondencia entre lo que pensamos o sabemos con la realidad. La verdad por tanto es lo opuesto a la falsedad, a la mentira. Y así se entiende filosóficamente hablando. A día de hoy se mantiene vigente la formulación de Aristóteles:

> «Decir de lo que es que no es, o de lo que no es que es, es lo falso; decir de lo que es que es, y de lo que no es que no es, es lo verdadero.»
> Aristóteles Met., T,7, 1011 b26-8

En momentos de crisis, la ciudadanía agradece también que se le trate como un adulto. Se le explique la situación y se le diga, simple y llanamente, lo que está ocurriendo. Que nos miren a la cara y nos trasladen la gravedad del asunto de manera directa y sencilla para que podamos tomar las decisiones acertadas. Para que como ciudadanos libres nos sintamos empoderados y dueños de nuestro destino inmediato. No podemos olvidar que los políticos son simplemente nuestros representantes, el delegado de clase, las personas a las que hemos confiado el poder para gestionar en nuestro nombre.

En la gestión de crisis, otro concepto a tener en cuenta, es el del llamado «cierre de filas». Ante situaciones de máxima gravedad, la ciudadanía tiende a apoyar sin fisuras a su líder. Pero no lo hace siempre, solo cuando detecta que tiene enfrente un agente externo, por decirlo de otra manera, un enemigo común: un atentado, un desastre natural, o como en este caso que analizamos, un virus que pone en jaque no solo a todo el país sino al mundo entero. Ante estas situaciones los ciudadanos apoyan a su líder sin muchas preguntas aunque si una principalmente: ¿Nos ha dicho la verdad?

Llegados a este punto lo fundamental es, por un lado reconocer cuanto antes el problema, y por otro lograr la unidad con el resto de partidos políticos. Acción y reacción. Liderar es tomar decisiones. Afrontar la realidad y buscar la mejor solución. Dejar a un lado los intereses de partido y pensar a lo grande. El bien común, frente al interés individual. Grandeza frente a miseria partidista. Lealtad y generosidad frente a trucos de trilero y egoísmo de siglas. Todo lo que va en esa dirección cuenta con el respaldo de los ciudadanos y todo lo que va en contra se castiga sin contemplaciones. Porque un líder auténtico, no se confundan, defiende siempre la verdad como el mejor antídoto contra la mentira. Ante esta nueva situación, ante estos nuevos peligros, una vieja fórmula se presenta como antídoto:

VERDAD + UNIDAD + PATRIOTISMO

Cuando hablamos de patriotismo nos referimos al fenómeno que la ciencia política llama *«Rally 'round the flag'»*: la unión en torno a la bandera. Aplicado al fútbol echaremos mano de la selección española. El líder pide el balón, quiere asumir en primera persona el riesgo de ganar o perder, quiere en definitiva jugar el partido. Ser quien arriesga cuando hay que tirar un penalti y la victoria pende de un hilo.

En estos días mandatarios de todo el mundo, con más o menos acierto, se dirigieron a los ciudadanos.

Pedro Sánchez: «Nos enfrentamos a una emergencia sanitaria, y es esencial la responsabilidad y disciplina social»

Donald Trump: «Estamos perfectamente preparados para afrontar esto, ya sea una gran crisis o una de dimensiones más pequeñas»

Giuseppe Conte: «Estamos afrontando una emergencia, una emergencia nacional, estamos actuando con la máxima determinación para evitar la sobrecarga del sistema hospitalario»

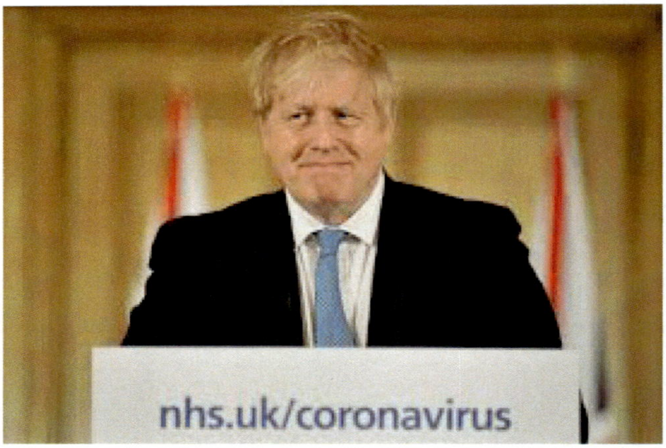

Boris Johnson: «No vamos a cerrar los colegios, esa medida ahora mismo haría más mal que bien»

Angela Merkel: «La crisis del coronavirus va a poner a prueba nuestra solidaridad, nuestra sensatez y nuestros corazones y confío en que lo superaremos»

Emmanuel Macron: «La salud no tiene precio. El Gobierno movilizará todos los medios necesarios para hacer frente a la crisis sanitaria más grave que ha vivido Francia en el último siglo»

Si bien a principios de enero el virus estaba concentrado exclusivamente en China y solo existían casos exportados a través de viajes en avión... A final de mes había 10.000 casos en el país asiático y 129 fuera. Fue en febrero cuando se activaron varios brotes en Corea del Sur, Italia, Alemania o España. El llamado club de los 'negacionistas' integrado por Donald Trump, Boris Johnson y Jair Bolsonaro pronto sufrirían en primera persona la 'maldición' del coronavirus.

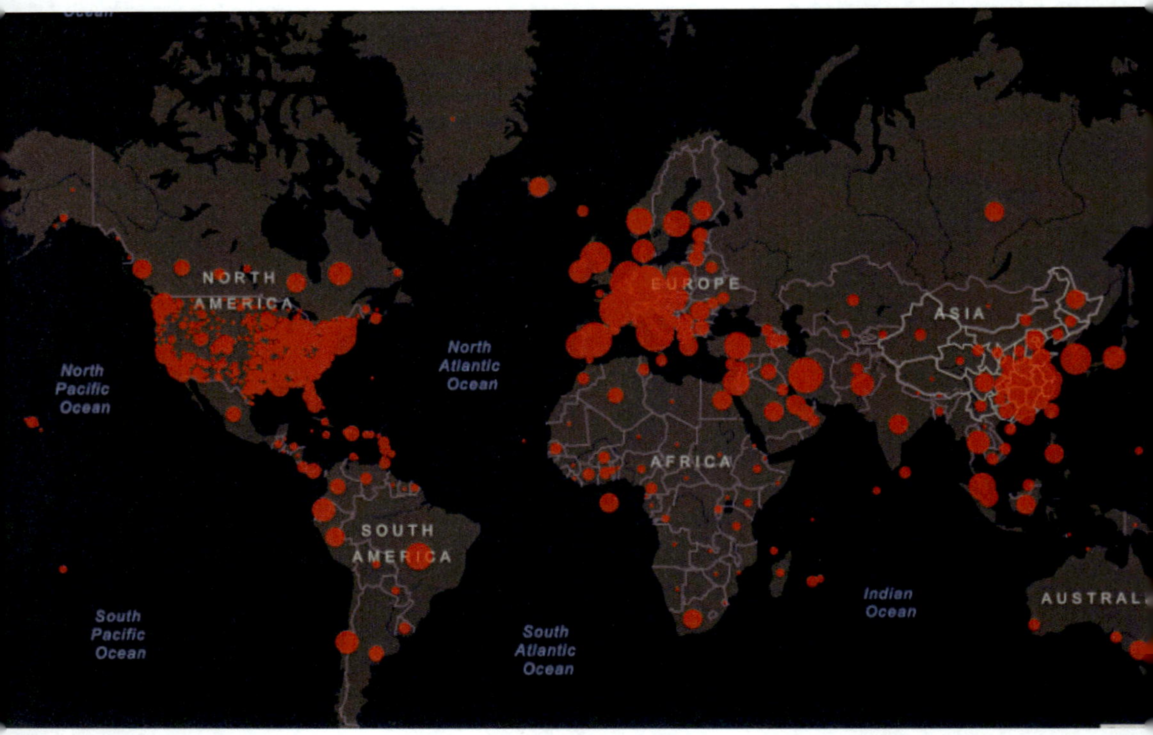

Mapa Universidad Johns Hopkins

La viróloga china Li-Meng Yan, que trabajaba en la Universidad de Salud Pública de Hong Kong antes de huir a Estados Unidos, reveló en una entrevista en la cadena Fox que el gobierno chino sabía del peligro que suponía el virus antes de que el 31 de diciembre de 2019 informara a la OMS. Esta científica dijo haber averiguado que el virus se estaba transmitiendo muy rápido entre personas, algo que todavía se desconocía, y aseguró haber informado de sus hallazgos al doctor Leo Poon, un presunto contratista de la OMS que habría ocultado su investigación. Según denunció la viróloga le pidió que guardara silencio, dejando entrever que podría perder la vida. «Él me pidió que guardara silencio y que tuviera cuidado. Que no tocara la línea roja, es decir, que no fuera contra los procedimientos del gobierno de China y que no contradijera sus principios. Si no, me metería en problemas y podría 'desaparecer'», dijo Yan a Fox. En una entrevista en *El Mundo* añadió que el virus no procedía de la naturaleza ni había salido del mercado de Wuhan. Yan mantiene que el coronavirus se creó en un laboratorio militar de su país. Una teoría que rechazaban sin embargo numerosos científicos y organismos internacionales de prestigio.

Fox News

Poco se ha hablado durante toda la pandemia del papel de la Organización Mundial de la Salud y concretamente de su director general Tedros Adhanom Ghebreyesus. De nacionalidad etíope, el Dr. Tedros, fue durante siete años ministro de Salud (de 2005-2012) y cuatro años estuvo al frente de Exteriores (2012-2016). Hay quien le acusó de ocultar varias epidemias de cólera y de ocupar la silla de Exteriores en una etapa en la que tanto Amnistía Internacional como Human Rights Watch criticaron las torturas y desapariciones que tuvieron lugar en Etiopía. De esos años vendría la buena relación con China que le permitió llegar a la OMS en 2017. Hay que recordar que tan solo cuatro meses después de llegar a la Organización Mundial de la Salud, el Dr. Tedros nombró al dictador Robert

Mugabe como embajador de buena voluntad. Las fuertes críticas que se sucedieron le obligaron a retirar su iniciativa.

En España el arranque de 2020 estuvo marcado por la «mesa de diálogo» puesta en marcha por el gobierno de coalición con los independentistas catalanes y la salida de prisión de los condenados por sedición. Así pudimos ver a Oriol Junqueras llegando a la universidad para dar clase. Otro de los asuntos de actualidad esos días fue la reunión secreta en Barajas del ministro José Luis Ábalos con la número dos del gobierno venezolano de Nicolás Maduro. Delcy Rodríguez era una de las 25 personas incluidas en la 'lista negra' que tienen prohibida su entrada en la Unión Europea por violar los derechos humanos y socavar la democracia en Venezuela. Por si fuera poco a esto hubo que sumar la designación de Dolores Delgado, ex ministra de Justicia, como Fiscal General del Estado. En la oposición, el PP, anduvo esos días inmerso en la renovación de su partido en el País Vasco, con la polémica salida de Alfonso Alonso y la vuelta de Carlos Iturgaiz. Y Ciudadanos eligió tras su proceso de primarias a Inés Arrimadas como sucesora de Albert Rivera. Noticias todas de gran calado, en muchos casos escándalos de primer nivel político y mediático, reducidas a la categoría de anécdota por lo que vino después: una pandemia que provocó cientos de miles de muertos y dejó a la humanidad en cuarentena.

Una pandemia que en nuestro país, políticamente hablando, pasó por tres fases:

1.- **Fase negacionista:** El coronavirus no afectaría en gran medida a España pese a las noticias que llegaban desde Italia, y, ojo, no de China, donde, según relató un médico: «estaban muriendo como chinches». Noticias dramáticas y alarmantes desde un país hermano que se encuentra a tan solo dos horas de vuelo. Desde el 24 de enero Pedro Sánchez recibió informes del Departamento de Seguridad Nacional alertando de la gravedad del virus. Informes, que a día de hoy no se han hecho públicos, y que se sumaron a las advertencias de la Unión Europea, la Organización Mundial de la Salud y de los propios ministerios de Sanidad y del Interior que ya en enero y febrero elaboraron protocolos de prevención. Se decía que no pasaba nada, pero internamente, se pusieron en marcha medidas que incluyeron distancia de seguridad. El 7 de febrero el Centro de Coordinación de Alertas y Emergencias de Fernando Simón pidió a la Unión Europea que mantuviera como 'bajo' el nivel de riesgo. Las mascarillas, se decía, no eran necesarias. Según publicó ***El Mundo*** desde enero hasta el 7 de marzo el Gobierno recibió 11 alertas de Seguridad Nacional sobre la amenaza del coronavirus.

2.- **Fase de control y propaganda:** Se repitió hasta la extenuación que el confinamiento no era posible sin el estado de alarma que se alargó del 15 de marzo al 20 de junio con un mando único; el Rey estuvo pendiente de todos los españoles; el Congreso permaneció semicerrado; la oposición fue apartada y aislada (bajo denuncias conspiranoicas de intentos de golpe de Estado para 'derrocar al Gobierno'); la población se mantuvo confinada; sin test ni material sanitario; los medios de comunicación sin posibilidad de preguntar pero con abundante 'información oficial'. A esto hubo que sumar un CIS al servicio del Gobierno, un portal de Transparencia cerrado (al que no se hizo tampoco caso cuando ordenó publicar información relativa a los protocolos de Sanidad) y una justicia 'paralizada'. La propaganda dejó poco espacio para la información y la batalla por el relato fue 'a cara de perro'. Se apostó por un 'neolenguaje', aderezado con aplausos, y la mentira se convirtió en el 'hábitat natural' de Pedro Sánchez. El luto nacional no llegó hasta el día 74 del estado de alarma. El uso de las mascarillas pasó de no ser necesario a serlo en abril y obligatorio en mayo.

3.- **Fase del 'sálvese quien pueda':** En la bautizada 'nueva normalidad' el rebrote, en pleno verano, llegó antes de lo previsto por el Gobierno (la compra de material sanitario estaba diseñada para octubre). Tampoco se habían realizado los cambios legislativos prometidos durante el pico de mortalidad. Una situación que impidió a las comunidades autónomas tomar las riendas de un rebrote en el que el Ejecutivo, y pese al alto número de contagios, se inhibió. El Gobierno pasó de controlarlo todo, a no controlar nada. De un estado de alarma, a dejar capear el temporal a las CCAA sin capacidad legislativa para hacer frente a la tormenta. Dicho de otra manera se dejó que los presidentes autonómicos asumieran el desgaste por la pandemia y se atacó especialmente a Madrid por unas restricciones de movilidad que antes habían aplicado otras 11 comunidades autónomas (entre otras Aragón, Extremadura o Castilla La Mancha en manos del PSOE). Mientras se tendía la mano con reuniones de alto nivel como la que mantuvo Sánchez con Ayuso, se alentaron manifestaciones en la calle impulsadas por Podemos y Más Madrid y consentidas por la Delegación del Gobierno en manos de José Manuel Franco, al mismo tiempo secretario general del Partido Socialista de Madrid. El Gobierno decretó el estado de alarma solo en la comunidad madrileña. El PP, que exigió el mismo trato por ejemplo que Navarra, calificó la decisión como un 155 sanitario. El homenaje del Estado a las víctimas se produjo el 16 de julio sin que las cifras se ajustaran, ni de lejos, a la realidad. La crisis económica comenzó a enseñar su peor cara con una destrucción de empleo nunca vista hasta la fecha. El presidente del Gobierno se fue de vacaciones del 5 al 21 de agosto. Fueron los días en los que la segunda ola se disparó. Ante la presión política y mediática —que le acusaba de estar en la hamaca mientras el coronavirus cogía fuerza de nuevo— Pedro Sánchez adelantó tres días su regreso a Madrid. De todos modos fueron más días de vacaciones que el año anterior (2019) cuando negociaba su investidura. Mientras en Europa los tribunales investigaban la gestión pública de la crisis (en Italia vimos hasta a su primer ministro Giuseppe Conte yendo a declarar), en España el más de medio centenar de querellas contra el Gobierno permanecieron en punto muerto y la Fiscalía pidió que se rechazaran todas. Se empezó a hablar de la Fiscalía del Gobierno en vez de la del Estado. La Asociación de Fiscales, mayoritaria en la carrera fiscal, denunció que la etapa de Dolores Delgado (Fiscal General y ex ministra de Justicia socialista) era la del 'mayor descrédito en 40 años'. La situación empeoró cuando PSOE y Unidas Podemos registraron la reforma para cambiar el sistema de elección del CGPJ. Trataron de eliminar la mayoría de tres quintos necesaria para elegir a los jueces, que denunciaron un «atropello anticonstitucional». España fue comparada con Polonia, Hungría o Venezuela. El PP anunció recurso ante el TC y la UE. Desde Bruselas se dio incluso un inédito toque de atención al Gobierno. Tampoco hubo dimisiones. Lejos quedaban los tiempos en los que, por ejemplo, responsables a los que 'pillaban' en un teatro mientras golpeaba un temporal eran cesados. Pese a alguna diferencia entre PSOE y Podemos, más acusada con ministros como Calviño o Robles, la coalición se mantuvo y Sánchez se mostró orgulloso de todos sus ministros.

Si nos centramos en los datos, España encabezó los siguientes rankings:

1. mayor número de muertos por millón de habitantes
2. mayor número de sanitarios contagiados
3. peor gestión sanitaria
4. mayor rebrote de Europa
5. peores perspectivas económicas: el país con más paro de Europa

En junio de 2020 España era uno de los estados de todo el planeta más golpeado por el coronavirus. Según el contador de datos en tiempo real Worldometer, nuestro país figuraba en sexto lugar del mundo en número total de fallecidos por coronavirus de una lista de 215 naciones, y en tercera posición en lo que se refiere a la cifra total de fallecidos por millón de habitantes. Eso tomando por buenos los datos oficiales de Sanidad (que sufrieron numerosos cambios de contabilización) y que cifró en algo más de 30.000 los fallecidos por coronavirus.

Cifras que el propio presidente del Gobierno reconoció en julio, en una entrevista en Telecinco, que «no eran cien por cien ciertas». El INE, pero también el Instituto Carlos III, las funerarias y las propias comunidades autónomas, elevaron la cifra de fallecidos por encima de los 60.000 muertos. A eso había que sumar tres millones de contagiados.

Con esos datos y no los de Sanidad, España escalaría entonces hasta el tercer puesto a nivel mundial en número total de víctimas mortales, y sería el primero en cuanto a la cifra de fallecidos por millón de habitantes. Un estudio europeo, el indicador EuroMoMo, situó a España como el país de la UE con mayor número de muertos ocultos durante la pandemia: 15.000. En ninguna otra nación europea la diferencia entre los muertos oficiales y los muertos reales era tan elevada.

Por otra parte, nuestro país encabezó también otro ranking de dudoso honor. *The British Medical Journal* publicó que España era el país con mayor número de sanitarios contagiados de todo el mundo. *The New York Times* llegó a hablar de nuestros sanitarios como 'kamikazes'.

Según otro estudio, de la Universidad de Cambridge, España era además el país que peor había gestionado la crisis del coronavirus. Corea del Sur, encabezaba la lista de 33 países que cerraba el gobierno de Sánchez. 20 científicos de primer nivel pidieron una evaluación externa e independiente de la gestión de la pandemia en España. Criticaron la reacción «tardía» y la falta de coordinación entre el Gobierno y las CCAA en una carta publicada en la prestigiosa revista científica *The Lancet*. El doctor Pedro Cavadas , preguntado por el papel de Fernando Simón, llegó a asegurar que 'nunca habían existido expertos reales manejando el problema'.

El rebrote detectado en julio y agosto tampoco arrojó mejores datos. En plena carrera por la vacuna (EE.UU., Reino Unido, China y Rusia hicieron distintos anuncios), los contagios se multiplicaron por ocho desde el fin del estado de alarma y se produjo un inexplicable e inédito 'apagón informativo': Sanidad, que negó una segunda ola, dejó de ofrecer datos los fines de semana. En paralelo la Agencia Española del Medicamento aseguró que las reservas del antiviral Remdesivir estaban a punto de agotarse y eso que en julio Sanidad dijo que había suficiente stock. Fueron días en los que España registró 42.018 contagios frente a los 8.659 positivos en Italia. Según la Universidad Johns Hopkins, nuestro país no lograba aplanar la curva y registraba la peor evolución de contagios en Europa en los dos últimos meses. España se convirtió en el país europeo con más casos por cada 100.000 habitantes (132,2). En dos semanas sumamos tantos casos de coronavirus como Italia, Francia, Reino Unido y Alemania juntos. Las cifras reales de hospitalizaciones duplicaban los datos ofrecidos por Sanidad. El Gobierno Vasco alertó de un 'posible tsunami'.

Evolución de los contagios en la UE-27 las últimas 8 semanas

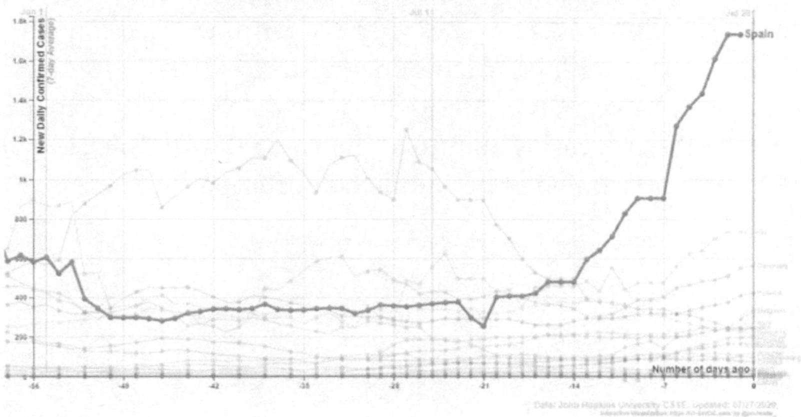

Un rebrote que supuso que países como Reino Unido obligaran a una cuarentena de 14 días a quienes regresaran de España. Una decisión 'desajustada' para el gobierno español, que aseguró haberse enterado por los medios, y que llegó apenas 48 horas después del encuentro 'secreto' de la ministra de Exteriores con el ministro principal de Gibraltar. A los intentos del Gobierno por dejar fuera de esta cuarentena a las islas Canarias y Baleares, Reino Unido respondió recomendando además no viajar a toda España. Una recomendación a la que se sumaron Bélgica o incluso Alemania. El rebrote dio así la puntilla al que era uno de los motores de la economía española.

El turismo vio cómo miles de reservas se cancelaron. La entrada de viajeros bajó un 97,7% en junio. O lo que es lo mismo: 8,6 millones de viajeros menos y 9.500 millones de euros perdidos. Pese a los meses de confinamiento, no estaban previstos corredores sanitarios que permitieran salvar la temporada. Los únicos controles en los aeropuertos eran visuales y de temperatura.

El sector turístico se había ofrecido incluso a costear los PCR para ofrecer una imagen de máxima seguridad sanitaria como se hizo en Alemania y reclamó la UE. Meses antes el ministro de Consumo, Alberto Garzón, se había referido al turismo como un sector «estacional, precario y de bajo valor añadido».

La crisis económica no había hecho más que empezar. Si el 9 de marzo la vicepresidenta tercera y ministra de Economía Nadia Calviño aseguró que el impacto económico del coronavirus sería poco significativo, dos meses después, España entró en recesión con una caída del PIB del 18,5%. Algo nunca visto desde la Guerra Civil y que empeoraba las previsiones del FMI y del Banco de España (en el peor de los escenarios apuntó a una caída del PIB del 15,1%). El Ibex 35 se convirtió en el peor índice de Europa.

Evolución del PIB en España

Variación trimestral del PIB 1970-2020

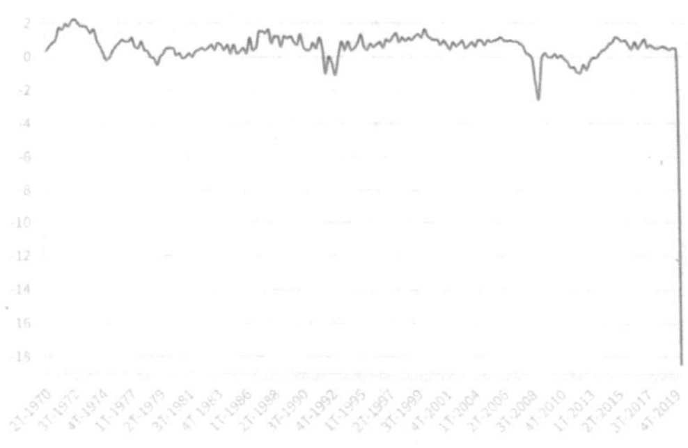

Fuente: INE

En el segundo trimestre del año, España perdió más de un millón de empleos. Una destrucción de puestos de trabajo nunca registrada, superando los peores datos de la crisis de Lehman Brothers. En 2009 la destrucción no llegó a los 800.000 trabajadores, muy lejos de los casi 1,1 millones de puestos perdidos durante la pandemia.

Según los datos de la EPA, el número de parados en junio creció hasta los 3.368.000, lo que se tradujo en una tasa de paro del 15,33%. Estos datos no contemplaban a los trabajadores incluidos en un ERTE. En abril el presidente del Gobierno cifró en otros 3.889.000 los trabajadores que se habían 'beneficiado' de los expedientes de regulación temporal de empleo. Lo que representaba el 16% de la población activa. Según el comisario europeo de Economía, Paolo Gentilioni, los pagos del fondo aprobados en Bruselas no llegarían hasta la segunda mitad de 2021. A España, tras una durísima negociación, le correspondieron 140.000 millones de lo que se llamó Fondo de Recuperación para evitar, en un nuevo eufemismo, lo que en realidad era un rescate con condiciones. Aunque Pedro Sánchez dijo que esa cantidad representaba el 60% del PIB de nuestro país, en realidad era solo el 11,9%. Y solo hasta junio el déficit se disparó un 371%. Lejos de meter tijera, el número de altos cargos —por encima de los 700— siguió aumentando. Se creó otra Secretaría de Estado, la de Sanidad. El Gobierno se esforzó en repetir que 'lo peor de la crisis' había pasado mientras al mismo tiempo solicitaba 20.000 millones a Bruselas para hacer frente a los ERTE. Los viejos del lugar recordaron entonces aquellos 'brotes verdes' de antaño.

A su llegada a España tras la Cumbre Europea, La Moncloa recibió al presidente con un paseíllo de aplausos de todo su Gobierno, que luego distribuyó convenientemente a los medios de comunicación en un nuevo acto de propaganda. Un 'aplaudillismo' que se repitió en el Congreso por partida doble y saltándose el acuerdo suscrito para que solo acudiera el 50% de los diputados. El PSOE vulneró hasta seis normas del plan anticovid para ovacionar a Sánchez.

Aplausos al margen —con los que se podía estar de acuerdo o no— la realidad es que la negociación de Bruselas fue muy complicada. España, gracias al apoyo de Merkel, Von der Layen y Lagarde (las tres del Partido Popular Europeo), pudo lograr un buen acuerdo. Europa fue consciente de que también su propio futuro estaba en juego. Si España e Italia caían, el viejo continente se vería arrastrado al vacío. La propia supervivencia europea dependió en este caso de la solidaridad y permitió que los llamados 'países frugales' —Países Bajos, Austria, Dinamarca, Suecia y Finlandia (en su mayoría liderados por socialdemócratas)— dieran su brazo a torcer. Algo que no ocurrió a la hora de dejar el Eurogrupo en manos de España. La vicepresidenta tercera y ministra de Economía Nadia Calviño —de los miembros del Gobierno más valorados durante toda la crisis junto a la ministra de Defensa Margarita Robles— vio cómo su colega irlandés se llevó el gato al agua por tan solo un voto.

Políticamente hablando el estado de alarma, que fue prorrogado hasta en seis ocasiones, y que se extendió durante 98 días, dejó también el mayor número de decretos (18) aprobados en tan solo tres meses. A las irremediables crisis sanitaria y económica, se sumó la institucional. El 15 de marzo, primer día del confinamiento ordenado, se pulsó así otro botón: el de la voladura 'controlada' del Rey Emérito. Ese día el Rey Felipe hizo público que había renunciado un año antes a la herencia de su padre. Renuncia simbólica, sin efecto jurídico, que llegó cuando distintas informaciones periodísticas pusieron en entredicho la actuación de Don Juan Carlos, así como, la transparencia de sus negocios. El 3 de agosto se anunció su salida de España. Viajó desde Vigo hasta Abu Dabi. El Gobierno mostró su respeto por la decisión del Emérito y dio su apoyo a Don Felipe. También lo hizo el Partido Popular, Ciudadanos y Vox. Pablo Iglesias, vicepresidente segundo del Gobierno, también la plana mayor de Podemos, acusaron a Don Juan Carlos de 'huir' de España y defendieron la República como modelo de Estado. Fuentes socialistas aseguraron que Podemos usaba al Rey para tapar la propia imputación del partido morado, también de la cúpula económica, por malversación y administración desleal. Se investigaba a Podemos por una 'caja B'. El rapero Valtonyc, condenado por injurias a

Don Juan Carlos y que antes de entrar en prisión huyó a Bélgica, acusó a Pablo Iglesias de haberle 'encargado' su canción contra el Emérito para su programa de La Tuerka.

Muchos analistas entendieron que tras la salida de quien trajo la democracia —además del Estado de las Autonomías y la apertura de España a Europa y al resto del mundo— se escondía en realidad un intento por dinamitar el espíritu democrático del 78 y derribar la Monarquía, símbolo de la unidad de España. Defendieron que el posible error de una persona no puede ser considerado bajo ningún concepto el error de toda una institución y llegar incluso a cuestionar su propia continuidad. Al igual que no se cuestionó la continuidad de otras instituciones del Estado —como la Generalitat o la Junta de Andalucía— cuando sus dirigentes fueron condenados. Se criticó en definitiva la doble vara de medir: la aplicación de un listón ético a Don Juan Carlos que no se aplicaba de igual manera a otros protagonistas de la vida política y social española. Pedro Sánchez veraneó ese mes de agosto en la residencia que Hussein de Jordania regaló al Rey Emérito. Un regalo que Don Juan Carlos donó a Patrimonio Nacional y que no generó inquietudes éticas ni fue tampoco objeto de investigación.

Otro de los momentos más tensos para Don Felipe llegó cuando el Gobierno le impidió asistir en Barcelona a la entrega de despachos a la nueva promoción de jueces. El presidente del Consejo General del Poder Judicial Carlos Lesmes hizo público su malestar en un acto que terminó con un 'Viva el rey'. La mayoría de los jueces apoyaron días antes a Don Felipe colocando su fotografía en redes sociales. El ministro Alberto Garzón, apoyado por el vicepresidente Iglesias, puso en cuestión la neutralidad política de Don Felipe y la oposición exigió a Sánchez su destitución.

EL PAÍS
EL PERIÓDICO GLOBAL
ENTREVISTA La alcaldesa de Bogotá: "No es momento de austeridad"
MURCIA Los abusos que mataron al jornalero Eleazar Blandón
LA CASA DEL REY ANTE EL CASO DE LAS CUENTAS SUIZAS
Juan Carlos I abandona España
El rey emérito dejó La Zarzuela antes de hacerse pública su marcha
Su abogado aclara que permanecerá a entera disposición de los fiscales
Felipe VI "agradece la decisión" de su padre y destaca su legado histórico
PSOE, PP y Cs piden respeto por la salida que Podemos critica
Ascenso y caída de un monarca que defendió la democracia
Los errores que pusieron fin a la era dorada del juancarlismo
La compleja relación entre un Rey y un rey emérito
Corinna Larsen, de "princesa serenísima" a pesadilla real
Los expertos dudan de que Suiza acepte la inmunidad
Así se destapó la millonaria cuenta suiza
La necesaria distancia con el jefe del Estado
Conocer para actuar
Suscríbete a los hechos
EL PAÍS

4 AGOSTO 2020 Martes
ABC
Editorial «LA CORONA PERMANECE»
JUAN CARLOS I DEJA ESPAÑA PARA NO DAÑAR EL REINADO DE SU HIJO
Con su prestigio deteriorado por su conducta, el Rey pone rumbo a un retiro voluntario en el extranjero tras meses de presiones gubernamentales

EL MUNDO
Don Juan Carlos se marcha de España
CARTA Y COMUNICADO La Casa del Rey hace pública una carta dirigida a su hijo poco después de haber abandonado el país
LEALTAD Y DIGNIDAD Juan Carlos I afirma que es el mejor servicio a los españoles y «a ti como Rey», y Felipe VI le agradece su gesto
FUTURO JUDICIAL El abogado del Rey Emérito asegura que estará a disposición de la Justicia española en todo momento
REACCIONES POLÍTICAS El Gobierno respeta la decisión y elogia a Felipe VI y Podemos le acusa de «huir» al extranjero
"Majestad, querido Felipe:
Con el mismo afán de servicio a España que inspiró mi reinado y ante la repercusión pública que están generando ciertos acontecimientos pasados de mi vida privada, deseo manifestarte mi más absoluta disponibilidad para contribuir a facilitar el ejercicio de tus funciones, desde la tranquilidad y el sosiego que requiere tu alta responsabilidad. Mi legado, y mi propia dignidad como persona, así me lo exigen.
Hace un año te expresé mi voluntad y deseo de dejar de desarrollar actividades institucionales. Ahora, guiado por el convencimiento de prestar el mejor servicio a los españoles, a sus instituciones y a ti como Rey, te comunico mi meditada decisión de trasladarme, en estos momentos, fuera de España.
Una decisión que tomo con profundo sentimiento, pero con gran serenidad. He sido Rey de España durante casi cuarenta años y, durante todos ellos, siempre he querido lo mejor para España y para la Corona.
Con mi lealtad de siempre.
Con el cariño y afecto de siempre, tu padre."
El Emérito a sus amigos: «Quizá vuelvo en septiembre»
Un gesto doloroso en defensa de la Corona
EDITORIAL

LA RAZÓN
EL FINAL MÁS DIFÍCIL PARA UN REY
La segunda abdicación
• Don Juan Carlos abandona España tras pactar un comunicado con su hijo que fue escrito a mediados de julio • Felipe VI acordó con Moncloa los pasos para la salida del Emérito • Doña Sofía seguirá en Zarzuela
EDITORIAL
El último servicio del Rey Juan Carlos a España

Durante toda la pandemia Don Felipe trató por todos los medios de acompañar tanto a quienes más lo necesitaban como a quienes estaban dando su vida por los demás. El Rey, a diferencia de Sánchez, quiso conocer en primera persona el trabajo que se realizó en IFEMA. El 22 de marzo el Hospital más grande de España, abrió sus puertas. La Comunidad de Madrid fue capaz en tan solo 48 horas, y con ayuda de la UME (Unidad Militar de Emergencias), de poner en marcha un centro temporal que atendió a 4.000 personas. Un 'trabajo extraordinario' para la OMS, un 'milagro y símbolo de vida' para la presidenta madrileña, Isabel Díaz Ayuso. Mil sanitarios trabajaron sin descanso durante 40 días.

Como decíamos, la crisis del coronavirus nos ha permitido distinguir entre quienes han asumido riesgos y quienes se han quedado paralizados o simplemente han ido al rebufo de los acontecimientos. En el caso de España no fue hasta que se contabilizaron 35 muertos cuando desde La Moncloa se empezaron a tomar decisiones. En un primer momento la estrategia giró en torno a tres máximas:

1. seguimos las recomendaciones de los expertos
2. estamos ante una crisis global
3. apelamos a la responsabilidad de los ciudadanos

Días después se sumaron las críticas a la Unión Europea y se trató de eludir la responsabilidad del Gobierno abriendo la puerta a que fueran las CCAA quienes pidieran el estado de alarma. Si el 14 de marzo Pedro Sánchez asumió el mando único, el 25 de agosto el presidente —ya con miles de víctimas— trasladó la responsabilidad a las comunidades autónomas. En ese sentido Pedro Sánchez defendió que fueran los propios presidentes regionales quienes dieran la cara en el Congreso. Unas comparecencias que no están previstas en la ley orgánica 4/1981: en el artículo octavo dice que corresponde al Gobierno nacional «dar cuenta en el Congreso de la declaración del estado de alarma». Pedro Sánchez dijo sin embargo que lo permitiría y lo llamó 'cogobernanza' en un nuevo intento por activar un cortafuegos a su gestión. En esa estrategia el Gobierno negó también toda información a la oposición. Mientras públicamente se apostaba por el diálogo, al mismo tiempo se acusó al PP de ser desleal con la propia democracia. Durante semanas (hasta más de 100 días) Pedro Sánchez —que acumuló más poder que ningún otro presidente en democracia— evitó incluso llamar al líder de la oposición que se enteró por televisión, al igual que el resto de los españoles, de las medidas que se adoptaban. El presidente —que cedió a las exigencias de nacionalistas vascos (permitiendo un mayor déficit), independentistas catalanes (rebaja del delito de sedición y tramitación de indultos) e incluso de Bildu (lamentando el suicidio de un etarra y acercando a medio centenar de presos)— exigió después a Pablo Casado, y de manera continuada, un apoyo incondicional. El presidente del PP formó por su parte un 'gobierno en la sombra'. Defendió la obligatoriedad de las mascarillas y presentó un plan económico que incluyó, ya en mayo, la prórroga de los ERTE hasta diciembre. Casado acusó a Sánchez de mentir a los españoles y de realizar una gestión nefasta, aunque dejó siempre abierta la puerta al diálogo. Pese a todo, cualquier comentario, por pequeño que fuera, cualquier crítica, fue respondida como una 'deslealtad' al Gobierno y la imposición de una etiqueta: 'facha'. Una estrategia, la de La Moncloa, que tenía como objetivo externalizar el problema fuera de las cuatro paredes del Consejo de Ministros y poner la pelota en un tejado ajeno a la gestión del Gobierno. Desde el inicio de la crisis y hasta el 13 de marzo, cuando anunció su intención de declarar el estado de alarma, Pedro Sánchez se parapetó detrás de los expertos.

Hoy sabemos que incluso el Gobierno faltó a la verdad cuando nos habló de un 'comité de expertos de desescalada'. Un comité 'fantasma' que meses después se supo que jamás había existido. El presidente del Gobierno Pedro Sánchez, también el ministro de Sanidad Salvador Illa y el director del Centro de Coordinación de Alertas y Emergencias Sanitarias Fernando Simón se negaron en numerosas ocasiones a facilitar los nombres de sus integrantes porque querían que trabajasen 'sin presión y con libertad'. Cierto es que Illa también apuntó a que solo eran funcionarios del Ministerio y Simón dijo que la última palabra la tenía siempre el ministro. La presidenta de Madrid Isabel Díaz Ayuso, que llevó el asunto a los tribunales, les acusó de utilizar políticamente la pandemia al dejar a la comunidad madrileña durante semanas en la Fase 0 y después decretando el estado de alarma solo en Madrid.

Al frente de la pandemia estuvieron fundamentalmente dos personas: Salvador Illa y Fernando Simón. Illa fue nombrado ministro de Sanidad pese a no contar con formación científica. Licenciado en Filosofía se entendió que representaba la cuota del PSC en el Gobierno. A finales de febrero aseguró que no había que usar mascarilla por la calle y añadió que «se ha generado un pánico irracional». La falta de previsión del Ministerio y las insuficientes medidas de protección del personal sanitario provocó, entre otras, la denuncia ante el Supremo del sindicato CSIF. No menos polémica fue la compra del material sanitario (incluso defectuoso) realizada por Sanidad: contratos millonarios en entredicho y pagos desorbitados a empresas sin experiencia sanitaria.

Congreso

Fernando Simón, director del Centro de Coordinación de Alertas y Emergencias Sanitarias, fue el encargado de ejercer como portavoz, salvo los días que estuvo enfermo, en la mayor parte de las comparecencias que tuvieron lugar en el Ministerio de Sanidad. Este epidemiólogo ya fue el encargado de dar la cara en la crisis del ébola. Sobre la Covid-19 éstas fueron algunas de sus intervenciones más polémicas:

— 24 de enero: habló de una probabilidad de infección muy baja.

— 31 de enero: aseguró que España no tendría más allá de algún caso con una transmisión muy limitada.

— 9 de febrero: insistió en que en la mayoría del país el riesgo era bajo.

— 16 de febrero: «Me sorprende el exceso de preocupación».

La Moncloa

— 23 de febrero: afirmó que en España ni había virus ni se estaba transmitiendo la enfermedad.

— 26 de febrero: aseguró que «no es necesario que la población use mascarillas» frente al coronavirus.

— 28 de febrero: confirmó que el riesgo estaba perfectamente delimitado.

— 29 de febrero: con varios informes de Seguridad Nacional sobre la mesa reclamó no 'difundir bulos'.

— 2 de marzo: descartó la necesidad de cancelar ningún evento.

— 4 de marzo: reconoció que alguna clase se tendría que poner en cuarentena, incluso quizá fuera necesario aislar a algún profesor, pero descartó cerrar los colegios.

— 5 de marzo: en un nuevo intento por tranquilizar a la población aseguró que si los hospitales eran capaces de hacer frente a la gripe, también estaban preparados para soportar el coronavirus.

— 7 de marzo: preguntado por la pertinencia o no de mantener las manifestaciones del 8M aseguró que si su hijo le preguntaba si podía asistir, le diría que podía hacer lo que quisiera.

— 7 de mayo: preguntado por el el exceso de mortalidad registrado en las últimas semanas en España, y que por entonces el Instituto de Salud Carlos III cifraba en más de 30.000 personas (muy lejos de los datos oficiales), dijo: «No podemos decir a qué se deben esos incrementos. No sabemos si se deben a un accidente de tráfico enorme, a infartos, al coronavirus o a cualquier otra enfermedad».

— 20 de mayo: reveló que sus declaraciones rechazando la necesidad de usar mascarillas se debieron a la imposibilidad de que todos los españoles tuvieran acceso a ellas: «en una situación de escasez en el mercado de mascarillas quisimos ser muy prudentes a la hora de hacer recomendaciones que no se pudieran aplicar».

— 19 de junio: después de días con las cifras de fallecidos congeladas y numerosos cambios de contabilización aseguró: «Nos quedan 13.000 fallecidos ahí, pero no podemos ubicarlos ahora».

— 5 de julio: en una entrevista en *El País Semanal*, en la que apareció subido en una moto, quitó importancia a las cifras de muertos: «¿Qué más da una cifra más alta que otra o más baja cuando hablamos de 28.000 víctimas? ¿Cambia algo? Ya lo dicen algunos periodistas, que un muerto resulta noticia y mil ya pasan a ser estadística. Los datos son útiles si sirven para entender el problema y darle solución». En esa misma entrevista alabó a Pedro Sánchez: «qué valor tiene este tío».

— 18 de julio: en pleno rebrote fue sorprendido haciendo surf en una playa de Portugal sin la mascarilla obligatoria en las playas españolas y después de haber recomendado apostar por el turismo nacional: «Pensé que no me iban a reconocer» dijo a una turista española que le preguntó si era él.

— 27 de julio: tras regresar de sus vacaciones y en plena polémica por la decisión de Reino Unido de imponer la cuarentena a los turistas que regresaran de España: «El que se exija cuarentena en cierto modo nos favorece porque desincentiva que venga gente».

— 20 de agosto: hizo un llamamiento a los influencers: «Las cosas no van bien. Podría haber muchos muertos».

— 10 de septiembre en plena rueda de prensa y mientras espera a que la prensa le formule sus preguntas, Simón se dirige a alguien de su equipo desde el atril y los micrófonos captan «Voy a meterme el dedo en la nariz». El personaje parece superar a la persona.

— 17 de septiembre: mientras Sanidad notificó ese día 11.291 nuevos contagios y 162 muertos, Fernando Simón grababa en Palma un programa de televisión. Se hacen públicas imágenes del epidemiólogo haciendo submarinismo. Él asegura que «no daba más de sí y necesitaba vacaciones», las críticas llegan por la frivolidad de convertir sus días de descanso, y con la pandemia fuera de control, en el show televisivo 'Planeta Calleja'. Simon reconoció durante el programa que empezaron a trabajar en enero hasta 16 horas diarias para hacer frente al coronavirus.

— 15 de octubre: Simón arrancó la rueda de prensa, entre risas, con un «Como toca los jueves, hablamos de coronavirus. Cuando esto acabe no sabremos de qué hablar». Instantes después anunció 140 muertos y más de 13.000 nuevos contagios. Nadie entendió muy bien dónde estaba la gracia.

Durante meses, como decíamos, Illa y Simón fueron los encargados de atender a los medios. Unos medios, por otra parte, heridos gravemente por la crisis económica y que publicaron, por obligación (estado de alarma) pero también por necesidad (sin ingresos), la publicidad institucional del Gobierno tanto al inicio como al final de la pandemia. Tres fueron los lemas puestos en circulación: «Este virus lo paramos unidos», «Salimos más fuertes» y «España puede». El primero acertado en cuanto a la unión y con una estrategia clara: dejar fuera las críticas, intentar aglutinar a la ciudadanía en torno a la gestión del Ejecutivo. El segundo equivocado en cuanto a que España no salía más fuerte. El tercero, cogiendo de base el eslogan de Podemos, suscitaba una duda: España puede pero y el Gobierno ¿podía? De nuevo se trató de esconder la realidad de la pandemia: las miles de vidas que se quedaron por el camino. El dolor de miles y miles de familias que a lo largo del confinamiento vieron cómo los informativos se llenaron de 'aplausos' pero no mostraron en su estado más crudo la tragedia. No hubo féretros, apenas se escuchó a las víctimas, no hubo signos nacionales de luto... En las cientos de horas de 'información oficial', con RTVE a la cabeza, los muertos se despacharon en apenas segundos. Frente a los 28.000 muertos oficiales, Pedro Sánchez puso incluso el acento en las '450.000 vidas' que dijo haber 'salvado'. La información dio paso a la propaganda. Durante semanas las preguntas al presidente del Gobierno fueron además filtradas, lo que provocó el plante de la prensa y la elaboración de un manifiesto *'La libertad de preguntar'* que suscribimos cientos de periodistas. En toda la pandemia Pedro Sánchez, que demostró ser inmune a la hemeroteca haciendo lo contrario a lo que defendió en numerosos y diversos asuntos, no concedió una sola entrevista. El 29 de junio rompió su silencio en *La Vanguardia* y días más tarde, desde La Moncloa y en plena campaña vasca y gallega (lo que ya le había ocasionado una multa por el uso electoral de la sede del Gobierno), respondió de nuevo a otra entrevista de La Sexta. Además desde Unidas Podemos, el vicepresidente segundo, señaló a periodistas por el simple hecho de informar verazmente. Pablo Iglesias llegó a defender desde la mesa del Consejo de Ministros la necesidad «de naturalizar el insulto» contra los medios. Tanto la APM como la FAPE emitieron un comunicado exigiendo una rectificación, que nunca llegó, por lo que consideraron un intento de intimidación inaceptable.

En la batalla por el relato, la mentira 'normalizada' campó a sus anchas y la verdad cotizó al alza; en una sociedad a la que el escándalo diario ya no le afectaba, la realidad se intoxicó y se banalizó; el que pensaba diferente fue estigmatizado (los llamaron 'cayetanos') y se equiparó la crítica —siempre legítima— con los bulos que corrieron como la pólvora. Se instauró una especie de 'bulocracia'. Pese a la crisis, nació un nuevo medio, *La última hora*, ligado a Podemos. Un periódico digital que vio la luz en pleno escándalo por la tarjeta que contenía fotos íntimas de la ex asesora de Pablo Iglesias. Dina Bousselham, directora del nuevo medio, puso en marcha un 'nuevo periodismo', con mucha ideología y poca información, que se dedicó incluso a elaborar argumentarios del partido morado y facilitar su distribución por Whatsapp. Además hubo un cambio de rumbo en el periódico *El País*, que nombró un nuevo director. La prensa, como servicio esencial, desempeñó un papel fundamental durante toda la pandemia.

Rosa María Mateo, que cumplió dos años como administradora única provisional, tuvo que comparecer de manera extraordinaria para explicar los 'cambios' que seguía realizando sin ningún control en Radio Televisión Española, que no 'espantosa', como llegó a decir en un lapsus en el Senado. Incluso la plataforma del Consejo de Europa, que promueve la protección del periodismo, lanzó una alerta señalando a RTVE como «claro ejemplo de cómo la situación política no contribuye al pluralismo». La Corporación, sumida en una crisis de descrédito y con la audiencia de los Telediarios cayendo en picado, dejó de ser el referente de los grandes acontecimientos —registró un mínimo histórico de audiencia (8,6%)— y volvió a números rojos. Los informativos más vistos fueron los presentados por Sandra Golpe y Vicente Vallés en Antena 3. Por las mañanas la periodista Ana Rosa Quintana (la primera en aparecer en pantalla con un lazo negro en memoria de las víctimas) mantuvo en Telecinco su 'reinado' en televisión. En la radio Carlos Herrera —en la Cope— y Carlos Alsina —en Onda Cero— protagonizaron los editoriales más virales. Estas fueron algunas de las portadas más sonadas de *ABC*, *El Mundo*, *El País* y *La Razón*:

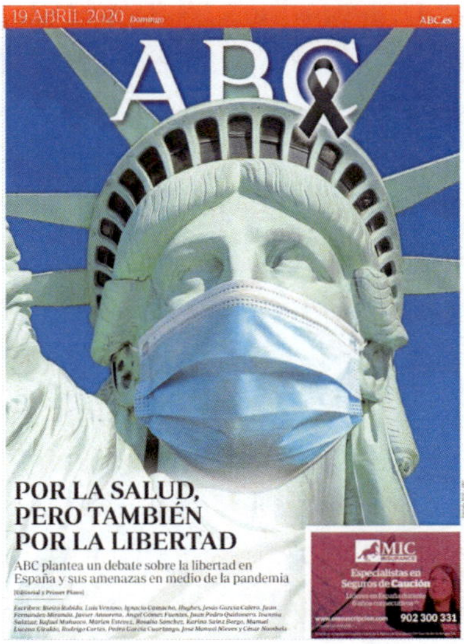

19 ABRIL 2020 Domingo ABC.es

ABC

POR LA SALUD, PERO TAMBIÉN POR LA LIBERTAD

ABC plantea un debate sobre la libertad en España y sus amenazas en medio de la pandemia

MIC
Especialistas en Seguros de Caución
902 300 331

ENRIQUE PONCE Vuelve al ruedo en Osuna con la expectación por la presencia de su novia

KIKE SARASOLA La cara y la cruz del hotelero que protagonizó la pandemia y genera empleo en medio mundo

MUERE ALAN PARKER, DIRECTOR DE 'FAMA' Y 'ARDE MISSISSIPPI'

SÁBADO EL MUNDO

La gestión de la pandemia arrastra a España a la mayor recesión de la UE

EL PIB se hunde un 18,5% en el segundo trimestre, el desplome más abrupto de la economía desde que existen registros

▶ Cae el doble que Estados Unidos, cinco puntos más que Francia, seis más que Italia y en ocho más que Alemania

Otegi podrá volver a ser candidato tras anular el Supremo su condena

España lidera el exceso de mortalidad en los peores meses de la epidemia

Johnson frena la desescalada por el aumento de casos en Reino Unido

Sánchez descarga el control de los rebrotes en las CCAA

«La cogobernanza obliga a que cada uno fije sus objetivos y ponga los medios», afirma / Se reserva la gestión del reparto de fondos de la UE

Varios presidentes se rebelan contra el trato de favor a Urkullu

EL DESAFÍO DEL VERANO CON EL AUTODEFINIDO MÁS GRANDE DE EL MUNDO

EL PAÍS
EL PERIÓDICO GLOBAL
PRIMERA EDICIÓN
www.elpais.com
IDEAS Giuseppe Conte, el líder italiano que surgió de la crisis
EL PAÍS SEMANAL Brigitte Bardot, aquel verano de 1957
EL PAÍS establece una cifra de fallecidos por covid o con sospecha de covid a partir de los registros de las autonomías. Los datos son similares a los del INE y el Instituto Carlos III
Los muertos de la pandemia: 44.868
Fallecidos por covid-19
Consejos para evitar riesgos
El Reino Unido impone una cuarentena a quienes lleguen desde España
Todos los viajeros deberán aislarse durante dos semanas
LA NUEVA GUERRA FRÍA
China-EE UU: la lucha creciente por hacerse con la hegemonía mundial
LA ENCRUCIJADA POLÍTICA Y ECONÓMICA
Sánchez y la trampa del optimismo excesivo
Objetivo: esquivar los grandes recortes esta legislatura
EDITORIAL Reconstrucción
ESTE VERANO +66GB DE REGALO
Así fueron los inicios de Jon Rahm, el campeón surgido de Barrika
La cuna vasca del número uno mundial del golf

LA RAZÓN
www.larazon.es
Estado de alarma
Las autonomías fuerzan a Sánchez a tomar medidas drásticas
El «paciente 1» de Italia despierta: esperanza para frenar el virus
Ingresó el 20 de febrero en condiciones gravísimas y ha vuelto a respirar
Trump se toma en serio la crisis y declara el estado de emergencia
¿Se sabía ya que habría una pandemia?: el secreto de la OMS
#Yomequedoencasa
Madrid decreta el cierre: abrirán farmacias, supermercados y gasolineras
Los hospitales apenas disponen ya de 369 camas libres en las UVIS
coe
LA REVISIÓN DE TUS hijos CON TU DENTISTA DE TODA LA VIDA

A lo largo de estas páginas se analiza la gestión de la pandemia en España, Estados Unidos, Reino Unido, Alemania, Francia e Italia. En nuestro país nos detendremos muy especialmente en tres tipos diferentes de liderazgo: el del Rey Felipe, el del presidente del Gobierno Pedro Sánchez y el del alcalde de Madrid, José Luis Martínez-Almeida. Un político, el regidor madrileño, cuya gestión logró poner a todo el espectro político de acuerdo. Siendo el único capaz de sellar pactos tanto a su izquierda como a su derecha. Y suscitando, en tiempos de coronavirus, sentimientos de esperanza y unidad en los madrileños e incluso en todos los españoles. Tanto es así que Pablo Casado le nombró portavoz nacional del PP.

Hecha la radiografía de una España en cuarentena, la pregunta es: ¿Cómo es posible que si en enero se conoció lo que ocurría en China no se reaccionara hasta marzo?

Desde el 22 de febrero de 2020 hasta el 9 de marzo de ese mismo año, día en el que empezaron a tomarse las primeras medidas drásticas, el coronavirus estuvo en todas las portadas de los periódicos. Fueron 16 días de noticias ininterrumpidas en todos los principales medios. 16 días con sus 24 horas, y sin embargo no se adoptaron medidas contundentes hasta pasadas dos semanas. Lo que vino después todos lo conocemos ya:

«100 días en estado de alarma. La democracia, confinada»

Vaya por delante mi reconocimiento de la terrible dificultad que para todos los gobiernos supuso gestionar una crisis como la del coronavirus. Sin duda la sociedad española dio ejemplo, de forma mayoritaria, de madurez y responsabilidad. Tiempo habrá para hacer autocrítica y analizar si Gobierno y oposición, estuvieron o no a la altura. Si las coreografías de aplausos, nos impidieron ver las lágrimas en los ojos de miles de compatriotas. Se suele decir que lo que no se ve no existe. Sin embargo por mucho que cerremos los ojos, la verdad no se esfuma. Una democracia que pivota sobre la mentira no tiene ningún futuro. Basta con recordar el mito de la caverna de Platón y decidir si nos quedamos mirando las sombras o rompemos nuestras cadenas y afrontamos la realidad por muy dura que sea.

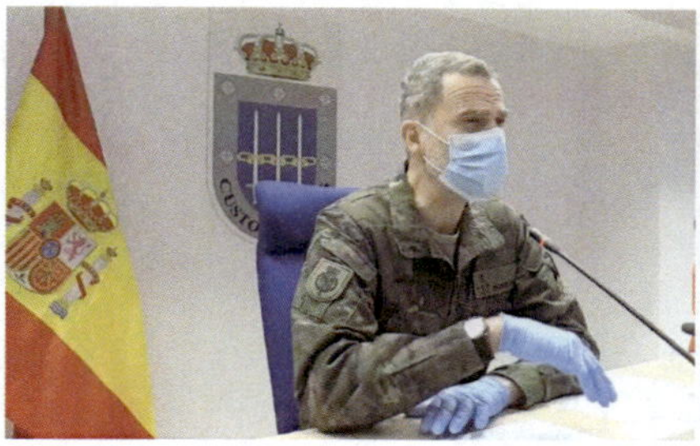

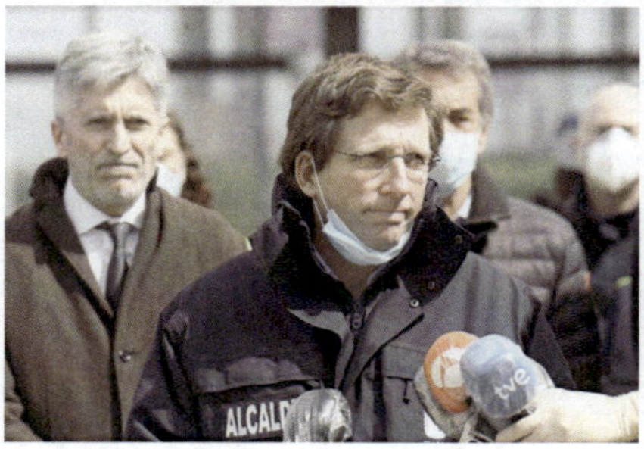

DIARIO DE UNA PANDEMIA

SEPTIEMBRE 2019 - 23 FEBRERO 2020

China identifica el coronavirus, la OMS decreta la alerta internacional

A mediados de septiembre de 2019 un grupo de expertos liderado por Gro Harlem Brundtland (ex primera ministra noruega y ex directora general de la OMS) advirtió del riesgo real de un virus similar a la gripe que podría extenderse en 36 horas por el mundo y matar a 80 millones de personas. En un informe titulado 'Un mundo en riesgo' alertaba sobre «un patógeno de rápido movimiento que tiene el potencial de desestabilizar las economías y amenazar la seguridad nacional». El grupo de expertos hizo un llamamiento a los líderes mundiales para que tomaran precauciones. Tres meses después, el 31 de diciembre de 2019, China informó de 27 casos de neumonía no identificados. Y no fue hasta el 7 de enero cuando los calificó como «coronavirus». Ese día, en España, Pedro Sánchez fue investido presidente del Gobierno. En esos momentos, nadie pensó que el coronavirus iba a marcar a fuego el arranque de su mandato. Dos semanas después, el 22 de enero, comenzó en Wuhan, una localidad prácticamente desconocida, el aislamiento. Desde el 24 de enero Pedro Sánchez recibió un informe diario del Departamento de Seguridad Nacional con alertas sobre el coronavirus. Informes que alertaban de la gravedad de la situación y que el Gobierno evitó hacer públicos como solicitó el PP. Resulta llamativo que ese mismo 24 de enero, según publicó *La Razón*, el Ministerio de Sanidad ya había elaborado unas pautas contra el virus, algo que se ocultó. El informe tenía por título *Procedimiento de actuación frente a casos de infección por el nuevo coronavirus (2019-nCoV)* y en él se pedía que se notificara de forma «urgente» los casos y apremiaba a vigilar a todos los contagiados. Ese informe, según denunció el propio periódico, fue borrado de la web del ministerio de Sanidad a finales de marzo cuando ya había en España más de 7.000 fallecidos. En Bruselas cuatro eurodiputados del PSOE —entre ellos César Luena— preguntaron incluso a la Comisión Europea qué medidas tomar ante la introducción del virus, si iban a ser obligatorias las mascarillas y por las medidas preventivas en los aeropuertos.

El 30 de enero la OMS declaró por sexta vez en la historia una alerta internacional. Antes lo había hecho por la gripe A en todo el mundo (en 2009), la polio en Oriente Próximo (2014), el ébola en África Occidental (2014), el zika en América (2016) y contra el ébola en la República Democrática del Congo (2019). Alerta internacional por la que se produjo una reunión en el Ministerio de Sanidad donde Juan Martínez Hernández —de la Organización Médica Colegial— alertó de la gravedad de la Covid-19 y recomendó incluirla en la categoría 4 de peligrosidad. La mayoría de los expertos decidieron dejarla en el grupo 2. Entre ellos Fernando Simón que según las actas de Sanidad estaba convencido de que la Covid-19 era menos letal que la gripe. Simón dijo que nuestro país no iba a tener «más allá de algún caso diagnosticado». Solo unas horas antes el prestigioso cirujano Pedro Cavadas había alertado sobre la peligrosidad de un virus que podría «diezmar la población mundial» y dijo públicamente que estaba seguro de que China ocultaba las cifras reales de infectados por la Covid-19. Unas declaraciones por las que le acusaron de «alarmar y propagar bulos». Un día después se conoció el primer caso en España: se trató de un turista alemán que se encontraba en La Gomera. Según confirmó el propio ministro Pedro Duque, el 2 de febrero mantuvo una reunión con los profesores Enjuanes y García Sastre para analizar la situación y estudiar los pasos a seguir. Así el 4 de febrero se llevó a cabo la primera reunión interterritorial del sistema de Salud con el ministro de Sanidad a la cabeza. Aunque para entonces Europa ya alertaba de la gravedad del virus y España, ante ese cambio de criterio, solicitó a la UE que mantuviera el nivel 'bajo' de alerta sanitaria. Algo que se pudo comprobar en un email al que tuvo acceso *El Confidencial*. Solo cinco días después se conoció el segundo caso diagnosticado en Mallorca, se trataba en esta ocasión de un turista británico. El Ministerio de Sanidad tenía ya sobre la mesa otros dos avisos de la OMS (notificaciones del 3 y 11 de febrero) instando a reforzar y a comprar de manera urgente material sanitario. Algo en lo que seguía insistiendo también Europa. El ministro Salvador Illa respondió: «España tiene suficiente suministro de equipos personales de emergencia en este momento». Sin embargo, no fue hasta finales de marzo cuando comenzó a llegar a España el material, gran parte, defectuoso. Un día antes, el 12 de febrero, con la suspensión del Mobile, llegó a España la onda expansiva de la Covid-19. Días antes, en un goteo dramático, empresas como Ericsson, Vodafone, Orange, NTT, AT&T, Deutsche Telekom, BT, Intel, Cisco, LG o Sony, anunciaron que no acudirían a Barcelona. La decisión cayó como un jarro de agua fría. La ciudad condal vio esfumarse 500 millones de ingresos y 14.100 empleos temporales. La vicepresidenta primera del Gobierno Carmen Calvo, que estaba al frente del Comité de Coordinación Interministerial, dijo entonces que la decisión no estaba justificada por razones sanitarias. El ministro de Sanidad, Salvador Illa, insistió en que no era necesario tomar medidas adicionales. Por su parte, el secretario de Salud Pública de la Generalitat, Joan Guix, habló de «epidemia mediática y de miedo».

El 19 de febrero el Valencia CF jugó en San Siro un partido que nunca debió celebrarse. Para entonces Italia se enfrentaba ya al coronavirus. El partido se jugó con las gradas llenas de aficionados. Algo que no ocurrió en el partido de vuelta pero que provocó que el 35% del equipo, plantilla y cuerpo técnico cayera enfermo. El 21 de febrero las autoridades italianas confirmaron 16 casos de coronavirus en las regiones norteñas de Lombardia y Veneto. Identificó al 'paciente uno', un hombre de 38 años de Codogno y se produjo la primera víctima mortal, un hombre de 78 años. Un día después Italia, ya en alerta máxima, aisló a 50.000 personas y activó una cuarentena obligatoria. La OMS advirtió que se agotaba el tiempo para actuar mientras los casos se multiplicaron además de en Italia, en Corea del Sur e Irán. La semana en Italia terminó con el cierre de escuelas, bares y restaurantes y con la suspensión del carnaval de Venecia, algo que no había ocurrido ni tan siquiera con la peste de 1300. Ese domingo, 23 de febrero, el presidente Xi Jinping reconoció que China se enfrentaba a su peor crisis sanitaria en 70 años.

24 DE FEBRERO 2020 - 6 DE MARZO 2020

El coronavirus es una pandemia, Italia en alerta, desplome de las bolsas

Y así arrancó la última semana de febrero. El lunes 24 la OMS pidió al mundo que se preparase para una pandemia. Las bolsas cayeron un 4% y en España, tras detectarse un nuevo positivo en Tenerife, mil turistas se quedaron aislados en el hotel donde se encontraba el ciudadano italiano que había enfermado. Un día después el presidente del Gobierno encabezó en La Moncloa la primera Comisión Interministerial sobre coronavirus. Por la tarde, ya en el Ministerio de Sanidad, se celebró también una reunión del Consejo Interterritorial. Se tomaron las primeras medidas contra la Covid-19. La demanda de mascarillas se disparó un 8.000%, las farmacias se quedaron vacías. Como ya hemos visto, Fernando Simón aseguró que no era necesario que la población usara mascarillas frente al coronavirus. Una idea en la que también insistió el ministro de Sanidad, Salvador Illa, en una entrevista en Telecinco: «No hay que usar mascarillas por la calle. No es necesario. Quien tenga que usar mascarilla se lo dirán las autoridades sanitarias». En ese mismo sentido, y a través de la cuenta oficial del Ministerio, se escribieron también mensajes en Twitter.

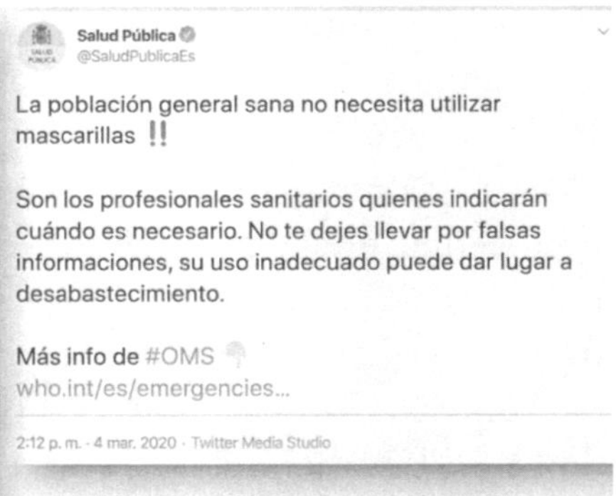

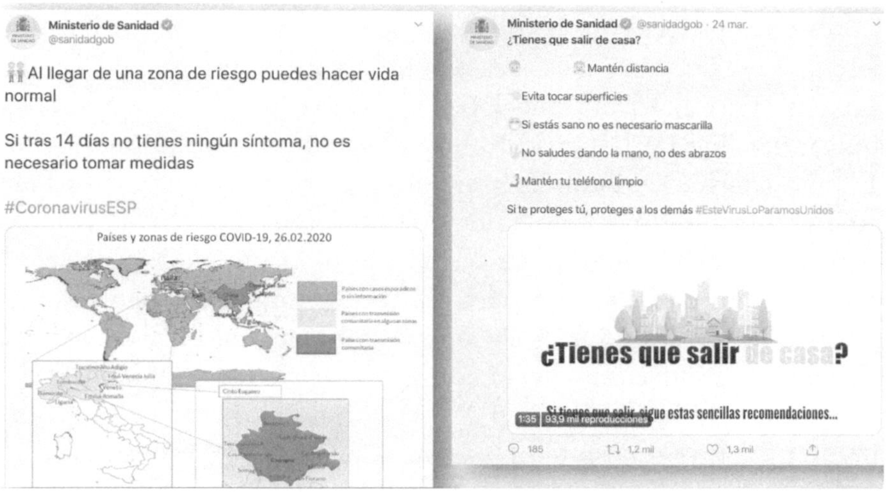

El 26 de febrero la Consejería de Salud de la Junta de Andalucía confirmó que un paciente de 62 años ingresado en el Virgen del Rocío había dado positivo por coronavirus. El hombre no había salido de España, por lo que se convirtió en el primer caso de contagio autóctono. Pedro Sánchez recibió ese día al todavía presidente de la Generalitat Quim Torra en La Moncloa. La actividad política seguía alejada de la crisis sanitaria. Habría que esperar al 28 de septiembre para que Torra fuera inhabilitado.

RTVE

Ya en esta fecha, la epidemia empezó a desbordar los hospitales, y se registraron más casos de coronavirus fuera que en China. Donald Trump afirmó que EE.UU. estaba listo para adaptarse a una expansión de la Covid-19: «El riesgo sigue siendo muy bajo». El mandatario estadounidense nombró al vicepresidente Mike Pence como responsable del gabinete contra la Covid-19 y activó una partida de 2.500 millones de dólares, insuficiente para Wall Street que se hundió 24 horas después. El Ibex acumuló esta semana una pérdida del 12%. La OMS elevó el riesgo a muy alto. El último día de febrero, Francia amaneció con el plante de los trabajadores del Louvre que obligó a cerrar el Museo, uno de los más visitados del mundo. El Elíseo prohibió los actos de más de 5.000 personas, sin embargo, se pudo celebrar por la mañana en Perpignan un nuevo desafío independentista. Miles de personas acudieron al acto organizado por los huidos de la justicia: el ex president Carles Puigdemont y los ex consejeros Toni Comin y Clara Ponsatí. Un acto al que acudió también el presidente de la Generalitat, Quim Torra, y entró por videoconferencia desde la cárcel el líder de ERC, Oriol Junqueras.

Marzo trajo bajo el brazo una de las primeras alusiones de Pedro Sánchez sobre el virus. Fue en un mitin en Vitoria donde pidió confianza en la comunidad científica y en el sistema de sanidad pública. Fueron días donde se investigaron la acumulación de contagios en Torrejón de Ardoz desde donde se exportó a Ecuador el primer caso de coronavirus. Trump aumentó los controles a los pasajeros procedentes de Irán, Corea del Sur e Italia. Alemania duplicó su número de casos y Merkel eliminó los saludos. La comunidad internacional empezó a ver el coronavirus como algo más grave que la gripe. Ya el 2 de marzo, según publicó *El Mundo*, el Ministerio de Sanidad con 110 afectados impidió a las empresas fabricantes y distribuidoras de mascarillas vender sus productos a las CCAA, hospitales y farmacias argumentando que iba a hacer una compra centralizada, que luego tardó 23 días en realizar. El Ministerio de Illa empezó a estudiar limitar los actos públicos e impulsar el teletrabajo. El partido del Real Madrid de baloncesto se jugó a puerta cerrada en Milán. Los blancos lograron una ajustada victoria 73-78 en un partido sin público. Las medidas de prevención, mascarillas y guantes, no evitaron que 10 días después se confirmara el positivo de Trey Thompkins, lo que obligó a poner en cuarentena tanto al equipo de baloncesto como al de fútbol.

El 3 de marzo España, todavía en alerta 1, contaba con 129 positivos de coronavirus. Ese día se celebró una nueva reunión del comité de evaluación y seguimiento en el Ministerio de Sanidad y se confirmó que la primera muerte por la Covid-19 tuvo lugar en Valencia el 13 de febrero. Es decir, un día después de la cancelación del Mobile, cuando no existía, según las autoridades sanitarias, ningún riesgo para la salud. La víctima de Valencia era un hombre de 69 años que había viajado a Nepal. Y se convirtió no solo en la primera víctima de nuestro país sino de toda Europa. En un intento por atajar la crisis, la Reserva Federal anunció por sorpresa una bajada de tipos de interés de 50 puntos básicos hasta un rango entre el 1 y el 1,25%. Mientras, en Italia se decidió cerrar los colegios y las universidades. Una medida que se anunció en un primer momento hasta el 15 de marzo. También jugar a puerta cerrada los partidos de fútbol. El número de contagiados en nuestro país vecino era de 3.000 y había más de un centenar de muertos. España registró entonces su segunda víctima y el número de contagiados superó los dos centenares. Israel se convirtió en el primer país que impuso cuarentena a los españoles que llegaban.

El 4 de marzo Pedro Sánchez visitó el centro de Coordinación de Alertas y Emergencias Sanitarias. Existía ya un informe del Ministerio del Interior que contemplaba un protocolo de actuación en caso de elevar el nivel de contención. Además Sanidad suspendió todos los congresos de médicos y enfermeros para proteger a los sanitarios de cara a una posible crisis. Y obligó a suspender un congreso mundial de la Iglesia Evangélica, previsto diez días después, tras una reunión en el Ministerio con Illa y Simón. Llegaron a reconocer que no se había hecho pública toda la información que tenían respecto a la gravedad del virus. El 5 de marzo, una nueva muerte destapó un foco de contagio en una residencia de mayores en Madrid. La Comunidad cerró rápidamente 213 centros para evitar contagios. Contagios de hasta 60 personas como el que se produjo en un funeral de Vitoria. Y que provocó el aislamiento de sanitarios en el Hospital de Txagorritxu y la cuarentena, bajo custodia de la Guardia Civil, en un barrio de Haro (La Rioja).

Italia se preparó ese fin de semana para bloquear a 16 millones de personas.

7 DE MARZO - 8 DE MARZO

El 8M llama a la puerta

El 7 de marzo había ya 100.000 casos en todo el mundo, medio centenar en España donde el número de muertos ascendió a 10. Madrid limitó las visitas a las residencias. El 8M llamaba a la puerta. En la agenda manifestaciones multitudinarias por el Día Internacional de la Mujer, el acto con 9.000 militantes de Vox para celebrar la reelección de Abascal, partidos de fútbol o baloncesto con miles de espectadores y el inicio, no menos concurrido, de las Fallas en Valencia. El PSOE colgó en Facebook una entrevista a Carmen Calvo y a la pregunta de «¿qué le diría usted a una mujer que está dudando en ir a la manifestación?», Calvo respondió: «le diría que le va la vida, que le va su vida».

El 8 de marzo la información oficial sobre el coronavirus era la siguiente:

«El número de casos notificados a nivel nacional, hasta el momento, asciende a 589, entre ellos 17 fallecidos: 202 en Madrid (8 fallecidos), 102 en el País Vasco (5 fallecidos), 55 en La Rioja, 49 en Cataluña (1 fallecido), 37 en la Comunidad Valenciana (1 fallecido), 35 en Andalucía, 22 en Castilla y León, 17 en Canarias, 15 en Castilla-La Mancha, 13 en Aragón (2 fallecido), 12 en Cantabria, 8 en Baleares, 7 en Asturias, 6 en Extremadura, 5 en Galicia, 3 en Navarra y 1 en Murcia. El 60% de los casos se concentran en 3 comunidades autónomas (Madrid, País Vasco y La Rioja). Las Ciudades Autónomas de Ceuta y Melilla se mantienen libres de contagio por coronavirus.

Las 17 víctimas mortales presentaban, todas ellas, patologías previas. Las víctimas se han registrado en la Comunidad de Madrid, Comunidad Valenciana, País Vasco, Aragón y Cataluña.

La evolución del número de casos es similar al de días anteriores, se registra diariamente un incremento de casos del 20%, cifras dentro de lo esperado.

Evaluación del riesgo

En la situación actual, el riesgo global para la salud pública en España se mantiene en moderado.

Actuaciones

El Ministerio de Sanidad mantiene el escenario de contención (nivel 1). El ministro de Sanidad, tras la reunión de seguimiento diaria, ha indicado que se van a reforzar los mecanismos de seguimiento y coordinación. El Presidente del Gobierno mañana presidirá la Comisión de evaluación y seguimiento del coronavirus, las reuniones del Comité de Coordinación Interministerial se van a celebrar semanalmente todos los miércoles y las reuniones del Consejo Interterritorial del Sistema Nacional de Salud se van a celebrar dos días a la semana».

Hoy sabemos que aunque Sanidad reconoció 589 casos los contagios eran realmente 12.152, es decir, 20 veces más. En rueda de prensa y preguntado por el 8M el ministro de Sanidad, Salvador Illa, pidió ese mismo domingo que las personas con síntomas de coronavirus se abstuvieran de asistir a las manifestaciones convocadas por todo el país y añadió que se «autoaislaran». Por otro lado, el director del Centro de Emergencias y Alertas Sanitarias, Fernando Simón, desveló que existía un crecimiento del 20% diario de infectados por la Covid-19 en España. Un día antes, Simón aseguró que si su hijo le preguntaba qué hacer «le diría que hiciera lo que quisiera». También apuntó que la manifestación «era una convocatoria para nacionales en la que en principio participan nacionales pero no quiere decir que no haya extranjeros ni tampoco algunos de alguna zona de riesgo».

Mientras en Italia 16 millones de personas eran confinadas en Lombardía y el Gobierno de Conte preparaba el cierre de todo el país (algo que se produjo al día siguiente), en España miles de personas salieron a las calles. Se vieron pancartas en las que se pudo leer «mata más el machismo que el coronavirus» o «el patriarcado mata más que el coronavirus».

En la manifestación de Madrid participaron representantes de todos los partidos, salvo Vox, y se pudo ver por separado a los miembros del gobierno de coalición. Bajo la pancarta socialista acudieron las vicepresidentas Carmen Calvo y Nadia Calviño y las ministras Carolina Darias e Isabel Celáa. También Begoña Gómez (esposa de Pedro Sánchez). En la de Unidas Podemos se pudo ver a la ministra de Igualdad Irene Montero. Una grabación en la cabecera socialista permitió escuchar cómo se alertaba: «besos, no». La asistencia a la manifestación con guantes de la titular de Educación Isabel Celaá y la ex ministra Magdalena Valerio provocó las críticas del Partido Popular. Desde el PSOE aseguraron que los guantes formaban parte de la indumentaria por el 8M y no tenían nada que ver con su carácter profiláctico.

El 12 de marzo se hizo público que Irene Montero y Carolina Darias habían dado positivo por coronavirus. Y fue el 14 de marzo cuando se informó de que también había dado positivo Begoña Gómez. Un nuevo caso del que se informó una vez finalizado el Consejo de Ministros en el que se aprobó el estado de alarma y al que acudió saltándose la cuarentena y sin mascarilla Pablo Iglesias.

La Moncloa

¿Por qué acudió Iglesias al Consejo de Ministros? Aunque se dijo que su presencia había enfadado al Gobierno (le llegaron a acusar de poner en riesgo a todos), medios de comunicación como *La Vanguardia* publicaron el 15 de marzo (48 horas después de ese histórico Consejo), que en realidad fue el propio Pedro Sánchez quien pidió a Pablo Iglesias que acudiera a La Moncloa a pesar de la cuarentena. Según le comunicaron, Carmen Calvo había alertado de los problemas jurídicos que podía acarrear su prevista presencia telemática en un Consejo extraordinario en el que se aprobó el estado de alarma. Sin embargo y tras conocerse el positivo de Begoña Gómez, la realidad es que ese protocolo sanitario, supuestamente elaborado para la asistencia del vicepresidente, amparó de facto al propio Sánchez para presidir el Consejo de Ministros.

Una nueva 'maniobra' que permitió hablar exclusivamente de Iglesias cómo quien obviaba la cuarentena cuando en realidad no la había respetado el propio presidente del Gobierno. Algo que pasó desapercibido con la entrada en vigor de la batería de medidas aprobadas por el Ejecutivo. En este sentido hay que subrayar además que la información sobre Begoña Gómez se facilitó una vez concluida la comparecencia de Pedro Sánchez. Cuando España entera ya se asomaba a los balcones para aplaudir y rendir homenaje a los sanitarios. Aplausos que mitigaron y silenciaron también las preguntas en torno a la mujer del presidente del Gobierno. Su positivo se hizo público el sábado por la noche, ***Libertad Digital*** publicó sin embargo que La Moncloa lo sabía desde el miércoles. Según la información de Ketty Garat, el Gobierno ocultó la infección de Gómez hasta 48 horas después de haberla «aislado» en el complejo presidencial. Ya el 23 de marzo se conoció el ingreso hospitalario de la propia Carmen Calvo. El 25 de marzo se confirmó su positivo tras anunciarse un día antes un negativo «no concluyente», un diagnóstico que hasta Calvo no se había escuchado. La imagen de la vicepresidenta junto a Begoña Gómez y Carolina Darias en el 8M acaparó todos los informativos. La polémica ese día giró en torno a su ingreso en un hospital privado. La nota de La Moncloa justificaba el hecho de que no optara por la sanidad pública en que Calvo como funcionaria de carrera contaba con un seguro sanitario de MUFACE. Lo que no detallaba es que ese seguro permitía elegir entre centros públicos o privados y que la elección por tanto había sido de la propia vicepresidenta primera.

A las manifestaciones por el 8M hubo que sumar otro acto multitudinario. Vox celebró en Vistalegre la reelección de Santiago Abascal al frente del partido. Allí acudieron, entre otros miembros de la cúpula, Javier Ortega Smith. Él se convirtió el 10 de marzo en el primer político en anunciar que padecía la Covid-19. 48 horas después era el propio Abascal en anunciar su enfermedad tras realizarse un test privado. Vox pidió disculpas inmediatas por no haber suspendido el mitin.

Tras lo ocurrido después del 8M y las numerosas preguntas y reproches por no haber suspendido los actos del domingo, la ministra de Igualdad Irene Montero en su reaparición televisiva en La Sexta equiparó las críticas por la celebración de la manifestación (críticas sobre el hecho de permitirla y no sobre su contenido) con un inexistente antifeminismo. El Ejecutivo, con Pedro Sánchez a la cabeza, argumentó por su parte que se había limitado a seguir las indicaciones de los científicos y los expertos sanitarios en la materia. Sin embargo, tanto ***El Mundo*** como ***El País*** publicaron un informe del 2 de marzo de la Agencia de la Salud Pública Europea, en el que esas afirmaciones quedaron en entredicho. Días antes de las manifestaciones y de Vistalegre, el Centro Europeo para la Prevención y el Control de las Enfermedades (ECDC), consideraba que la capital española ya no reunía las suficientes garantías para que se celebrase cualquier evento multitudinario sin riesgo de contagio. La ECDC estableció cinco escenarios, del 0 al 4, en función del riesgo. Así el 0 era el de mayor seguridad y el 4 el de máxima gravedad. Tres días antes de la manifestación y del mitin de Vox o de los partidos de fútbol o conciertos que tuvieron lugar, ya señalaba a la capital española como un caso de escenario 1. Y por tanto, para este escenario, las recomendaciones de este organismo europeo, pasaban por adoptar «medidas de distanciamiento social», entre las que destacaban «evitar actos multitudinarios innecesarios», con una indicación a las autoridades para que valoren la conveniencia de «cancelar estos actos en casos excepcionales». El 6 de marzo el ministro Illa participó en el Consejo Europeo de Sanidad. Allí reconoció la gravedad de la situación y la comisaria de Salud hizo un llamamiento a la reflexión de grandes eventos. Y el ECDC pidió a los Estados que activaran los mecanismos de alarma, algo que en España no ocurrió hasta el 14 de marzo. En Francia los actos de 5.000 personas estaban prohibidos desde el 1 de marzo e Italia mantenía aisladas a millones de personas con fuertes restricciones de movimientos.

El 8M llegó a los tribunales el 23 de marzo con la denuncia de un particular contra el delegado del Gobierno en Madrid por prevaricación. Tanto la Fiscalía como la Abogacía del Estado pidieron el archivo de la causa. La juez Carmen Rodríguez-Medel mantuvo la declaración del delegado José Manuel Franco —que fue reprobado en la Asamblea de Madrid por «dejación de funciones»— y subrayó las «reticencias» del Gobierno para entregar documentación sobre el 8M. Les acusó de entorpecer la investigación. La Guardia Civil se personó el 16 de abril en Sanidad porque Fernando Simón no entregaba los informes. Finalmente la juez acabó archivando la causa tras comprobar que entre el 5 y el 14 de marzo el delegado del Gobierno en Madrid, único imputado, no tuvo un conocimiento cierto, objetivo y técnico del riesgo que para la salud entrañaban las manifestaciones. En el auto se calificó de «sorprendente» que desde el Ministerio de Sanidad no se alertara a José Manuel Franco de los riesgos que conllevaba la celebración de actos multitudinarios y la juez reprochó al delegado del Gobierno que no buscara más información después de haber recibido días antes del 8M dos comunicaciones de la Comunidad de Madrid —sobre los centros de mayores y las actividades formativas en centros sanitarios— que aludían a un riesgo inminente y extraordinario para la salud pública.

La Guardia Civil fue la encargada de investigar lo ocurrido. La juez les advirtió de que solo debían informarle a ella de lo que averiguasen. Un extremo que, como veremos con más profundidad un poco más adelante, acabó ocasionando la caída del coronel de la Guardia Civil Diego Pérez de los Cobos cuando se negó a dar información relativa al caso a diferentes responsables del Ministerio del Interior y a la propia directora de la Guardia Civil. Durante la investigación se supo que la Delegación del Gobierno hizo llamadas durante esos días para anular, en este caso sí, otras manifestaciones convocadas por trabajadores de Amazon. Se hizo por teléfono para evitar dejar una huella documental. La Delegación del Gobierno en Madrid alertó además el 28 de febrero del riesgo de contagio por coronavirus a sus trabajadores, y a través de un email, les instó a mantener una distancia social de al menos un metro y a lavarse las manos. Durante el juicio el forense declaró ante la juez «que sin el 8M, era cierto y seguro que se habría evitado una amplia difusión del virus. Un tsunami se prevé porque ha existido un fenómeno previo, un terremoto. La hecatombe en España se veía venir. No solo porque a posteriori es más fácil analizar; quien sabe de epidemiología, sabe que era algo previsible». La Guardia Civil incluyó en la investigación un vídeo que hizo público el diario *ABC*. Se trataba de la conversación previa a una entrevista a Irene Montero. Se realizó el 9 de marzo en la ETB y la ministra de Igualdad reconoció ante la periodista que iba a mentir cuando le preguntara sobre la manifestación del 8M. Estas fueron sus palabras:

Periodista.- ¿A qué crees que se debe la bajada de cifras?

Irene Montero.- Pues tía, creo que al coronavirus. O sea, no lo voy a decir porque no lo voy a decir.

Periodista.- Sí, porque te van a sacar...

Irene Montero.- No, pues porque, tía, quiero ser muy prudente, porque creo que la comunicación que se estaba haciendo como Gobierno es buena comunicación, muy basada en los datos médicos. Claro, como siempre priorizar la salud pública, no tomar decisiones por el sentimiento este de pánico generalizado que ya hay porque incluso hay países europeos que ya están tomando medidas drásticas. La capacidad real de control que están teniendo es muy limitada tomando medidas superdrásticas.

Periodista.- Superdrásticas...

Irene Montero.- Pero, en verdad, creo que sí. Que la cosa de que si tienes síntomas no te muevas mucho [...]. Bueno, al final, es que hablando así...

Periodista.- Claro, y es un sitio donde al final tienes una distancia muy corta... La gente además se abraza, lo celebra.

Irene Montero.- Es que esto es ya cierre del Ministerio porque la gente todo el rato «un beso ministra, ¿te puedo dar un beso?. Bueno, dicen que el coronavirus pero da igual... muac, muac», ¿sabes?

Periodista.- Ya.

Irene Montero.- Y con la niña: «hola bonita, ¿cómo estás?». Y es como la mano, ¿no?

ETB

9 MARZO- 13 DE MARZO

Primeras medidas en España. Madrid toma las riendas, el Gobierno va un paso por detrás

El coronavirus, expandido ya a nivel mundial, tenía cada vez menos fuerza en China. Las autoridades reportaron 0 casos nuevos de contagio en la provincia de Hubei, sin contar con la capital, Wuhan, donde se originó el brote. Xi Jinping dio por ganada la batalla. Mientras, en Italia el aislamiento se extendió a todo el país. En Mónaco el Baile de la Rosa se suspendió por primera vez en la historia, se canceló el festival de música Coachella y se retrasó el estreno de la última película de James Bond.

En España el 9 de marzo marcó un antes y un después. El ministro de Sanidad Salvador Illa reconoció que había habido un cambio en la situación el domingo al anochecer. La actitud del Gobierno dio un giro de 180 grados. Madrid y el País Vasco cerraron las aulas ante el avance sin control del coronavirus. El consejero de Salud madrileño relató meses después que ni Illa ni Simón estaban por la labor de cerrar los colegios cuando les trasladó la decisión adoptada por la Comunidad. En medio del caos, Valencia suspendió las Fallas. Las autoridades recomendaban ya el teletrabajo. Se hablaba de 1.639 contagiados y había sobre la mesa 35 muertos. El Congreso cerró sus puertas y el PP exigió la comparecencia de Pedro Sánchez. La por entonces portavoz parlamentaria del PP Cayetana Álvarez de Toledo aseguró que «la democracia no estaba en cuarentena». El Consejo de Ministros aprobó, entre otras medidas, prohibir los actos de más de mil personas, suspendió los vuelos a Italia (hasta 250 vuelos diarios), aplazó los viajes del Imserso y dijo que los partidos de baloncesto y fútbol se debían jugar a puerta cerrada. Estábamos ya en 'contención reforzada'. Esa noche se produjo la primera comparecencia de Pedro Sánchez, admitió cuatro preguntas y tuvo todavía presencia física de periodistas. Y todo esto solo 48 horas después del 8M.

El 11 de marzo el BCE reclamó a Europa una respuesta contundente. Lagarde avisó de que la crisis podría ser peor que la de 2008. La OMS declaró ya oficialmente la pandemia. En Italia se siguieron dando pasos contundentes para contener el virus, Conte cerró comercios y mantuvo abiertos los establecimientos de alimentación y farmacias. En Estados Unidos Trump anunció la suspensión de todos los viajes procedentes de Europa, pero mantuvo todavía abierto el transporte aéreo a Reino Unido e Irlanda. En España, PP y Ciudadanos reclamaron la comparecencia de Sánchez en el Congreso, mientras las Asambleas de Madrid y Andalucía cerraron sus puertas. Se siguieron conociendo positivos, como el de la expresidenta del Congreso Ana Pastor, y Sanidad empezó a hablar de entre 2-5 meses de epidemia.

El número de contagios superó los dos millares. Tan solo 24 horas después hubo mil casos más y el número de muertos ascendió a 84. España, en clara emergencia, se convirtió el 12 de marzo en el segundo país con más nuevos contagios. El presidente del Gobierno, compareció de nuevo para anunciar una inyección millonaria para hacer frente a la Covid-19. En total, 3.800 millones de euros que serían repartidos entre los servicios sanitarios de todas las comunidades autónomas. La Bolsa registró hasta ese momento la mayor caída de la historia. Caída del 14,06% en una sola sesión. 10 millones de alumnos se quedaron sin clase. Cataluña confinó a 70.000 personas en Igualada y otros tres municipios. El alcalde de Madrid pidió a los ciudadanos que no salieran de sus casas. Se activó la campaña #YoMeQuedoEnCasa y la de #Frenarlacurva. Empezamos a entrar en pánico mientras Italia llevaba a cabo su primer día de encierro total, Emmanuel Macron cerraba colegios y guarderías y China daba por superado el pico de contagios.

13 DE MARZO

Se anuncia el estado de alarma: Madrid - Galicia - País Vasco y Cataluña siguen tomando medidas de contención.

El viernes 13 Pedro Sánchez anunció, en una declaración institucional y sin preguntas, el estado de alarma. Dijo que se aprobaría el sábado en un Consejo de Ministros extraordinario. La medida sorprendió en cuanto que normalmente cuando se anuncia un estado de alarma se ejecuta de manera inmediata. El líder de la oposición,

Pablo Casado, le pidió que tomara las riendas de la situación, le tendió la mano y aseguró que había sido irresponsable mantener el 8M.

La Comunidad de Madrid, en línea con el Ayuntamiento, fue la primera en mover ficha. Isabel Díaz Ayuso y José Luis Martínez-Almeida comparecieron juntos y anunciaron el cierre de comercios, salvo establecimientos de alimentación, farmacias, estancos y gasolineras. También Iñigo Urkullu en el País Vasco y Alberto Núñez Feijoó en Galicia decretaron la alerta sanitaria. Murcia confinó las zonas costeras ante la llegada masiva de turistas. Valencia tomó medidas para cerrar los locales de ocio. La Conferencia Episcopal recomendó suspender las procesiones y seguir misa por radio, tv o plataformas digitales. Había ya 5.100 contagiados y 132 muertos. *The New York Times* publicó un artículo acusando al Gobierno español de irresponsabilidad el 8M. Ese mismo día EE.UU. decretó emergencia nacional.

La OMS situó el epicentro de la pandemia en Europa. Solo Reino Unido siguió sin tomar medidas mientras se suspendieron los partidos de Champions y de la Europa League.

14 DE MARZO

Consejo de Ministros extraordinario, luz verde al estado de alarma

El Consejo de Ministros se celebró en el Palacio de La Moncloa con las bajas por enfermedad de las ministras Carolina Darias e Irene Montero. El vicepresidente segundo Pablo Iglesias, como ya hemos dicho, se saltó la cuarentena y acudió sin mascarilla a la reunión. Un Consejo en el que se dio luz verde al estado de alarma bajo la obra pictórica de Miquel Barceló: L'Atelier aux sculptures (El estudio de las esculturas).

La reunión duró prácticamente siete horas por el debate interno que se produjo entre los socios del gobierno de coalición. Durante ese tiempo la rumorología hablaba sobre el deseo de nacionalizar eléctricas y sanidad privada propuesto por Iglesias y el rechazo a tales medidas de la vicepresidenta tercera y ministra de Economía Nadia Calviño. Se llegó incluso a filtrar la posible salida del Gobierno de Unidas Podemos. La comparecencia del presidente del Gobierno se retrasó en varias ocasiones. A las 14h se dijo que a las 15h. A las 15h que por la tarde. A las 19 que a las 20h y finalmente Pedro Sánchez compareció en torno a las 21 horas. Dijo que el Gobierno era la única autoridad en España. Que el virus no entendía de ideologías y puso todas las policías bajo el mando del ministro del Interior Fernando Grande-Marlaska y a todas las consejerías de Sanidad bajo el mando único de Salvador Illa. El transporte público se redujo un 50%. Y la coordinación del estado de alarma quedó en manos de cuatro ministros, todos socialistas: Margarita Robles (Defensa), Fernando Grande-Marlaska (Interior), José Luis Ábalos (Transportes) y Salvador Illa (Sanidad).

El presidente del PP, Pablo Casado, volvió a comparecer para anunciar su apoyo al Ejecutivo pero también para criticar a un Gobierno que a su juicio, no estaba pensado para gobernar.

Antes de la comparecencia de Sánchez, Madrid cerró los parques y se pudo ver los primeros drones con altavoces pidiendo a la gente que volvieran a sus casas. Andalucía elevó la alerta. Y la videoconferencia de presidentes autonómicos quedó aplazada al domingo. Desde Cataluña y el País Vasco, Quim Torra e Iñigo Urkullu, ante las filtraciones con las medidas del estado de alarma, aseguraron estar en contra por invadir sus competencias. El día terminó con un aplauso sanitario que recorrió el país entero, se escucharon «Vivas a España» y un tema del Dúo Dinámico «Resistiré» retumbó por las calles.

El 14 de marzo, en Francia se cerraron los lugares públicos, Italia continuó confinada y Estados Unidos anunció también la suspensión de vuelos procedentes de Reino Unido.

15 DE MARZO

Día 1- Primer día del estado de alarma

288 muertos. 7.743 infectados. Todos los periódicos llevaron en portada el lema del Gobierno: «Este virus lo paramos unidos»

El 15M entró en vigor el primer paquete de medidas aprobado por el Ejecutivo. Un paquete que incorporó la restricción de movimientos a nivel nacional. Y que conllevó el cierre de todo comercio salvo alimentación, farmacias, estancos, kioscos y gasolineras. El permiso de apertura de peluquerías provocó cierta incertidumbre. La Comunidad de Madrid anunció que no permitiría abrirlas. Finalmente el Gobierno dio marcha atrás y anunció, después de la presidenta Ayuso, su cierre salvo excepciones. Por otra parte, el Real Decreto incluyó también una reducción del transporte público en un 50%. El estado de alarma era de obligado cumplimiento. Las autoridades recordaron que las sanciones iban desde los 100 a 600.000 euros e incluían hasta un año de prisión.

La Moncloa

Tras el Consejo de Ministros extraordinario, el domingo se celebró una videoconferencia de presidentes autonómicos, Ceuta y Melilla. Todos cerraron filas con La Moncloa. El presidente de la Generalitat se quedó solo al no suscribir la declaración de unidad de acción. El número de muertos ascendió a 288 y más de 7.700 contagiados. Policía y Ejército comenzaron a patrullar por las calles. La UME pronto llegó a toda España.

El Gobierno puso también a todos los hospitales privados al servicio de las comunidades.

Se produjo la primera rueda de prensa de los cuatro ministros encargados de la coordinación. Tras los numerosos errores de gestión y descoordinación, la puesta en escena de esa comparecencia fue un acierto. Transmitió seguridad, confianza, en definitiva acción. El Estado, por fin, se ponía en marcha para hacer frente al virus.

Margarita Robles, aseguró que si Quim Torra anteponía los intereses políticos a la salud, no merecía continuar en la vida pública. En las redes sociales un tuit de la ex consejera huida Clara Ponsatí, diciendo de «Madrid al cielo», provocó una oleada de críticas. Finalmente lo borró tras ser jaleada entre otros por el ex presidente catalán Carles Puigdemont.

También este domingo se anunció el aplazamiento de la Feria de Abril. Se produjeron las primeras misas sin fieles. Y el Vaticano anunció que los ritos de Semana Santa se retransmitirían 'on line'. La Santa Sede distribuyó unas imágenes del Papa caminando solo por Roma e impartiendo la bendición de los domingos desde su balcón ante una plaza de San Pedro vacía.

Vatican News

El número de muertos en Italia se duplicó en un solo día hasta los 368 fallecidos. Una cifra mayor que el día de más mortalidad registrado en Wuhan. Francia celebró elecciones municipales. 48 millones de electores debían elegir a sus alcaldes pese al coronavirus. El 56% de los franceses no acudió a votar, lo que supuso 20 puntos menos de participación. El resultado quedó en entredicho. Y la segunda vuelta fue suspendida.

Por si todo esto fuera poco, a última hora de la tarde en España, la Casa Real emitió un comunicado: Don Felipe renunciaba a la herencia de su padre y retiraba la asignación a Don Juan Carlos por sus supuestas cuentas en Suiza. Era la primera noticia del Rey en plena crisis del coronavirus.

16 DE MARZO

Día 2- Aplazamiento de elecciones en País Vasco y Galicia

355 muertos. 9.853 contagiados. A partir de este lunes el Gobierno anunció que todas las mañanas habría un gabinete de crisis presidido por Pedro Sánchez. El presidente del Gobierno tuvo este día una videoconferencia con Pablo Casado. Tanto el Gobierno Vasco como la Xunta anunciaron el aplazamiento de las elecciones autonómicas del 5 de abril. En el primer día laborable del estado de alarma en Madrid, a primera hora, se registraron imágenes de aglomeraciones en trenes de cercanías. Los trabajadores tenían miedo a perder su empleo.

El ayuntamiento de Madrid habilitó 150 camas en IFEMA para personas sin hogar asintomáticas. Y avanzó que quienes presentarán síntomas serían trasladados a centros específicos de aislamiento para su cuidado. Este mismo día Isabel Díaz Ayuso y Quim Torra confirmaron que estaban enfermos.

El Ministerio de Defensa bautizó como 'Operación Balmis' su despliegue en recuerdo al médico militar que llevó la vacuna de la viruela a las posesiones españolas en América en 1803. El ministro Ábalos anunció en RNE que el estado de alarma sería mayor de 15 días. El Ibex perdió un 7,88% en un día en el que Wall Street paralizó su actividad. Donald Trump hizo un llamamiento para evitar encuentros de más de 10 personas. En Reino Unido, Boris Johnson pidió por primera vez que cesaran los contactos no esenciales con otras personas y en Francia Emmanuel Macron, en un discurso a la Nación, se refirió al coronavirus como una «guerra sanitaria». Portugal por su parte prohibió la entrada de turistas españoles y el ministro del Interior Grande-Marlaska anunció el cierre de fronteras.

Se comenzó a asumir la nueva vida en cuarentena. RTVE suspendió programas como Los Desayunos, Corazón, Operación Triunfo y La2 Noticias.

17 DE MARZO

Día 3- Paquete económico para hacer frente a la Covid-19

500 muertos, 11.409 contagios. Más de 100.000 personas perdieron en estos días de forma temporal su empleo. El 17M se llevó a cabo el primer Consejo telemático de la historia.

La Moncloa

Pedro Sánchez anunció un plan que supuestamente movilizaba 200.000 millones, según La Moncloa el 20% del PIB, para amortiguar el impacto de la crisis del coronavirus. El decreto incluyó medidas para agilizar los ERTE, facilitar el cobro de la prestación por desempleo y lanzó avales para garantizar la liquidez a las pymes. El paquete de medidas no incluyó la suspensión de la cuota de autónomos que estos trabajadores habían llegado a implorar.

Un paquete de medidas que explicó en una nueva comparecencia el presidente del Gobierno. Comparecencia con preguntas de nuevo filtradas por el secretario de Estado de Comunicación, Miguel Ángel Oliver. La sorpresa llegó al día siguiente cuando al ver el Boletín Oficial del Estado se comprobó que en la página 41 (de un total de 46) se «coló» sin previo aviso la decisión de blindar en la comisión del CNI tanto al vicepresidente segundo, Pablo Iglesias, como a Iván Redondo, director del Gabinete de la Presidencia del Gobierno. Algo que todos los partidos afearon a Sánchez.

Disposición final segunda. *Modificación de la Ley 11/2002, de 6 de mayo, reguladora del Centro Nacional de Inteligencia.*

Se modifica el apartado 2 del artículo 6 de la Ley 11/2002, de 6 de mayo, reguladora del Centro Nacional de Inteligencia, con la siguiente redacción:

«2. La Comisión estará presidida por el Vicepresidente del Gobierno que designe su Presidente, e integrada por los Vicepresidentes designados por el Presidente del Gobierno, las Ministras de Asuntos Exteriores, Unión Europea y Cooperación, y de Defensa, el Ministro del Interior y la Ministra de Asuntos

cve: BOE-A-2020-3824
Verificable en https://www.boe.es

BOLETÍN OFICIAL DEL ESTADO

Núm. 73 Miércoles 18 de marzo de 2020 Sec. I. Pág. 25894

Económicos y Transformación Digital, así como por el Director del Gabinete de la Presidencia del Gobierno, el Secretario de Estado de Seguridad y la Secretaria de Estado Directora del Centro Nacional de Inteligencia, que actuará como Secretaria.»

Por la mañana el diario *ABC* publicó una encuesta sobre la gestión del coronavirus. 7 de cada 10 ciudadanos creían que el Gobierno actuó tarde. El 80% creían que fue irresponsable que el Ejecutivo promoviera la manifestación del 8M. El 99% apoyaba el estado de alarma. Unanimidad también en que Gobierno y oposición fueran juntos en la crisis.

Los líderes de la UE acordaron cerrar las fronteras exteriores 30 días. Las autoridades de China hicieron público que habían desarrollado con éxito una vacuna contra el coronavirus, por lo que aprobaron la realización de ensayos en humanos. Se sumaba a la ya anunciada por EE.UU.

Comenzaba a nivel internacional otra guerra: la carrera por ser el primero en tener la cura para el virus que había puesto en jaque a todo el planeta.

18 DE MARZO

Día 4- Sánchez comparece en el Congreso, el Rey Felipe ante los españoles

Congreso TV

Debido al estado de alarma y por razones de seguridad, solo unos 30 diputados asistieron a la comparecencia en el Congreso del presidente del Gobierno. Una comparecencia, sin periodistas en la que Sánchez calificó el coronavirus como una enfermedad «silenciosa y cruel». Aseguró que el suministro alimentario estaba garantizado y que lo peor de la crisis «estaba por llegar». Sánchez justificó también el momento en el que se decretó el estado de alarma, que fue, según sus palabras, «cuando se tuvo la certeza de que resultaba imprescindible», porque «los derechos que restringe y los bienes que pone en juego son suficientemente valiosos para ser preservados hasta ese instante». El presidente anunció la puesta en marcha de una comisión de investigación cuando la crisis terminara y adelantó su intención de aprobar un 'Libro Blanco' sobre la Sanidad española.

Después fue el turno para el presidente del PP al que Sánchez no miró en ningún momento. Tampoco cuando Pablo Casado le dijo: «Señor Sánchez, le digo que no está solo en la batalla contra esta pandemia. Para combatirla puede contar con el apoyo del jefe de la oposición y del Grupo Popular».

La cifra de muertos por coronavirus ascendió en España a 624 y 13.900 contagiados. La Fiscalía comenzó a investigar la muerte de al menos 19 personas en la residencia de mayores Monte Hermoso de Madrid. Sin embargo, y por desgracia, los fallecidos en residencias se multiplicaron por toda España.

Las comunidades autónomas, en colaboración con el Ministerio de Sanidad, habilitaron cada una sus servicios de atención telefónica. En total 19 números diferentes para hacer frente al coronavirus.

En Italia solo este miércoles murieron 475 personas, la cifra más alta en un solo día, y se acercó ya a los 3.000 fallecidos. La OMS anunció que el coronavirus superó la barrera de los 200.000 contagiados y los 8.000 muertos. La OIT aseguró que la Covid-19 podría destruir hasta 25 millones de empleos.

También este miércoles se anunció algo inaudito: por primera vez en 64 años el Festival de Eurovision se suspendió. Ya por la noche el Rey se dirigió a la Nación y hubo quien salió además a los balcones para protestar contra la Corona.

19 DE MARZO - 24 DE MARZO

Días 5-10, polémica por la gestión del Gobierno

El 19 de marzo pasó a la historia como el día en el que hubo que lamentar la primera muerte de un sanitario. En clave política y saltándose por segunda vez la cuarentena, Pablo Iglesias ofreció su primera rueda de prensa desde el inicio de la crisis en La Moncloa. Lo hizo junto al ministro de Sanidad para defender lo que bautizó como el «escudo social». Podemos puso en circulación esa noche un vídeo en redes sociales en el que decía que «la patria es nuestra gente» y mezclaba imágenes de la lucha contra el coronavirus, con el 11M, el Prestige, incendios o la crisis económica de 2008.

Además en su campaña para defender la gestión del Gobierno, desde la vicepresidencia segunda se publicó una guía que llevó por título *Preguntas frecuentes sobre las medidas sociales contra el coronavirus*. Se aprovechó para arremeter contra el anterior ejecutivo de Mariano Rajoy. Un dosier elaborado con recursos públicos, y difundido también a través de las redes sociales.

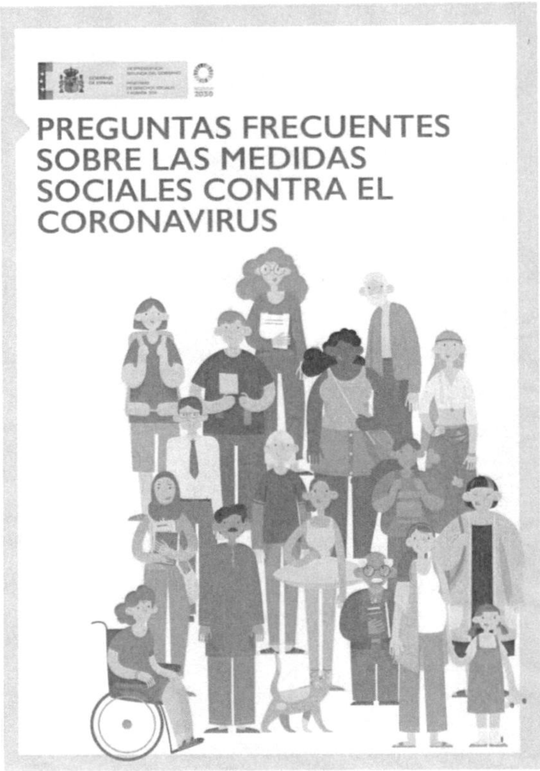

Hubo que esperar hasta el 21 de marzo para poner en marcha el Comité Científico del coronavirus. Por la tarde sin Fernando Simón, que se realizó una prueba al tener algún síntoma y que resultó una falsa alarma, comparecieron en La Moncloa para detallar la compra de 640.000 test rápidos y 700 respiradores. En medio de esa comparecencia, que emitió en directo La 1 de Televisión Española, y sin previo aviso, La Moncloa pinchó unas imágenes editadas por el propio Gobierno con la actividad de ese día de Pedro Sánchez. Un vídeo-resumen que fue comentando el propio secretario de Estado Miguel Ángel Oliver. Un escándalo mayúsculo, que pasó prácticamente desapercibido, y que recordó a otros tiempos. Sobra decir que cada medio ha de ser libre para escoger las imágenes que emite.

Ya por la noche, y prácticamente a la misma hora en la que se convocó una cacerolada contra Pablo Iglesias, el presidente del Gobierno compareció de nuevo ante España en horario de máxima audiencia. Un mensaje que no puso encima de la mesa ninguna medida relevante. Pedro Sánchez hizo alusión a los test rápidos que había comprado: son «fiables y homologados» y resaltó que esa homologación era muy importante porque «debían contar con todas las garantías sanitarias». Apenas cinco días después, los médicos alertaron de que los test no funcionaban y China, a través de su embajada en España, aseguró que las empresas a las que se había comprado el material no contaban con las licencias necesarias. Primero se habló de 9.000 test erróneos, después de 60.000 para finalmente acabar reconociendo que había que devolver 650.000 test diagnósticos. La ministra de Exteriores Arancha González Laya dijo en Radio Euskadi que «no estamos acostumbrados a comprar en China. Nos ofrecen gangas y luego evidentemente resulta que eso

no son gangas». Para la oposición se trataba de un error mayúsculo y salió en tromba a exigir responsabilidades.

El 22 de marzo abrió sus puertas el Hospital de IFEMA. Un centro temporal que la Comunidad de Madrid habilitó en solo 48 horas con ayuda de la UME. Además tuvo lugar la segunda videoconferencia con los presidentes autonómicos. Antes de la comparecencia de Pedro Sánchez, se filtró que el estado de alarma se prorrogaba hasta el 11 de abril. La noche anterior hasta 12 periodistas preguntaron por esa posibilidad. La secretaría de Estado no incluyó sin embargo ninguna de esas preguntas, quizá para no reventar la comparecencia del presidente del Gobierno. De nuevo se sucedieron las quejas por la imposibilidad de preguntar con libertad.

NATO
Euro-Atlantic Disaster Response Coordination Centre (EADRCC)

OTAN
Centre Euro-Atlantique de coordination des réactions en cas de catastrophe (EADRCC)

NATO/EAPC UNCLASSIFIED
Releasable to Mediterranean Dialogue, Instanbul Cooperation Initiative countries, Afghanistan, Australia, Colombia, Iraq, Japan, Mongolia, The Republic of Korea, New Zealand and Pakistan

EADRCC REQUEST FOR INTERNATIONAL ASSISTANCE
COVID-19

Message Nº.	:	OPS(EADRCC)(2020)0066
Dtg	:	24 March 2020, 10:00h UTC
From:	:	Euro-Atlantic Disaster Response Coordination Centre
To	:	Points of Contact for International Disaster Response in NATO and partner countries
Precedence	:	Priority
Originator	:	EADRCC Action Officer Tel:
Approved by	:	EADRCC
Reference	:	EAPC(C)D(98)10(Revised)

This request consists of 3 pages

1. In accordance with the procedures at reference, EADRCC has received today, 23 March 2020, a request for international assistance. The following information was provided.

2. **General Situation**

Type of the Disaster	:	COVID-19 pandemic
Date and Time the Disaster occurred	:	9 March 2020 and ongoing
Location of the Disaster	:	Spain

3. **Initial Assessment of the damage and description of the situation**

3.1 The Armed Forces of Spain request international assistance in their response to the global pandemic of the coronavirus COVID-19. The Armed Forces of Spain are acting in favour of civil population to mitigate the virus spread.

3.2 In order to prevent the spread of the virus in the military units of the Armed Forces of Spain and in the civil population, we ask our international partners to provide assistance to the Ministry of Defence of Spain in supplying humanitarian assistance.

El 23 de marzo el Ministerio de Defensa solicitó ayuda a la OTAN y situó curiosamente en el 9 de marzo, el inicio de la epidemia en España.

La carta de Defensa y las múltiples quejas de las comunidades autónomas pusieron sobre la mesa una evidencia: faltaba material sanitario. El 24 de marzo se hizo público que el Ministerio de Hacienda tomaba las riendas ante el caos logístico de Sanidad.

25 DE MARZO

Día 11- El Gobierno comienza a perder apoyos

De manera inexplicable el CIS publicó un nuevo barómetro. El PSOE mantenía sus 12 puntos de ventaja sobre el Partido Popular. El estudio se había realizado entre el 1-13 de marzo. Un CIS de nuevo de espaldas a todas las encuestas que daban hasta este momento, también después, una bajada en picado de los índices de popularidad del Ejecutivo. De nuevo José Félix Tezanos, director del CIS, salió al rescate. La encuesta dejó otros datos como que tres de cada cinco españoles ya apoyaba medidas urgentes contra el coronavirus antes del estado de alarma. Más de la mitad de los entrevistados reclamaba suspender los eventos con aglomeraciones en los días en los que el Gobierno alentó las movilizaciones del 8M.

En las propias filas socialistas, empezaron a escucharse voces en contra de la gestión del Ejecutivo. El presidente de Castilla-La Mancha Emiliano García-Page reconoció que sus dudas en cerrar los colegios vinieron dadas por la orden de La Moncloa de no cerrar los centros educativos. Periódicos como *The Guardian* publicaron artículos poniendo en tela de juicio la gestión del Gobierno. Le acusaron de llegar tarde a la crisis, no contar con el material sanitario necesario y de permitir manifestaciones como las del 8M.

El 25 de marzo el número de fallecidos ascendía ya a 3.434 y los contagiados llegaron a los 47.610. Desde China llegaron noticias del levantamiento del confinamiento en la provincia de Hubei (algo que no pasaría en Wuhan hasta el 8 de abril). Por la mañana Fernando Simón aseguró en rueda de prensa que «posiblemente estuviéramos en el pico o ya yendo hacia abajo». El ministro de Sanidad anunció que había cerrado una compra de material con China por valor de más de 400 millones de euros (cantidad que después aumentó). Incluía test rápidos, mascarillas o respiradores. Salvador Illa situó además el contagio masivo a finales de febrero.

Mientras, en el Congreso de los Diputados se celebró un pleno que terminó entrada la madrugada y en el que se aprobó la prórroga del estado de alarma hasta el 11 de abril. El Gobierno recibió las críticas de la oposición pero contó con el apoyo de PP, Vox y Ciudadanos. Sin embargo partidos como ERC, JuntsxCat o Bildu, que habían permitido la llegada a La Moncloa de Pedro Sánchez, se abstuvieron. Aunque no deja de resultar anecdótico, Pablo Casado y Santiago Abascal acudieron al pleno con corbata oscura en señal de duelo. El presidente del Gobierno siguió fiel a sus tonos habituales.

Desde la tribuna el líder del PP reclamó que las banderas se colocaran a media asta en señal de duelo, que llegado el momento se celebrase un funeral de Estado y se levantara en Madrid, tal y como había propuesto la presidenta Isabel Díaz Ayuso, un monumento en recuerdo de las víctimas. Lo único a lo que el Gobierno dio el visto bueno fue a que Salvador Illa compareciese semanalmente en la Cámara Baja. También se anunció el retraso de la selectividad.

A nivel internacional, nueve dirigentes entre ellos Pedro Sánchez, Emmanuel Macron, Giuseppe Conte y Antonio Costa reclamaron a través de una carta más ambición a la Unión Europea: «Si queremos que la Europa del mañana esté a la altura de las aspiraciones de su pasado, debemos actuar hoy». El número de muertos en Italia superaba los 7.500 con 75.000 contagiados. Rusia decretó el confinamiento y Estados Unidos acordó la aprobación del plan de rescate económico más potente de su historia: 2 billones de dólares en ayudas a empresas y ciudadanos. Tras cinco días de negociaciones llegó el acuerdo entre republicanos y demócratas. Según Gallup el ratio de aprobación de Donald Trump alcanzó el máximo de su presidencia. Subió cinco puntos hasta el 49%.

En Reino Unido, la Casa Real británica anunció el positivo del príncipe Carlos que reapareció, con un vídeo en su perfil de Instagram, el 1 de abril.

26 DE MARZO

Día 12- Illa comparece por primera vez en el Congreso

4.089 muertes, 56.188 contagiados. El Rey visitó IFEMA con guantes y mascarilla. La Reina reapareció tras su cuarentena. El ministro de Sanidad compareció por primera vez en el Congreso. Salvador Illa aseguró que estábamos en 'fase de estabilización'. Y preguntado por el 8M aseguró que los responsables de mantener la manifestación o cancelarla eran las comunidades autónomas. Una información incorrecta, ya que son las delegaciones de Gobierno quienes pueden prohibir una manifestación, según establece la Ley Orgánica 9/1983, reguladora del Derecho de Reunión. Por lo tanto el Gobierno podía haber cancelado las manifestaciones del 8M y todo evento que supusiera una aglomeración. Bajo esta premisa el abogado que denunció al delegado del Gobierno en Madrid, interpuso también una denuncia contra Pedro Sánchez, en este caso ante la Sala Penal del Supremo, por un supuesto delito de prevaricación administrativa.

Tras la comparecencia de Illa, la rueda de prensa habitual en La Moncloa corrió a cargo del ministro del Interior y el de Transportes. Muy criticada fue su actitud del día anterior en el Congreso junto a la ministra de Trabajo.

También suscitó polémica la forma en la que José Luis Ábalos comentó que él estaba en la Mascletà el 8M, con una media sonrisa. Días después se supo que la pirotécnica de la Mascletà se había contagiado de coronavirus. Además un abogado denunció por permitir la celebración tanto al presidente de la Comunidad Valenciana, Ximo Puig, como al alcalde de la ciudad, Joan Ribó.

Este 26 de marzo nos dejó otra imagen, la del líder del PP Pablo Casado guardando un minuto de silencio en la sede de Génova con las banderas a media asta.

27 DE MARZO

Día 13- El Papa bendice al mundo

Estados Unidos superó a China como el país con más número de contagios por coronavirus. En Reino Unido el primer ministro británico confirmó con un vídeo en redes sociales que había dado positivo pero que seguiría desde su confinamiento dirigiendo el país. Italia superó los 9.000 muertos en un día en el que por primera vez se dirigió a la nación el presidente de la República. Desde Roma, una imagen dio la vuelta al mundo. La del Papa solo en la plaza de San Pedro: «Desde hace algunas semanas parece que todo se ha oscurecido. Densas tinieblas han cubierto nuestras plazas, calles y ciudades; se fueron adueñando de nuestras vidas llenando todo de un silencio que ensordece y un vacío desolador que paraliza todo a su paso: se palpita en el aire, se siente en los gestos, lo dicen las miradas. Nos encontramos asustados y perdidos». Francisco subrayó que a la humanidad le ha sorprendido una «tormenta inesperada y furiosa»: «Nos dimos cuenta de que estábamos en la misma barca, todos frágiles y desorientados; pero, al mismo tiempo, importantes y necesarios, todos llamados a remar juntos, todos necesitados de confortarnos mutuamente. En esta barca, estamos todos». Unas palabras que en España se emitieron por televisión en TRECE y que permitieron a la cadena de la Conferencia Episcopal lograr la mejor audiencia de su historia.

En España el número de muertos alcanzó los 5.130 y el de contagiados escaló hasta los 65.608 casos. De ellos 9.000 personas eran sanitarios. Un auténtico drama. La primera línea del frente estaba totalmente desprotegida. En un nuevo Consejo de Ministros el Gobierno dio luz verde a la decisión de prohibir los despidos y revisar todos los ERTES, que para entonces ya afectaban a un millón de españoles, para «detectar fraudes».

Vatican News

28 DE MARZO

Día 14- China cierra sus fronteras, en España el Gobierno prohíbe el trabajo no esencial

China inició el día cerrando sus fronteras a todos los extranjeros. En España ya se habían registrado 5.690 fallecidos, 832 más en tan solo 24 horas. Los contagiados ascendieron a 72.248 personas.

En la tradicional comparecencia desde La Moncloa sucedieron dos incidentes a tener en cuenta. Los dos se produjeron en el turno de preguntas. Por un lado cuando *ABC* preguntó sobre «por qué se seguía confiando en la empresa de los test fallidos Bioeasy». Tras vacilar, Fernando Simón acabó dando la palabra a Patricia Lacruz, directora de Cartera y Farmacia que respondió con evasivas y sin concretar el motivo de la decisión de seguir comprando a una compañía que ya había demostrado su poca fiabilidad: «Si no llegamos a fabricantes, vamos a distribuidores o intermediarios. Estas empresas pueden ser nacionales, de China o de otros países europeos».

El segundo momento de tensión surgió cuando José Ángel González, director adjunto operativo (DAO) de la Policía Nacional aseguró que: «hace ya tres meses que el director general de la Policía nos encargó a la Subdirección General de Logística que empezáramos a mover la compra de mascarillas y de guantes». Reconocía de facto que hacía meses que en el Ministerio del Interior se consideraba el coronavirus una amenaza muy real, desmontando por tanto el argumentario del Gobierno de que 'nadie podía imaginarse el alcance de la epidemia'. Ante esta afirmación, el secretario de Estado Miguel Ángel Oliver, como se pudo claramente ver en la conexión que se hacía en directo con La Moncloa, le repreguntó: «¿Tres meses, querrá decir tres semanas?». González insistió que no «que eran dos meses». Al día siguiente, una de las preguntas que tuvo que responder el director adjunto de la Policía Nacional fue precisamente acerca de este asunto. La prensa quiso saber por qué dos meses antes se había activado la compra material sanitario. Una vez más, como las preguntas eran filtradas, se le pudo ver leyendo la respuesta mientras pasaba incluso de página.

La Moncloa

Estas declaraciones no dejarían de resultar una anécdota si no fuera porque el jefe de Servicio de Prevención de Riesgos Laborales de la Policía Nacional, José Antonio Nieto Jurado, hizo público un informe el 24 de enero instando a comprar esos guantes y mascarillas. A tres meses de su jubilación, y sin que la queja de los sindicatos sirviera para nada, fue cesado el 12 de marzo.

4. Conclusiones.

Ante la información difundida por la OMS sobre posibilidad de expansión del virus se propone la adopción de las siguientes medidas preventivas a los funcionarios policiales, especialmente de los puestos fronterizos ante la llegada de vuelos procedente de la zonas afectadas.

1.- Utilización de **guantes de nitrilo** de un solo uso en cacheos o inspección de equipajes y documentación.

2.- Utilización de **mascarillas FFPP 2** en el control de la documentación a todos los pasajeros procedentes de cualquier ciudad de China u otras zonas afectadas., independientemente de su nacionalidad.

Madrid, 24 de Enero de 2020

El Jefe del Servicio de Prevención de Riesgos Laborales

El 28 de marzo, Pedro Sánchez compareció antes de la hora habitual, a las 18.30 horas, para anunciar en un nuevo discurso, con preguntas filtradas, el cierre de todo el trabajo NO ESENCIAL. 50 minutos de comparecencia televisiva en el que dejó entrever el nuevo eje político y de comunicación que su gobierno activaba. Y que pasaba por responsabilizar a la Unión Europea: «Es el momento de mayor dificultad de la UE desde su creación. La Unión Europea tiene que estar a la altura y no defraudar a sus ciudadanos. Necesitamos pruebas, contundencia y solidaridad». Sánchez aseguró que estábamos ante el peor escenario desde la II Guerra Mundial y apeló a la necesidad de activar un nuevo Plan Marshall.

Una estrategia, la de culpar a la UE, que horas más tarde defendieron en Sálvame Deluxe, un conocido programa de corazón, primero la ministra Irene Montero y después la ministra portavoz y titular de Hacienda María Jesús Montero.

En esa campaña por situar la 'culpa' fuera de La Moncloa, el PSOE a través de su cuenta de Madrid inició una campaña contra Isabel Díaz Ayuso, acompañado del siguiente mensaje: «En Madrid han muerto 1.150 mayores. ¿Cómo hemos llegado a esto? #Ayuso-

PPculpables». Los mensajes, que fueron varios y que alguno posteriormente fue borrado, iban acompañados de vídeos con imágenes entre otros del presidente del PP Pablo Casado, Esperanza Aguirre o Alberto Ruiz Gallardón.

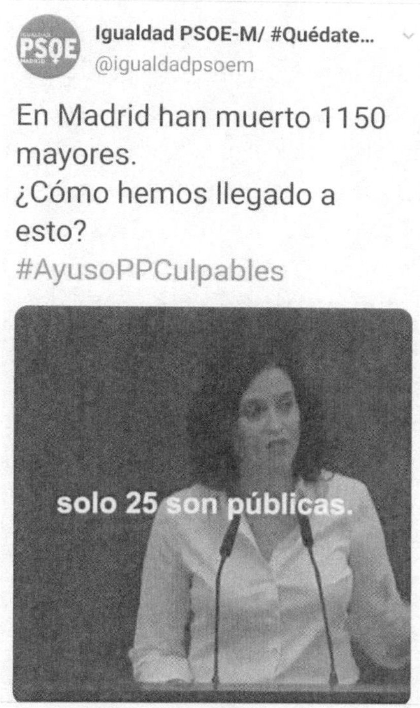

29 DE MARZO
Día 15- Comienza la 'hibernación' de la economía

El número de fallecidos era ya de 6.528, 838 muertos más en las últimas 24 horas. El número de contagiados ascendió a 78.797. Había casi 5.000 personas en la UCI. Fernando Simón aseguró que la curva seguía estabilizándose y situó lo peor en las unidades de cuidados intensivos al borde del colapso en seis comunidades. A primera hora de la mañana comenzó un nuevo Consejo de Ministros extraordinario para aprobar la paralización del trabajo no esencial. Pasado el mediodía Pedro Sánchez, encabezó la tercera videoconferencia de CCAA. Los presidentes del País Vasco, Galicia y Madrid —Urkullu, Feijoó y Ayuso— fueron de nuevo los más críticos por la falta de coordinación. Torra se mostró satisfecho por la medida adoptada. Ya en rueda de prensa la ministra portavoz habló por primera vez de «hibernar la economía» para poder después activarla. Pese a que la decisión del Consejo de Ministros la anunció el día antes el presidente del Gobierno, no fue hasta las 23.45 de la noche cuando el Boletín Oficial del Estado publicó el decreto. De nuevo la sensación de improvisación y de caos se extendió por todo el país. Una medida quizá necesaria pero que no se consultó ni con el líder de la oposición, ni presidentes autonómicos ni agentes sociales. CEOE y CEPYME se quejaron de la inseguridad jurídica que se estaba creando y mostraron su malestar por «la criminalización de los empresarios». La ministra de Trabajo tuvo que acabar pidiendo disculpas aunque negó que se actuase con «improvisación». Lo cierto es que una medida que iba a ser aplicada desde el lunes 30 de marzo hasta el 9 de abril, acabó retrasando su entrada en vigor para que diera tiempo a poder acatarla. A todo esto, hubo que sumar el tuit de Pablo Iglesias en el que recalcaba que toda la riqueza del país «estaba subordinada al interés general».

30 DE MARZO
Día 16- Madrid de luto

7.340 fallecidos, 85.195 contagiados. España superó a China en número de casos contagiados — si es que los datos que facilitó el gigante asiático son reales—. Se filtró a la prensa que la Inteligencia de EE.UU. sospechaba de hecho que Pekín falseó los datos tanto de fallecidos como de contagios. Por primera vez desde el 11S el barco hospital USNS Comfort atracó en Nueva York. Un hospital flotante con 1.000 camas, 1.200 sanitarios —médicos, enfermeras, anestesistas o técnicos en rayos X—, 12 salas de operaciones y quirófanos. Además se montó un hospital de campaña en Central Park. El presidente de EE.UU. Donald Trump en una nueva rueda de prensa aseguró que si solo había 100.000 muertos habrían hecho 'bien' su trabajo.

En España mientras tanto se hizo público el positivo de Fernando Simón y Sanidad prohibió desde ese día los velatorios y las ceremonias fúnebres para evitar los contagios. En Madrid fue el primer día de luto decretado por la Comunidad y el primer minuto de silencio a las 12 del mediodía. Un silencio solo roto por el *Adagio para cuerda*, arreglado por Samuel Barba. Un tema que acompañó por ejemplo el anuncio radiofónico del fallecimiento del ex presidente de EE.UU., Franklin Delano Roosevelt. También se utilizó en una ceremonia en homenaje a las víctimas del 11S.

En las redes sociales perfiles afines a Podemos pusieron en marcha una nueva campaña contra la oposición a la que tildó de desleal. Además, y prácticamente a la misma hora, también en redes el PSOE a través de su cuenta oficial en Twitter activó un larguísimo hilo para exculpar a las movilizaciones del 8M de la expansión del virus en España. Culparon a la presidenta de Madrid Isabel Díaz Ayuso asegurando: «la gente cogió el metro».

Un hilo en el que se hizo también alusión a un artículo que publicó *La Marea*. Llevaba la firma de un desconocido: Miguel Lacambra. Un supuesto periodista, al que nadie ponía cara —de hecho la foto de su perfil era falsa— pero que fue impulsado con interés por cuentas ligadas a la izquierda. Ante el revuelo en Twitter, *La Marea*, en un comunicado pidió perdón a la audiencia por no haber dicho antes que Miguel Lacambra firmaba con un seudónimo. Días después en *El País* un ingeniero asturiano aseguró ser el autor de ese artículo.

31 DE MARZO

Día 17- Los periodistas se plantan: 'La libertad de preguntar'

8.149 muertos, fueron 849 más en las últimas 24 horas. El número de contagios alcanzó los 94.417 casos. Tras el Consejo de Ministros y tras los numerosos rumores de las diferencias entre los vicepresidentes Pablo Iglesias y Nadia Calviño, los dos comparecieron juntos en un intento por visibilizar unidad. El Gobierno anunció un nuevo paquete que incluyó desde la suspensión de desahucios, moratoria de hipotecas o prestación para empleadas del hogar. El CSIF denunció al ministro de Sanidad Salvador Illa ante el Tribunal Supremo por un delito contra los trabajadores y homicidio imprudente. De nuevo la prensa internacional se hizo eco de la falta de material sanitario. *The New York Times* llevó en su portada la situación de los sanitarios españoles a los que describió como 'kamikazes' por los escasos medios con los que hacían frente al virus. Según el rotativo eran héroes que trabajaban pese a la falta de protección y la mala gestión del Gobierno español al que calificaba como «comunista».

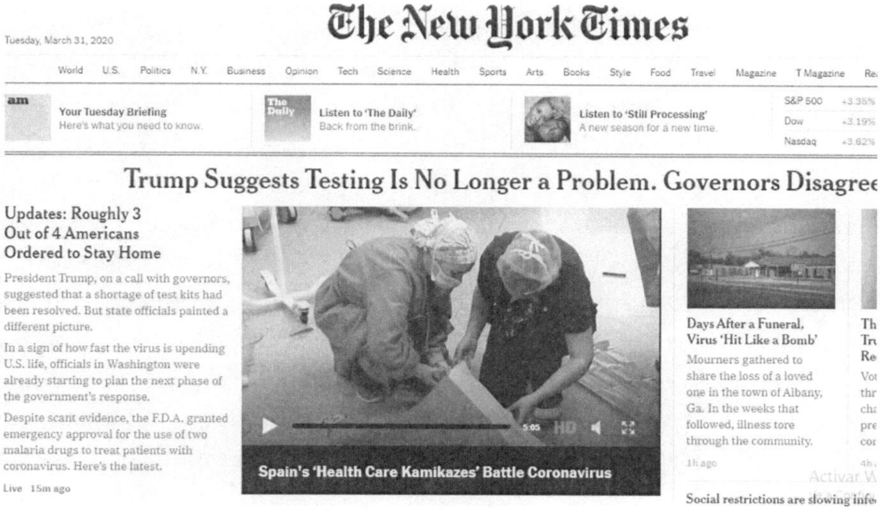

The New York Times

Tuesday, March 31, 2020

World U.S. Politics N.Y. Business Opinion Tech Science Health Sports Arts Books Style Food Travel Magazine T Magazine

Your Tuesday Briefing Here's what you need to know.

Listen to 'The Daily' Back from the brink.

Listen to 'Still Processing' A new season for a new time.

S&P 500 +3.35% · Dow +3.19% · Nasdaq +3.62%

Trump Suggests Testing Is No Longer a Problem. Governors Disagree

Updates: Roughly 3 Out of 4 Americans Ordered to Stay Home

- President Trump, on a call with governors, suggested that a shortage of test kits had been resolved. But state officials painted a different picture.
- In a sign of how fast the virus is upending U.S. life, officials in Washington were already starting to plan the next phase of the government's response.
- Despite scant evidence, the F.D.A. granted emergency approval for the use of two malaria drugs to treat patients with coronavirus. Here's the latest.

Live 15m ago

5:05 HD

Spain's 'Health Care Kamikazes' Battle Coronavirus

Days After a Funeral, Virus 'Hit Like a Bomb'

Mourners gathered to share the loss of a loved one in the town of Albany, Ga. In the weeks that followed, illness tore through the community.

1h ago

Social restrictions are slowing infe

En el terreno político, Pedro Sánchez y Pablo Casado llevaban ya ocho días sin hablar. Vox pidió la dimisión de Sánchez y la formación de un Gobierno de concentración nacional. Mientras, el PNV empezó a marcar distancias con los socialistas, que vieron cómo en el Senado perdían por primera vez una votación. El PP propuso un debate de comunidades autónomas que contó con el apoyo de los nacionalistas vascos.

Por la mañana, en la rueda de prensa de las 12h compareció ante los medios el Comité Científico sin Fernando Simón, que el lunes dio positivo en coronavirus. Pese a que las preguntas seguían siendo filtradas por la Secretaría de Estado de Comunicación, el director del Centro de Coordinación de Alertas y Emergencias Sanitarias entró por videoconferencia desde su domicilio.

A última hora de la noche más de 100 periodistas habían suscrito un manifiesto *'La libertad de preguntar'*, impulsado desde *ABC* por Juan Fernández Miranda y Jesús García Calero y en el que se reclamaba por enésima vez que el presidente del Gobierno aceptara preguntas en directo. Un documento que apoyamos finalmente más de medio millar de periodistas, entre ellos el propio director de *ABC* Julián Quirós y el director adjunto Agustin Pery. También Ana Rosa Quintana (Telecinco), Carlos Herrera y Ángel Éxposito (Cope), Jorge Bustos y Fernando Lázaro (*El Mundo*), Pilar García de la Granja (Mediaset) , Sergio Martín, Raquel Martínez y Miguel Ángel Idígoras (TVE), Encarna Samitier (*20 Minutos*), Ana Pardo de Vera (*Público*), Pepa Bueno (Cadena Ser), Anabel Díez (*El País*) o Ana Pastor (La Sexta). También suscribió el manifiesto el periodista de RNE, Pablo Mingote. El 16 de marzo de 1966 su abuelo, Don Antonio Mingote publicó esta viñeta —precisamente en *ABC*— tras la aprobación de la llamada 'Ley Fraga'. Mingote, un adelantado a sus tiempos, reflejó así el intento del poder político por atar en corto la libertad de prensa. Quién iba a pensar que medio siglo después esta viñeta estaría de nuevo plenamente de actualidad.

—A mí me parece bien que haya libertad de Prensa. Lo que me asusta un poco es que se enteren los periodistas.

Desde la aprobación del estado de alarma en España, hasta el 4 de abril, Pedro Sánchez compareció en ocho ocasiones por televisión siempre con preguntas filtradas previamente a través de whatsapp y leídas por Miguel Ángel Oliver. Toda la oposición afeó al PSOE los filtros que se aplicaban a las preguntas de los periodistas. El PNV llegó a preguntar si «¿en el estado de alarma a la censura se la llama transparencia?». No fue hasta el 6 de abril cuando se produjo la primera rueda de prensa con preguntas en directo en La Moncloa. Una decisión que llegó después de que *ABC* y *El Mundo* —también otros medios como *Libertad Digital*, Es Radio, *Ok Diario*, *VozPopuli* o *La Razón*— se plantaran y anunciaran que no participarían más en las ruedas de prensa con censura previa.

1 DE ABRIL

Día 18- Se rompe la barrera de los 100.000 contagiados

9.053 muertos. Abril se estrenó con un nuevo récord de fallecidos, en tan solo 24 horas 864 personas perdieron su vida. El número de contagios superó además la barrera de los 100.000 positivos. El ministro de Consumo Alberto Garzón protagonizó su primera rueda de prensa desde el inicio de la crisis. Denunció que algunas funerarias habían aprovechado esos días para subir los precios. Por lo demás la polémica llegó desde Cataluña donde se hizo público el protocolo del Govern que recomendaba no ingresar en la UCI a los mayores de 80 años. Por si fuera poco se supo que el gobierno catalán había pedido desmontar el hospital de campaña de Sabadell porque era 'demasiado militar'. Pese a esa información el hospital siguió construyéndose. No menos polémico fue el inicio de la campaña de la renta. Fueron muchas las voces que pidieron que se retrasara pero el Gobierno prefirió mantener el calendario previsto. En clave económica y después de que se cobrara a los autónomos la cuota de marzo, la Comunidad de Madrid anunció que se haría cargo de las cuotas de marzo y abril de los autónomos regionales. El portal madrileño puesto en marcha para recibir donaciones consiguió en menos de una semana 10 millones de euros.

Mientras, el secretario general de Naciones Unidas, aseguró en una videoconferencia que el planeta se enfrentaba a la peor crisis desde la II Guerra Mundial. Desde entonces el torneo de Wimbledon siempre se había celebrado. La edición de este año quedó pospuesta a 2021.

En Italia se confirmó la ampliación de la cuarentena hasta el 13 de abril por el coronavirus. Y al otro lado del Atlántico Donald Trump, en un nuevo giro de su discurso, habló de la «gran prueba nacional» a la que se enfrentaban. Una guerra, añadió, contra un «virus mortífero». La lucha contra la Covid-19 «era cuestión de vida o muerte». EE.UU. recibió de Rusia un avión con suministros médicos y equipos de protección personal.

2 DE ABRIL

Día 19- Ya son 10.000 los fallecidos y el peor mes de la historia para el desempleo

A las 9 de la mañana puntual a su cita se hicieron públicos los datos del paro. La Seguridad Social había perdido 833.000 afiliados y el paro subió en 300.000 personas. Era el peor mes para el empleo. Cifras a las que no se sumaron las 620.000 personas que tenían ya reconocida la prestación por los ERTE aprobados. Una cifra que las comunidades autónomas elevaban hasta los 3 millones de trabajadores. Compareció ante los medios la ministra de Trabajo, sus sonrisas y su errática explicación provocaron numerosos mensajes en las redes sociales. Antes el líder del PP había propuesto que los sanitarios cobraran una paga extra por «jugarse la vida» y que todos los trabajadores esenciales tuvieran una exención de impuestos como reconocimiento a su esfuerzo. Pablo Casado confirmó que desde el 23 de marzo, 11 días, no hablaba con Pedro Sánchez.

Pasado el mediodía las cifras que arrojó el virus no ayudaron a mejorar el ánimo. El número de fallecidos superó los 10.000. De nuevo había que lamentar un nuevo récord: 950 personas habían muerto en las últimas 24 horas. En paralelo, el ministro de Sanidad, en una nueva comparecencia en el Congreso utilizó la terminología de Podemos al hablar del «escudo social» y aseguró que la curva se había estabilizado y habíamos llegado al pico. Pese a todo, en los últimos días aumentaron las voces que alertaban de que el número de fallecidos era mayor a las cifras oficiales. En Barcelona la alcaldesa Ada Colau llegó a plantear entierros «temporales» de dos años tras reconocer que el único crematorio de la ciudad estaba desbordado (durante su mandato se cerraron el resto de hornos por no cumplir la normativa medioambiental). La situación era tan dramática que un aparcamiento de vehículos de tres plantas situado en el tanatorio de Collserola se reconvirtió en un gran depósito.

El alcalde de Igualada afirmó que los fallecidos en su ciudad eran 140 y no 75. La consejera de Salud reconoció estar revisando los protocolos con las funerarias para ajustar la cifra de defunciones. También el ministro de Justicia tuvo que reconocer días más tarde que las cifras «bailaban». El Tribunal Superior de Justicia de Castilla La-Mancha publicó los datos de licencias de enterramiento. Las cifras triplicaron a las oficiales. Hay que tener en cuenta que el Ministerio de Sanidad restringió también las autopsias en casos sospechosos y dio orden además de que toda muerte por coronavirus sin test se anotara como «no confirmada». El ministro del Interior Fernando Grande-Marlaska negó «todo tipo de ocultación» denunciada, entre otros, por el presidente del PP extremeño, José Antonio Monago.

Cruce de acusaciones que vivió sus peores momentos en las redes sociales. El PSOE cargó de nuevo contra los populares que respondieron de manera inmediata.

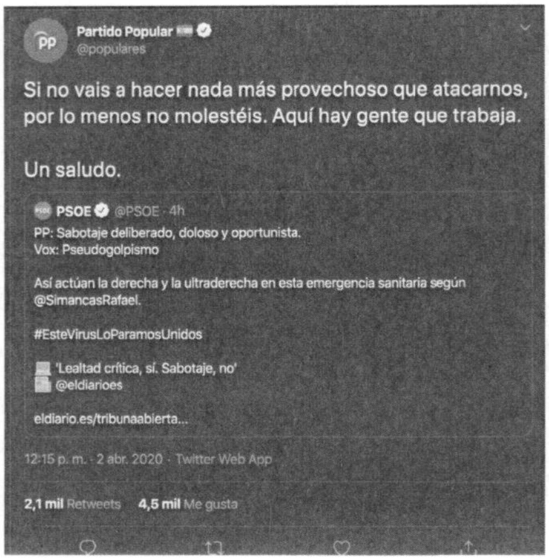

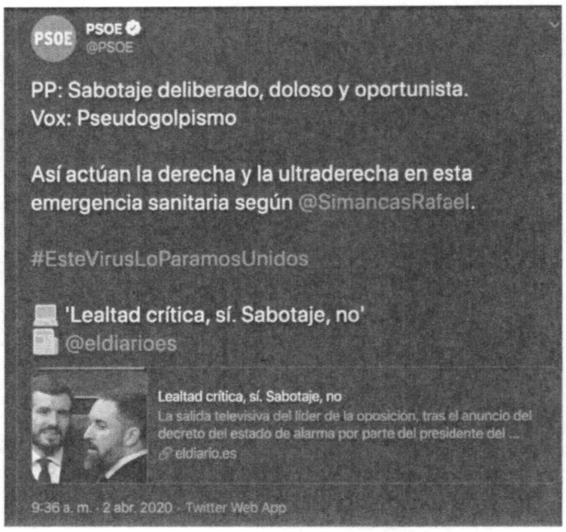

Entre las respuestas al tuit del PSOE conviene destacar una que desde el inicio de la crisis se repitió en numerosas ocasiones. Y se ceñía al recuerdo de la oposición que realizaron los socialistas a la crisis del ébola. Cuando era el PP el que gobernaba, desde las filas socialistas no dudaron en responsabilizar al entonces presidente Mariano Rajoy de la crisis y se exigió la dimisión de la ministra de Sanidad. También se organizó una manifestación para protestar por la muerte del perro Excalibur.

Pero volviendo al cruce de mensajes entre las cuentas oficiales de PSOE y PP, hay que reseñar que a las dos de la tarde el mensaje del PSOE acumulaba 407 retuits y 777 me gusta. El del PP contó por su parte con 2.252 RT y 4.648 me gusta. Los populares sumaban un apoyo casi seis veces mayor. Es una pequeña muestra de la batalla que tenía lugar en el universo Twitter, pero bajo la que se escondía otra realidad: los populares comenzaban a despuntar en las encuestas.

El barómetro de *ABC*/GAD3 recogió el 30 de marzo que 2 de cada 3 españoles creían que el Gobierno ocultaba información sobre el virus. El 60% hablaba de falta de previsión. El 31% calificó la gestión del Ejecutivo como «buena», tres puntos menos que la semana anterior.

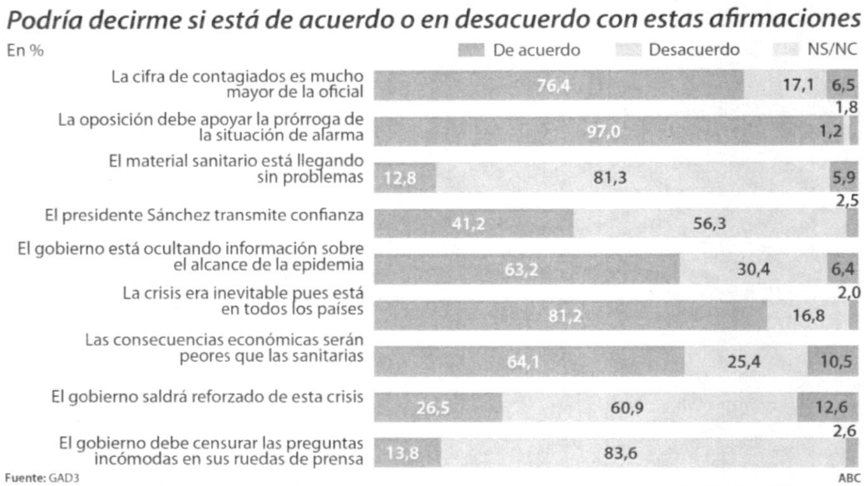

Barómetro de GAD3 sobre la gestión de la crisis del coronavirus Covid-19

En la misma línea la encuesta de Gesop para *El Periódico*. La valoración gubernamental se desplomaba. Un 38,4% creía que la gestión era mala y un 32,5% buena.

En otra encuesta la de SocioMétrica para *El Español*, Pablo Casado emergía como el líder con más credibilidad, mientras Pablo Iglesias se hundía por detrás incluso de Santiago Abascal.

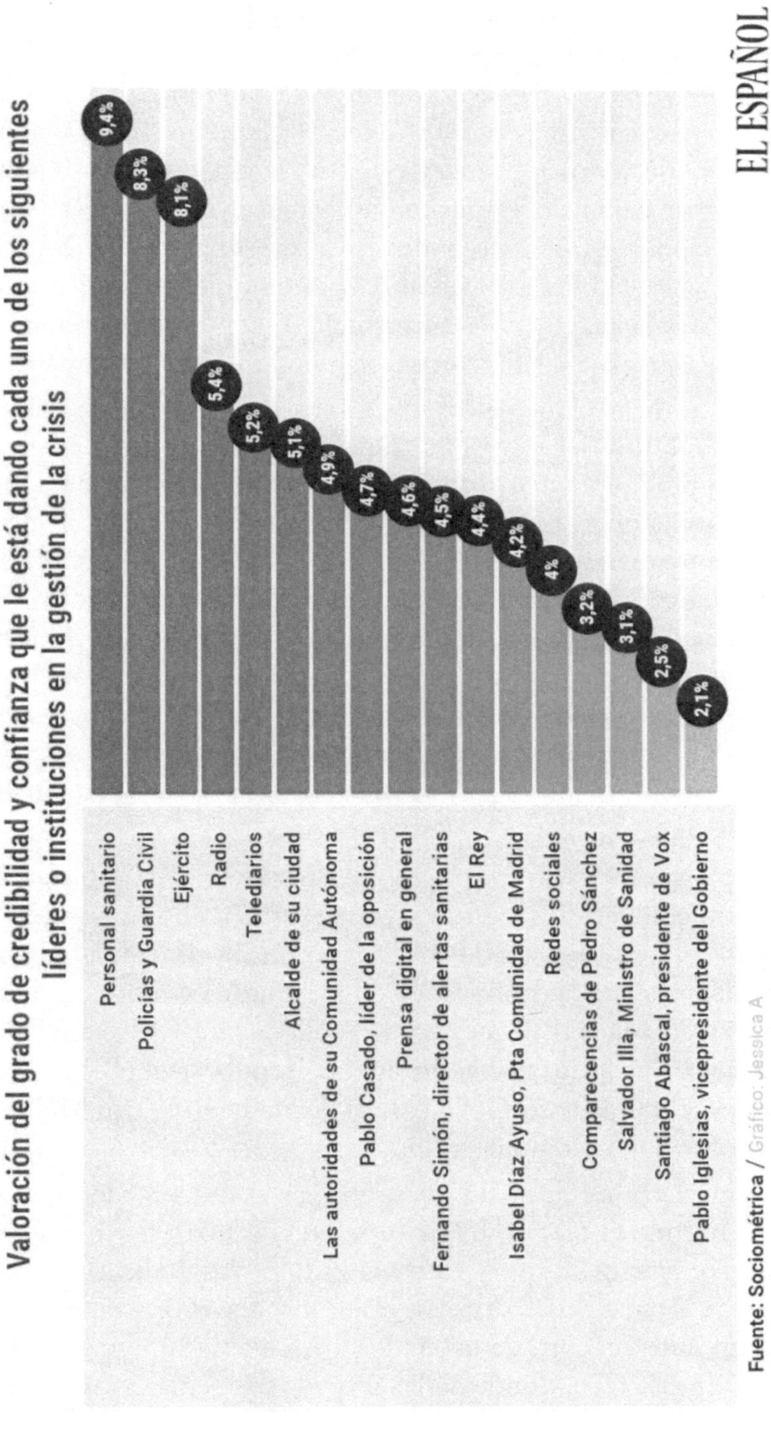
Valoración del grado de credibilidad y confianza que le está dando cada uno de los siguientes líderes o instituciones en la gestión de la crisis
Personal sanitario
9,4%
Policías y Guardia Civil
8,3%
Ejército
8,1%
Radio
5,4%
Telediarios
5,2%
Alcalde de su ciudad
5,1%
Las autoridades de su Comunidad Autónoma
4,9%
Pablo Casado, líder de la oposición
4,7%
Prensa digital en general
4,6%
Fernando Simón, director de alertas sanitarias
4,5%
El Rey
4,4%
Isabel Díaz Ayuso, Pta Comunidad de Madrid
4,2%
Redes sociales
4%
Comparecencias de Pedro Sánchez
3,2%
Salvador Illa, Ministro de Sanidad
3,1%
Santiago Abascal, presidente de Vox
2,5%
Pablo Iglesias, vicepresidente del Gobierno
2,1%
Fuente: Sociométrica / Gráfico: Jessica A
EL ESPAÑOL

Más allá de las encuestas, la vida parlamentaria quedó en tiempo muerto. La oposición acusó al Gobierno de imponer un «déficit democrático». Solo el PP acumuló en el Congreso 17 peticiones de comparecencias y más de 600 iniciativas que no hubo manera de debatir ni de votar. La tarea de controlar al Gobierno y ejercer la oposición se convirtió en misión imposible. Nunca un Gobierno tuvo tanto poder y tan poco control. La presidenta del Congreso Meritxell Batet, publicó el 1 de abril un comunicado institucional en el que cerró la puerta a buscar fórmulas que permitieran a la Cámara Baja desarrollar sus funciones adaptándose a la nueva realidad.

A las 22.47h, el líder de los socialistas catalanes Miquel Iceta puso su último tuit del día. Pidió respaldo a un manifiesto en change.org para pedir apoyo al Gobierno de España. Una iniciativa que puso en marcha un ex alto cargo de la Junta de Andalucía. El manifiesto decía textualmente: «La información que estamos recibiendo a diario no siempre es veraz, aunque sí persigue una intencionalidad que no es más que promover una campaña feroz contra el gobierno a través de los medios afines a ideologías que jamás aceptarán una democracia que no sea tutelada por ellos [...]. Como progresistas y ciudadanos os pedimos desde la cohesión social necesaria, que apoyemos públicamente a nuestro gobierno en esta situación tan complicada que nos ha tocado vivir».

Un mensaje en Twitter con el que logró un día después 500 RT y 8.300 comentarios, en su mayoría reprochando su actitud. El manifiesto no pasó de las 30.000 firmas en las primeras horas. La mayoría de los analistas políticos lo consideraron otro tiro en el pie. Y mientras en Madrid llegó, con 3,7 millones de EPIs, el primer avión de los prometidos por la presidenta popular Isabel Díaz Ayuso. Además el buque L51 Galicia de la Armada atracó en Melilla y empezó a funcionar como hospital.

A última hora de la noche se supo que el número de víctimas mortales en todo el mundo había superado las 50.000 y que el número de contagiados estaba ya en el millón. En Italia el número de muertos alcanzó los 13.915, en el último día 760. Reino Unido alcanzó un nuevo récord de fallecidos y Alemania superó las 1.000 víctimas. En EE.UU., donde en las últimas dos semanas se acumularon 10 millones de parados, el número de contagios superó los 200.000. En Rusia Vladmir Putin dio vacaciones con sueldo a todo el país hasta el 30 de abril. En Filipinas Rodrigo Duterte ordenó tirar a matar a los que violasen la cuarentena.

3 DE ABRIL

Día 20- Pedro Sánchez sale de La Moncloa y se salta de nuevo la cuarentena

10.935 fallecidos (+932) y 117.710 contagios. A la espera de los datos de Italia, España se colocó ya como el segundo país del mundo con mayor número de positivos. Una llamada del Rey a Donald Trump consiguió desbloquear el envío a nuestro país de respiradores. Precisamente a una fábrica de estos aparatos fue la primera salida al exterior, más allá del Congreso, del presidente del Gobierno desde el inicio del estado de alarma. Pedro Sánchez visitó esta mañana las instalaciones situadas en Móstoles. Lo hizo acompañado por los ministros de Sanidad e Industria y por sus escoltas.

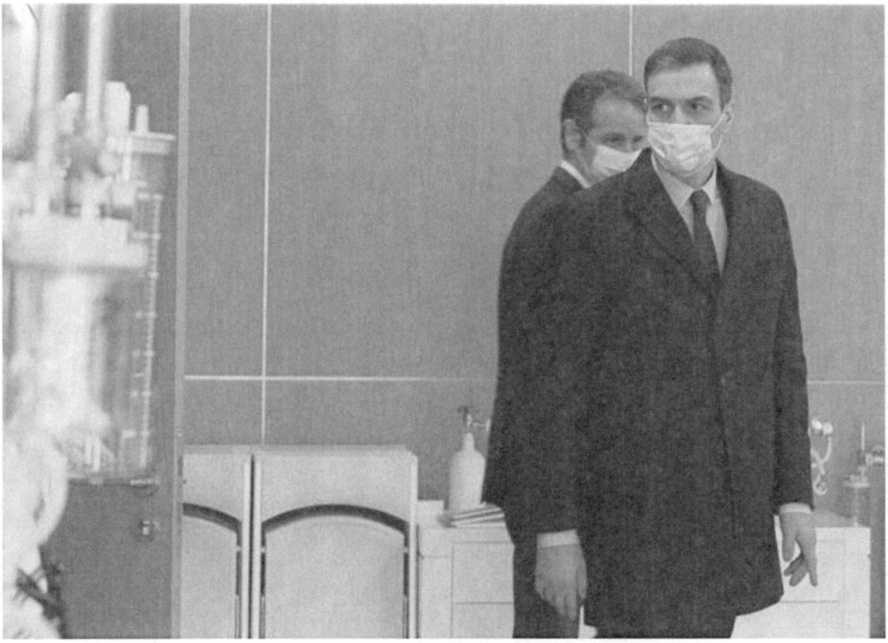

La Moncloa

La Moncloa solo permitió cobertura a los medios gráficos oficiales. En lo que periodísticamente llamamos un 'enlatado', Pedro Sánchez aseguró que: «Son momentos duros, muy difíciles, ya lo advertimos, pero también son momentos para la resistencia, la persistencia y para seguir avanzando».

Fue la primera imagen del jefe del Ejecutivo con mascarilla y guantes. Ese mismo día y tras haber mantenido lo contrario desde finales de febrero, Fernando Simón, en un claro cambio de estrategia, planteó el uso generalizado de mascarillas. Protegido también con mascarilla y guantes se pudo ver al Rey, con su traje de campaña, visitando el cuartel general de la 'Operación militar Balmis' contra el coronavirus. Don Felipe, junto a la ministra de Defensa, transmitió el reconocimiento de toda la sociedad española por la contribución de las Fuerzas Armadas.

Otra de las polémicas del día fue la decisión de Turquía de requisar los respiradores que España había comprado. Concretamente una compra realizada por Castilla La-Mancha y Navarra. La ministra de Exteriores reconoció haber hablado hasta en tres ocasiones con su homólogo turco para desbloquear la situación. El presidente castellano-manchego Emiliano García-Page exigió una queja diplomática. El PP, Ciudadanos y Vox criticaron duramente la inacción del Gobierno. 48 horas después se pudo llegar a un acuerdo para que los aparatos fueran enviados a nuestro país. Una situación dantesca, un 'sálvese quien pueda', que también se vivió fuera de nuestro país. Un cargamento de mascarillas destinadas a Alemania fueron requisadas en Tailandia y enviadas a EE.UU. El ministro del Interior alemán aseguró que se trataba de un «acto de piratería moderna». Cada vez eran más las voces que denunciaban la presencia de personas a pie de pista a lo largo y ancho de todo el mundo y que con dinero en efectivo triplicaban o cuadruplicaban los pagos para hacerse con los 'botines sanitarios'. Italia alargó el confinamiento hasta el 2 de mayo. El Consejo de Estado de China declaró el 4 de abril como día de luto nacional por las víctimas del coronavirus.

4 DE ABRIL

Día 21- Se prorroga el estado de alarma hasta el 26 de abril

11.744 fallecidos, 809 muertos más en 24 horas. En total 124.736 positivos. A las 15 horas, coincidiendo con el arranque de los telediarios, se produjo una nueva comparecencia del presidente del Gobierno. Tal y como se venía rumoreando, Pedro Sánchez confirmó la prórroga del estado de alarma hasta el 26 de abril y advirtió que vendrían más extensiones, aunque quizá no con la misma dureza de confinamiento. Sánchez anunció que su ejecutivo trabajaba ya en un plan de normalización de la situación y lo denominó 'desescalada'. En clave económica anunció que a partir del 9 de abril se reactivaría la producción empresarial y volvió a apostar por un Plan Marshall y los 'coronabonos'. Antes de su comparecencia, el jefe del Ejecutivo mantuvo una ronda de contactos con los líderes de todos los partidos salvo con el de Vox que declinó ponerse al teléfono y solicitó su inmediata dimisión. Esa misma mañana, la líder de Ciudadanos, Inés Arrimadas envió una carta al presidente del Gobierno tendiendo la mano y sugiriendo la posibilidad de reeditar los 'Pactos de la Moncloa'. Una colaboración con la oposición que también reclamó en un artículo en *El País*, Felipe González.

Ya por la tarde aterrizó en Madrid el segundo avión con material sanitario adquirido por el gobierno de la comunidad madrileña. Igualada, tres semanas después, solicitó el levantamiento del confinamiento perimetral. Y en clave política salió a la luz el boletín oficial del Senado, que dos días antes, se había publicado la proposición de Ley del grupo parlamentario de ERC y Bildu, para modificar el Código Penal y despenalizar las injurias a la Corona y los ultrajes a España. Una iniciativa que se había presentado el 24 de marzo y que debía pasar después el trámite en el Congreso.

5 DE ABRIL

Día 22- Domingo de ramos sin procesiones

12.418 muertos, 674 fallecidos en las últimas 24 horas. Se mantuvo la tendencia a la baja de los últimos días. El número de positivos superó los 130.000 casos y ya eran más de 38.000 las personas que habían logrado recuperarse. A primera hora de la mañana Pedro Sánchez encabezó la cuarta videoconferencia con presidentes autonómicos, Ceuta y Melilla. Les solicitó un listado de infraestructuras donde se pudieran alojar a personas asintomáticas. El Gobierno ponía en marcha las llamadas 'Arcas de Noé'. Ese mismo día Pedro Sánchez publicó una tribuna en diez cabeceras de la UE bajo el título 'Europa se la juega', para defender un nuevo Plan Marshall. También en prensa, destacó la entrevista a cinco columnas que publicó *El Mundo* a Pablo Casado: «Apoyaré a Sánchez para salvar vidas, no para que arruine España». Una entrevista que llegó el mismo día en el que La Moncloa acabó dando su brazo a torcer y anunció que permitiría preguntas en directo de los periodistas.

"APOYARÉ A SÁNCHEZ PARA SALVAR VIDAS, NO PARA QUE ARRUINE ESPAÑA"

PABLO CASADO PRESIDENTE DEL PP | UNA ENTREVISTA DE JUANMA LAMET Y JOAQUÍN MANSO | P.12

"No respaldaré más prórrogas si el Gobierno sigue anulando el control democrático del Congreso"

"Lo de los Pactos de La Moncloa es un señuelo que se saca por su mala respuesta a la crisis"

"En la gestión sanitaria, parece que no hay nadie al volante; poder máximo, eficacia mínima"

Estados Unidos superó los 300.000 contagiados y los 8.000 muertos por coronavirus. En Reino Unido, Boris Johnson fue hospitalizado mientras la Reina Isabel II, en un discurso extraordinario (el quinto de su reinado), se dirigió a los británicos y se mostró confiada en que volverían los buenos tiempos: «Estaremos con nuestros amigos nuevamente; estaremos con nuestras familias nuevamente; nos volveremos a ver».

El Papa ofició la misa del Domingo de Ramos en la Basílica de San Pedro: «Queridos amigos: Mirad a los verdaderos héroes que salen a la luz en estos días. No son los que tienen fama, dinero y éxito, sino los que se dan a sí mismos para servir a los demás».

6 DE ABRIL

Día 23- Johnson, en la UCI

Por primera vez desde enero, China notificó 0 muertos. La situación en países como el Reino Unido siguió complicándose. A última hora de la noche se notificó que el primer ministro británico Boris Johnson había sido trasladado a la Unidad de Cuidados Intensivos. El ministro de Exteriores, Dominic Raab tomó las riendas del país de manera interina.

Making the best of it
Kirstie Allsopp
Interview G2
Free delivery for six weeks
Get the Guardian sent to your home with no delivery charge
Tuesday 7 April 2020
The Guardian
Johnson taken to intensive care after virus symptoms worsen
Raab handed control of government on day UK death toll exceeds 5,000

BRITAIN'S MOST TRUSTED NATIONAL NEWSPAPER
THE TIMES
Tuesday April 7 2020 | thetimes.co.uk | No 73127
£1.10 to subscribers
Free delivery for 12 weeks
Get The Times on your doorstep
Donate to The Times Coronavirus Charity Appeal
PM in intensive care
● Johnson given oxygen after suffering breathing trouble ● Raab takes charge of coronavirus 'war cabinet'
Steven Swinford Deputy Political Editor
Oliver Wright Policy Editor
Katie Gibbons
Boris Johnson was moved into intensive care last night after his condition worsened amid concerns that he may need a ventilator to aid his fight against coronavirus.
The prime minister, 55, was put into the intensive care unit at St Thomas' Hospital, south London, at 7pm after experiencing breathing difficulties.
Downing Street said that he was conscious and that the move had been a precautionary measure. Pneumonia had not been diagnosed.
Mr Johnson has not been intubated — where a tube is inserted into the windpipe before ventilation — but needed four litres of oxygen in intensive care, a doctor at the hospital told *The Times*. The normal threshold for intensive care is 15 litres, suggesting that he was in better health than other patients in such a unit.
Sir Mark Sedwill, the cabinet secretary, chaired an emergency meeting with the cabinet over video conference to update them on Mr Johnson's condition shortly before the public announcement. One minister said that it was a "truly shocking" moment.

En Italia el Gobierno decretó un aprobado general a todos los estudiantes con independencia de su rendimiento durante los primeros meses. Se anunció que todos pasaban al siguiente curso de forma automática. En EE.UU. el número de muertos superó los 10.000 mientras en España el balance oficial de fallecidos se elevó a 13.055 muertos. 637 en las últimas 24 horas, era el dato más bajo desde el 24 de marzo.

La prensa siguió dando a conocer detalles de la gestión del Gobierno. El *20 minutos* publicó que el 3 de marzo el Gobierno alertó a su personal de los riesgos del coronavirus. Fue una semana antes de avisar a toda la población. Una circular difundió entre los ministerios pautas de distanciamiento, higiene y teletrabajo.

Muy polémica fue la entrevista de Grande-Marlaska en *El Correo*, donde negó que se hubieran cometido errores.

El ministro del Interior preguntado sobre por qué no se empezó a adquirir productos en enero cuando se vio la situación en Asia, respondió preguntando por qué no lo hizo tampoco Italia, puesto que tenía «la misma razón de ser».

Pregunta.- Si desde enero se conocía la gravedad de la situación, ¿por qué España no empezó a comprar material entonces?

Respuesta.- ¿Y por qué no empezó a comprarlo Italia?

Pregunta.- Pero yo estoy preguntándole a un ministro de España, no de Italia.

Respuesta.- Lo digo porque tiene la misma razón de ser en un sentido que en otro.

Al día siguiente, Margarita Robles sí reconoció errores en *El Mundo*. El diario *ABC* publicó una nueva encuesta sobre la gestión del Gobierno: para el 73% de los encuestados el Ejecutivo suspendía.

DÍA 7 DE ABRIL

Día 24- Los positivos superan la barrera de los 140.000 casos

13.798 fallecidos por coronavirus, 743 en las últimas 24 horas. El número de positivos rompió la barrera de los 140.000. El Consejo de Ministros aprobó el decreto para incorporar al campo parados e inmigrantes. Una medida adoptada ante la falta de trabajadores por las restricciones de movilidad.

En el Congreso el PP registró una petición para que se reabriera la Cámara Baja y la oposición pudiera así ejercer su derecho de control al Gobierno. Anunciaron que de no hacerlo recurrirían al

Tribunal Constitucional. Finalmente Meritxell Batet aceptó convocar la siguiente semana una sesión de control al Ejecutivo. Cada vez se escuchaban más críticas de reputados juristas poniendo en tela de juicio las medidas adoptadas por el Gobierno y dudando de la propia legalidad del estado de alarma. Para muchos era un estado de excepción encubierto.

Japón declaró el estado de emergencia en Tokio. WhatsApp limitó el reenvío de mensajes para que los bulos no se hicieran virales.

ESPAÑA REGISTRA LA CIFRA MÁS BAJA DE MUERTOS POR CORONAVIRUS EN DIEZ DÍAS

Datos para la esperanza: desciende el ritmo de fallecidos y de contagios

6 ABRIL 2020

ABC

39%

71%

27%

75%

55%

63%

El líder peor valorado de Europa

ENCUESTA ABC / GAD3

SOLO EL 27,7% DE LOS ESPAÑOLES APRUEBAN LA GESTIÓN DE SÁNCHEZ ANTE LA EPIDEMIA

Su valoración ha ido cayendo desde que declaró el estado de alarma y es peor que las de los presidentes autonómicos

DÍA 8 DE ABRIL

Día 25- Wuhan levanta el confinamiento

Ese día estuvo marcado en el calendario como el fin del confinamiento en Wuhan, kilómetro cero de la pandemia. En España el Ministerio de Sanidad informó de 14.555 muertos, 757 en las últimas 24 horas. El número de positivos alcanzó los 146.690 casos.

Una portada, la del periódico *El Mundo*, recogió por primera vez una hilera de féretros en Madrid en la morgue del Palacio de Hielo. Una gran exclusiva del periodista Fernando Lázaro que puso el dedo en la yaga.

AVANCE DEL CONTAGIO EN ESPAÑA 140.510 INFECTADOS +4% 13.798 FALLECIDOS +5% 43.208 ALTAS +6%

EL MUNDO

MIÉRCOLES 8 DE ABRIL DE 2020
AÑO XXX. NÚMERO: 11.062.
EDICIÓN NACIONAL
PRECIO: 1,70 €

• *Diferentes en la vida, los hombres son iguales en la muerte (Lao Tse)* •

LA GRAN MORGUE DE HIELO El Palacio de Hielo de Hortaleza (Madrid), un lugar habitual de ocio y diversión, se ha convertido en la imagen del coronavirus: la gran morgue de España. Cada día llegan a él decenas de féretros, que son sustituidos por otros tantos cuando salen hacia los crematorios. Son imágenes duras, pero en esto consiste la pandemia: muerte y desolación. Es algo que no se puede soslayar a los españoles porque está muriendo demasiada gente. POR RAFA LATORRE. FOTO: E. M. PÁG. 12

Las CCAA calculan que el número de fallecidos duplica el oficial

La mortandad sube en Castilla y León un 159%, un 188% en La Mancha o un 143% en Navarra ▶ Illa ordenó a las autonomías no computar a los muertos con síntomas si no se les había hecho la prueba

LUIS ÁNGEL SANZ MADRID
Varias comunidades autónomas calculan que el número real de fallecidos duplica al oficial contabilizado por el Ministerio de Sanidad. Así lo reflejó ya el lunes un informe del Tribunal Superior de Justicia de Castilla-La Mancha refiriéndose a datos de esa región. Sin embargo, y como pudo confirmar ayer EL MUNDO, el sistema utilizado es el mismo que usan las demás. Sanidad trasladó a todas esas instrucciones para hacer la contabilidad oficial de la crisis del Covid-19. El informe de mortalidad del propio Ministerio refleja que en algunas regiones se están triplicando las cifras de mortalidad para la misma época del año. PÁGINA 10 / EDITORIAL EN PÁGINA 3

Sanidad le dice a la Generalitat que es «inaceptable» no tratar a los mayores de 80 años PÁG. 14

JOSÉ LUIS BONET PRESIDENTE DE LA CÁMARA DE ESPAÑA

«Es momento de que sean apartados aquellos que quieren destruir el sistema»

CARLOS SEGOVIA MADRID
El presidente de la Cámara de España, José Luis Bonet, arremete contra el ala de Podemos en el Gobierno por poner en cuestión en plena crisis el actual sistema económico y a los empresarios. Sostiene que «es momento de que sean apartados aquellos que quieren destruir el sistema» y pide impulsar unos Pactos de la Moncloa como salida. PÁGINA 20

El Eurogrupo se atasca en el debate para reconstruir la economía POR PABLO R. SUANZES / PÁGS. 24 Y 25

Hola, soy el/la vecino/a del __________
#hoyyoreciclovidrioportodos
Deja el vidrio en la puerta y aprovecharé cuando tenga que salir para reciclarlo.
(Ayuda a tus vecinos y deja este mensaje a las personas que crees que lo podrían necesitar)
ecovidrio

Sánchez condiciona posibles pactos a la presencia de Podemos

JUANMA LAMET MADRID
El presidente del Gobierno, Pedro Sánchez, ha dibujado una línea roja ante un posible pacto político con otros partidos para salir de la crisis: Pablo Iglesias debe jugar un papel importante en ese acuerdo. PÁGINA 4

El Gobierno admite que faltan kits de extracción para hacer más test

R. PIÑA Y M. HERNÁNDEZ / PÁG. 5

JAUME ROURES FUNDADOR DE MEDIAPRO

«Si no acabamos esta temporada, la próxima no va a comenzar»

POR FRANCISCO CABEZAS / PÁG. 34

El Ministerio de Justicia urgió a los registros civiles a que facilitasen la información de las licencias de enterramiento desde el 14 de marzo. Las cifras de muertos seguían sin 'encajar'. La ministra portavoz María Jesús Montero aseguró que el 26 de abril 'volvería la vida normal, pero de manera muy controlada'. Por la tarde el titular de Sanidad rectificó sus palabras y pidió calma. En nuevo intento por construir el 'relato' se pudo ver a la ministra de Exteriores en una entrevista en la BBC explicando el éxito de la gestión del Gobierno y que según dijo se basaba: en la utilización de mascarillas, en los test a personas asintomáticas y el uso de las nuevas tecnologías. Algo alejado de la realidad.

El Gobierno envió a 200 embajadas un informe para demostrar que actuó siguiendo las recomendaciones de la OMS. Material que también remitió a una veintena de corresponsales extranjeros y que estaba acompañado por un cronograma en el que se citaba desde el acto de Vox en Vistalegre, hasta los partidos de fútbol y baloncesto del 8 de marzo y las manifestaciones por el Día de la Mujer en países como Francia, Tailandia, Filipinas, Indonesia, Australia, Chile y Argentina. Marchas por el 8M pero sin citar la que tuvo lugar en España.

Este mismo día se conoció el argumentario que el PSOE había elaborado para 'defender' la gestión del Ejecutivo. Se trataba de dar argumentos para rebatir básicamente cuatro acusaciones: que el Gobierno había actuado tarde, que el balance de la gestión había sido nefasto, que el Gobierno no había cumplido con las recomendaciones de la OMS y otros organismos internacionales y que España no estaba preparada para dar una respuesta a la crisis sanitaria por falta de previsión del Gobierno.

PSOE

DEFENSA ANTE LOS PRINCIPALES ATAQUES SOBRE LA GESTIÓN SANITARIA

PSOE DEFENSA ANTE LOS ATAQUES GESTIÓN SANITARIA

Tedros Adhanom Ghebreyesus (director general de la OMS).

- *"España es un ejemplo del enfoque de cualquier gobierno ahora necesaria para luchar contra el coronavirus."* (11 de marzo)

María Neira (directora de Salud Pública de la OMS).

- *"Todas las medidas que he visto que se decidían en España me han parecido muy adaptadas a la situación de cada momento. Si ahora han decidido escalar de esta manera tan importante será porque han evaluado que la situación ha cambiado y que merece este tipo de medidas."* (15 de marzo)

Hans Kluge (director de la OMS para Europa).

- *"Profundamente impresionado por el heroísmo de los trabajadores de primera línea, la solidaridad de las personas y la resolución inspiradora del Gobierno. Moderado optimismo ante las medidas audaces, innovadoras y decisiones valientes."* (5 de abril)

Tedros Adhanom Ghebreyesus (director general de la OMS).

- *"No podría estar más de acuerdo. Estoy muy conmovido por los enormes esfuerzos del gobierno español y la gente para combatir # COVID19. @OMS se solidariza con España y continuará brindando el apoyo necesario. Mi agradecimiento a @WHO Europe misión a España dirigida por el Dr. Bruce Aylward."* (6 de abril)

1. EL GOBIERNO DE ESPAÑA ACTUÓ TARDE

España es el país que ha tomado las medidas más drásticas en relación con nuestro entorno. Las ha tomado, además, con menos número de fallecidos y con menos número de contagiados.

Fuimos en Europa de los primeros países en decretar el estado de alarma cuando teníamos menos contagios y fallecimientos que cuando lo hicieron muchos de los países de nuestro entorno.

España ha impuesto medidas de contención contundentes con menos infectados que naciones como Italia, Reino Unido o Francia.

España decretó el inicio del confinamiento cuando tenía 120 muertes, mientras que Italia lo hizo con 366; Francia, 148, y Reino Unido, 281.

www.psoe.es
Tel. 915 82 04 44
Ferraz 70
28008 Madrid

2

@psoe

En medio de todo esto Podemos denunció en la Fiscalía una «organización criminal» que según defendió el partido morado creaba bulos para atacar al Gobierno. La demanda se basó en un tipo delictivo que precisamente Podemos había propuesto suprimir el 6 de marzo en nombre de la libertad de expresión.

El día en España terminó con la primera manifestación 'online' contra el Gobierno. Una manifestación en Youtube que según los convocantes contó con más de 430.000 conexiones y se convirtió en *trending topic* nacional e internacional. El PSOE intentó contrarrestar la iniciativa con una campaña en redes sociales bajo el hashtag #AhoraTocaLucharJuntos e instaron a la militancia a utilizarlo en bloque a partir de las 17.00 horas, dos horas antes del inicio de la manifestación.

La Unión Europea recomendó el uso de mascarillas. Lo hizo tras un Eurogrupo de 16 horas en el que no se consiguió cerrar ningún otro acuerdo.

9 DE ABRIL

Día 26 - El Congreso da luz verde a la prórroga del estado de alarma

15.238 fallecidos, 638 más en las últimas 24 horas. El número de positivos era de 152.446 y había más de 52.000 de enfermos que habían logrado recuperarse. El día comenzó con el primer minuto de silencio en el hemiciclo del Congreso. Pese a la dureza del pleno, la Cámara dio el visto bueno a la prórroga hasta el 26 de abril del estado de alarma que solicitó el presidente del Gobierno.

Pedro Sánchez aseguró que la pandemia empezaba a estar controlada. Reiteró que el virus no entendía de ideologías ni territorios. Se empezaba a ver la luz a final del túnel, aunque según Sánchez se desconocía por el momento a qué tipo de normalidad regresaríamos. Sobre la propagación de bulos y *fake news* el presidente del Gobierno aseguró: «Es también un problema de salud pública y fundamentalmente de salud democrática». Echó mano del argumentario del PSOE para defender su gestión y basó afirmaciones como que España había sido el primer país en actuar contra la Covid-19 en un estudio de la Universidad de Oxford: «Estos datos proceden de fuentes tan incontestables como el medio europeo *Politico* o el estudio Covid-19 de una prestigiosa universidad británica, la Universidad de Oxford. Precisamente este estudio, el de la Universidad de Oxford, otorga a España la puntuación más alta de entre los países occidentales, 90 sobre 100, en cuanto al rigor en la respuesta a la pandemia». España, como dijo Sánchez, recibía en la última actualización del informe 90 puntos sobre 100 y era el 31º en el ranking de entre los 113 países analizados en el estudio. No recibía, como dijo, la nota más alta de entre los países occidentales. De hecho, los autores otorgaban una puntuación de 100 sobre 100 a 15 países en el mundo: Nueva Zelanda, Eslovenia, Croacia, Serbia, Israel, Sudáfrica, India, Vietnam, Jordania, Costa Rica, Bermuda, Zimbabue, Botswana, Mauricio y Malí.

Pero esta no fue la única 'imprecisión':

1.- «España es el país que primero tomó medidas de confinamiento en todo Occidente»: La realidad es que Italia fue el primero el 9 de marzo. España el 14 de marzo.

2.- «Toda Europa llegó tarde, pero España actuó antes»: el Ministerio de Sanidad reconoció que el contagio fue a finales de febrero. España no fue el más rápido ni en cerrar colegios, ni en suspender eventos, ni en clausurar comercios, ni en cerrar fronteras.

3.- «España es uno de los países con mayor número de pruebas por habitante». Lo cierto es que se desconoce el número exacto de pruebas. Italia por ejemplo en los datos diarios que ofrecía incluyó el número de test que realizaba.

4.- «España ha seguido siempre y volverá a seguir siempre el mandato de la OMS». Desde febrero la Organización Mundial de la Salud instó a tomar medidas a las que no se hicieron caso.

5.- «Debe mantenerse la transparencia informativa, como llevamos haciendo desde el inicio»: Basta con recordar el manifiesto de la prensa para simplemente poder hacer preguntas en directo al Gobierno. Algo que no se logró hasta el 6 de abril.

Sobre la transparencia Sánchez señaló directamente a la presidenta de la Comunidad de Madrid por mantener cerrada la Asamblea. Isabel Díaz Ayuso en una carta abierta le criticó después su «inoperancia» con el mando único y sus «infundios».

El pleno del Congreso dejó también otra intervención a tener en cuenta: la del líder del PP. Pablo Casado, de nuevo de luto, utilizó una frase que el ex secretario general del PSOE Alfredo Pérez Rubalcaba utilizó tras el fatídico 11M: «Los españoles merecen un Gobierno que no les mienta. Merecen un Gobierno que les diga siempre la verdad». El presidente de los populares recordó que España era el país con más fallecidos por millón de habitantes y el país con mayor número de sanitarios enfermos. «Una cosa es intentar frenar la pandemia y otra confinar la democracia». Casado pidió a Sánchez humildad y autocrítica e insistió que «por encima de la lealtad al Gobierno, está la lealtad a los españoles». Aseguró además que el «único escudo social duradero es el empleo».

Terminó recordando que España es «una gran nación» y pidió al presidente del Gobierno que «deje de esconderse en el burladero de la Historia». Uno de los momentos más tensos fue cuando Casado amenazó a Sánchez con no apoyar el decreto de prórroga: «No merecen el apoyo de la oposición. Se dedican a insultar y difamar». El líder del PP preguntó si realmente el presidente del Gobierno quería el apoyo del Partido Popular. Lo hizo después de la intervención de la portavoz socialista, Adriana Lastra, que en un discurso durísimo acusó a Pablo Casado de desleal, falso e indigno y le pidió tener «el lomo más duro». También el discurso de Lastra tuvo varias imprecisiones:

1.- «En España pasaron seis días desde que se conoció la primera muerte por coronavirus hasta que se suspendieron eventos públicos». Lo cierto es que la primera víctima por la Covid-19 fue el 13 de febrero tal y como reconoció el 3 de marzo el propio gobierno valenciano.

2.- «En España pasaron 11 días hasta el cierre de las escuelas». Tampoco fue así. Iñigo Urkullu e Isabel Díaz Ayuso fueron los primeros en decretar la suspensión de las clases, y además lo hicieron contra el criterio del Gobierno. Algo que reconoció el propio presidente de Castilla La-Mancha cuando le preguntaron acerca de sus dudas por cerrar las escuelas.

3.- «El día 10 de marzo el grupo Vox solicita que se suspendan los plenos y comisiones hasta el momento en que ellos pasen la cuarentena». Tampoco fue así. Ese día se conoció el positivo de Ortega Smith, el partido anunció que sus diputados no acudirían por responsabilidad al Congreso y fue la presidenta del Congreso Meritxell Batet quien decidió cerrar la Cámara Baja pese a la posición en contra del Partido Popular.

La intervención de la portavoz del PSOE se apoyó después en redes con un vídeo de los socialistas en el que de nuevo acusaron de desleal al líder del PP al que se le podía ver en una intervención de febrero 2019. Se apeló al diálogo y a la unidad en la tribuna, mientras después se alentaba a la división.

Pese a las afirmaciones de Adriana Lastra, desde el 22 de enero hasta el 13 de marzo (último día en el que se registraron cuestiones antes del estado de alarma) los grupos presentaron un total de 53 preguntas sobre el coronavirus. Según han recogido diversos medios, el PP fue el partido que más cuestiones formuló sobre la Covid-19 con un total de 21; Vox 14 y Cs 13. Ya el 22 de enero se registraron dos cuestiones relacionadas con el coronavirus de los diputados del PP, Jose Ignacio Echániz, y de la diputada de Cs, Marta Martín.

En el terreno económico los empresarios acusaron a Pablo Iglesias de manipular con la renta mínima vital y rompieron el diálogo social. En un duro comunicado, CEOE y CEPYME, desmintieron que hubieran sido consultados, hablaron de «deslealtad» y anunciaron que no acudirían a la reunión prevista al día siguiente en el Ministerio de Trabajo. En EE.UU. el número de empleos perdidos en una semana sumaron otros 6 millones, sumando así desde el inicio de la crisis 16,5 millones de empleos destruidos. En Reino Unido, Boris Johnson, abandonó la UCI. Se cumplían 100 días desde que la OMS recibió una alerta por una «neumonía de origen desconocido» en China.

10 DE ABRIL

Día 27- El Viernes Santo más doloroso

15.843 muertos, 605 más en las últimas 24 horas. El número de positivos superó los 157.000. A nivel mundial ya eran más de 100.000 los fallecidos. La OMS alertó de un «rebrote mortal». En Reino Unido el número de fallecidos en un solo día fue de 980. En Italia Giuseppe Conte anunció la extensión del confinamiento hasta el 3 de mayo. En España la 'hibernación' llegaba a su fin mientras el Ministerio de Sanidad confirmaba el reparto de mascarillas a partir del lunes y lanzaba recomendaciones que hasta entonces se habían negado. Entre ellas la recomendación de dejar los zapatos fuera de casa que el propio Fernando Simón rechazó el 16 de marzo.

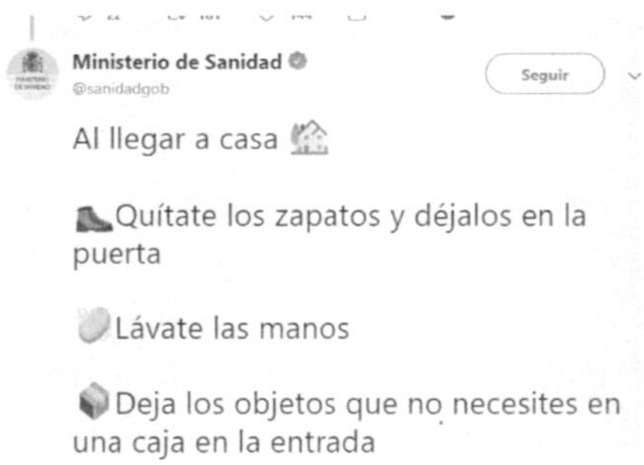

Uno de los miembros del Comité Científico reveló que la vuelta al trabajo se había decidido sin consultarles.

En Roma, el Papa presidió un 'Vía Crucis' sin fieles. Por la mañana Francisco sorprendió llamando a la RAI.

11 DE ABRIL

Día 28- EE.UU., el país con más fallecidos

16.353 fallecidos, 510 muertos más en las últimas 24 horas. Se mantuvo la tendencia a la baja. La presidenta de la Comunidad de Madrid tras anunciar que había superado la enfermedad visitó el Hospital de IFEMA.

Comunidad de Madrid

En plena polémica por la limitación del envío de mensajes en plataformas como WhatsApp, el ministro del Interior reconoció que se estaban «monitorizando redes sociales» para comprobar discursos «peligrosos» y «campañas de desinformación».

EE.UU. superó a Italia como el país con el mayor número de muertes, en un solo día llegó a superar los 2.000 fallecidos. En Alemania el presidente Frank-Walter Stenmeier aseguró que esta pandemia no era ninguna guerra sino una «prueba para la Humanidad».

12 DE ABRIL

Día 29- Sánchez apela a la 'desescalada' política

16.972 muertos, 619 más en un día. El número de positivos es de 166.019. El número de sanitarios enfermos superó ya los 25.000.

A las tres de la tarde el presidente del Gobierno salió de nuevo puntual a su cita con los informativos. En su discurso más breve, y también con un carácter más bélico, Pedro Sánchez aseguró que estábamos dando los pasos decisivos hacia la victoria. Añadió que «no se pueden deponer las armas. Nada nos va a detener hasta vencer esta guerra. Una guerra que nos inmiscuye a todos». Y añadió un concepto nuevo: el de la «desescalada política». Tras el espectáculo del jueves en el pleno del Congreso, el presidente del Gobierno, en un intento por reconducir la situación se presentó ante los españoles como un líder que estaba dispuesto a tender la mano a la oposición. Fue la primera vez que respondió a preguntas en directo de periodistas. Por la mañana presidió la quinta videoconferencia de comunidades autónomas. Una cita con tensión y críticas de los barones del PP, pero también de Quim Torra e Iñigo Urkullu. El lehendakari llegó a asegurar que cada vez era más difícil «soportar la permanente escenificación» de Pedro Sánchez.

Los médicos de familia aseguraron en un informe que los casos leves de la Covid-19 que habían atendido sin derivar a hospitales rondaban los 900.000 casos.

Una semana después de su ingreso, Boris Johnson, abandonó el hospital de Saint Thomas, en Westminster, para terminar de recuperarse en la residencia de verano en Chequers. En un videocomunicado el primer ministro británico dio las gracias a los sanitarios que le habían atendido por «salvar su vida».

13 DE ABRIL

Día 30- Comienza el reparto de mascarillas

17.489 muertos, 517 fallecidos más en las últimas 24 horas. El número de positivos rozaron los 170.000. El ministro de Sanidad aseguró que habíamos llegado al 'pico' y anunció que el objetivo esta semana era el de doblegar la curva.

A primera hora de la mañana miles de trabajadores regresaron a sus puestos de trabajo. Las Fuerzas de Seguridad del Estado repartieron en estaciones de tren o metro las recomendables mascarillas. Algunos alcaldes aseguraron que el Gobierno les había ordenado fotografiar el reparto y publicitar que era una acción del Ejecutivo. En definitiva, una nueva maniobra para 'rentabilizar' ese reparto y sumarlo al 'relato' oficial.

En una intervención, totalmente fuera de lugar, el consejero de Interior catalán se quejó de que se les habían enviado 1.740.000 mascarillas. Acusó al Gobierno «de reírse de los catalanes» por enviar un número de mascarillas que coincidía con el año de la caída de la ciudad de Barcelona en la Guerra de Sucesión. Algo desmentido por el Ejecutivo central que salió a explicar cómo había hecho el reparto. No menos polémico fue el reparto de mascarillas en Cantabria, donde cientos de ciudadanos se quejaron por las 'servilletas' que les envió el gobierno de Miguel Ángel Revilla.

Twitter

Italia superó los 20.000 muertos, más de 10.000 se contabilizaron en Nueva York. En Francia Macron alargó el confinamiento hasta el 11 de mayo y en su cuarto discurso a la Nación, el tercero desde el Palacio del Elíseo, reconoció los errores cometidos.

14 DE ABRIL

Día 31- Unidas Podemos celebra la República

18.056 fallecidos, 567 muertos más en 24 horas. El número de positivos superó los 172.000 casos. Fernando Simón, tras su convalecencia por coronavirus, reapareció en la rueda de prensa del Ministerio de Sanidad en un día en el que también dijo que había superado la enfermedad Carmen Calvo.

El Gobierno tomó el control de los centros privados que realizaban test de coronavirus para, según dijo, regular sus precios. Además retrasó a mayo la declaración de impuestos a las pymes y autónomos. En rueda de prensa María Jesús Montero, anunció la intención de Pedro Sánchez de iniciar la ronda de contactos con la oposición el jueves con Pablo Casado. Fue la manera en la que el Partido Popular se enteró de las intenciones del presidente del Gobierno que siguió sin llamar al líder del PP.

Unidas Podemos se volcó en la celebración del 14 de abril. En plena pandemia, el vicepresidente del Gobierno escribió en Twitter: «14 de abril, memoria, democracia, justicia social, futuro, República», y cargó contra el Rey: «donde jamás viéramos a un Jefe del Estado aparecer vestido con un uniforme militar, porque es un representante del pueblo; donde el Ejército estuviera subordinado al poder civil’.

Unas celebraciones a las que se sumó el ministro de Consumo, Alberto Garzón, que días atrás protagonizó otra polémica al preguntar por la mejor película de Semana Santa.

El FMI advirtió de que la economía española se podría desplomar un 8% este año y que el paro se podría disparar hasta el 20,8%. De cumplirse esa proyección, sería la mayor caída anual desde la Guerra Civill.

15 DE ABRIL

Día 32- El CIS de la vergüenza

18.579 muertes, 523 en las últimas 24 horas. El número de contagios superó los 177.000 casos. Una portada la del periódico *El Mundo* suscitó un gran debate acerca de la conveniencia de mostrar a un fallecido en primera página.

CIENCIA Alberto Mantovani, inmunólogo: «Todavía sabemos muy poco de este enemigo»

GENÉTICA El brote del coronavirus pudo provenir de perros salvajes en cuyo intestino evolucionó el patógeno

DEPORTES Irureta, Rexach, Santamaría... así luchan contra el miedo las leyendas del fútbol

172.541 INFECTADOS +1% | 18.056 FALLECIDOS +3% | 67.504 ALTAS +4%

EL MUNDO

La crisis se cebará con España por su gestión del coronavirus

El FMI cree que países como el nuestro o Italia sufrirán daños más intensos al verse forzados a tomar medidas drásticas / Prevé una caída histórica este año y un rebote en 2021

ENTREVISTA A MÁRIO CENTENO PRESIDENTE DEL EUROGRUPO «Europa necesitará al menos dos años enteros para volver al nivel de 2019. Y mucho más para la deuda»

«He entendido que no siempre voy a vencer a la muerte»

Un muerto, asfixias, un anciano que se niega a ir al hospital... EL MUNDO vive una jornada de urgencias con una médico del SAMU en Valencia

Casado se planta ante Sánchez tras ser citado por televisión a una reunión

El Gobierno opta por el plan de Escrivá y desautoriza a Pablo Iglesias

La Abogacía cuestiona las sanciones por vulnerar el confinamiento

Cree que la Policía no puede multar al que salga a la calle, si no a quien se niegue a obedecer

Austria acaba con el encierro y Dinamarca abre los colegios

#hoyyoreciclovidrioportodos
ecovidrio

La Cámara Baja acogió la primera sesión de control al Gobierno, la última se había celebrado 49 días antes. Gobierno y oposición volvieron a protagonizar un cruce de acusaciones. Mientras varios medios de comunicación alertaron de que el Portal de Transparencia, por el que el Gobierno tiene obligación a responder a las preguntas que se le planteen, se había cerrado. Un paso más en el recorte de derechos al que se sumó la polémica con la encuesta monográfica del CIS. Fueron varias las preguntas que suscitaron más críticas. La primera la relativa a los medios de comunicación: el CIS de Tezanos planteaba como una opción coartar la libertad de los medios. Tanto la FAPE como la APM mostraron su inmediato rechazo, la llegaron a calificar de 'engañosa y tramposa', y recordaron que restringir la información para luchar contra los bulos es impropio de una democracia. Preguntado por el CIS Tezanos, aseguró que «no hay preguntas malas. La pregunta no está mal si la gente responde».

Pregunta 6

¿Cree Ud. que en estos momentos habría que prohibir la difusión de bulos e informaciones engañosas y poco fundamentadas por las redes y los medios de comunicación social, remitiendo toda la información sobre la pandemia a fuentes oficiales, o cree que hay que mantener libertad total para la difusión de noticias e informaciones?

Cree que habría que restringir y controlar las informaciones, estableciendo sólo una fuente oficial de información	66,7
Cree que no debe restringirse ni prohibirse ningún tipo de información	30,8
No lo sabe, duda	2,0
N.C.	0,5
(N)	(3.000)

Otras preguntas polémicas fueron las relativas al líder de la oposición y a los planteamientos del Gobierno acerca de su gestión.

Pregunta 12

Si en estos momentos tuviéramos en España un Gobierno presidido por Pablo Casado (PP), ¿cree Ud. que la lucha contra el COVID-19 se estaría haciendo mucho mejor, algo mejor, prácticamente igual, algo peor o mucho peor que la que se está haciendo con el Gobierno presidido por Pedro Sánchez (PSOE)?

Mucho mejor	7,2
Algo mejor	11,3
Prácticamente igual	46,6
Algo peor	10,0
Mucho peor	12,9
No sabe, duda	10,4
N.C.	1,6
(N)	(3.000)

Tras la encuesta el PSOE sacó dos tuits en los que destacaba un apoyo irreal a la gestión y actuación del Gobierno. En uno aseguró que un 97,3% de los ciudadanos respaldaba las medidas adoptadas por el Ejecutivo. Ese porcentaje era en realidad de quienes las consideraban necesarias. Además en otra pregunta casi la mitad de los españoles mostraron poca o nada de confianza en las políticas del Gobierno.

En medio de todo esto, la Fiscalía comenzó a investigar si existía un grupo criminal detrás de la campaña de bulos contra el Gobierno sobre el coronavirus. El Ministerio Público abrió diligencias después de que Unidas Podemos denunciase un ataque organizado. Tan solo un día después fue el PSOE quien denunció a Vox por «difundir bulos e incitar al odio».

Un informe elaborado por la Fundación de Estudios de Economía Aplicada, FEDEA, reveló que si el confinamiento se hubiera decretado el 7 de marzo, en vez del 14, tal y como se hizo, España habría evitado un 62% de casos de coronavirus. Por último, Gobierno y comunidades autónomas acordaron abrir los colegios en julio para dar clases voluntarias de refuerzo. Se estableció que la evaluación del tercer trimestre tendría un carácter diagnóstico y cada autonomía decidiría si avanzaba en el temario o no. La 'regla general' sería pasar de curso y la repetición la 'excepción'.

Pedro Sánchez, en su segunda visita durante la pandemia, visitó una fábrica de mascarillas de El Corte Inglés, con un traje de protección total.

Fuera de nuestro país Donald Trump anunció que retiraba los fondos a la OMS por su «gestión incorrecta» de la crisis de la Covid-19. El presidente estadounidense estampó además su nombre en los cheques de estímulo que recibirían los ciudadanos. En Francia, el Gobierno anunció que pagaría una extra de unos 1.500 euros a los sanitarios.

La Moncloa

16 DE ABRIL
Día 33- Cataluña suma 3.000 muertos más

Cataluña anunció que cambiaba el modelo de contabilidad de fallecidos. La Generalitat dio un balance que incluía otros 3.000 muertos, pero el Ministerio de Sanidad no los incluyó en el balance oficial. Horas más tarde ordenó a las comunidades que cambiaran los parámetros de contabilización de las víctimas. El desajuste oficial continuó durante días. Tras emitir La Sexta unas imágenes del ex presidente del Gobierno Mariano Rajoy saltándose el confinamiento, el Ministerio del Interior envió un listado de sanciones a las delegaciones del Gobierno. Rajoy fue en paralelo protagonista de un programa de educación en La 2 de TVE. Pusieron discursos del ex líder del PP como ejemplo de 'texto incoherente'. El Ministerio de Educación se vio obligado a pedir disculpas, también lo hizo, pero solo en redes sociales, la radiotelevisión pública que no emitió la información en sus Telediarios pese a copar titulares en todos los medios. El PP anunció acciones legales. Por otra parte y después de que los populares reclamasen la declaración del luto nacional, el alcalde socialista de Vila-real (Castellón) reconoció no estar de acuerdo con la directriz de Ferraz de no respaldar esa iniciativa. El presidente del Gobierno abrió con Inés Arrimadas una ronda de contactos por videoconferencia. La presidenta de Ciudadanos se quejó después de que no le había trasladado ninguna oferta en concreto. Ese mismo día el Gobierno renunció a presentar los presupuestos en 2020. En EE.UU., con más de 2.600 muertos en un solo día, el número de desempleados ascendió en otros cinco millones. El coronavirus dejó al otro lado del Atlántico a más de 22 millones de personas.

17 DE ABRIL
Día 34- El Gobierno retira miles de mascarillas 'fake'

19.478 fallecidos, 585 muertos en las últimas 24 horas. El número de positivos era de 188.068. El Ministerio de Sanidad admitió que no controlaba los datos. El BOE publicó el nuevo sistema de contabilización. Los problemas con el suministro de material sanitario se agravó. El Gobierno retiró de urgencia un lote de miles de mascarillas *fake* (hasta 400.000) que repartió a las CCAA. El Colegio de Médicos anunció que acudiría como acusación particular en aquellos juicios contra Sanidad por los casos de contagio derivados del uso de las mascarillas defectuosas. El Colegio de Enfermeros en un comunicado denunció la «caótica» gestión del Gobierno por permitir que los sanitarios utilizaran ese material durante 10 días. Miles de sanitarios tuvieron que ser aislados. Un colectivo que acumuló más del 20% de los contagios (una de las cifras más altas del mundo): más de 30.000 sanitarios figuraban en estas fechas como afectados por la Covid-19, con una treintena de fallecidos. El Tribunal Supremo ordenó al Gobierno a «adoptar todas las medidas a su alcance» para dotar de material de protección al personal sanitario. Le indicaba además que debía informarle sobre la situación cada 15 días.

Un estudio independiente DKG colocó a España en el país menos seguro de la Eurozona. Nuestro país estaba en el puesto 33 de 33.

Una imagen, la de decenas de musulmanes en la calle rezando, provocó la apertura de una investigación en El Vendrell (Tarragona). Aunque el alcalde dijo que no había sido permitida, en las imágenes se vio a la Policía Municipal sin intervenir. Una situación que llegaba después de la decisión durante el Viernes Santo de desalojar la Catedral de Granada.

Las autoridades chinas aumentaron en un 50% el número total de muertos hasta los 4.620 víctimas. Una cifra que seguía suscitando mucha incredulidad en la comunidad internacional.

18 DE ABRIL

Día 35- Estado de alarma hasta el 9 de mayo

20.043 muertos, 565 en el último día. 191.726 positivos.

El día comenzó con una alocución de Pedro Duque y Fernando Simón. En un programa que emitió La 1 de TVE y el Canal 24 horas explicaron a un grupo de niños cómo se debían poner una mascarilla, o las distancias de seguridad que debían mantener. El acto, otro claro ejemplo de propaganda, incluyó de nuevo imágenes previamente seleccionadas desde La Moncloa con Pedro Duque en el espacio en su etapa de astronauta, o imágenes de Fernando Simón como voluntario en África. Además se mostró una carta de una niña a Pedro Sánchez preguntando por el 'Ratoncito Pérez'. Tras la reunión de Pedro Sánchez con el Comité de Científicos el presidente del Gobierno volvió a comparecer un sábado más ante los españoles para anunciar que el estado de alarma se prorrogaba hasta el 9 de mayo.

A esa misma hora tuvo lugar un macroconcierto solidario en Youtube con más de 100 artistas. Amadrinados por Lady Gaga, actuaron desde Elton John, hasta los Rolling Stones o Paul McCartney.

Reino Unido aumentó tres semanas más el confinamiento. Francia anunció que se podría salir de casa el 11 de mayo e Italia el día 4.

Capturas Youtube

19 DE ABRIL

Día 36- Equiparación entre crítica y bulo

20.453 muertos, 410 en las últimas 24 horas. Fue la cifra más baja en 28 días. El número total de contagios ascendió a 195.944 casos.

A primera hora de la mañana el presidente del Gobierno comunicó por videoconferencia la prórroga del estado de alarma a los presidentes autonómicos. Les informó además de que contarían con 14.000 millones extra para la lucha contra el coronavirus, una cantidad que algunos presidentes consideraron que era solo un adelanto de sus presupuestos.

Sanidad aprobó la intervención del precio de las mascarillas en un día en el que las banderas ondearon a media asta en la Comunidad Valenciana y se guardaron tres minutos de silencio en recuerdo de las víctimas. Un luto que se sumaba al decretado desde hacía semanas por la Comunidad de Madrid.

La polémica este domingo llegó con la intervención del número dos del Estado Mayor de la Guardia Civil. El general José Manuel Santiago aseguró leyendo una respuesta preparada que «estamos trabajando con nuestros especialistas para minimizar el clima contrario a la gestión de crisis por parte del Gobierno». Preguntado por el tema el ministro del Interior aseguró por la mañana que debía ser un 'lapsus'. Ya por la noche aseguró en La Sexta «que había sido un error, pero que era también un ejercicio de transparencia». Dos afirmaciones que se contradecían. De manera inmediata el PP anunció que solicitaría la comparecencia en el Congreso del general, del ministro del Interior, del secretario de Estado de Interior y de la directora de la Guardia Civil. Vox dio otro paso al anunciar medidas legales. El revuelo fue mayúsculo.

La Moncloa

24 horas después el número dos del Estado Mayor compareció de nuevo ante los medios. Tan solo hizo un repaso a su trayectoria profesional y aseguró que por encima «de las ideologías están las personas». Algo que fue secundado por el resto de sus compañeros con un aplauso. Fernando Simón calificó como «no decentes» las críticas al general. El secretario de Estado de Comunicación no permitió ese día que se realizará ninguna pregunta al general Santiago, que en ningún momento aclaró si lo que había dicho el día anterior era o no cierto. Ese mismo día se hizo público un email de la Guardia Civil a todas las comandancias instando a sus unidades a identificar noticias falsas y *fake news* «susceptibles de provocar estrés social y desafección a instituciones del Gobierno». Un email que probó que las palabras del general no fueron un lapsus sino la constatación de un hecho. 48 horas después se permitió preguntar al general que, en una respuesta preparada, ratificó que se perseguían los bulos pero «no la crítica». La polémica lejos de apagarse aumentó con las declaraciones de la ministra de Educación. Isabel Celaá aseguró que: «No podemos aceptar que haya mensajes negativos, mensajes falsos en definitiva». De nuevo se equiparó de manera errónea, el bulo a la crítica. Unos días más tarde el ministro del Interior compareció en el Congreso para dar explicaciones. Negó que existiera una orden que tratara de censurar la libertad de expresión y de información y admitió que se había producido un «déficit de expresión» en la orden del Instituto Armado. Grande-Marlaska insistió en que «los bulos y la desinformación son los grandes aliados

de esta enfermedad». Todos los partidos, salvo PSOE y Podemos, denunciaron un recorte en las libertades por la monitorización de las críticas al Gobierno y por la aplicación de las sanciones. Un mes después el ministro del Interior ascendió al general José Manuel Santiago de número dos a número uno del Estado Mayor del Instituto Armado.

20 DE ABRIL

Día 37- Polémica por los bots de Sanidad

20.852 fallecidos, 399 muertos en 24 horas. El número de positivos superó los 200.000 casos.

A las 11 de la mañana se produjo la esperada videoconferencia entre Pedro Sánchez y Pablo Casado. El presidente del Gobierno aceptó la propuesta del PP de convertir su 'Mesa de Reconstrucción' en una comisión parlamentaria de nueva creación.

La Moncloa

En su distanciamiento del Gobierno, la consejera de Presidencia de la Generalitat Meritxell Budó aseguró que en Cataluña tendrían muchos menos muertos si fueran independientes. El discurso independentista pasaba así del 'España nos roba' al 'España nos mata'. Aseguró que ellos hubieran declarado el confinamiento 15 días antes que lo que lo hizo Pedro Sánchez. Sin recordar que en esa fecha Perpignan acogió uno de los actos más multitudinarios que pusieron en marcha para defender la ruptura del país. Un acto en el que estuvieron el huido Carles Puigdemont y el propio Quim Torra.

Por lo demás, la directora de la Agencia del Medicamento fue multada por tratar de irse a pasar unos días a Galicia en Semana Santa en pleno estado de alarma.

Y en la polémica en torno a los bulos se dio un paso más al saberse que el Ministerio de Sanidad acumulaba miles de 'me gusta' generados por 'bots'. Toda la oposición reclamó explicaciones, el PP registró una batería de preguntas en el Congreso. Sanidad aseguró que era víctima de una actividad fraudulenta y Facebook abrió una investigación para esclarecer lo ocurrido.

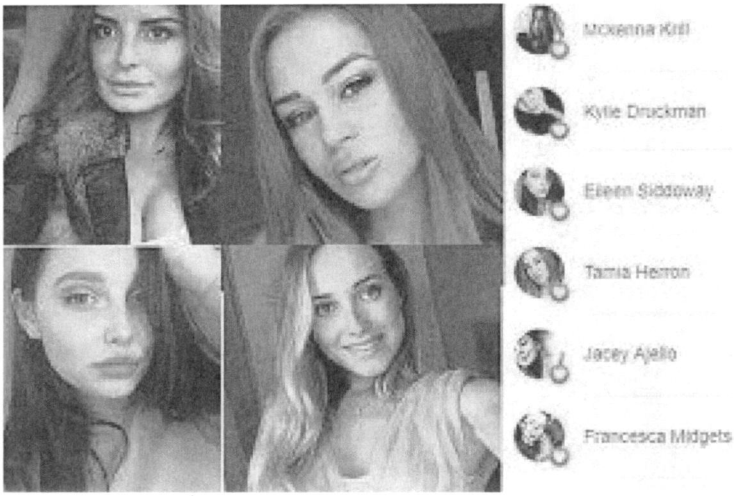

En el terreno económico, el Banco de España dio a conocer sus previsiones y anunció: un desplome de entre el 6 y el 13%. Por primera vez en la historia el petróleo estadounidense cotizó por debajo de cero. Donald Trump llenó las reservas de crudo de EE.UU. con otros 75 millones de barriles. En las calles se reprodujeron manifestaciones pidiendo el fin del confinamiento y la vuelta al trabajo, algunos incluso acudieron con armas a la calle (milicia Iron City Citizens Response Unit).

Manifestaciones, con mascarilla y respetando la distancia de seguridad, que también se pudieron llevar a cabo en Israel. Horas después el primer ministro Benjamin Netanyahu y el líder centrista Benny Gantz hicieron público un acuerdo para formar un Gobierno de unidad.

21 DE ABRIL

Día 38- La salida a la calle de los niños

21.282 muertos, 430 víctimas en las últimas 24 horas. El número de contagios se elevó a los 204.178. Un día más en el balance oficial lo último en anunciar fueron los datos relativos a los fallecidos.

El Consejo de Ministros dio luz verde a que los niños menores de 14 años pudieran salir a la calle desde el 27 de abril. Un permiso que provocó una avalancha de críticas, y que el Gobierno se vio obligado a rectificar, antes de que terminase el día, al estar limitado a acompañar a los padres solo para ir a comprar. El gabinete también dio luz verde a extender el teletrabajo dos meses y admitir ERTE en sectores esenciales. Ya en el Senado, Sanidad aseguró que la desescalada no comenzaría hasta mediados de mayo. El PP lanzó una ofensiva contra el ataque a la libertad de expresión «prefieren ponernos un bozal que una mascarilla. Todo lo que no les favorece es un bulo».

22 DE ABRIL

Día 39- Tercera prórroga del estado de alarma y cierre de la morgue del Palacio de Hielo

21.717 muertos, 435 víctimas en las últimas 24 horas. El número de positivos ascendió a 208.389. Se cumplieron 100 días del Gobierno. El Congreso validó la prórroga del tercer estado de alarma. Pedro Sánchez aseguró en su turno de palabra que se observaban tendencias positivas y dijo que se estaba doblegando la curva. Habló por primera vez de lo que bautizó como los «Pactos de San Jerónimo». El líder de la oposición, Pablo Casado, empezó su intervención pidiendo un minuto de silencio. Tras generarse un momento de duda (con miradas cruzadas entre el propio Casado y la presidenta del Congreso) finalmente todos los diputados, también el presidente del Gobierno, se pusieron de pie para homenajear a las víctimas. Un gesto que impulsó el presidente del PP y que a partir de ese día se convirtió en habitual antes de iniciar los debates en la Cámara Baja.

Congreso TV

La otra imagen del día llegó desde el Palacio de Hielo de Madrid donde, el día en el que se cerró la morgue, se rindió también homenaje a los fallecidos en un acto en el que se escuchó el himno de España y en el que participaron el alcalde de la capital, la presidenta de Madrid y la ministra de Defensa. Margarita Robles, en un discurso muy aplaudido aseguró que «estamos con las familias, lo sentimos profundamente en el corazón, y nunca les olvidaremos. Lo único que puedo decir, ya sé que no es un consuelo, es que quienes han estado en este palacio, estos hombres y mujeres que han fallecido, no han estado solos. No les hemos podido salvar la vida pero que sepan que, por parte de nuestras Fuerzas Armadas, de la UME, del Ejército de Tierra, siempre han estado con ellos».

Telemadrid

Por lo demás el diario *El Mundo* publicó detalles de los contratos de los llamados 'test fake'. Al parecer el Ministerio de Sanidad los compró a una empresa catalana por 17 millones de euros. En el momento de la firma del contrato la compañía no contaba con las licencias necesarias. El precio de los test ascendió a 26 euros por unidad cuando otros proveedores, al inicio de la pandemia, los comercializaron por la mitad. Se hizo público también que Inditex utilizó sus aviones para traer material sanitario a España por valor de 457 millones de euros, es decir la mitad de lo gastado por el Ministerio. La compañía, que mantuvo los puestos de trabajo evitando acogerse a un ERTE, realizó también batas para los médicos y donó importantes cantidades de dinero. Algo que fue criticado por la extrema izquierda (Iñigo Errejón lo llegó a calificar de «limosna propia de la Edad Media») y aplaudido por la sociedad española en general. Según la encuesta Ipsos, Amancio Ortega era el empresario más comprometido contra la Covid-19. Una lista a la que hay que añadir otros nombres propios como José María Álvarez Pallete (Telefónica), Juan Roig (Mercadona), Ana Botín (Banco Santander) o Ray Cazorla (HAC y la Fundación Inspiring Commited Leaders).

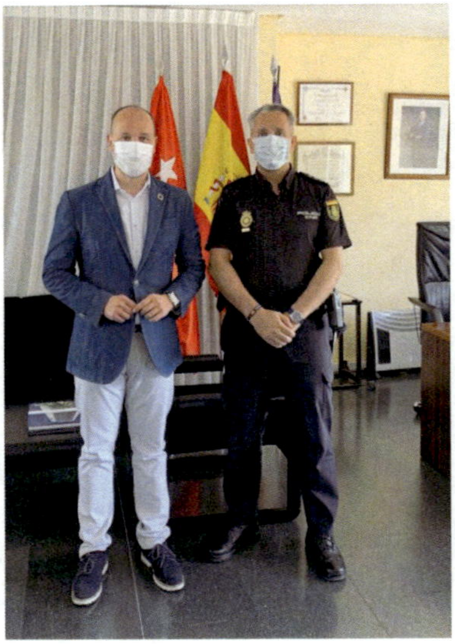

23 DE ABRIL

Día 40- Medidas de desconfinamiento para los menores de 14 años

22.157 fallecidos. 440 más en las últimas 24 horas. El número total de positivos alcanzó los 213.024 casos.

En una nueva rueda de prensa Fernando Simón afirmó que la pandemia iba mejor de lo que pensaban. Un estudio de la Universidad Carlos III reveló que no hubo paciente cero sino muchos enfermos desde mediados de febrero. El vicepresidente segundo del Gobierno, Pablo Iglesias, fue el encargado de anunciar las medidas de desconfinamiento para niños de hasta 14 años: les permitieron salir a la calle durante una hora al día (de 9 a 21h), acompañados de un adulto responsable, siendo la mascarilla solo recomendable y aconsejando no acercarse a otros menores y hacerlo siempre con juguetes propios. Pedro Sánchez y Nadia Calviño mantuvieron una reunión telemática con los representantes de CEOE, CEPYME, UGT y CCOO. Desde el BCE, su presidenta Christine Lagarde advirtió de que el producto interior bruto podría caer hasta un 15%. Los jefes de Estado y Gobierno de la Unión Europea comenzaron también la negociación sobre el Fondo de Recuperación con el que querían relanzar la economía. Pedro Sánchez no dio después rueda de prensa. Sí comparecieron Angela Merkel, Emmanuel Macron o Giuseppe Conte. Por España lo hizo la ministra de Exteriores. Su Ministerio hizo público ese día un tuit en el que felicitaba el Ramadán sin el lenguaje inclusivo que caracterizaba al Ejecutivo.

24 DE ABRIL

Día 41- «La delgada línea roja»

22.524 los fallecidos, 367 muertos en las últimas 24 horas. Era la cifra más baja de fallecidos desde el 21 de marzo. El número de positivos llegó a los 219.764.

Sanidad encabezó una reunión con las comunidades autónomas para comenzar a diseñar el plan de desescalada. El Consejo de Enfermería se querelló contra Pedro Sánchez, Salvador Illa y Fernando Simón por delitos contra la seguridad de los trabajadores. El mercado de mascarillas siguió colapsado. En Madrid, Isabel Díaz Ayuso reconoció errores en el primer pleno que se pudo celebrar en la Comunidad tras superar la enfermedad y aseguró que sus decisiones al inicio de la pandemia, adelantándose al Ejecutivo central, ayudaron a «espabilar» a La Moncloa. Una orden ministerial publicada en el Boletín Oficial del Estado, recogió de «forma excepcional» la eliminación del límite de suspensos que fijaba la LOMCE (la Ley de Educación) para poder pasar de curso. El PSOE bloqueó la comparecencia online de Rosa María Mateo sobre RTVE. Contaba con el aval de los letrados, dado que la administradora única provisional, por su edad, formaba parte de la población de riesgo. Una situación que junto a la ausencia en Torrespaña durante toda la pandemia del director de Informativos de TVE, Enric Hernández, me llevó a escribir la siguiente carta a todos mis compañeros. Expresé mi inquietud, como trabajadora y candidata al Consejo de Administración, por las circunstancias que atravesaba la Corporación de RTVE.

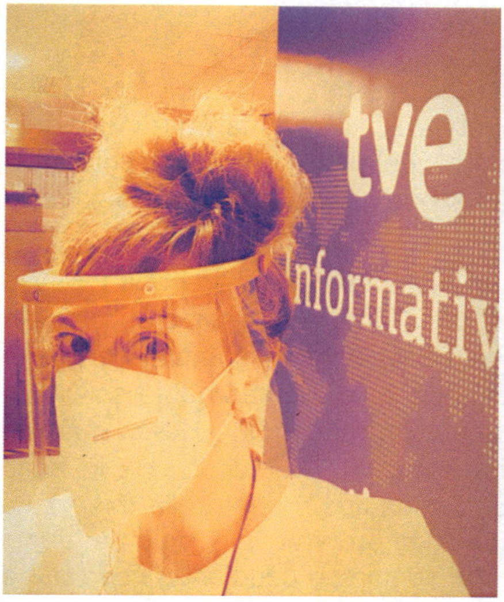
tve
Informativ

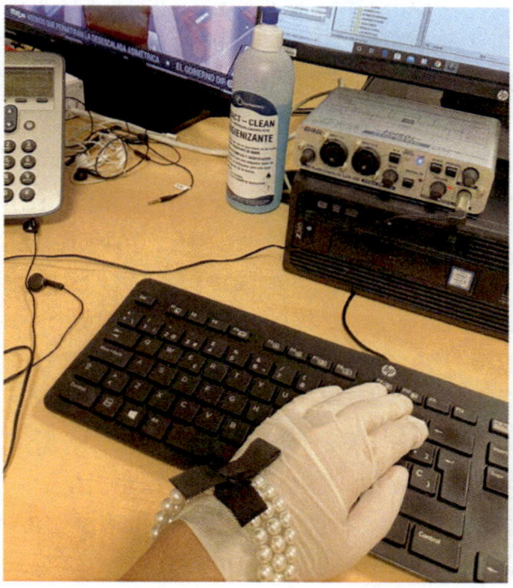

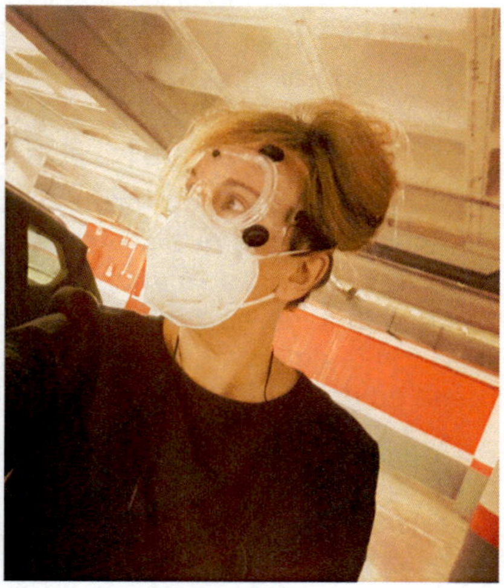

«La delgada línea roja»

Pronto se cumplirán dos años de la designación de Rosa María Mateo como administradora única y provisional de RTVE. Venía para dos o tres meses... con el compromiso de renovar la cúpula con consenso y concurso: «No voy a desear seguir aquí a costa de lo que sea» son palabras textuales de la propia señora Mateo.

Pues bien, de su mano ha llegado el penúltimo atropello contra RTVE. Una «tomadura de pelo» para algunos, una «anomalía democrática» para otros, en cualquier caso un nuevo bloqueo para evitar su comparecencia en el Congreso. Una comparecencia telemática que además había solicitado ella misma por formar parte de «la población de riesgo». **¿Hasta cuándo seguiremos sin que nadie responda sobre RTVE?** Urge que lo haga donde corresponde. El coronavirus, que sepamos y como ella misma ha propuesto, no debería afectar a su capacidad de oratoria. Como no afecta tampoco a los miles de trabajadores que seguimos acudiendo cada día a nuestro puesto o los que 'teletrabajan' desde el inicio de la pandemia.

Vivimos tiempos en los que la información es más necesaria que nunca. La información sin transparencia es además otra cosa. ¿De verdad debemos considerar información y servicio público el 'programa' con el ministro de Ciencia e Innovación y el director del Centro de Coordinación de Alertas y Emergencias? Ahorraré los detalles que por todos son de sobra conocidos.

¿Desde cuándo es 'normal' que desde fuera de esta casa se decidan las imágenes que se emiten en La 1 y el Canal 24 horas? Imágenes de Duque en el espacio con su traje de astronauta, imágenes de Simón como voluntario en África... imágenes incluso, y previamente seleccionadas, con la actividad diaria del presidente del Gobierno en la mitad de una rueda de prensa de los expertos. ¿Esto qué es?

Sobre el crespón negro, tan solo recordaré las palabras de la propia dirección «no debemos contribuir a preocupar aún más a la población». El balance oficial es hoy de 23.190 personas fallecidas. La delgada línea entre la información y la propaganda empieza a ser muy difusa. Tanto que se están traspasando muchas líneas rojas. Resulta bochornoso tener que recordar —a quien corresponda— que **garantizar la pluralidad, siempre y ahora especialmente, es una obligación**. Durante todo el estado de alarma, más de 40 días, se emiten como mínimo **tres horas diarias de información oficial**, por no hablar de las más de doce horas que llevamos con los discursos en prime time, muchos sin las preguntas en directo reclamadas por los periodistas, de Pedro Sánchez. Y pluralidad no es difuminar a la oposición hasta el punto de escuchar solo la «fuente oficial».

«La fuerza del periodismo» debería ser algo más que un buen lema. ¿Dónde está el consejo de informativos? Ese consejo incansable que se decía independiente. «Manipulación es corrupción» sentenciaban, sin derecho a réplica quienes ahora ni preguntan ni sentencian. Una doble vara de medir inaceptable. Me refiero a ese consejo que sentaba cátedra bajo una pila de informes, sin aceptar más criterio que el que ellos decidían, y que a día de hoy, visto lo visto, son también más papel mojado que nunca. Se podrían poner unos cuantos ejemplos... **Menos disculpas online y más información en Prime Time**. Como decía aquel «rectificar es de sabios, y de necios tener que hacerlo a diario». Y lo dice alguien que por supuesto no es perfecta y ha cometido errores. Pero que siempre ha defendido con honestidad una RTVE de servicio público, veraz, objetiva, plural y con perspectiva de género. Una radiotelevisión pública de calidad con grandes profesionales y libre. Decía Albert Camus: **«Una prensa libre puede ser buena o mala, pero sin libertad, la prensa nunca será otra cosa que mala»**.

Una última pregunta ¿dónde está el director de informativos? Señor Hernández, el liderazgo es también estar aquí en la redacción de Torrespaña con todos los trabajadores, algunos de su propio equipo directivo, que SÍ estamos al pie del cañón. Se suele decir que la palabra convence —en su caso no tenemos ni buenas ni malas— pero el ejemplo arrasa. Y su ejemplo, al menos su presencia en el Pirulí, brilla por su ausencia.

25 DE ABRIL
Día 42- IFEMA adelanta a mayo su cierre

22.902 muertos, 378 fallecidos en 24 horas. IFEMA adelantó a mayo el cierre del hospital después de 48 horas sin registrar ningún nuevo ingreso. Comenzó a bajar la presión sanitaria y eso también se tradujo en un cambio de estrategia de comunicación. La Moncloa puso fin a las comparecencias diarias de uniformados. Pedro Sánchez compareció a las 20.15 horas para anunciar que si la evolución de la pandemia seguía como en esos momentos desde el 2 de mayo se podría salir a hacer deporte y dar un paseo. Pablo Casado acusó a Pedro Sánchez de mentir por decir que España era de los países que más test realizaba y le afeó que pidiera unidad cuando el líder del PP aseguró que se enteraba de sus medidas por televisión. La Organización Mundial de la Salud aseguró que no había pruebas de que las personas curadas fueran inmunes y reclamó medidas graduales de desconfinamiento. En Reino Unido el número de fallecidos superó los 20.000. Estados Unidos alcanzó los 50.000 fallecidos por la Covid-19. Donald Trump divagó sobre la posibilidad de inyectar desinfectante contra el coronavirus lo que le supuso una avalancha de críticas. Unas horas más tarde el presidente de Estados Unidos aseguró que sus palabras habían sido solo sarcasmo.

26 DE ABRIL

Día 43- Los menores de 14 años, a la calle

El número de muertos oficiales llegó a los 23.190. 288 fallecidos en 24 horas. El número de positivos alcanzó los 207.634 contagiados. Los menores de 14 años comenzaron a salir a la calle. En la catedral madrileña de La Almudena tuvo lugar una misa funeral por los fallecidos. Acudieron la presidenta Isabel Díaz Ayuso, el alcalde José Luis Martínez-Almeida y el delegado del Gobierno José Manuel Franco. La misa estuvo oficiada por el arzobispo de Madrid, Carlos Osoro, y durante la ceremonia la presidenta de la Comunidad, que por la mañana participó en la séptima videoconferencia del Gobierno con las comunidades autónomas, no pudo evitar emocionarse.

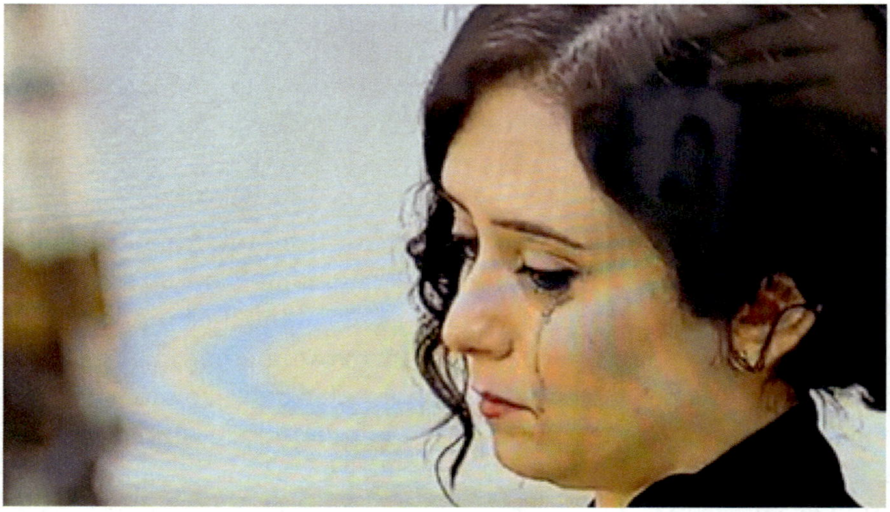

Captura Telemadrid

27 DE ABRIL

Día 44- La OCDE obligada a rectificar

Según los datos de Sanidad, los fallecidos eran 23.521 personas. 331 en últimas 24 horas.

La polémica del día vino marcada por los datos de la OCDE acerca de los países que más pruebas diagnósticas habían realizado. Según el ranking que hizo público la OCDE España se situaba entre los 10 primeros países, por encima de países como Alemania, Austria y Dinamarca. El Ministerio de Sanidad se felicitó en redes sociales e Illa aseguró en rueda de prensa que: «Somos el octavo país, así lo acredita la OCDE, ya que realizamos 28,6 test por 1.000 habitantes, mientras que la media europea se sitúa en el 22,9». La gráfica —que fue criticada por el presidente del PP, Pablo Casado, quien acusó al Gobierno de falsear datos— contaba los test PCR realizados en todos los países salvo en España, donde se sumaban, además, los test rápidos de anticuerpos. La OCDE tuvo que pedir disculpas y rectificar. España cayó del octavo al decimoséptimo puesto, con 22,3 test por cada mil habitantes, una cifra por debajo incluso de la media de la OCDE (23,1).

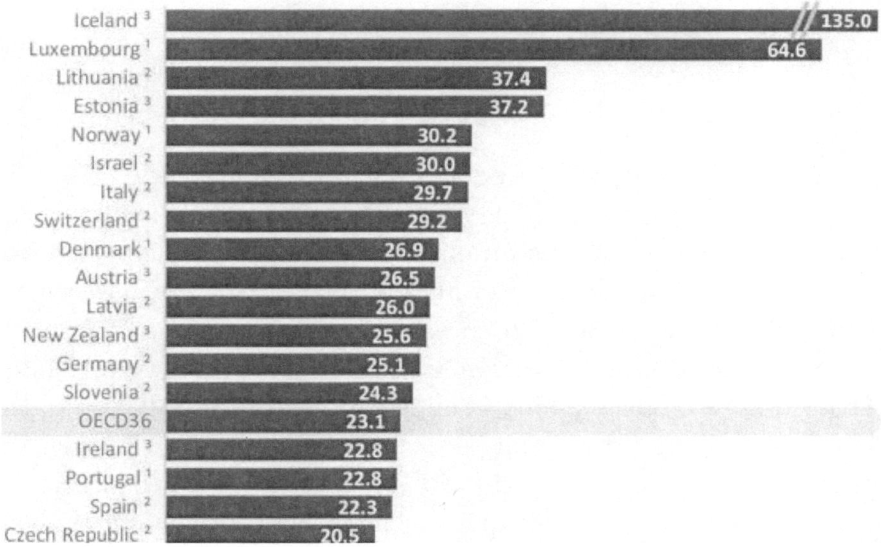

8 DE ABRIL

Día 45- Plan de 'desescalada'

Con 23.822 muertos, y cinco cambios de contabilización de fallecidos, Pedro Sánchez compareció a las 18 horas para dar a conocer el 'Plan para la Transición hacia la nueva normalidad'. Un plan que no se debatió ni votó en el Congreso previamente a su presentación como por ejemplo si se hizo en Francia. Puso fecha de inicio el 11 de mayo y estableció 4 fases de desescalada que iban del 0 al 3. El presidente del Gobierno, y pese a la rectificación el día antes de la OCDE, insistió en que España ocupaba el octavo puesto en número de test realizados. Además presumió de un ranking inexistente. Sánchez esgrimió que según el Hospital Universitario Johns Hopkins, referente internacional durante la pandemia, España era el quinto país del mundo en hacer más test de la Covid-19. La propia Universidad Johns Hopkins confirmó que dicho informe no existía.

El Consejo de Ministros nombró 23 altos cargos más a dedo, afectaron a los ministerios de Consumo, Seguridad Social, Educación, Transición Ecológica y Trabajo. Los datos económicos eran preocupantes: el 44% de la población de España cobraba ya del Estado. Moodys creía que acabaríamos pidiendo el rescate.

29 DE ABRIL

Día 46- Más muertos que en la guerra de Vietnam

24.275 fallecidos, 325 las personas muertos en las últimas 24 horas. España registró 212.917 positivos. Nueva sesión de control en el Congreso donde se guardó un minuto de silencio con la presidenta de la Cámara Baja de luto (el día antes se le vio con mascarilla). *ABC* publicó que de las 1.369 preguntas escritas sobre el coronavirus presentadas por la oposición, el Gobierno solo había contestado 41 (lo que representa el 5%). Además el Grupo Socialista pidió a sus diputados que preguntaran al Gobierno sobre la violencia de género. En la Asamblea de Madrid la presidenta Ayuso compareció a petición propia y aseguró que tras el 8M la proyección del virus en Madrid se multiplicó hasta 30.000 posibles contagios: «El Gobierno nos dijo que era una gripe más y lo peor era el alarmismo [...]. Reconozco mi error, fiarme de la izquierda. Les aseguro que no volverá a ocurrir».

Los datos de Estados Unidos seguían siendo muy preocupantes: en lo que se llevaba de pandemia habían fallecido ya más estadounidenses por coronavirus que en toda la guerra de Vietnam. El Reino Unido suspendió las clases hasta enero de 2021 y anunció que el primer trimestre sería online.

30 DE ABRIL

Día 47- Pleno en el Senado de CCAA

24.543 fallecidos, 268 muertos en las últimas 24 horas. El 40% de los nuevos casos eran sanitarios. El Senado celebró un pleno de comunidades autónomas con la presencia entre otros de los presidentes de Madrid, Murcia y Castilla y León. En representación del Gobierno acudió la ministra Carolina Darias. Desde Aragón muy sonada fue la advertencia del presidente socialista Javier Lambán: «Salvar vidas está muy por delante de salvar políticamente a Sánchez». Pese a que el ministro Duque lo negó, se supo que seis meses antes de su salida del Gobierno, Mariano Rajoy, sí había incluido un plan para hacer frente a una posible pandemia.

1 DE MAYO

Día 48- IFEMA apaga sus luces

24.484 fallecidos. En las últimas 24 horas murieron 281 personas. El número de contagios diagnosticados por PCR superó los 215.000 casos. El plan presupuestario que el Gobierno remitió a Bruselas recogió una debacle económica. Según sus estimaciones el PIB se desplomaría hasta un 9,2% en 2020 y la tasa de paro alcanzaría el 19%. Las previsiones de la ministra de Hacienda, María Jesús Montero, que habló de salida de las crisis en 'V' asimétrica, fueron las siguientes:

Gasto Público: 51,5% (+10 puntos)

Ingresos: 41,2% (-25.700 millones)

Déficit: 10,34% (el mayor desde 2012). Se redujo en 2019 al 2,8%.

Deuda: 115,5% (95.5% en 2019)

Un acto solemne sirvió para echar el cierre en el Hospital de IFEMA en el que atendieron a 4.000 pacientes. Tanto la presidenta de Madrid como el alcalde de la capital quisieron también rendir homenaje a los sanitarios. Se escucharon gritos a favor de la sanidad pública y reclamando test. José Luis Martínez-Almeida aseguró que «IFEMA representó la titánica fuerza de voluntad y el coraje de la sociedad madrileña. IFEMA es el símbolo de la esperanza y de la no rendición ante la pandemia». Isabel Díaz Ayuso por su parte puso en valor que había sido «un ejemplo de todo lo que podemos hacer los españoles cuando tenemos un objetivo común». La Delegación del Gobierno en Madrid abrió una investigación sobre el acto de clausura por las imágenes en las que no se respetó la distancia de seguridad y por las que pidieron disculpas tanto la presidenta de Madrid como el alcalde de la capital. El gobierno regional acusó a Podemos de invitar a 20 sanitarios para hacer un escrache a Ayuso.

2 DE MAYO

Día 49- Día de la Comunidad de Madrid, homenaje a los 'héroes' del coronavirus

25.100 los fallecidos. 276 muertos más en las últimas 24 horas. 216.582 positivos.

En una nueva comparecencia Pedro Sánchez, salió a las 14.30, para confirmar que a partir del lunes 4 de mayo era obligatorio usar mascarilla en el transporte público. Dijo que se repartirían seis millones de mascarillas en los nudos de transporte y confirmó que solicitaría otros 15 días más de estado de alarma. Dejó entrever, en un intento por presionar a la oposición, que de no salir adelante la prórroga, los ERTES correrían peligro. Anunció también medidas de alivio del confinamiento. Las franjas para salir a la calle quedaron divididas:

- Desde 14 años: 6:00h-10:00h y 20:00h-23:00h

- Personas con necesidades especiales y mayores de 70: 10:00h-12:00h y 19:00h-20:00h
- Menores de 14 años: 12:00h-19:00h

Coincidiendo con el día de la Comunidad de Madrid, el gobierno regional celebró un funeral en homenaje a los «héroes» del coronavirus. Díaz Ayuso aseguró que «todos juntos estamos en esta lucha por la libertad y la vida». La presidenta de la Comunidad de Madrid tuvo palabras para el Rey y para Margarita Robles. Sonó el himno de España y se pudieron escuchar las sirenas de la Policía y los Bomberos. El broche de oro lo puso Ainhoa Arteta con un emocionado «Ave María».

Captura Telemadrid

3 DE MAYO

Día 50- Portugal deja atrás el estado de alarma

25.264 fallecidos por coronavirus. Fernando Simón aseguró que «una inmunidad de rebaño suficientemente alta [...] implicaría que necesitamos entre un 67 y un 70% de personas que hayan estado infectadas durante este periodo». Este domingo se celebró la octava videoconferencia con las CCAA. Tanto Urkullu, como Feijóo y Ayuso reclamaron a Sánchez que se replanteara el estado de alarma y se aplicara la legalidad ordinaria. El periódico *El País* publicó una entrevista con Teresa Ribera. La ministra dijo que «España está en la gama alta de éxito, otros han recomendado beber lejía». Sobre la situación en Portugal, la titular de Transición Ecológica defendió que su éxito con el coronavirus se debió a que «están más al oeste». Precisamente en Portugal terminó el estado de alarma y se pasó al estado de 'calamidad'. Todo en un día en el que la ONU coincidiendo con la jornada mundial de la Libertad de Prensa lanzó un mensaje en el que destacó el papel «crucial» de los medios de comunicación.

4 DE MAYO

Día 51- Primer día de Fase 0

25.428 fallecidos, 164 en las últimas 24 horas. El número de contagios diagnosticados por PCR ascendió a 218.011. En el primer día de Fase 0 solo abrieron un 20% de comercios, un 50% de las peluquerías y un 3% de hostelería. Cuatro islas pasaron a fase 1 directamente. La Seguridad Social dio a conocer los datos de abril en los que se perdió 1.200.000 cotizantes, una destrucción de empleo histórica. Ante este panorama el presidente del PP aseguró que su partido no apoyaría una nueva prórroga del estado de alarma. Tras esas declaraciones Pedro Sánchez llamó a Pablo Casado. El Gobierno amenazó con el 'caos'. En redes sociales se recordaron las palabras del propio Pedro Sánchez a Mariano Rajoy tres años antes en la moción de censura: «Es o yo o el caos, ¿señor Rajoy? Como decía el chiste de *El Roto*. Usted, señor Rajoy, es el caos».

En Italia comenzó a levantarse el confinamiento y en Francia el Parlamento echó para atrás el plan de desescalada de Emmanuel Macron.

5 DE MAYO

Día 52- Mayor alza del paro en abril de la historia

25.613 muertos, 185 más que el día anterior. España registró 219.329 casos. El paro subió en abril en 282.891 personas, su mayor alza en este mes de la historia, por el coronavirus alcanzando los 3,83 millones de desempleados. El Reino Unido superó a Italia con más de 32.000 muertos y se puso a la cabeza de Europa.

6 DE MAYO

Día 53- Cuarta prórroga del estado de alarma. Un comité de expertos 'fantasma'

25.857 fallecidos oficiales. 220.325 casos detectados con PCR. Fernando Simón se negó a dar los nombres de los 11 integrantes del comité que, según dijeron, decidían cuándo cambiaba cada comunidad de fase: «Las presiones que sufriría haría muy difícil trabajar con la suficiente libertad».

En la misma línea se pronunciaron hasta en 11 ocasiones el propio presidente del Gobierno en La Moncloa y el ministro de Sanidad en el Congreso. El 28 de julio Sanidad (y pese a que en una respuesta al PP dijo lo contrario) reconoció la mentira y negó al Defensor del Pueblo que existiera un comité de expertos para decidir la desescalada. Era Salvador Illa quien tomó las decisiones. Un mes atrás, el ministro de Sanidad ya había apuntado que solo había un grupo de funcionarios del Ministerio en la elaboración de los informes y Fernando Simón aseguró que la responsabilidad última era del propio Illa.

Desde el PP, Cuca Gamarra afirmó que se trataba de «una mentira más» de un Gobierno que, a su juicio, «ha hecho de la mentira a los españoles el instrumento para tapar su ineficacia e incompetencia a la hora de gestionar la Covid-19». La presidenta de Madrid, que había llevado a los tribunales la decisión de mantener a la Comunidad en la Fase 0 durante semanas, escribió en Twitter que se demostraba que habían existido decisiones políticas y opacas para no permitir pasar de fase a los madrileños.

El 6 de mayo el Congreso aprobó la cuarta prórroga de estado de alarma con apoyo de Ciudadanos y PNV y con la abstención del PP. Vox, ERC y resto de los partidos votaron en contra. Juan Carlos Girauta abandonó Ciudadanos por el apoyo de Inés Arrimadas a Pedro Sánchez. Desde la formación naranja defendieron que no eran los «nuevos socios» del Ejecutivo, sino que apoyaban la medida a cambio de unas condiciones y en beneficio de todos los españoles.

7 DE MAYO

Día 54- Arranca la Comisión para la Reconstrucción en el Congreso

Ascendió a 26.070 el número de fallecidos. En las últimas 24 horas murieron otras 213 personas. Según el balance de Sanidad había 221.447 positivos. En rueda de prensa Fernando Simón llegó a decir que las muertes de más no saben si son de un «gran accidente de tráfico». En el Congreso arrancó la Comisión para la Reconstrucción Económica y Social con el socialista Patxi López como presidente.

8 DE MAYO

Día 55- Madrid no pasa a la Fase 1

26.299 fallecidos. 229 muertos más. La portavoz socialista Adriana Lastra anunció en Twitter que la Comunidad de Madrid no iba a pasar a la Fase 1. El PSOE lanzó una campaña en redes bajo el lema 'Protegemos Madrid'. La polémica aumentó por la dimisión de la directora de Salud de Madrid, que no veía oportuno solicitar el cambio de fase, y el nombramiento como sustituto de Antonio Zapatero, el que era director del Hospital levantado en IFEMA. Se supo que España no se iba a beneficiar del lote de 1,5 millones de mascarillas que la Comisión Europea iba a entregar en los próximos días entre sanitarios de Reino Unido y 17 Estados miembros porque «no mostró interés en participar». Madrid anunció que los ciudadanos podrían recoger gratis sus mascarillas FFP2 a partir del lunes 11 de mayo en las farmacias.

Los datos del paro en abril en Estados Unidos fueron del 14,7%. Era la cifra más alta desde la Gran Depresión.

9 DE MAYO

Día 56- El 21% de los contagiados son sanitarios

26.478 muertos. España era uno de los pocos países donde el 21 por ciento de la población contagiada eran sanitarios. Sumaban ya 47.481 profesionales con la Covid-19. En una nueva comparecencia de Pedro Sánchez, esta vez a las 13.30h, pidió prudencia a quienes cambiaban de fase. En el turno de preguntas la CNN le preguntó por el supuesto informe de la Johns Hopkins y que, según Sánchez, decía que España era el quinto país del mundo en el número de test que realizaba. El presidente del Gobierno contestó que «los datos están ahí». La CNN tituló que el presidente de España había mentido.

CNN World Africa Americas Asia Australia China Europe India Middle East United Kingdom Edition

Spanish prime minister fails to prove existence of international coronavirus testing rankings he cited

By Scott McLean and Laura Perez Maestro, CNN

Updated 1926 GMT (0326 HKT) May 9, 2020

You'll need an app to get a spot on this beach in Spain 01:15

(CNN) — In a nationally televised press conference on Saturday, Spanish Prime Minister Pedro Sánchez was asked by CNN about the existence of a ranking by Johns Hopkins University on Covid-19 testing that he had boasted about previously.

News & buzz

Sessions responds to Trump attack: 'I do not and will not break...

May 8 coronavirus news

Paid Content by Outbrain

Top Tip Most Computer Owners Don't Know (Do This Today)

Security Savers Online

10 DE MAYO

Día 57- Empieza a tomar fuerza la protesta de Núñez de Balboa

26.621 muertos, 224.390 positivos. Nueva conferencia de presidentes autonómicos. Madrid, Andalucía y Valencia se quejaron por el trato diferencial por ejemplo con el País Vasco que permitía movimiento entre provincias. La Comunidad de Madrid anunció la construcción de un hospital exclusivo para epidemias. Mientras en la calle, la Policía pidió sus datos a los vecinos de la calle Núñez de Balboa que empezaron a liderar las protestas en la capital contra el Gobierno. Las caceroladas fueron a más y se escucharon gritos de «Libertad» y «Gobierno dimisión».

Twitter

11 DE MAYO

Día 58- Entra en vigor la Fase 1 para el 51% de los españoles

26.744 fallecidos, 227.436 positivos. El 51% de los españoles entraron en la Fase 1 de la desescalada. Lo que supuso poder reunirse en grupos de un máximo de 10 personas, participar en velatorios con un máximo de 15 asistentes y asistir a centros de culto. La Fase 1 permitió también la apertura de locales comerciales con una superficie igual o inferior a 400 metros cuadrados, con un 30% del aforo total, e instalar terrazas al aire libre con el 50 % de las mesas, con una ocupación máxima de 10 personas por mesa. Madrid, Valencia y Andalucía mostraron su malestar por no pasar de fase como el resto del país. Ante el Tribunal Supremo se presentó una querella contra el Gobierno en nombre de 3.000 familiares de fallecidos por la Covid-19.

12 DE MAYO

Día 59- Casado apuesta por el uso obligatorio de mascarillas

26.920 fallecidos, 228.030 positivos. España anunció que obligaría a guardar una cuarentena de 14 días a los viajeros internacionales a partir del 15 de mayo. Sanidad dijo al Tribunal Supremo que comenzó el acopio de material 12 días antes del estado de alarma. Pablo Casado y su 'Gobierno en la sombra' lanzaron un 'plan B' a la desescalada de Pedro Sánchez. Entre otras cosas apostaron por el uso obligatorio de mascarillas y reclamaron que los ERTE se extendieran hasta diciembre y se desligaran del estado de alarma.

Unas peticiones que Casado realizó desde la sede de Génova acompañado por Ana Pastor, Elvira Rodríguez y Enrique López.

13 DE MAYO

Día 60- Solo el 5% ha pasado la enfermedad

27.104 muertos, 228.691 positivos. Un estudio de Sanidad estimó que solo el 5% de los españoles habían pasado la enfermedad. En un informe la Guardia Civil se alertó de una «alta posibilidad de conflictividad social» durante la desescalada. El socialista Rafael Simancas dijo que Madrid era la «comunidad más letal y que los datos de España eran malos porque Madrid está en España». Sin embargo, las comunidades más letales eran Castilla La- Mancha, Extremadura y Aragón.

14 DE MAYO

Día 61- A vueltas con las mascarillas

27.321 muertos, 217 en las últimas 24 horas. El número de positivos alcanzó los 229.540.

El uso de mascarillas era ya una realidad. Políticamente comenzó otra 'batalla', en este caso por el tipo de mascarilla recomendable. El 8 de mayo la Comunidad de Madrid anunció el reparto gratuito de mascarillas FPP2 para todos los madrileños. Un reparto que se llevó a cabo tres días después. Fernando Simón preguntado por esas mascarillas dijo en un primer momento que «el uso de las mascarillas FFP2 está indicado para personas sanas, las personas que tienen sintomatología debería utilizar las quirúrgicas. Por lo tanto, yo creo que es una buena medida». Sin embargo el 14 de mayo el Ministerio de Consumo de Alberto Garzón, emitió una nota diciendo que no recomendaba a la población general el uso de las mascarillas FPP2. Horas después Fernando Simón aseguró que las mascarillas quirúrgicas «son más llevaderas y más asequibles y son, probablemente, la mascarilla más útil cuando hablamos de los contagios poblacionales». En algún programa de televisión se distinguió entre mascarillas 'egoístas' y mascarillas 'solidarias'. En las calles continuaron las caceroladas. Representantes de Podemos y ERC dijeron que eran «los pijos que quieren jugar al golf». Unas declaraciones que ayudaron a propagar otro de los grandes bulos durante la pandemia. Se dijo que en una manifestación de la calle Núñez de Balboa un hombre golpeó con un palo de golf una señal de tráfico, cuando en realidad lo que llevaba en la mano era una escoba.

Captura Twitter

Desde círculos ligados a la izquierda a quienes protestaban contra la gestión del Gobierno se les bautizó como los 'cayetanos'. La presidenta de la Comunidad de Madrid aseguró que se «preparasen» porque lo de Núñez de Balboa iba a ser poco para lo que les esperaba.

Ese mismo día Pablo Iglesias defendió un impuesto a los 'ricos' mientras desde el sector turístico se exigió la dimisión de Alberto Garzón por sus declaraciones en el Congreso en torno a este sector al que definió como «estacional, precario y de bajo valor añadido». Descripción de un sector, el turismo, que en España supone el 13% del PIB y genera el 12% del total del empleo.

15 DE MAYO

Día 62- San Isidro confinado

El alcalde de Madrid José Luis Martínez-Almeida, hizo entrega a Mónica López, médico del Ramón y Cajal que tras contagiarse en marzo regresó a su puesto de trabajo, de la Medalla de Oro de la ciudad. Homenaje al pueblo madrileño en su lucha contra la pandemia. Un 15 de mayo atípico en el que se vio desierta La Pradera y las Vistillas. El Gobierno mantuvo en la Fase 0 a Madrid. El homenaje, al que acudieron representantes de todos los partidos con representación en el consistorio, contó también con la intervención del premio Nobel Mario Vargas Llosa.

16 DE MAYO

Día 63- El número de víctimas, a la baja

27.563 fallecidos, 230.698 contagiados. Los muertos en las últimas 24 horas descendieron a 102 lo que supuso la cifra más baja desde el inicio del estado de alarma. El presidente del Gobierno compareció para pedir una quinta prórroga que según dijo quería que fuese la última y durase «alrededor de un mes». Según anunció Sánchez durante ese último estado de alarma «la única autoridad delegada del Gobierno será el ministro de Sanidad y decaerán las facultades especiales que se concedieron a los otros ministerios». El presidente llegó a afirmar que sin el estado de alarma en España el número de muertos habría ascendido a 300.000.

Las manifestaciones contra el Ejecutivo se reprodujeron fuera de Madrid en ciudades como Salamanca, Sevilla, Zaragoza o Logroño.

Por la mañana se conoció la muerte a los 78 años de Julio Anguita, líder histórico de Izquierda Unida.

Fuera de nuestro país las playas comenzaron a llenarse en Grecia e Italia anunció la apertura el 3 de junio para los turistas. Esa noche estaba previsto el Festival de Eurovisión que fue sustituido con un programa especial en Televisión Española.

17 DE MAYO

Día 64- Décima videoconferencia autonómica

27.650 fallecidos, 231.350 positivos. 87 víctimas mortales en 24 horas, la cifra más baja en dos meses.

Se celebró la décima videoconferencia con presidentes autonómicos. Desde Madrid denunciaron que Isabel Díaz Ayuso había formulado hasta seis preguntas al presidente del Gobierno sin obtener respuesta. Sanidad rectificó y permitió finalmente que comenzaran al día siguiente las rebajas.

18 DE MAYO

Día 65- El Banco de España empeora previsiones

27.709 muertos, 59 en las últimas 24 horas. Los datos comenzaron a darse por la tarde. Arrancó la Fase 2 y lo hizo con mascarilla obligatoria en espacios cerrados y en la calle si no se garantizaba la distancia mínima. El Banco de España empeoró sus previsiones (desplome del PIB hasta el 9,5%) y pidió un plan de ajuste gradual y a medio plazo. El gobernador del Banco de España, Pablo Hernández de Cos, pidió en el Congreso un pacto de Estado y grandeza a los políticos. Emmanuel Macron y Angela Merkel propusieron un plan de 500.000 millones de euros para hacer frente a la crisis.

19 DE MAYO

Día 66- Nuevo CIS

27.778 muertos, 232.037 positivos.

Un nuevo CIS aseguró que el PSOE lograría un 31% de los votos. Según la encuesta, el 70% de los españoles creían que su situación económica es buena o muy buena. Un sondeo que Tezanos encargó a la empresa Intercampo sin concurso por medio. La entidad trabaja para la 'Fundación Sistemas', presidida por Tezanos y afín al PSOE. *La Razón* publicó que ese contrato a dedo se adjudicó por 90.000 euros. El presidente del CIS compareció en el Congreso y justificó la pregunta incluida en el barómetro de abril sobre el control a los medios de comunicación. Negó intromisión de La Moncloa: «Si falsificara un dato, lo dejaría». Y reconoció que tiene el carné del PSOE desde 1973.

Por lo demás, PSOE y Cs firmaron una prórroga del estado de alarma de otros 15 días —y no un mes como quería el Gobierno—. Marcos de Quinto abandonó la formación naranja por discrepancias en el apoyo al Ejecutivo. Cierta polémica suscitaron las palabras sobre la expansión del virus de Carmen Calvo. En el Senado aseguró que no se había dado cuenta nunca que «Nueva York, Madrid, Teherán y Pekín están casi en línea recta. No exactamente, pero casi en línea recta, en horizontal. Son tres de las grandes ciudades donde se ha dado el problemón del demonio».

En la calle las manifestaciones contra la gestión por el coronavirus llegaron a la sede de Ferraz y al domicilio de José Luis Ábalos, Pablo Iglesias e Irene Montero. Frente a la casa del vicepresidente segundo y la ministra de Igualdad se vieron hasta seis coches de la Guardia Civil que cortó también el acceso a la vía pública. La Fiscalía no vio delito en estas protestas que dijo podían ser incómodas pero no amenazantes.

Captura Twitter

20 DE MAYO

Día 67- Luz verde a la quinta prórroga

27.888 muertos, 232.555 contagiados.

El Congreso acogió la votación de la quinta prórroga del estado de alarma. Pedro Sánchez asumió errores propios. Pablo Casado le recordó cómo había menospreciado a la oposición y echó mano del cuento de 'Pedro y el lobo'. Los populares votaron por primera vez

NO a los planes del Gobierno que logró sacar adelante la votación con los votos de Ciudadanos y PNV. Tras la votación se conoció que el PSOE había firmado un acuerdo con Bildu en el que se recogía la derogación de la reforma laboral puesta en marcha por el PP en 2012. Un acuerdo que se firmó con discreción para evitar que Cs cambiara el sentido de su voto en la Cámara Baja. Tres horas después de hacerse público el acuerdo, el PSOE en un whatsapp informó de que corregía el apartado 1 del polémico documento. Bildu a través de Otegi recordó que los acuerdos estaban por escrito y se mantenían vigentes. Las redes sociales se llenaron de vídeos con las numerosas ocasiones en las que Pedro Sánchez dijo que no traspasaría la línea roja de pactar con Bildu. Concretamente en una entrevista en Navarra TV afirmó: «Con Bildu no vamos a pactar. Se lo repito. Con Bildu no vamos a pactar [...]. Perdone, pero si le estoy diciendo que con Bildu no vamos a pactar, si quieres lo digo 5 veces o 20 durante la entrevista, con Bildu no vamos a pactar. Con Bildu, se lo repito, no vamos a pactar. Si quiere se lo repito otra vez». Justificó su rechazo a que «nosotros tenemos una línea roja, que es la defensa de la Constitución española». Hay que tener en cuenta, y pese a lo que esgrimió el propio Sánchez en una nueva comparecencia ante los españoles, que el acuerdo con Bildu no era necesario para sacar adelante la prórroga del estado de alarma. La CEOE aseguró que el pacto con los proetarras dinamitaba el Pacto Social y suspendió las reuniones previstas con el Ejecutivo. La vicepresidenta tercera y ministra de Economía, Nadia Calviño, que según se dijo, no estaba al tanto del acuerdo, se plantó para obligar a dar marcha atrás. El vicepresidente segundo Pablo Iglesias, en una entrevista en Cataluña Radio, insistió que el acuerdo se iba a cumplir «Se va a derogar íntegramente la reforma laboral. Luego cada partido puede decir lo que quiera». Otro miembro del Gobierno, el socialista José Luis Ábalos, en Onda Cero, reiteró que el punto que afectaba a la reforma laboral se había retocado. Se comenzó a plantear la creación de un nuevo Estatuto de los Trabajadores. Por último la portavoz del PSOE Adriana Lastra, que fue quien firmó el documento junto al portavoz de Unidas Podemos Pablo Echenique, llegó a decir que en ningún momento se había planteado rechazar la reforma laboral tal y como se recogía.

PSOE

Grupo Parlamentario Confederal
UNIDOS PODEMOS
EN COMÚ PODEM | GALICIA EN COMÚN

ehbildu

Acuerdo político entre

PSOE, Unidas Podemos-En Comú Podem-Galicia en Común Y Euskal Herria Bildu

para la prórroga del Estado de Alarma

Euskal Herria Bildu, PSOE y Unidas Podemos-En Comú Podem-Galicia en Común suscriben este acuerdo político con el objetivo de adoptar las medidas necesarias para profundizar en las garantías de escudo social y económico para el conjunto de pueblos y trabajadores del Estado. Estas medidas tienen como destinataria tanto la mayoría social y trabajadora vasca como la del conjunto del Estado Español.

Este acuerdo conlleva el compromiso de Euskal Herria Bildu de no obstaculizar la prórroga del Estado de Alarma así como el compromiso del PSOE y Unidas Podemos-En Comú Podem-Galicia en Común a cumplir en tiempo y forma los términos del acuerdo.

Contenido del Acuerdo

1. Las fuerzas políticas que suscriben este acuerdo se comprometen a derogar de manera íntegra la Reforma Laboral del año 2012 impulsada por el Partido Popular. La derogación deberá ser efectiva antes de la finalización de las medidas extraordinarias adoptadas por el Gobierno en materia económica y laboral derivadas de la crisis originada por el Covid-19.

2. Las entidades locales, forales y autonómicas dispondrán de mayor capacidad de gasto para políticas públicas destinadas a paliar los efectos sociales originados por la crisis del Covid-19. Para las Entidades Locales, estos gastos en políticas sociales serán exceptuados del cómputo de la regla de gasto. La capacidad de endeudamiento de la Comunidad Autónoma Vasca y la Comunidad Foral de Navarra se establecerán exclusivamente en función de sus respectivas situaciones financieras.

3. Las fuerzas políticas firmantes darán cuenta al GP Euskal Herria Bildu del avance en el desarrollo y grado de implementación de los acuerdos alcanzados.

Madrid, a 20 de Mayo de 2020

Adriana Lastra
PSOE

Pablo Echenique
Unidas Podemos-En Comú Podem-Galicia en Común

Mertxe Aizpurua
Euskal Herria Bildu

Al día siguiente los medios de manera unánime se hicieron eco del esperpento del pacto: *ABC* recogía el «desgobierno», *El Mundo* titulaba «el pacto secreto con Bildu debilita aún más a Sánchez», para *El País* «el pacto con Bildu abre fisuras en el Gobierno y confunde al PSOE» y *La Razón* reveló la «bronca en Moncloa: de la dimisión de Calviño a la soberbia de Lastra». Los editoriales fueron también muy duros: *ABC* «Imposible continuar así», *El País* escribió «A la intemperie», *El Mundo* dio un paso más «el problema se llama Pedro Sánchez» y *La Razón* sentenció «Pedro Sánchez no lo puede hacer peor».

Un mes después se supo que de manera secreta el Gobierno había pactado también con el PNV su apoyo a la quinta prórroga del estado de alarma. A cambio de sus votos, el Gobierno Vasco quedaba facultado para endeudarse por encima de los límites fijados por Hacienda y, también, disponer libremente de su superávit para afrontar la crisis de la Covid-19.

El gobierno de Madrid denunció ante el Tribunal Supremo la decisión de mantener a la Comunidad en la Fase 0 de desescalada. Interior por su parte ordenó investigar el origen de las caceroladas que seguían repitiéndose por todo el país. La Policía Nacional y la Guardia Civil dijeron que eran espontáneas y dejaron fuera tanto al PP como a Vox. El BOE publicó el uso obligatorio de mascarillas a partir de los seis años. Fernando Simón admitió la dificultad que había en febrero para recomendar mascarillas en Europa porque «apenas estaban disponibles» y «en aquel momento prácticamente solo se producían en China». En definitiva vino a reconocer que se ocultó a los españoles, durante semanas, la trascendencia de las mascarillas con el peligro que esto suponía para la salud.

21 DE MAYO
Día 68- Mascarillas obligatorias

27.940 muertos, 233.037 contagiados.

Comenzó el uso obligatorio de mascarillas en espacios públicos. Un vídeo publicado por Podemos en redes sociales relacionó las caceroladas contra el Gobierno con ser de derechas e ir en contra de los sanitarios, los científicos, las mujeres, los trabajadores y, en suma, en contra de «todos».

22 DE MAYO
Día 69- Madrid y Cataluña en Fase 1

28.628 fallecimientos, 234.824 contagios.

Las comunidades que faltaban pasaron a Fase 1: Madrid, Cataluña y Castilla León. La Moncloa acogió un nuevo Consejo de Ministros extraordinario. Mientras *La Razón* publicó los informes que Sanidad borró de la web. Llevaban fecha del 10 de febrero y 6 de marzo y ya alertaban de la alta transmisión del virus antes del 8M. La Guardia Civil ordenó que se quitaran las banderas y pancartas del entorno del chalé de Pablo Iglesias. Miembros del cuerpo consideraron que la instrucción remitida por el Mando de Operaciones, fechada al comienzo del estado de alarma, podía alterar la libertad de expresión de los vecinos.

23 DE MAYO
Día 70- Gran manifestación de Vox

28.678 muertos, 235.000 positivos.

Vox convocó manifestaciones por toda España contra la gestión del coronavirus. Miles de coches y motos colapsaron las principales ciudades del país para exigir la dimisión del Gobierno. A bordo de un autobús se pudo ver a la cúpula del partido.

Captura Twitter

En una nueva comparecencia Pedro Sánchez anunció el regreso del fútbol la semana del 8 de junio y la decisión de aprobar finalmente el luto oficial durante 10 días. Anunció además que pediría una sexta prórroga del estado de alarma de otros 15 días.

24 DE MAYO
Día 71- Homenaje a las víctimas

28.752 muertos.

Undécima videoconferencia con comunidades autónomas. Pedro Sánchez aseguró que esperaba poder poner fin al estado de alarma en los próximos días y que se pudiera recuperar así la movilidad en toda España. El lehendakari Urkullu se mostró desconcertado por el acuerdo recientemente suscrito entre el Gobierno y Bildu.

En Pamplona una nueva manifestación de proetarras a favor del asesino de Tomás Caballero, de UPN, terminó con lanzamiento de sillas y mobiliario. La Policía tuvo que cargar para disolver a los manifestantes. Mientras los españoles permanecían en sus casas, Interior permitió a la familia de un etarra viajar a Valencia.

Fuera de nuestro país, Estados Unidos alcanzó las 100.000 víctimas mortales. *The New York Times* les rindió homenaje llevando a su portada el nombre de 1.000 personas: «No eran simples nombres en una lista. Ellos eran nosotros»

«Alan Lund, 81, Washington, director de orquesta con 'el oído más increíble'...».

«Theresa Elloie, 63, Nueva Orleans, reconocida por su negocio de ramilletes y broches detallados...».

«Florencio Almazo Morán, 65, Ciudad de Nueva York, ejército de un solo hombre...».

«Coby Adolph, 44, Chicago, emprendedor y aventurero...».

"All the News That's Fit to Print"

The New York Times

EARLY EDITION

VOL. CLXIX .... No. 58,703 © 2020 The New York Times Company NEW YORK, SUNDAY, MAY 24, 2020

U.S. DEATHS NEAR 100,000, AN INCALCULABLE LOSS

They Were Not Simply Names on a List. They Were Us.

Numbers alone cannot possibly measure the impact of the coronavirus on America, whether it is the number of patients treated, jobs interrupted or lives cut short. As the country nears a grim milestone of 100,000 deaths attributed to the virus, The New York Times scoured obituaries and death notices of the victims. The 1,000 people here reflect just 1 percent of the toll. None were mere numbers.

Patricia Dowd, 57, San Jose, Calif., auditor in Silicon Valley · **Marion Krueger**, 85, Kirkland, Wash., great-grandmother with an easy laugh · **Jermaine Ferro**, 77, Lee County, Fla., wife with little time to enjoy a new marriage · **Cornelius Lawyer**, 84, Bellevue, Wash., sharecropper's son · **Loretta Mendoza Dionisio**, 68, Los Angeles, cancer survivor born in the Philippines · **Jordan Driver Haynes**, 27, Ce- … could be a real jokester · **Michael Sorkin**, 71, New York City, champion of social justice through architecture · **George Valentine**, 66, Washington, D.C., lawyer who mentored others · **Susan McPherson Gottsegen**, 74, Palm Beach, Fla., loyal and generous friend to many · **Andreas Koutsoudakis**, 59, New York City, trailblazer for TriBeCa · **Bob Barnum**, 64, St. Petersburg, Fla., leader in Florida Pride events · **Noel Sinkiat**, 64, Olney, Md., nurse planning for retirement · **Thomas E. Anglin**, 85, Cumming, Ga., created many wonderful memories for his family · **Robert Manley Argo Jr.**, 75, South Bay, Calif., member of Del Amo Flyers · **Michael McKinnell**, 84, Beverly, Mass., architect of Boston's monumental City Hall · **Huguette Dorsey**, 94, Somerville, N.J., coached several championship-winning junior high girls basketball teams · **Lynne Sierra**, 68, Roselle, Ill., grandmother who was always full of ideas · **Louvenia Henderson**, 44, Tonawanda, N.Y., proud single mother of three · **Carol Sue Rubin**, 69, West Bloomfield, Mich., loved travel, mahjong and crossword puzzles · **Marion Lucille Kujda**, 92, Royal Oak, Mich., would use chalk and oil paints to capture family portraits · **Alice Chardarian**, 92, Michigan, loving, generous and adventur- … statesman in the construction industry · **Clair Dunlap**, 89, Washington, pilot still teaching people to fly at 88 · **Marylou Armer**, 43, Sonoma Valley, Calif., veteran police detective · **Regina D. Cullen**, 81, Shrewsbury, Mass., small in stature but strong in spirit · **Sandra Santos-Vizcaino**, 54, New York City, beloved public school teacher · **Frank Gabrin**, 60, New York City, emergency room doctor who died in husband's arms · **Sterling E. Matthews**, 60, Midlothian, Va., cancer survivor who served as a deacon · **Alby Kass**, 89, California, lead singer of a Yiddish folk group · **Roger Eckart**, 78, Indiana, retired firefighter and old-school barber · **Martin Douglas**, 71, New York City, maestro of a steel-pan band · **Daniel Spector**, 68, Memphis, mentor to other Memphis artists · **Mary Minervini**, 91, Oak Lawn, Ill., sign-language interpreter · **Salomon S. Podgursky**, 84, New Jersey, loved to figure out how things worked · **Dale E. Thurman**, 65, Lexington, Ky., tailor known for his exacting work and strong opinions · **Ellis Marsalis**, 85, New Orleans, jazz pianist and patriarch of a family of musicians · **Richard Passman**, 94, Silver Spring, Md., rocket engineer in the early days of supersonic flight · **David Driskell**, 88, Hyattsville, Md., … **Vincent Lionti**, 60, New York City, Met Opera violist and youth orchestra conductor · **Ann Youngerman Smoler**, 87, New York City, had a passion for social justice · **Thomas Waters**, 56, New York City, armed the affordable housing movement with data and analysis · **Luke Workoff**, 33, Huntington, N.Y., his relentless passion was for his family and friends · **José Díaz-Ayala**, 38, Palm Beach, Fla., served with the Palm Beach County Sheriff's Office for 14 years · **Antonio Nieves**, 73, Chicago, always seemed to be busy with some home project · **Jeanne Hammond Byrnes**, 97, Danbury, Conn., received numerous awards for her accounting skills · **Alice Coopersmith Furst**, 87, Kentfield, Calif., in the first class of girls admitted to the Bronx High School of Science · **Bobby Lee Barber**, 84, Buckley, Wash., Seahawks season-ticket holder · **Thomas A. Adamavich**, 78, Sheboygan, Wis., especially proud of his Lithuanian heritage · **Kyra Swartz**, 33, New York, volunteered for pet rescue organizations · **Rhoda Hatch**, 73, Chicago, first in her family to graduate college · **Regina Dix-Parsons**, 75, Schenectady, N.Y., stalwart church gospel singer · **Lakisha Willis White**, 45, Orlando, Fla., was helping to raise some of her dau- … Novominsker Hasidic dynasty · **Joseph F. Kelly**, 81, New York City, did two tours through the Panama Canal to Antarctica · **John Prine**, 73, Nashville, country-folk singer who was a favorite of Bob Dylan · **Perry Burhalter**, 63, Florida, quiet hero · **Monica Maley**, 74, Rehoboth Beach, Del., loved animals, had dogs and cats, and rode horses · **Thomas Tarbell Russell**, 83, Longmeadow, Mass., mentored by the computer science pioneer Grace Hopper · **Ruth Skapinok**, 85, Roseville, Calif., backyard birds were known to eat from her hand · **Faralyn Havir**, 92, Minnesota, her favorite thing was meeting new people · **Torrin Jamal Howard**, 26, Waterbury, Conn., gentle giant, athlete and musician · **James O'Brien Johnson**, 74, Joplin, Mo., pastor of Mt. Sinai Church of God in Christ · **Joseph W. Hammond**, 64, Chicago, stopped working to look after his aging parents · **Morris Loeb**, 90, Northbrook, Ill., endlessly curious, never really finished · **Dante Dennis Flagello**, 62, Rome, Ga., his greatest accomplishment was his relationship with his wife · **Tommie Adams**, 71, Chicago, moved antiques for more than 25 years · **Myra Helen Robinson**, 57, Detroit, more adept than many knew · **Roger Mckinney-Wagner**, 73, Lowell, … 72, Bristol, Conn., loved writing birthday and holiday cards, poems and lists · **Charles Constantino**, 80, Menlo Park, N.J., worked 40 years for The New York Times · **Ben Doherty**, 83, Boston, stockbroker who founded Doherty Financial Services · **John Horton Conway**, 82, New Brunswick, N.J., mathematician known as the "magical genius" · **Stanley Chera**, 77, New York City, developer and friend of the president · **Bobby Browne**, 72, New York City, Realtor and philanthropist who socialized with celebrities · **Wynn Handman**, 97, New York City, acting teacher and a founder of the American Place Theater · **Adam Kovacs**, 72, New York City, cartoonist and an expert on musicals · **Peter Brown**, 53, New Jersey, manager of the S.W. Brown & Son Funeral Home · **Irene Gasior**, 94, Pennsylvania, great-grandmother with a flair for pizzelles · **Stanley L. Morse**, 88, Stark County, Ohio, trombonist who once turned down an offer to join Duke Ellington's orchestra · **Margaret Laughlin**, 91, Massachusetts, had a mystic's direct sense of wonder and oneness · **Cynthia Whiting**, 66, La Plata, Md., retiree determined to spoil her granddaughter · **Steve Joltin**, 75, Rockville, Md., I.T. manager with "an eye for beautiful

25 DE MAYO

Día 72- Nuevo lema: #SalimosMásFuertes

Sanidad redujo el número de fallecidos de 28.752 a 26.834. Eran 1.918 muertos menos. Casi 2.000 fallecidos que desaparecieron de la lista oficial y cuando distintos organismos hablaban de hasta 44.000 víctimas mortales. Fernando Simón achacó esta variación a ajustes de series, duplicados y casos no confirmados. De nuevo se cambió el sistema de contabilización de las víctimas. Por la noche se hicieron públicos los informes en los que se basó el Gobierno para cambiar de fase a las comunidades autónomas. Sorprendentemente solo llevaba firma el informe relativo a Madrid, un informe que por otra parte se hizo público días antes a través de una filtración al periódico *El País* mientras comparecían ante los medios la presidenta Ayuso y el consejero Escudero. El informe llevaba una hora de emisión posterior al anuncio de Madrid de solicitar judicialmente su publicación. A nivel nacional España dejó atrás la Fase 1: se abrieron las playas, los alumnos de secundaria en el País Vasco pudieron regresar al colegio.

Los periódicos de este lunes llevaron una portada especial con un mensaje de nuevo del Gobierno. El lema: '#SalimosMásFuertes'. Publicidad gubernamental bajo el paraguas del estado de alarma que estuvo acompañado por un vídeo institucional. Un lema que fue duramente criticado al entenderse que España no salía más fuerte de una crisis en la que miles de compatriotas habían perdido la vida. De nuevo los límites entre información y propaganda estaban muy difusos. El papel de los medios quedó en entredicho al entenderse que la publicación de este anuncio limitaba su independencia. Medios de comunicación que en gran parte viven de la publicidad y que con el coronavirus quedaron económicamente muy tocados. Lejos quedaron las declaraciones el 2 de diciembre de 2019 de Pablo Iglesias cuando dijo que la prensa perdía su prestigio por el anuncio de Endesa, que de igual modo, publicaron todos los periódicos. La diferencia es que entonces el anuncio era de una empresa privada.

A primera hora de la mañana se destapó la que sería otra de las grandes polémicas durante la pandemia. El ministro Grande-Marlaska destituyó al jefe de la Comandancia de la Guardia Civil en Madrid, según se dijo en un primer momento, por «pérdida de confianza». Según fuentes del instituto armado, la razón real fue «no plegarse a los deseos del Gobierno» y dar a conocer los informes que la Guardia Civil realizó sobre los contagios en las manifestaciones del 8M. Unos informes que había entregado la semana anterior a la juez que investigaba el caso y que provocaron la imputación del delegado del Gobierno en Madrid, José Manuel Franco. Según *El Español*, Pérez de los Cobos recibió en ese sentido tres llamadas, una de la propia directora de la Guardia Civil, María Gámez, reclamándole información acerca de los informes «es una investigación delicada para el Gobierno y tenemos que conocer qué ocurre». Ante su negativa fue cesado y pese a que el Gobierno lo negó, se hizo pública una nota con el sello de reservada y firmada por María Gámez, en la que se leía que el cese de Pérez de los Cobos se derivaba de la pérdida de confianza por no informar del desarrollo de investigaciones de la Guardia Civil en el marco operativo y de policía judicial con fines de conocimiento. Esa nota de cese permitió saber además que cuando Gámez llamó a Pérez de los Cobos, el coronel llevaba ya un cuarto de hora cesado.

Al día siguiente el director adjunto de la Guardia Civil, en solidaridad con Pérez de los Cobos, presentó su dimisión al no poder aguantar más, según explicó en su carta de despedida, «las injerencias políticas». En un intento por calmar los ánimos Grande-Marlaska anunció la puesta en marcha de la ansiada equiparación salarial entre Policía y Guardia Civil con los Mossos. Los jueces instaron a Marlaska a reincorporar de inmediato a Pérez de los Cobos. También la Asociación de Fiscales habló de una intromisión ilegítima y advirtieron del grave precedente que se abría. PP, Vox y Cs pidieron la comparecencia en el Congreso del ministro del Interior que también cesó al número tres de la Guardia Civil en lo que para la oposición era una clara 'purga'.

No podemos olvidar que Pérez de los Cobos, con larguísima trayectoria en la lucha contra ETA, había sido el encargado del dispositivo en Cataluña para hacer frente el 1 de octubre al referéndum independentista e ilegal. Según recogió la crónica de *La Vanguardia*, Pérez de los Cobos se mostró muy duro en la Audiencia Nacional con la forma de actuar de los Mossos y acusó directamente a Trapero de «poner palos en las ruedas». Afirmó que no confiaba nada en él y dijo que si hubiera podido lo habría apartado del dispositivo el 1-O. Su declaración fue esencial tanto para el procesamiento de los líderes independentistas por un delito de rebelión como para la condena por el delito de sedición. En su declaración ante el juez Llarena, en el Tribunal Supremo, Pérez de los Cobos afirmó no tener ninguna duda de que el plan de Trapero era facilitar la consulta ilegal y calificó el dispositivo de los Mossos como una «estafa». Fuentes próximas al coronel sospechaban que uno de los motivos ocultos por los que fue cesado era en realidad una contraprestación del Gobierno de Pedro Sánchez a los nacionalistas catalanes a cambio de su apoyo.

El 3 de junio Interior dio a conocer el nombre del sustituto de Pérez de los Cobos quien a su vez anunció que recurría su cese por considerarlo ilegal. Tomó el relevo el teniente coronel David Blanes. Hasta entonces encargado de la Unidad Aeroportuaria de Barajas. Responsable por tanto del aeropuerto la noche en la que la vicepresidenta venezolana, en presencia de Ábalos, y pese a tener prohibido entrar en la Unión Europea, metió presuntamente 40 bultos en un vehículo de la embajada. Hubo que esperar hasta el 23 de junio para que el Congreso celebrase el debate en torno a la reprobación de Grande-Marlaska por todo lo ocurrido. Llamó la atención que el ministro, al igual que todo el Gobierno, abandonara la sala tras su interpelación y mientras el Congreso debatía sobre su continuidad en el cargo. Una conducta inusual que provocó fuertes críticas de la oposición. El PP llegó a acusarle de ser un «traidor». Finalmente la reprobación de Marlaska no salió adelante gracias al apoyo del PNV y la abstención de ERC, JxCat, Bildu y BNG.

En pleno estado de alarma y con los medios heridos de muerte por la falta de liquidez económica, nació en España un nuevo digital ligado a Podemos. Al frente de *La última hora* se situó a Dina Bousselham, ex asesora de la formación morada y que saltó a la escena pública por el caso Villarejo. Su declaración de hecho fue fundamental para que el juez retirase en la causa la condición de perjudicado a Pablo Iglesias y abriera una investigación por denuncia falsa y para aclarar por qué el vicepresidente segundo se quedó tres años con una tarjeta que contenía fotos íntimas de la ex asesora. El propio Iglesias dijo que lo hizo para «protegerla» (proteger a una mujer independiente y mayor de edad). Sin embargo, un ex abogado de Podemos, José Manuel Calvente, el mismo que denunció la 'caja B' del partido por la que fueron imputados, aseguró que «el caso Dina era un montaje». Hay que recordar que meses antes Calvente había sido despedido de Podemos y acusado de acoso sexual en un intento, según se dijo, por desprestigiarle (el juez archivó la denuncia). Coincidiendo con la puesta en marcha de *La última hora*, Bousselham cambió su declaración ante el juez y pese haber declarado en varias ocasiones que Iglesias le había entregado la tarjeta destruida, dio marcha atrás y declaró que la tarjeta se encontraba en buen estado. Podemos pidió a sus inscritos que apoyaran con 5 euros a este nuevo medio (hubo quien lo comparó con el castrista *Granma*) y pronto comenzó a defender a través de sus noticias el ideario de Podemos.

26 DE MAYO

Día 73- Llega el luto nacional

27.117 fallecidos.

El Consejo de Ministros decretó 10 días de luto nacional. En el Senado compareció la administradora única provisional de RTVE. En un lapsus muy desafortunado se refirió a la Corporación como Radio Televisión 'Espantosa'. La situación era ya insostenible.

27 DE MAYO

Día 74- Primer día de luto nacional

27.118 muertos. Solo uno más que el día anterior pese a que Cataluña informó de 277 fallecidos más. El Sistema de Vigilancia de la mortalidad diaria (MoMo), gestionado desde el 2004 por el Centro Nacional de Epidemiología del Instituto de Salud Carlos III, reflejó en su último balance, un exceso del número de fallecidos en España, entre el 13 de marzo y el 22 de mayo, de más de 43.000 personas, lo que suponía un porcentaje del 55%. Casi el doble que las cifras que reconocían desde Sanidad. El 27 de mayo fue el primer día de luto nacional. El BOE publicó un texto un tanto peculiar para informar de la medida adoptada por el Gobierno. Entre otras cosas decía: «Es justo homenajear a los compatriotas que han sacrificado sus vidas en el cumplimiento del deber ante una amenaza insólita contra la salud y el bienestar de la Nación».

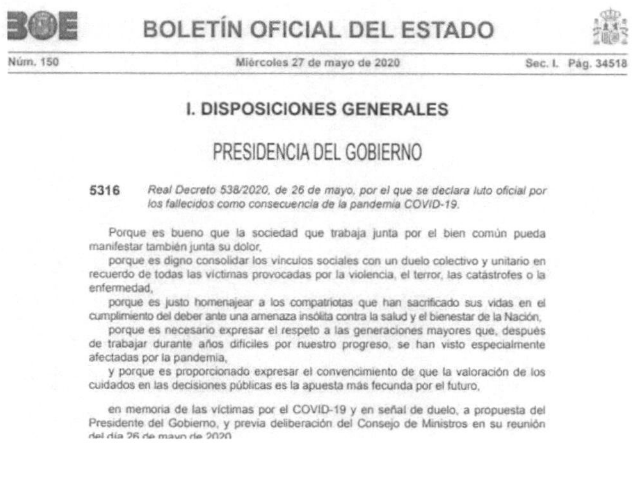
BOLETÍN OFICIAL DEL ESTADO

Núm. 150 Miércoles 27 de mayo de 2020 Sec. I. Pág. 34518

I. DISPOSICIONES GENERALES

PRESIDENCIA DEL GOBIERNO

5316 *Real Decreto 538/2020, de 26 de mayo, por el que se declara luto oficial por los fallecidos como consecuencia de la pandemia COVID-19.*

Porque es bueno que la sociedad que trabaja junta por el bien común pueda manifestar también junta su dolor,

porque es digno consolidar los vínculos sociales con un duelo colectivo y unitario en recuerdo de todas las víctimas provocadas por la violencia, el terror, las catástrofes o la enfermedad,

porque es justo homenajear a los compatriotas que han sacrificado sus vidas en el cumplimiento del deber ante una amenaza insólita contra la salud y el bienestar de la Nación,

porque es necesario expresar el respeto a las generaciones mayores que, después de trabajar durante años difíciles por nuestro progreso, se han visto especialmente afectadas por la pandemia,

y porque es proporcionado expresar el convencimiento de que la valoración de los cuidados en las decisiones públicas es la apuesta más fecunda por el futuro,

en memoria de las víctimas por el COVID-19 y en señal de duelo, a propuesta del Presidente del Gobierno, y previa deliberación del Consejo de Ministros en su reunión del día 26 de mayo de 2020

El país entero guardó un minuto de silencio en recuerdo de las víctimas de la Covid-19. En la sesión de control en el Congreso se pudo ver a Pedro Sánchez con corbata negra y a Pablo Iglesias con camisa oscura. El vicepresidente segundo protagonizó un duro enfrentamiento con la todavía portavoz del PP. Llamó a Cayetana Álvarez de Toledo «marquesa», ella respondió recordándole que era hijo de un terrorista. La presidenta del Congreso y ante el estupor de la Cámara, dijo que se borraría del diario de sesiones. Desde el PP acusaron a Batet de censura. En una maniobra por reescribir la historia, la Wikipedia registró hasta 28 intentos de edición en seis horas para modificar la definición del FRAP (el Frente Revolucionario Antifascista y Patriota con el que presuntamente tuvo relación el padre de Iglesias).

El principal punto de conflicto entre los usuarios estuvo en eliminar o reponer las palabras «organización terrorista» en la definición del FRAP que se recoge en la popular enciclopedia virtual.

Por cierto que un usuario descubrió también que desde la Secretaria de Estado de Administraciones Públicas cambiaron la descripción de Wikipedia de Isabel Díaz Ayuso introduciendo frases como «la iluminada» o «presidenta por desgracia».

En medio de todo esto, Nissan y Alcoa anunciaron el cierre de dos plantas, lo que suponía la destrucción de 3.500 empleos directos y 20.000 indirectos. En enero Pedro Sánchez garantizó que el futuro de las plantas no corría peligro. El Gobierno aumentó este mismo día el consejo de Enagás para dar entrada a los socialistas José Montilla y José Blanco y a un asesor de Podemos. Atrás quedaban las denuncias de las llamadas 'puertas giratorias'.

28 DE MAYO

Día 75- Teoría del golpe de Estado

Sanidad informó de un solo fallecido más, elevando la cifra oficial de víctimas mortales a 27.119. La Comisión de Reconstrucción fue testigo de un nuevo enfrentamiento entre el vicepresidente segundo Pablo Iglesias y el portavoz de Vox Iván Espinosa de los Monteros. Iglesias dijo durante su intervención que a Vox le gustaría que se produjera un golpe de Estado pero que no se atrevían. Espinosa de los Monteros abandonó la Comisión e Iglesias le invitó a cerrar la puerta al salir. Por la tarde el presidente de la Comisión, el socialista Patxi López, que por la mañana se había mostrado poco combativo con la actuación del vicepresidente, pidió disculpas. En el nuevo relato activado por La Moncloa figuraba precisamente identificar a la oposición como impulsores de un golpe de Estado, en definitiva identificar la oposición al Gobierno como la oposición a la propia democracia.

29 DE MAYO

Día 76- Ingreso mínimo vital

27.121 muertos. El Consejo de Ministros dio luz verde al ingreso mínimo vital. El Gobierno fijó en 461,5 euros el mínimo mensual garantizado para un adulto.

En Estados Unidos Donald Trump anunció sanciones a China por esconder el virus, mientras Twitter ocultó por primera vez uno de sus tuits sobre la ola de violencia que se desató en el país tras la muerte de George Floyd a manos de un policía.

30 DE MAYO

Día 77- Día de las Fuerzas Armadas

27.125 fallecidos. El Día de las Fuerzas Armadas se celebró sin desfile por el luto nacional. Solo se llevó a cabo un acto en la base militar de Retamares con Margarita Robles. La ministra de Defensa aseguró que no existía insubordinación de la Guardia Civil. Madrid, Málaga o Sevilla fueron escenario de manifestaciones en apoyo a la Benemérita.

En Estados Unidos Trump presenció el histórico lanzamiento de la nave SpaceX. La misión de la empresa de Elon Musk en colaboración con la NASA puso en órbita a dos astronautas y marcó un hito en la carrera espacial privada.

31 DE MAYO

Día 78- Videoconferencia número doce

27.127 muertos. Nueva videoconferencia de Pedro Sánchez con los presidentes autonómicos. El PNV confirmó su apoyo a la sexta prórroga del estado de alarma a cambio de gestionar la renta mínima vital. ERC anunció su abstención a cambio de gestionar el dinero de las ayudas europeas y poner en marcha la mesa de diálogo. A las 14 horas, el presidente del Gobierno compareció ante los españoles con corbata negra para apelar a la responsabilidad individual. Hizo también una cerrada defensa del trabajo realizado por Fernando Simón y por Salvador Illa.

En Roma, los fieles regresaron al Vaticano para asistir al rezo del Papa por Pentecostés.

1 DE JUNIO

Día 79- 0 muertos

El Ministerio de Sanidad dijo que por primera vez no se habían registrado muertos en las últimas 24 horas. La cifra oficial se quedó por tanto en los 27.127 fallecidos.

2 DE JUNIO

Día 80- Los números siguen sin cuadrar

Sanidad no registró muertos por segundo día consecutivo. La cifra oficial quedó en los 27.127 fallecidos. Sin embargo, comunidades como Madrid, Castilla León o Castilla La-Mancha dijeron que habían pasado a Sanidad datos de víctimas mortales. Fernando Simón no supo explicar por qué el cómputo era de cero muertos cuando según la cifra de las comunidades había más de 20 fallecidos: «El número de fallecidos, una cifra arriba o abajo en una serie de 100 días es importante pero es menos prioritario».

Otras cifras, las del paro, no fueron tampoco buenas. En mayo aumentó en 26.573 personas, el mayor alza desde 2008, hasta alcanzar los 3,8 millones de desempleados. En el Senado la bronca política terminó con el PP abandonando la Cámara Alta después de que desde Más País se les acusara de gobernar con fascistas.

3 DE JUNIO

Día 81- 48.000 fallecidos según el INE

27.128 muertos. Aunque Sanidad notificó un fallecido en las últimas 24 horas, en los datos que trasladó a la OMS aseguró que había 2.730 muertes más que las comunicadas en España. En el Congreso se celebró el sexto debate para prorrogar el estado de alarma. Pedro Sánchez, que pidió humildad a Casado y dijo echar de menos el «entendimiento» que tuvo con Rajoy, puso en valor los cero muertos registrados esa semana. Las CCAA hablaban de 34 muertos y *The Financial Times* anunció ese mismo día que dejaba de usar las cifras aportadas por Sanidad. Todo cuando el INE elevó a 48.000 los fallecidos por la pandemia y se conoció que el Premio Princesa de Asturias de la Concordia 2020 sería para los sanitarios que luchaban contra el coronavirus. También desde la tribuna Casado le afeó a Sánchez: «No salimos más fuertes. Así será recordada su gestión. Con miles de empresas quebradas. No ha sido capaz de salvar vidas y ha dejado atrás a miles de españoles. Ha cruzado varias líneas rojas. Es una paradoja que diga que pacta para salvar vidas con quienes las segaron». En su turno de palabra, Abascal se dirigió también a Sánchez: «Nos reprocha que utilicemos la bandera de España pero sus socios no paran de quemarla. La renta mínima va a acabar siendo una cartilla de racionamiento».

4 DE JUNIO

Día 82- Sanidad mantiene en 27.133 los fallecidos

Según Sanidad 27.133 personas habían fallecido hasta la fecha. Ya son cuatro las fuentes coincidentes en que el número de muertos supera los 43.000: las comunidades autónomas, el sistema MOMO, el INE y las funerarias.

5 DE JUNIO

Día 83- Cifras 'congeladas'

27.134 fallecidos. Fernando Simón admitió que la cifra de muertos llevaba congelada desde hacía 10 días: «No creo que sea sensato pregonar que tenemos 43.000 fallecidos con coronavirus».

El Gobierno Vasco fue condenado por no dar cobertura a sanitarios y Madrid pasó a Fase 2. En el Congreso empresarios de residencias de mayores denunciaron que habían pedido ayuda a distintos ministros y solo recibieron reproches. PSOE y Unidas Podemos vetaron que María Teresa Fernández de la Vega expusiera los informes del Consejo de Estado sobre el estado de alarma. En la llamada 'nueva normalidad' se aprobó la obligatoriedad del uso de mascarilla bajo multa de 100 euros.

6 DE JUNIO

Día 84- Podemos celebra su Consejo Ciudadano

27.135 muertos. Según *El País*, España contaba con el segundo mayor exceso de muertes durante la crisis del coronavirus. Solo por delante figuraba Perú. Podemos celebró su Consejo Ciudadano. Pablo Iglesias ligó la reconstrucción de España al programa de coalición y situó al PP fuera de los consensos. Subrayó la importancia de un momento que calificó de histórico porque, en periodos de crisis, explicó, «es cuando se define la dirección política para las siguientes décadas». Iglesias, y tan solo un mes después de ser condenada por agredir a la Policía, nombró a Isabel Serra como portavoz de Podemos.

7 DE JUNIO

Día 85- Videoconferencia con las CCAA número 13

27.136 fallecidos. *The New York Times* se sumó a los medios internacionales que demostraron que España ocultaba más muertes por Covid-19 que ningún otro país del mundo. Hasta un 72% por encima de lo normal apuntaban las cifras del INE, el Instituto Carlos III y la Seguridad Social. Pedro Sánchez en una nueva comparecencia justificó la variedad de cifras oficiales por la «mortalidad indirecta de la pandemia». Lo hizo tras una nueva videoconferencia con las CCAA, la número 13, en la que los presidentes protestaron por el reparto de 16.000 millones de euros y que perjudicaba a las más castigadas por la pandemia. Madrid puso fin a 70 días de luto con sus banderas a media asta. Por las calles de la capital y de Barcelona miles de personas se manifestaron sin respetar la distancia de seguridad por la muerte de George Floyd. A las 20 horas con la manifestación ya terminada, y ante las acusaciones de doble vara de medir por las manifestaciones contra la gestión del Gobierno, Salvador Illa pidió responsabilidad.

8 DE JUNIO

Día 86- Nueva Zelanda, primer país en dar por erradicado la Covid-19

Sanidad no sumó ningún muerto. La cifra se mantuvo en 27.136 fallecidos. La OMS reconoció como muerte por la Covid-19 tanto los casos confirmados como los sospechosos. Sin embargo en España, y pese a repetir continuamente que se seguían las indicaciones de la Organización Mundial de la Salud, Sanidad solo siguió sumando los casos confirmados.

Por lo demás el Banco de España elevó el desplome de la economía hasta un máximo del 15% y anticipó tres años de crisis. En la Fiscalía fue un día 'movido': se anunció la rebaja en la petición de condena para Trapero, se asumió la investigación contra el Rey Emérito por el AVE a La Meca y se pidió archivar la causa del 8M que afectaba al delegado del Gobierno en Madrid (esto último sin firma de fiscal). Tres decisiones polémicas que fueron criticadas por el PP. Los populares acusaron al Gobierno de poner en marcha, con Dolores Delgado al frente, una «fiscalía patriótica». Fuera de España, Nueva Zelanda, se convirtió en el primer país que daba por erradicada la transmisión del coronavirus y volvía a la plena normalidad.

9 DE JUNIO
Día 87- La 'nueva normalidad'

27.136 muertos. Fernando Simón aseguró que el desfase de fallecidos era debido a «un exceso de transparencia». El Consejo de Ministros aprobó las normas de la llamada 'nueva normalidad' hasta que hubiera vacuna o tratamiento:

— Mascarillas obligatorias cuando no se pueda mantener una distancia de 1,5 m.

— Medidas de protección e higiene en espacios públicos y privados.

— Residencia de mayores coordinadas con centros sanitarios y tener planes de contingencia.

10 DE JUNIO
Día 88- Luz verde en el Congreso a la renta mínima

La cifra de fallecidos siguió congelada en las 27.136 víctimas. El Congreso dio luz verde al Ingreso Mínimo Vital con el voto del PP a favor y la abstención de Vox. La OCDE dijo que España sería una de las economías más golpeadas con una caída del PIB del 14,4%. En Italia el primer ministro Conte y dos ministros declararon ante la justicia. También la fiscalía francesa abrió una investigación sobre la gestión pública del coronavirus.

11 DE JUNIO
Día 89- Ayuso ordena investigar lo ocurrido en las residencias de ancianos

Sanidad mantuvo los datos congelados: 27.136 muertos. En Madrid Ayuso abrió una investigación sobre las residencias donde más de un 30% de los ancianos perdieron la vida. Una juez exculpó a Ayuso y Ruiz Escudero de lo ocurrido y aseguró 'que era una carencia estatal'. Madrid acaparó el cruce de mensajes políticos, sin embargo desde el 12 de marzo hasta el 2 de junio, Aragón fue la comunidad con un mayor porcentaje de defunciones en centros de mayores con respecto al total de fallecidos: el 91.8%. En medio de todo esto salió a la luz una conversación de José Manuel Franco con los alcaldes socialistas de la Comunidad de Madrid. Pese a su cargo público como delegado del Gobierno les instó a «retorcer» políticamente el asunto de las residencias madrileñas. José Manuel Franco, que a su vez era también secretario general del Partido Socialista en Madrid, aseguró que era una reunión informal. El PP pidió su comparecencia en el Senado. Hay que recordar que Pablo Iglesias asumió el mando único de las residencias el 19 de marzo. Hasta en cinco ocasiones la patronal de estos centros trató sin éxito de contactar con él para trasladarle sus preocupaciones. Durante ese tiempo el líder de Podemos responsabilizó de lo ocurrido a las CCAA y a unos centros que dijo estaban en manos de «corruptos y fondos buitre». Iglesias eludió responder ante las críticas de la oposición que le acusó de eludir su responsabilidad.

12 DE JUNIO
Día 90- Recta final del estado de alarma

La cifra de fallecidos continuó en 27.136 víctimas. Illa anunció que a partir del 22 de junio habría movilidad por toda España.

13 DE JUNIO
Día 91- Continúan la cifras congeladas

Por séptimo día consecutivo la cifra de fallecidos se mantiene invariable en 27.136 víctimas.

14 DE JUNIO
Día 92- Última videoconferencia de CCAA

Octavo día con los datos congelados de muertos. 27.136 víctimas. Última videoconferencia, la 14, de Sánchez con los presidentes de CCAA. Pedro Sánchez en una nueva alocución anunció que el 21 de junio se abrirían las fronteras con la Unión Europea. El presidente del Gobierno adelantó un plan para reactivar el sector automovilístico.

15 DE JUNIO

Día 93- Histórica cumbre de la CEOE

Sin datos fiables de los fallecidos. Congeladas las cifras en 27.136 víctimas. Comenzaron a llegar los primeros alemanes a Baleares. Galicia se convirtió en la primera comunidad en entrar en la llamada 'nueva normalidad'. Se levantaron fronteras en Italia, Alemania, Bélgica... solo no abrieron España, Rumanía y Portugal.

La CEOE celebró durante toda la semana una cumbre histórica —impulsada por su presidente Antonio Garamendi— que clausuró el Rey Felipe y en la que participaron los principales empresarios y banqueros del país. Reclamaron consensos y pidieron que no se eliminaran las reformas que funcionan. Los empresarios pidieron que los ERTES se prorrogaran hasta diciembre, el Gobierno solo quería hacerlo hasta septiembre. Pedro Sánchez dio una rueda de prensa para dar detalles del plan de ayuda al sector del automóvil y empezó el cobro del Ingreso Mínimo Vital. De las más de 700.000 peticiones, solo se resolvieron de forma positiva 4.000 peticiones, lo que representaba el 0,57%. El sindicato UGT aseguró: «No lo está cobrando nadie».

16 DE JUNIO

Día 94- Rebrote en China

Por décimo día, datos de fallecidos permanecieron congelados en 27.136. Mientras, en Pekín se dio a conocer un rebrote extremadamente grave. Los colegios se cerraron y se confinaron a miles de personas. Italia abrió sus cines.

17 DE JUNIO

Día 95- Nuevo CIS de Tezanos

Los datos continuaron congelados. En la sesión de control en el Congreso Sánchez anunció el esperado homenaje de Estado a fallecidos y sanitarios. Dio por válidos los 27.000 muertos oficiales y reiteró que gracias al estado de alarma habían salvado 450.000

vidas. El presidente se basó en un estudio de la revista *Nature* que no se refería a su gestión sino al confinamiento en general. Casado aseguró que la gestión había sido pésima y que Sánchez era el único responsable. En un nuevo CIS de Tezanos el PSOE volvió a subir colocándose a 11 puntos del PP.

18 DE JUNIO

Día 96- Campaña de apoyo al turismo

Nuevo día con los datos congelados. Simón aseguró que: «Los viajeros no son un riesgo si no tienen el virus». El sector hotelero estalló contra el plan del Gobierno para el turismo: «Llega tarde y es corto». El Ejecutivo prometió 4.262 millones de euros para reactivar un sector clave en la economía española. Lejos de los 18.000 millones que dedicó Francia. En el Museo del Prado se presentó la campaña 'Spain for Sure' para atraer a turistas extranjeros. Un acto presidido por los Reyes y que contó con el apoyo desde Rafa Nadal hasta Pau Gasol o Antonio Banderas.

El diario *El Mundo*, en una información firmada por Fernando Lázaro, publicó que Interior había autorizado a una delegación de EH Bildu a visitar a Txapote, el asesino de Miguel Ángel Blanco. El PP volvió a solicitar la comparecencia en el Congreso de Grande-Marlaska.

Otra polémica muy diferente fue la que suscitó un vídeo donde se disparaba a miembros del Gobierno. Apenas unas horas después la persona que aparecía en las imágenes fue detenida. Todos los partidos condenaron lo ocurrido aunque se recordó como algún ministro de Podemos, antes de llegar a La Moncloa, dijo frases como «los Borbones, a los tiburones». Y hubo quien recordó que también Casado había sido puesto en una diana y se había simulado el ahorcamiento de Abascal.

19 DE JUNIO

Día 97- Siguen sin contabilizarse todas las víctimas

Sanidad elevó a 28.313 los fallecidos por coronavirus. Fernando Simón reconoció que «Nos quedan 13.000 muertos ahí, pero no podemos ubicarlos ahora».

Una encuesta del Parlamento Europeo reveló que los ciudadanos españoles eran los europeos más descontentos con la gestión que su Gobierno había hecho del coronavirus. La cumbre de la Unión Europea se cerró sin acuerdo en torno al Fondo de Recuperación por el Coronavirus. Sánchez plantó a los periodistas que en una carta protestaron a Miguel Ángel Oliver. Los corresponsales comunitarios se quejaron por la imposibilidad durante toda la pandemia de preguntar al presidente español, algo que sí pudieron hacer al resto de líderes

La OMS lanzó una alerta: «El mundo se encuentra en una nueva y peligrosa fase».

20 DE JUNIO

Día 98- El estado de alarma llega a su fin

Esa medianoche terminó el estado de alarma: 98 días, 2.351 horas, tres meses y una semana. El balance oficial solo reconocía 28.322 muertos.

Pedro Sánchez llevó a cabo su declaración institucional número 20 para realizar el balance del estado de alarma. Una declaración sin preguntas para agradecer a los españoles su actitud y mostrarse abierto al diálogo.

El estado de alarma dejó 9.000 detenidos y 1,2 millones de sanciones. Andalucía fue la comunidad con más multas.

LA LLAMADA 'NUEVA NORMALIDAD', UN 'SÁLVESE QUIEN PUEDA'

El coronavirus, lejos de desaparecer, siguió avanzando en todo el mundo superando los 25 millones de contagios y sobrepasando el millón de muertos. En España, el estado de alarma llegó a su fin el 21 de junio. Sanidad notificó un solo fallecido y elevó el balance oficial a las 28.323 víctimas mortales. Madrid, una de las comunidades más golpeadas por la pandemia, pudo anunciar sus primeros días sin fallecidos. Los aeropuertos, con 100 vuelos programados en todo el país, volvieron a abrir sus puertas y millones de españoles suspiraron esperanzados en pasar página y recuperar su vida. El Congreso dio luz verde al llamado decreto de la 'nueva normalidad' con el voto a favor del PP. En la otra cara de la moneda, la Comisión de Reconstrucción, cerró sus puertas sin grandes pactos. Hubo consenso en torno a la sanidad, la economía y la Unión Europea, pero el Gobierno se quedó solo en su propuesta de políticas sociales. El veto del Ejecutivo a que también la escuela concertada accediera a las ayudas económicas por el coronavirus, marcó el debate parlamentario. Una escuela concertada que contaba en España con el 25% de los alumnos. De los 22 ministros la mitad, 11, habían estudiado en la escuela concertada o privada. Entre ellos la propia ministra de Educación. A tan solo unos días de iniciar la vuelta al cole, Podemos acusó a Isabel Celáa de falta de liderazgo. El Ministerio había delegado en las CCAA la organización del regreso a las aulas y propuso cosas como que los padres llevaran en bici a sus hijos al cole y que las clases de educación física se hicieran sin público. Se dio luz verde que los alumnos pasarán de curso sin límites de suspensos. La presidenta de Madrid Isabel Díaz Ayuso anunció la contratación de 11.000 profesores.El otro caballo de batalla fue la reforma laboral. El PSOE pidió repetir una votación en el Congreso después de haber apoyado 'por error' una enmienda de Bildu que planteaba su anulación tal y como pactó con los proetarras en plena pandemia. Las sesiones de control al Ejecutivo siguieron siendo tensas y, de cara al nuevo curso político, el PP realizó varios cambios. Cuca Gamarra fue nombrada portavoz del Grupo Popular en sustitución de Cayetana Álvarez de Toledo y el alcalde de Madrid, José Luis Martínez-Almeida fue designado portavoz nacional. Caras nuevas para un Congreso en el que Pedro Sánchez y Pablo Casado mantuvieron sus diferencias y en el que Teodoro García Egea se convirtió en el azote de Pablo Iglesias y le afeó en varias ocasiones sus incoherencias políticas: «por las mañanas barricadas, por las tardes mariscadas». Iglesias, que marcó como objetivo fundamental aprovechar la crisis de la Monarquía para establecer «una nueva República», recuperó además en Youtube su faceta como entrevistador (meses antes suspendió sus entrevistas en *La Tuerka* por incompatibilidad con la vicepresidencia). El líder de Podemos continuó comentando las series que más le estaban gustando en las redes sociales y cambió su característica coleta por un moño *hipster*.

Captura Congreso

Galicia y País Vasco pusieron en marcha la campaña electoral de unas elecciones que se celebraron el 12 de julio sin incidentes pese a los rebrotes. En Galicia, Alberto Núñez Feijóo renovó por cuarta ocasión su mayoría absoluta con el PP y partidos como Podemos, Vox y Ciudadanos se quedaron fuera del parlamento gallego. El PSOE, que no pudo rentabilizar la caída de su socio de Gobierno, vio como el BNG le adelantó por la izquierda y se convirtió en segunda fuerza y alternativa a los populares. En el País Vasco, con una abstención de casi el 50%, PNV y Bildu sumaron el 67% de los votos. El lehendakari Iñigo Urkullu perdió sin embargo 50.000 apoyos. Pese a que se repitió hasta la saciedad que había ganado la moderación, lo cierto es que el 12J quienes no condenan la violencia de ETA lograron otros 23.000 votos y consolidaron su segunda posición. Una de las causas la apuntó *El País* en un reportaje en el que se reveló que los jóvenes vascos no sabían quién era Miguel Ángel Blanco. En 2020 se cumplieron 23 años del asesinato del concejal del PP.

Twitter PP

De nuevo toda la cúpula popular le rindió homenaje en Madrid con Mari Mar Blanco, que perdió a sus padres por la Covid-19, a la cabeza. Días después de esta imagen, Interior anunció su decisión de sustituir a la hermana de Miguel Ángel Blanco, al frente de la Fundación Víctimas del Terrorismo. Este año la AVT, la asociación mayoritaria que representa a las víctimas del terrorismo, decidió no acudir, por primera vez, al homenaje que se suele realizar en el Congreso. Fue su manera de protestar por «el protagonismo y el trato preferencial que el Gobierno otorgaba a los herederos de ETA». Durante la pandemia, las víctimas protestaron por el acercamiento de presos y los permisos especiales que se otorgaron al entorno terrorista para poderse mover por el país. Desde 2018 Interior acercó al País Vasco o relajó el grado penitenciario a 66 internos, muchos con delitos de sangre. Francia anunció además la puesta en libertad vigilada, por motivos de salud, del etarra Josu Ternera. Bildu, por si había dudas, le mandó un abrazo en redes sociales. Tras el suicidio de un etarra en prisión, el presidente del Gobierno lamentó en el Senado su muerte y se refirió a los terroristas como «presos vascos». La oposición le recordó entonces las palabras de Margaret Thatcher cuando el terrorista del IRA Bobby Sands falleció por una huelga de hambre en 1981: «Él ha podido elegir su manera de morir, oportunidad que no dio a sus víctimas». 24 horas después Otegi se ofreció a apoyar los presupuestos a cambio de negociar la política penitenciaria, e Iglesias señaló a Bildu como socio preferente junto a ERC para «redefinir el Estado». La portavoz de Bildu Mertxe Aizpurua ya en la Cámara Baja aseguró que «hoy es el día que estamos aquí condicionando al Gobierno». La asociación Jusapol (que engloba a Policía Nacional y Guardia Civil) llevó unos féretros frente al Congreso para protestar por el lamento de Sánchez. También el líder de las juventudes del PSOE vasco se opuso a 'blanquear' a a EH Bildu. Y la Asociación Diginidad y Justicia se quejó amargamente cuando se dieron a conocer los detalles de la Ley de Memoria Democrática que anunció el Gobierno. Recordaron que a día de hoy hay más de 370 asesinatos de ETA sin resolverse. En medio de todo esto Rodríguez Zapatero aseguró en Radio Euskadi que «llegar a acuerdos con Bildu es una victoria de la democracia».

La alegría por la 'nueva normalidad' duró más bien poco. El 4 de julio un rebrote en Lleida obligó a confinar a 200.000 personas. También en Lugo 70.000 ciudadanos se tuvieron que quedar en sus casas. El coronavirus, cuyos contagios se multiplicaron por ocho, avanzaba con una curva similar a la de marzo, situándose España a la cabeza del rebrote en el viejo continente. España llegó a sumar más contagios en dos semanas que Italia, Francia, Alemania y Reino Unido juntos.

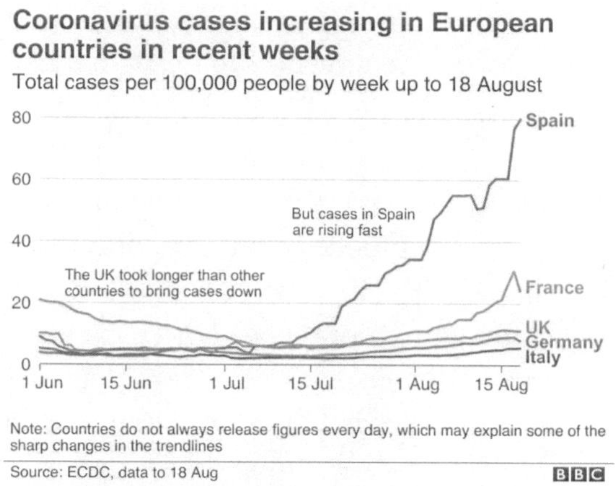

Por si fuera poco la Agencia Española del Medicamento anunció que las existencias del antiviral Remdesivir estaban a punto de agotarse. El 1 de julio Sanidad había dicho que había stock suficiente.

Las mascarillas se convirtieron en un producto de primera necesidad. La oposición reclamó la bajada del IVA pero la ministra María Jesús Montero aseguró que la normativa europea les prohibía su bajada. Mientras en España se subía el IVA de las bebidas azucaradas, el Gobierno mantuvo el 21% para las mascarillas. En Italia quedaron exentas, en Francia el IVA se redujo al 5,5% y en Portugal quedó en el 6%. La Comisión Europea no puso ningún problema a estas reducciones. Por poner un ejemplo, 200 mascarillas en Portugal costaban 17,40 euros. En España la cuenta ascendía a 196 euros (el precio impuesto por el Gobierno fue de 0,96 euros por unidad).

Superado el estado de alarma, Cataluña y Aragón se convirtieron en las comunidades más golpeadas. El Gobierno dejó la gestión sanitaria en manos exclusivamente de las CCAA y sin realizar antes los prometidos cambios legislativos. Tampoco se habían contratado los suficientes rastreadores. Si Alemania contaba con un rastreador por cada 4.000 habitantes, España tenía uno por cada 12.000. La mascarilla se volvió pronto obligatoria en todos los espacios y, en pleno rebrote, Sanidad dejó de ofrecer datos oficiales los fines de semana. Miguel Sebastián, ex ministro socialista, se mostró indignado por la falta de transparencia: «No son de un país desarrollado». Un grupo de 20 científicos reclamó en una carta en la revista *The Lancet* una auditoría independiente sobre la gestión del coronavirus en España. En ese sentido el presidente de la Organización Médica Colegial reclamó un comité de expertos sin Fernando Simón. También se mostró en contra de la manifestación 'negacionista' que tuvo lugar en Madrid con el apoyo desde México del cantante Miguel Bosé. Dos días antes los médicos enviaron una carta al delegado del Gobierno en Madrid que, para sorpresa de todos, permitió a cientos de personas salir a la calle sin mascarilla.

La segunda ola del coronavirus era ya una realidad. El director del Centro de Coordinación de Alertas y Emergencias la redujo a una «cuestión semántica». Ante el aumento de contagios, la Comunidad de Madrid anunció la puesta en marcha de mil pruebas diarias de PCR. El Gobierno Vasco declaró de nuevo la situación de Emergencia Sanitaria: «Estamos ante un posible tsunami».

Hubo que esperar hasta el 14 de agosto, con 3.000 contagios en las últimas 24 horas, para que el ministro de Sanidad convocara una nueva reunión para coordinar la actuación con las CCAA. Se cerró el ocio nocturno, se prohibió fumar cuando no se pudiera respetar la distancia de seguridad y se ordenó el cierre de la restauración a la una de la madrugada. Antes de irse de vacaciones Pedro Sánchez, desde la prudencia, animó a no tener miedo y salir a la calle para reactivar la economía y anunció que se había derrotado al virus (pronto se demostraría que no había ocurrido). Europa comenzó a tomar medidas para quienes regresaran a sus países desde España.

El Gobierno repetía sin descanso que el nuestro era un país seguro, pero el Reino Unido impuso una cuarentena de 14 días para quien regresara de España e incluyó las islas Baleares y Canarias. La medida del Gobierno británico, y de la que Sánchez dijo haberse enterado por la prensa, llegó tan solo 48 horas después del encuentro 'secreto' entre González Laya y Picardo, ministro principal de Gibraltar. La situación empeoró después de que las autoridades británicas recomendaran además no viajar a España.

Algo a lo que se sumaron Alemania y Bélgica. El sector explotó tras unas declaraciones de Fernando Simón, que a su regreso de hacer surf en Portugal, aseguró que la ausencia de turistas británicos era algo positivo para nuestro país. El 'roto' económico se cifraba en más de 9.000 millones de euros. Los datos de la EPA de junio desataron el pánico. Durante la pandemia se habían destruido un millón de puestos de trabajo, algo que no ocurrió en los peores momentos de la crisis de Lehman Brothers en 2009. Según datos de Eurostat, España lideraba el desempleo en Europa por delante incluso de Grecia que durante más de una década había encabezado la tabla.

El déficit hasta junio se disparó al 371%. El Ibex 35 acumuló la mayor caída de Europa y la OCDE alertó de que España corría riesgo de descolgarse de la recuperación. Y eso que en marzo solo se esperaba una repercusión económica 'poco significativa'. El segundo trimestre del año, España entró en recesión con una caída del PIB del 18,5%. El presidente del Gobierno aseguró que la caída del producto interior bruto se debió al estricto confinamiento y dijo que nos encontrábamos en la fase de reactivación económica. Sin embargo el Gobierno solicitó solo tres días después 20.000 millones a Bruselas para hacer frente a los ERTE. La sensación de que el Ejecutivo necesitaba dinero de forma urgente se agrandó tras forzar una votación en el seno de la FEMP (la Federación Española de Municipios y Provincias) para quedarse con el superávit de los ayuntamientos. Una votación que salió adelante por la mínima, con el voto decisivo del socialista Abel Caballero. El Partido Popular, cuyos alcaldes se negaron a entregar el superávit, acusó al Gobierno de «robar» los ahorros de cientos de municipios. Pese a que se dijo que el dinero sería devuelto en 10 años, el BOE publicó que lo haría en 15. Las redes se llenaron de montajes fotográficos recordando los aplausos de los últimos días. El Congreso tumbó finalmente el decreto del superávit de los ayuntamientos, convirtiéndose en la primera gran derrota del Gobierno. Sánchez se convirtió en el primer presidente de España que sufrió la derrota de dos decretos en la Cámara Baja.

Conocido el 'descalabro' económico, miembros del Gobierno como María Jesús Montero se apresuraron a asegurar que lo peor de la crisis había pasado. Hubo quien se preguntó si estas declaraciones eran igual de ciertas que cuando se dijo «En España no va a haber contagios» o de esta «Salimos más fuertes». Se recordó incluso cuando, en plena crisis económica, el Ejecutivo de Zapatero habló de los famosos «brotes verdes». Por otra parte, y en plena pandemia la *'okupación'*, empezó a ser un problema serio. La oposición reclamó sin éxito medidas contundentes.

El 17 de julio arrancó en Bruselas la trascendental Cumbre Europea para aprobar el Fondo de Recuperación por el coronavirus. Pedro Sánchez realizó antes una gira europea en un intento por sumar apoyos a la causa española. De hecho logró que, pese a las reticencias de los llamados 'países frugales', Alemania y Francia dieran finalmente su apoyo a los 140.000 millones que reclamó España.

Un Fondo de Recuperación, en realidad un rescate con condiciones, que llegó tras cuatro días de tensas reuniones y momentos en los que las diferencias estuvieron a punto de hacer insalvable el acuerdo. Las ayudas para España representaban el 11,9% del PIB y no el 60% como se llegó a asegurar en televisión. El comisario europeo de Economía calculó que hasta mediados de 2021 esas ayudas no podrían ser efectivas. Una cumbre de la que dio detalle en el Congreso Pedro Sánchez, que además del dinero para España, estrenó una mascarilla con la bandera española. El 29 de julio, y saltándose el pacto que cerraron los partidos en el Congreso para que solo acudieran a la Cámara Baja el 50% de los diputados, la bancada socialista en pie recibió con aplausos al presidente del Gobierno. La oposición reclamó sin éxito que la presidenta de la Cámara Meritxel Batet les expulsara del hemiciclo donde se pudo ver hasta a un senador socialista.

Captura Congreso TV

Pablo Casado preguntó: «Señores del Grupo Socialista, qué aplauden tanto? ¿De qué se ríen tanto?». El presidente del PP acusó al jefe del Ejecutivo de vivir una «realidad paralela» porque «no hay nada que aplaudir» ante la situación que vive España con la «situación preocupante» que han provocado los rebrotes, la pérdida de «45.000 compatriotas por el virus y siete millones españoles que quieren trabajar y no pueden». Desde Vox, Santiago Abascal, aseguró que los aplausos procedían de «plañideras sinvergüenzas» y anunció que su partido presentaría en septiembre una moción de censura. Una moción que no contó con el apoyo ni de PP ni de Cs. Desde el partido naranja, Edmundo Bal insistió en que muy difícilmente se podía pedir a la ciudadanía que cumpliera las normas cuando los diputados no lo hacían. Críticas por unos aplausos que trataban de dar una imagen de triunfo y liderazgo y que comenzaron cuando Sánchez regresó de Bruselas. Todo el Gobierno le hizo un paseíllo en La Moncloa, que después fue inmediatamente distribuido a las televisiones. Todo formaba parte de la estrategia diseñada por Iván Redondo. El director del Gabinete de la Presidencia dijo durante su comparecencia en la comisión mixta Congreso-Senado de Seguridad Nacional que la gestión del coronavirus «se puede hacer diferente, pero es difícil hacerlo mejor».

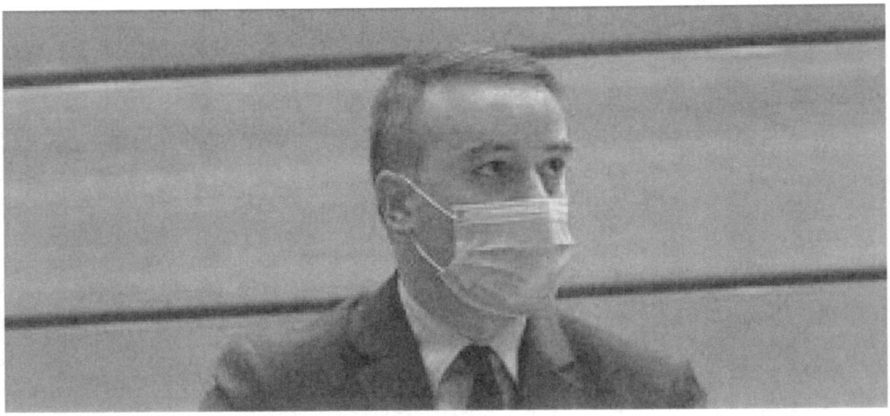

Captura Senado

En la 'nueva normalidad' el PSOE mantuvo su acercamiento a Ciudadanos, lo que le provocó las críticas de su socio de Gobierno (Podemos) y el distanciamiento de los independentistas catalanes. La vuelta a prisión de los condenados por sedición abrió un nuevo frente con ERC. Al mismo tiempo hubo cosas que no cambiaron, como por ejemplo las 'predicciones' del CIS. Tras la debacle electoral el 12J de Podemos, Tezanos dio una subida a la formación de Pablo Iglesias y dejó a los populares a 11 puntos del PSOE. Ese mismo día GAD3 (la consultora de Narciso Michavila que más acertó el 12 de julio) publicó en *ABC* la primera encuesta que daba ganador al Partido Popular.

En los tribunales, y pese a que en Europa se había visto cómo la Fiscalía había abierto una investigación sobre la gestión de los gobiernos italiano o francés (Conte y sus ministros declararon ante el juez), en España el más de medio centenar de querellas interpuestas contra el gobierno de Pedro Sánchez permanecieron paralizadas. La Fiscal General del Estado, la ex ministra socialista de Justicia Dolores Delgado, se negó a prometer por escrito a los fiscales su abstención en las causas contra La Moncloa. La Fiscalía, de hecho, rechazó todas las querellas contra el Gobierno por la gestión de la Covid-19. La tensión aumentó con la propuesta de PSOE y Unidas Podemos para reformar el CGPJ. El cambio planteaba situar en la mayoría absoluta los votos necesarios para elegir a los jueces, en vez de la mayoría de tres quintos. El PP anunció que lo recurriría ante el TC y la UE. Para Pablo Casado era un «atropello» que pretendía liquidar la separación de poderes. Cuca Gamarra añadió: «Solo un dictador considera que las únicas mayorías viables son las que él tiene». También Vox y Ciudadanos pusieron el grito en el cielo por romper el consenso constitucional. Los propios jueces lo calificaron como una reforma anticonstitucional. La prensa lo llegó a comparar con Venezuela, Hungría o Polonia y la UE dio un toque de atención.

Así las cosas la atención jurídicamente hablando estuvo puesta en los condenados por sedición. Después de que la Generalitat les concediera el tercer grado y abandonaran la cárcel, entre promesas de repetir lo que habían hecho, se ordenó su reingreso en prisión. Solo habían cumplido 3 de los hasta 18 años a los que habían sido condenados por organizar un referéndum ilegal en Cataluña. Por otra parte, la actualidad judicial estuvo copada por los presuntos negocios opacos de Don Juan Carlos. El 27 de julio el juez Manuel García Castellón, ordenó la reapertura de la denominada pieza 'Carol', en el marco del caso 'Villarejo' e imputó a Corinna Larsen, amiga del Rey Juan Carlos. A lo largo de la pandemia la prensa española fue dando a conocer diferentes escándalos relacionados con Don Juan Carlos hasta el punto de que, según se publicó, el Gobierno reclamó a Don Felipe su salida de La Zarzuela. Salida que se anunció el lunes 3 de agosto por la tarde. En un comunicado, Casa Real informó de la decisión de Don Juan Carlos que viajó desde Vigo hasta a Abu Dabi. El Rey Emérito, el mismo que había traído la democracia y el Estado de Autonomías a nuestro país, envió una carta a Felipe VI para trasladarle una decisión que no afectó a Doña Sofía. La madre del Rey podría continuar en Palacio.

La salida de Don Juan Carlos, organizada por Sánchez, Calvo y Redondo, dejó al margen a Podemos y también al principal partido de la oposición. Atrás quedaban los tiempos en los que Mariano Rajoy pactó con Alfredo Pérez Rubalcaba la abdicación del Rey. La salida de España de Don Juan Carlos provocó una cascada de reacciones. Desde La Moncloa en un escueto mensaje se mostró: «Respeto a las decisiones comunicadas por la Casa del Rey y reconocimiento a la ejemplaridad y transparencia que siempre han guiado al Rey Felipe VI desde su llegada a la Jefatura del Estado». Durante toda la tarde noche Pedro Sánchez, también el PSOE, permanecieron en silencio. Al día siguiente en su última rueda de prensa antes de irse de vacaciones el presidente aseguró que la Monarquía no estaba en cuestión y respaldó la decisión de Don Felipe de «apartarse de conductas impropias». Evitó referirse a Don Juan Carlos y reconoció que no sabía dónde se encontraba. Desde el PP se expresó el «más absoluto respeto a la decisión del Rey Emérito quien demuestra con el comunicado conocido hoy su lealtad a España, a la Monarquía parlamentaria y al Rey Felipe VI», y reafirmaron su «respaldo y apoyo al Rey Don Felipe, que lleva ejerciendo de forma ejemplar su papel como jefe del Estado durante estos seis años de reinado».

CASA DE S.M. EL REY

COMUNICADO DE LA CASA DE S.M. EL REY

1. Su Majestad el Rey Don Juan Carlos ha dirigido a Su Majestad el Rey la siguiente carta:

"Majestad, querido Felipe:

Con el mismo afán de servicio a España que inspiró mi reinado y ante la repercusión pública que están generando ciertos acontecimientos pasados de mi vida privada, deseo manifestarte mi más absoluta disponibilidad para contribuir a facilitar el ejercicio de tus funciones, desde la tranquilidad y el sosiego que requiere tu alta responsabilidad. Mi legado, y mi propia dignidad como persona, así me lo exigen.

Hace un año te expresé mi voluntad y deseo de dejar de desarrollar actividades institucionales. Ahora, guiado por el convencimiento de prestar el mejor servicio a los españoles, a sus instituciones y a ti como Rey, te comunico mi meditada decisión de trasladarme, en estos momentos, fuera de España.

Una decisión que tomo con profundo sentimiento, pero con gran serenidad. He sido Rey de España durante casi cuarenta años y, durante todos ellos, siempre he querido lo mejor para España y para la Corona.

Con mi lealtad de siempre.

Con el cariño y afecto de siempre, tu padre."

2. Su Majestad el Rey le ha transmitido a S.M. el Rey Don Juan Carlos su sentido respeto y agradecimiento ante su decisión.

El Rey desea remarcar la importancia histórica que representa el reinado de su padre, como legado y obra política e institucional de servicio a España y a la democracia; y al mismo tiempo quiere reafirmar los principios y valores sobre los que ésta se asienta, en el marco de nuestra Constitución y del resto del ordenamiento jurídico.

Palacio de La Zarzuela, 3 de agosto de 2020

Pablo Casado denunció el intento de dinamitar el espíritu del 78 e intentar derribar la Monarquía, garante de la unidad de todos los españoles. También Ciudadanos mostró su respeto con la decisión del Rey Emérito y dio su apoyo a Don Felipe. Vox por su parte acusó al Gobierno de intentar evadir su responsabilidad en la gestión del coronavirus con una nueva cortina de humo. Los independentistas catalanes pidieron la abdicación del Rey, olvidando la larga lista, en este caso sí, de huidos que tenían a sus espaldas. Antes de que Quim Torra fuera inhabilitado por el Tribunal Supremo por unanimidad, el Parlament declaró que Cataluña era republicana y dijo «no reconocer el Rey». Entre tanto el Gobierno puso en marcha la reforma del Código Penal para reducir las penas por sedición y anunció que iniciaba los trámites para indultar a los condenados por el 'procés'. Además el PSOE activó los trámites para sacar del código ético del Congreso la norma que obligaba a los diputados a acatar la Constitución. Desde Podemos, olvidándose que formaban parte del Gobierno, se colgaron la medalla de 'echar' al Emérito y defendieron que era el momento de restaurar la República. El rapero Valtonyc, que huyó a Bélgica antes de entrar en prisión condenado por injurias al Rey, reveló que la letra de la canción sobre Juan Carlos I fue un encargo del propio Pablo Iglesias para su programa de televisión La Tuerka. El vicepresidente segundo reclamó esos días a la Justicia que impidiera la «huida indigna» de Don Juan Carlos y pagara por sus «delitos». Fuentes socialistas aseguraron que la posición de sus socios en La Moncloa era en realidad una maniobra para distraer la atención sobre las irregularidades en sus finanzas y denunciadas, entre otros, por el Tribunal de Cuentas. La formación morada anduvo esos días protagonizando una investigación judicial por los delitos de malversación y administración desleal.

Podemos, como partido, y la cúpula económica fueron imputados. El juez citó a declarar al tesorero, a la gerente y al número dos de Podemos, Juan Manuel del Olmo, responsable de las últimas campañas electorales y pareja de Isabel Serra. *El Confidencial* publicó que el juez investigaba además el pago de sobresueldos en Podemos y a la cooperativa de Rafa Mayoral. También si uno de los fundadores de Podemos, Juan Carlos Monedero, cobró comisiones ilegales.

LA RAZÓN

CERCO JUDICIAL AL VICEPRESIDENTE

Imputan a Podemos y a parte de su cúpula por la «caja B»

El juez cita a declarar a la mano derecha de Iglesias y al tesorero del partido

Exige conocer el sueldo del líder y del resto de los miembros de la dirección

El PSOE guarda silencio y la oposición reclama que comparezca en el Congreso

Las cuentas (tramposas) de Podemos

Detenido un magistrado del Tribunal Constitucional por violencia de género

Bildu baraja designar a Otegi como senador tras la anulación de su condena

¿QUÉ FUE DE LA CANCIÓN DEL VERANO?

El Ejército se moviliza ante

ABC

LA JUSTICIA DESTAPA LA «CAJA B» DE PODEMOS

El juez imputa al partido de Iglesias y a parte de su cúpula por malversación y administración desleal

EL MUNDO

LOS SABORES DEL ANTIGUO EGIPTO RESUCITAN EN 'LA COCINA DEL FARAÓN'

GIUSTINIANI, EL ÚLTIMO DEFENSOR DE CONSTANTINOPLA ANTE LOS TURCOS

El juez imputa a Podemos por financiación irregular

Investiga al partido como persona jurídica por la presunta existencia de una 'caja B' e imputa a parte de la cúpula ▸ Cita al jefe de Neurona, busca ramificaciones en Brasil y sospecha de Monedero

Conmoción en el TC por la detención de un magistrado por violencia de género

El Banco de España afirma que jubilarse después de los 65 años no compensa

Colau y Torra hacen frente común contra el pacto con los ayuntamientos

Los partidarios de Evo Morales dejan a Bolivia sin oxígeno

JUANMA DEL OLMO

Un escudero fiel y experto en 'trabajos sucios'

VUELVEN LOS HOSPITALES MILITARES DE CAMPAÑA

Los expertos dudan de que la vacuna de Putin sea segura y eficaz

El presidente ruso afirma que estará disponible en enero y que su hija ya se la ha inoculado

Másteres oficiales y títulos propios en periodismo y comunicación de Unidad Editorial

EL DESAFÍO DEL VERANO CON EL AUTODEFINIDO MÁS GRANDE DE EL MUNDO

EL PAÍS

EL PERIÓDICO GLOBAL

Tijanóvskaya, líder de la oposición, se refugia en Lituania

Cuando el arte es producto de la mente de los robots

Colau se suma a la rebelión de los alcaldes y complica el plan del Gobierno

Barcelona y Valencia se oponen al decreto de Hacienda sobre los ahorros y ponen en apuros su convalidación

LOS E-MAILS DEL FRAUDE DE LAS CONSULTORAS

"Hay que presentar ofertas de cobertura que den el pego"

Podemos se enfrenta a un otoño caliente con dos casos judiciales

Putin da por buena la vacuna rusa sin concluir los ensayos

Conocer para actuar

Biden elige a la senadora Kamala Harris como su vicepresidenta

El ex abogado de la formación, José Manuel Calvente, declaró al juez que «Podemos tenía una caja B y pagaba sobresueldos». Aseguró que las irregularidades no eran para financiar Podemos sino para que «algunos dirigentes» se enriquecieran: «No estamos ante Gürtel o Filesa, es mucho peor». En redes sociales Calvente denunció amenazas: «No me conocen, seguiré hasta el final y la verdad se sabrá». También en Twitter recordaron las palabras de Pablo Iglesias sobre

Luis Bárcenas y su 'receta' para hacer frente a la corrupción: «apertura de juicio oral, dimisión. Así de sencillo». Corría el año 2015.

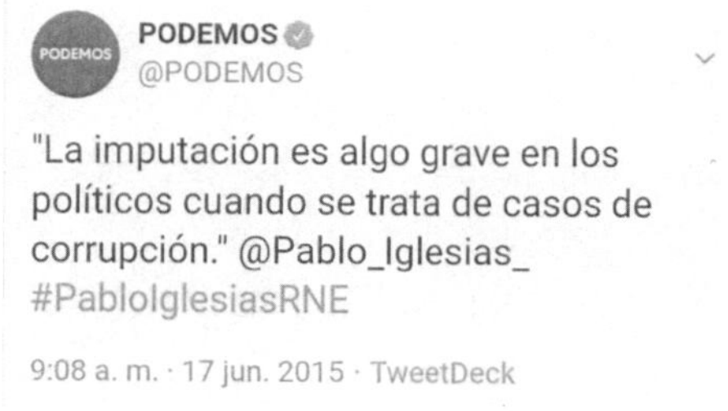

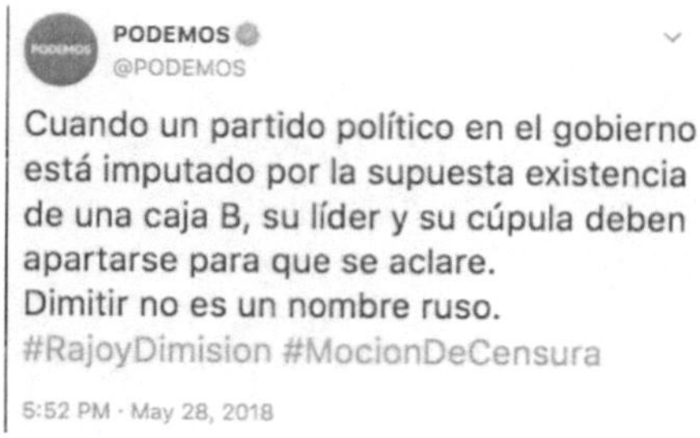

Tras conocerse la imputación de Podemos, Pablo Iglesias guardó silencio durante tres días. Las explicaciones del vicepresidente segundo llegaron vía Twitter y desde Asturias donde estaba de vacaciones (las interrumpió al sentirse 'acosado'). Dijo que era «un juicio mediático» contra Podemos y lo vinculó a su defensa de la República. La formación morada aseguró que todo era una «conspiración para echarles del poder» y dijeron que la 'caja B' era en realidad una 'caja de solidaridad'. Desde su medio afín *La última hora*, en un nuevo ejemplo de ese activismo disfrazado bajo el 'nuevo periodismo', distribuyó en redes un argumentario para contrarrestar la imputación de Podemos e invitó a sus seguidores a distribuirlo por whatsapp. El secretario general del PP, Teodoro García Egea, aseguró que se había pasado de pedir la dimisión de imputados a tenerlos en el Gobierno y parafraseando a Pablo Iglesias escribió en Twitter: «En política no se pide perdón, se dimite». Los populares y Cs registraron en el Congreso una petición para poner en marcha una comisión de investigación. Pablo Iglesias se negó a comparecer y contó con el respaldo del PSOE que, pese a proclamar que la «transparencia siempre es buena», en este caso dijo que solo se trataba de la «denuncia de un ex trabajador» obviando que el fiscal del Tribunal de Cuentas veía delito. Los populares pusieron en circulación un vídeo en el que recopilaron distintas declaraciones de Iglesias pidiendo la dimisión de los políticos implicados en casos de corrupción.

EL PAÍS

SUSCRÍBETE

Iglesias se niega a comparecer en el Congreso por la investigación sobre las cuentas de Podemos

El PSOE respaldará a su socio de Gobierno y tampoco apoyará la petición de PP y Cs

ELSA GARCÍA DE BLAS

Madrid - 24 AGO 2020 - 15:06 CEST

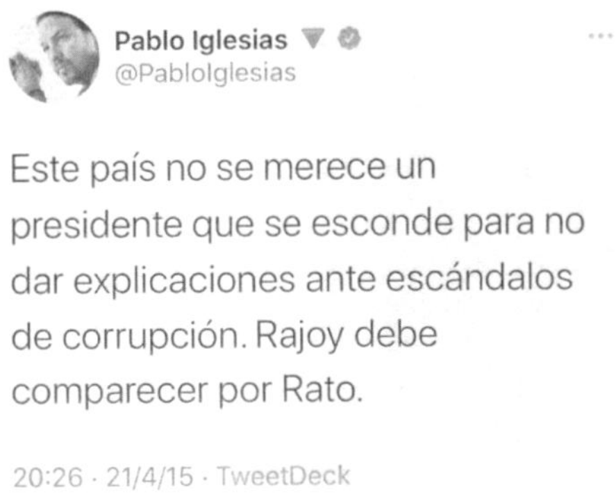
Pablo Iglesias
@PabloIglesias

Este país no se merece un presidente que se esconde para no dar explicaciones ante escándalos de corrupción. Rajoy debe comparecer por Rato.

20:26 · 21/4/15 · TweetDeck

Las informaciones relativas a Podemos, y muy especialmente, el 'Caso Dina' —que afectaba directamente a Pablo Iglesias por una posible denuncia falsa y del que en mayor o menor medida se hicieron eco todos los medios de comunicación— provocaron al mismo tiempo un ataque sin precedentes contra distintos periodistas. Desde La Moncloa, el vicepresidente segundo llegó a mostrarse partidario de «naturalizar» el insulto contra los medios y puso en el punto de mira a Vicente Vallés. Tanto la APM como la FAPE emitieron un comunicado de condena.

En los deportes, y al margen del bombazo que supuso la carta de Messi pidiendo su salida del Barcelona, el Real Madrid se proclamó campeón de Liga el 15 de julio. En un ejemplo de civismo los seguidores blancos obedecieron al alcalde José Luis Martínez-Almeida y celebraron la victoria en sus casas. La Cibeles permaneció desierta frente a la lamentable imagen que se ofreció en Cádiz tras el ascenso. En este caso los aficionados no respondieron igual ante el llamamiento a la responsabilidad del alcalde 'Kichi', Jose María González.

En Roland Garros , Rafa Nadal volvió a hacer historia tras ganar en París su torneo número 13. El tenista español igualó a Federer con 20 Grand Slam. El deportista más querido de nuestro país no pudo contener las lágrimas al escuchar el himno nacional.

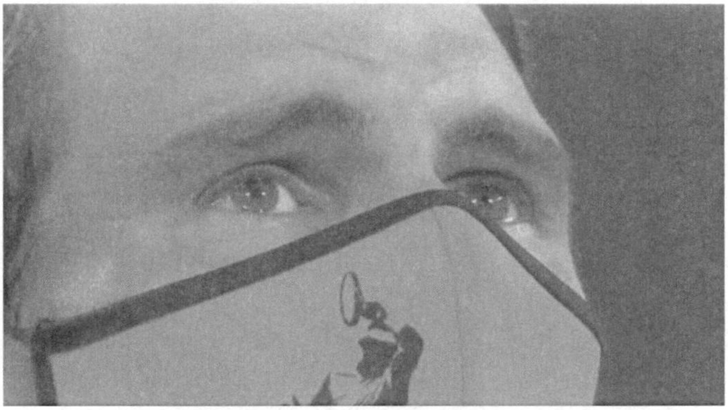

También en la capital, un concierto de Loquillo, marcó el pistoletazo de salida en el WiZink Center. Concierto con extraordinarias medidas de seguridad al que asistieron solo 2.000 personas. Muchas menos, 400, fueron las que el 6 de julio pudieron participar en un Chupinazo simbólico que organizó el ayuntamiento de Pamplona bajo el lema: 'Los viviremos'.

Fuera de nuestro país, el Gobierno francés dimitió en bloque y Macron remodeló el Ejecutivo tras los malos resultados electorales que su partido cosechó en las municipales. El presidente de Brasil dio positivo en coronavirus mientras Donald Trump, por primera vez, se dejó ver con una mascarilla. El 11 de julio supuso un giro radical a la estrategia defendida por el presidente estadounidense hasta la fecha. Faltaban menos de cuatro meses para las elecciones y los sondeos no le eran favorables. Sugirió incluso retrasar la cita con las urnas. El 2 de octubre a un mes de las presidenciales, Trump enfermó de coronavirus. Se supo que había necesitado incluso oxígeno y fue trasladado a un Hospital militar durante apenas 48 horas. Su regreso a la Casa Blanca se retransmitió como si se tratara de una gran victoria.

Así las cosas, Washington abandonó formalmente la OMS. La Organización Mundial de la Salud —que recomendó no saludarse tampoco con el codo sino poner la mano en el corazón— no descartaba ya que el virus se transmitiera por el aire, y advirtió de que la pandemia sería larga y los efectos durarían décadas. Se conocieron los primeros casos de reinfectados. A las investigaciones de la vacuna contra el coronavirus de EE.UU. (Moderna), Reino Unido (Oxford) y China, se sumó Rusia. Vladimir Putin dijo que en enero de 2021 la vacuna, bautizada como 'Sputnik', estaría a la venta y que su hija ya la había probado. La comunidad científica puso en duda el éxito anunciado por Moscú mientras se conoció el supuesto envenenamiento del líder opositor ruso Alexander Navalny. Unos días más tarde Pekín registró la patente de su primera vacuna. Estados Unidos había exigido a China que cerrara su consulado en Houston y ordenó la detención de cuatro investigadores chinos por fraude en sus visados y presunto espionaje. El FBI dictó una orden para capturar a los hackers chinos a los que acusó de intentar «robar» los avances americanos.

Al frente de las tres principales investigaciones estaban tres mujeres científicas: la china Chen Wei, la estadounidense Kizzmekia Corbe-tt y la británica Sarah Gisbert.

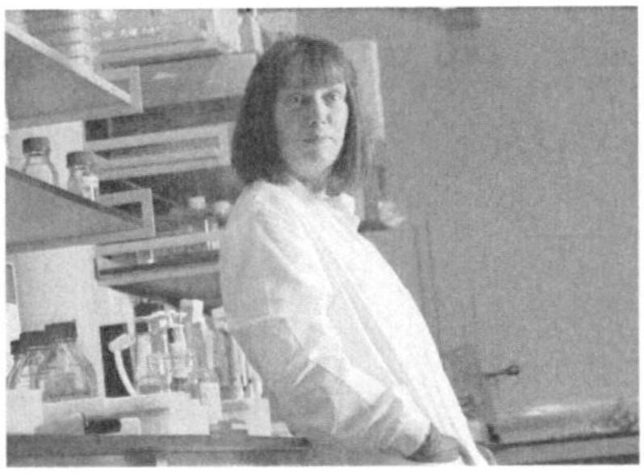

Una nueva carrera, la de la vacuna, acababa de comenzar. En juego, el nuevo orden mundial. Siempre y cuando quisiéramos creernos la información facilitada por China, bastaba con ver los datos económicos.

Los expertos en geopolítica aseguraron que nos encontrábamos ya ante la primera gran guerra del siglo XXI.

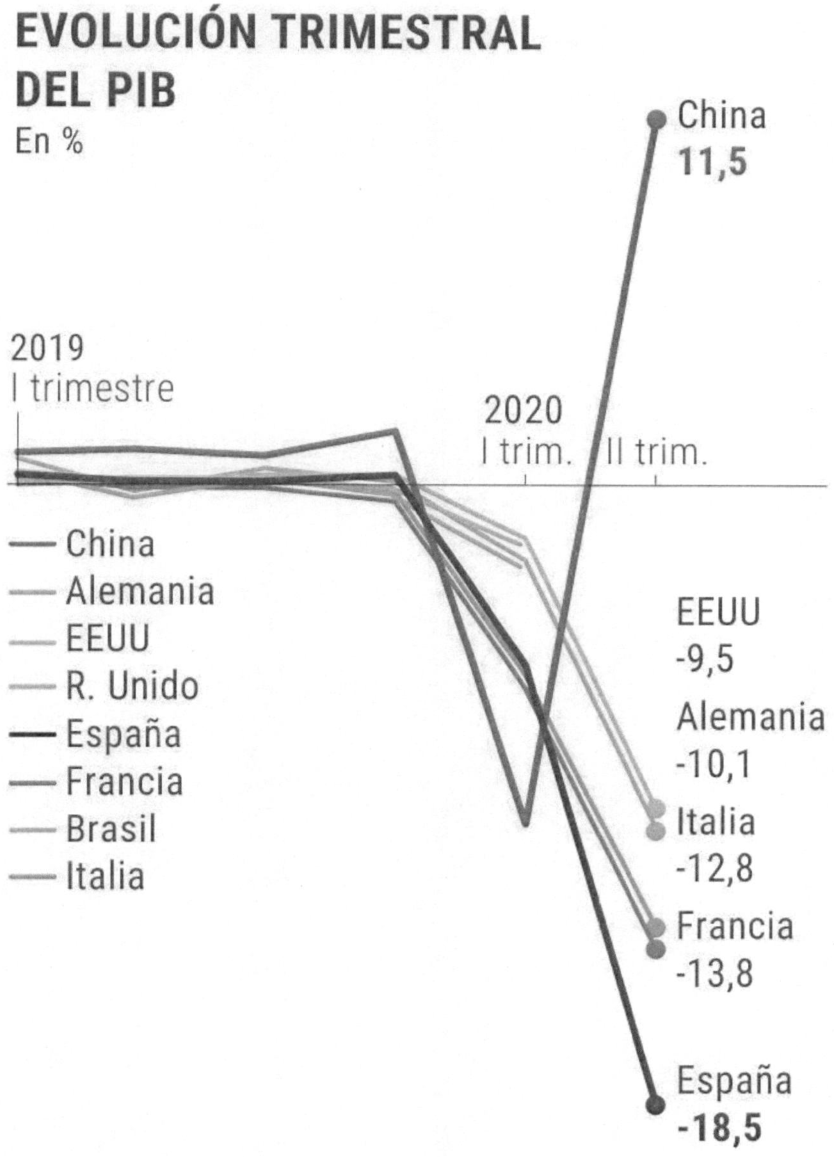
EVOLUCIÓN TRIMESTRAL
DEL PIB
En %
2019
I trimestre
2020
I trim.
II trim.
China
Alemania
EEUU
R. Unido
España
Francia
Brasil
Italia
China
11,5
EEUU
-9,5
Alemania
-10,1
Italia
-12,8
Francia
-13,8
España
-18,5

LA PRENSA SE REBELA

Juan Fernández-Miranda

‘LA LIBERTAD DE PREGUNTAR’

Juan Fernández-Miranda

Un poder extraordinario exige un contrapoder de la misma magnitud: extraordinario. Sin embargo, en la España del Covid-19 el Gobierno tuvo la tentación de aprovechar la excepcionalidad sanitaria y jurídica de la situación para minimizar las críticas a su gestión. No obstante, el periodismo español no quiso aceptarlo y se rebeló. Fue una iniciativa surgida en el ámbito individual y respaldada por más de medio millar de periodistas de toda España. El Gobierno acabó cediendo.

Todo empezó un 15 de marzo de 2020. Aquel domingo España entró en el estado de alarma. El Consejo de Ministros aprobó un decreto ante la presencia cada vez más cercana y amenazante del Covid-19 —China, Italia, España...— y en un clima de creciente demanda de una sociedad cada vez más atemorizada ante la evidencia de que los contagios estaban fuera de control, los ingresos hospitalarios disparados y la amenaza de colapso del sistema de salud cada vez más cerca. El punto álgido de la tensión social fue el 8 de marzo, con el Gobierno llamando a la ciudadanía a movilizarse para respaldar las manifestaciones por el día de la mujer. El giro gubernamental se empezó a producir el lunes 9, cuando la presidenta de la Comunidad de Madrid, Isabel Díaz Ayuso —de signo político contrario al Gobierno— anunció la interrupción de las clases en la educación primaria, secundaria y universitaria, una medida que disponía ya a la sociedad al repliegue hacia los hogares. Esa decisión regional propició una catarata de medidas en todos los órdenes: cancelación de vuelos, suspensión de fiestas populares, limitación de aforos en eventos públicos. Arrastrado por una ola imparable, el presidente del Gobierno, Pedro Sánchez, aprobó el día 14 de marzo un decreto de estado de alarma[1] que establecía el confinamiento de toda la población a partir del domingo 15.

A pesar de que el confinamiento era una medida extrema e inédita, la ciudadanía lo asumió con enorme naturalidad, al igual que la clase política: en la votación en el Congreso de los diputados para revalidar la aprobación del estado de alarma —una exigencia constitucional para el Gobierno— no se registró ningún voto en contra[2]. En la España de la crispación y la fragmentación parlamentaria, los partidos políticos encauzaron el sentir social otorgando al Gobierno de España un poder excepcional.

La democracia liberal es un sistema de contrapoderes. La separación del Poder Ejecutivo, el Legislativo y el Judicial y el control que el segundo y el tercero ejercen sobre el primero —y entre sí— es la clave de bóveda de la arquitectura constitucional. Además, la democracia es un régimen de opinión pública, y en la formación de ésta juegan un papel esencial los medios de comunicación. El llamado cuarto poder ejerce una función complementaria y también fundamental en el control al Poder —político, judicial, económico, deportivo o cualquiera que sea—.

El segundo poder, aplacado. La vigilancia que el Parlamento ejerce cada semana sobre el Ejecutivo durante el periodo de sesiones es un elemento esencial para el correcto funcionamiento del sistema. Sin embargo, cinco días antes del confinamiento, el 10 de marzo, la presidenta del Congreso, Meritxel Batet —del mismo grupo parlamentario que el presidente del Gobierno— reveló su intención de suspender la actividad parlamentaria. Cinco días después, el Gobierno aprobó el decreto del estado de alarma, que establece que debe ser el Congreso quien autorice su prórroga con

1 Constitución Española. Artículo 116.2: El estado de alarma será declarado por el Gobierno mediante decreto acordado en Consejo de Ministros por un plazo máximo de quince días, dando cuenta al Congreso de los Diputados, reunido inmediatamente al efecto y sin cuya autorización no podrá ser prorrogado dicho plazo. El decreto determinará el ámbito territorial a que se extienden los efectos de la declaración.

2 http://www.congreso.es/portal/page/portal/Congreso/Congreso/SalaPrensa/NotPre?_piref73_7706063_73_1337373_1337373.next_page=/wc/detalleNotaSalaPrensa?idNotaSalaPrensa=35409&mostrarvolver=N

un debate en Pleno y una votación. Así, la Mesa del Congreso tuvo que habilitar una fórmula para que estos debates se pudieran celebrar, en lo que fue una interpretación que estiraba el reglamento pero que se tornaba necesaria: presencia limitada y voto mayoritariamente telemático. Es decir: la Mesa del Congreso, con el impulso de su presidenta, resolvió el problema habilitando una fórmula para cumplir la exigencia constitucional, pero no buscó otra fórmula (o la misma) para el resto de plenos y comisiones, que fueron suspendidos durante semanas. Esa ejecutoria supuso una liberación para el Gobierno, una mordaza para la oposición y un ataque al sistema.

El principal partido de la oposición mostró su disconformidad con el argumento de que los parlamentos no se cierran ni en tiempos de guerra[3]. Y así debe ser: cuanto más poder tiene el Gobierno, más control debe ejercer el Parlamento[4]. En el Senado la presidenta Pilar Llop impuso una estrategia similar. A pesar de que el Parlamento seguía abierto para cualquier «asunto urgente»[5], ambas no solo aceptaron, sino que propiciaron, que el Poder Legislativo quedara anestesiado.

El tercer poder, suspendido. Por su propia naturaleza, el control que pueda ejercer el Poder Judicial maneja unos tiempos más lentos, pero sus resoluciones, cuando llegan, son implacables. El decreto del estado de alarma estableció la suspensión de todas las actividades judiciales programadas y de los plazos procesales, salvo los supuestos de servicios esenciales. Esto no impidió que durante

3 Calleja, Mariano. *ABC*. 10/03/2020. «Álvarez de Toledo advierte de que el Parlamento «no se cierra ni en una guerra»». https://www.abc.es/espana/abci-alvarez-toledo-advierte-parlamento-no-cierra-guerra-202003101501_noticia.html

4 Sánchez, Ana I. *ABC*. 15/03/2020: «Batet extiende la suspensión de los plenos del Congreso hasta el 24 de marzo. El PP intenta sin éxito que Sánchez comparezca de manera virtual ante la Cámara Baja». https://www.abc.es/espana/abci-batet-extiende-suspension-plenos-congreso-hasta-24-marzo-202003121348_noticia.html

5 Teletipo de Europa Pres. Eldiario.es. 12/03/2020. «Batet recalca que, pese a la suspensión, el Congreso «no cierra» y seguirá operativo para cualquier asunto urgente». https://www.eldiario.es/politica/batet-suspension-congreso-operativo-cualquier_1_1029733.html

el estado de alarma se presentaran multitud de querellas contra responsables políticos. Sin embargo, el destino de éstas requerirá de unos plazos que van mucho más allá de la duración del estado de alarma.

La hora del cuarto poder. Con el Parlamento bajo mínimos y los tribunales en suspenso salvo para cuestiones urgentes, era la hora de los medios de comunicación. En esas semanas de marzo y abril, las redacciones bullían como en las grandes ocasiones. El mundo se enfrentaba a lo desconocido y el periodismo estaba llamado a ejercer la más alta de sus funciones: informar. Con los ciudadanos confinados en sus casas, y el miedo anidando en cada uno de nosotros, el consumo de prensa, radio y televisión se multiplicó. Los periodistas disponían de salvoconductos expendidos por los medios para poder salir a la calle en libertad para ejercer su función...

Pero el deseo del Gobierno de minimizar riesgos le llevó a cometer un error —intencionado o no, que juzgue el lector— que encontró el rechazo de gran parte de los profesionales. Desde el primer día la Secretaría de Estado de Comunicación (SEC) estableció un sistema de ruedas de prensa telemáticas diarias, con ministros y técnicos, pero sin periodistas en la sala. Hasta ahí todo razonable, dada la naturaleza sanitaria de la crisis. Este método permitía a los periodistas remitir preguntas por escrito libremente a través de grupos de whatsapp abiertos por la SEC, pero carecía de una condición fundamental para que la Prensa ejerciera su función con las debidas garantías: las preguntas eran filtradas y planteadas a los portavoces por el propio secretario de Estado, Migue Ángel Oliver, de modo que era el Gobierno quien tenía la capacidad de decidir qué preguntas se formulaban y cuáles no. Insólito.

En esa primera semana, los periodistas afectados debatíamos al respecto. Algunos consideraban que una situación tan extrema exigía un plus de comprensión: había que estar con el Gobierno de España, arroparlo. Otros, como era mi caso, considerábamos que el método no era admisible, sino una forma de censura intolerable. En esos primeros días, el debate se jugaba exclusivamente en el ámbito periodístico.

Como responsable de la sección de Política del periódico *ABC*, y tras mantener un debate profesional al respecto con los redactores de mi equipo, quise mostrar pública y personalmente mi rechazo a esa práctica. Lo hice publicando un mensaje en la red social Twitter a las 14:03 del 19 de marzo: «Moncloa debe implementar YA un sistema para que los periodistas preguntemos sin pasar por el secretario de Estado de Comunicación. Se puede, porque Inés Arrimadas ya lo ha hecho dos veces. Sin periodismo no hay democracia[6]».

Efectivamente, la presidenta de Ciudadanos ya había celebrado dos ruedas de prensa telemáticas a las que convocó a los periodistas que habitualmente asistían a convocatorias similares de modo presencial. Así, el domingo 15 y el martes 17 Arrimadas atendió desde su casa a periodistas que, también desde sus casas, le formulaban preguntas en directo y de viva voz. La plataforma elegida en la segunda rueda de prensa fue Zoom, que en esos se dio a conocer para la inmensa mayoría de los ciudadanos. Es decir: las ruedas de prensa eran igual que antes del confinamiento, salvo por la cuestión presencial. Los periodistas que cubren Ciudadanos pudieron formular las preguntas a Inés Arrimadas sin que nadie les filtrara las preguntas y en riguroso directo[7]. El partido liberal fue el ejemplo a seguir en el uso de las nuevas tecnologías.

Esa, y nada más que esa, era la reclamación del mensaje en Twitter, que fue retuiteado por 1.500 personas y recibió 3.400 'me gusta'. Esa misma noche, desde la Asociación de la Prensa de Madrid se me requirió para que les enviara una reclamación: «Hola, Juan, por favor, escribe un correo al respecto a comunicacion@apmadrid.es. Saludos». Escribí inmediatamente, inquiriendo a la Asociación de la que soy socio desde hace 20 años a tomar cartas en el asunto.

Entretanto, el principal partido de la oposición, el PP, que inicialmente adoptó la misma actitud que el Gobierno —con un alto cargo del partido leyendo las preguntas enviadas por la prensa—

6 https://twitter.com/juanfmiranda/status/1240625028019994624.

7 Casillas, Juan. *ABC*. 18/03/2020. «Ciudadanos se sitúa a la vanguardia tecnológica en la crisis del coronavirus» https://www.abc.es/espana/abci-ciudadanos-situa-vanguardia-tecnologica-crisis-coronavirus-202003180230_noticia.html

rectificó y el lunes 23 de marzo celebró su primera rueda de prensa telemática con preguntas en directo de los periodistas habituales[8].

Es importante resaltar que tanto Ciudadanos como el PP invitaron a las ruedas de prensa telemáticas a los periodistas que habitualmente participan en sus convocatorias. Es éste un detalle importante que adquirirá sentido cuando avance un poco el relato cronológico.

Entre el jueves 19 de marzo y el martes 31 de marzo transcurrieron doce días en los que el debate fue poco a poco encendiéndose. Las ruedas de prensa seguían siendo diarias, incluso se celebraban dos cada jornada, pero las preguntas siempre se filtraban por la Secretaría de Estado de Comunicación. Las gestiones de las asociaciones de la prensa no dieron ningún resultado. La Moncloa se negaba a permitir que los periodistas preguntaran directamente al Gobierno: ni al presidente, ni a los ministros, ni a los técnicos. Las medidas de precaución ante la pandemia se habían convertido en una barrera para que la Prensa ejerciera libremente su función. En esos 12 días hubo muchos casos de preguntas censuradas.

¿Y qué sucedía en otros países? En Italia, Francia o Estados Unidos el poder político mantenía las ruedas de prensa presenciales o había implementado distintos mecanismos, pero en ningún caso el propio Gobierno se ocupó de filtrar las preguntas[9].

Transcurridas casi dos semanas de estado de alarma, en España ningún periodista pudo preguntar libremente al Gobierno. Sería ingenuo no concluir que el presidente, sus ministros y los técnicos eran previamente avisados por la SEC de las preguntas que se le iban a formular, garantizando un control de daños para el Ejecu-

---

8 Calleja, Mariano. *ABC*. 23/03/2020. «El PP se adapta y permite preguntas en directo a Casado en rueda de prensa» https://www.abc.es/espana/abci-pp-rectifica-y-permite-preguntas-directo-casado-rueda-prensa-202003231310_noticia.html

9 Chicote, Javier. 24/03/2020: «Filtrar las preguntas en las ruedas de prensa del Covid-19, «impensable» en otros países». https://www.abc.es/espana/abci-filtrar-preguntas-ruedas-prensa-covid-19-impensable-otros-paises-202003240203_noticia.html

tivo. Y todo con una falsa apariencia de pluralidad. Un auténtico teatro de la censura previa.

Por eso, el fin de semana del 28 y 29 de marzo se gestó ***La libertad de preguntar***, un manifiesto ideado, redactado y compartido por Jesús García Calero, redactor jefe de Cultura de *ABC*, y por mí, en nuestra condición de periodistas. Se trata de un manifiesto profesional y apartidista que el martes 31 de marzo pusimos a disposición de nuestra profesión:

LA LIBERTAD DE PREGUNTAR

#LaLibertaddePreguntar

En una situación de crisis el derecho a la información es más importante que nunca. Con España en estado de alarma, el Gobierno disfruta de unos poderes muy superiores a los normales, por lo que es importante que la prensa realice su labor de control, más aún cuando el Parlamento ha limitado enormemente su actividad. La principal forma de ejercer esta función desde el periodismo es a través de las preguntas —y las repreguntas— a los miembros del Gobierno.

Sin embargo, la Secretaría de Estado de Comunicación ha organizado un sistema en el que todas las preguntas enviadas por los periodistas pasan necesariamente por el filtro del secretario de Estado, que es quien se está ocupando personalmente de formulárselas al presidente, a los ministros o a los técnicos. Es más, el propio secretario de Estado ha llegado a formular alguna pregunta al presidente del Gobierno, o incluso ha tratado de corregir públicamente a alguno de los técnicos.

Las dificultades técnicas no son más que excusas. Otros actores políticos, nacionales e internacionales, realizan ruedas de prensa telemáticas en las que los periodistas habituales formulan las preguntas directamente a través de videollamada. De esta manera, tienen la posibilidad de preguntar directamente, lo que les permite formular la cuestión después de haber escuchado la comparecencia. Del mismo modo, tienen la posibilidad de repreguntar. Es así, y solo así, como las personas que dan la rueda de prensa no pueden responder con evasivas, tal y como ha sucedido reiteradamente en las ruedas de prensa organizadas en el Palacio de La Moncloa.

Estas líneas no tienen como objetivo defender ni condenar la gestión del Gobierno en la crisis del coronavirus, sino garantizar que los medios de comunicación puedan realizar su función sin mordazas y sin dificultades añadidas. Estas no son más que excusas para controlar a la prensa. Que las preguntas al Gobierno las formule un miembro del propio Gobierno revela falta de transparencia y un interés por controlar la información. Su consecuencia deriva en una nueva forma de censura a los medios y un desprecio intolerable a los mismos ciudadanos a los que se reclama enormes esfuerzos que mayoritariamente están cumpliendo a rajatabla.

En ningún caso la declaración del estado de alarma supone una merma en la aplicación del artículo 20 de la Constitución Española, que reconoce un derecho fundamental como es el derecho «a comunicar o recibir libremente información veraz» (20.1.d CE) y que el ejercicio del mismo «no puede restringirse mediante ningún tipo de censura previa» (20.2 CE).

Por todo ello, reclamamos el inmediato cambio del procedimiento para todas las ruedas de prensa y comparecenecias de miembros del Gobierno y solicitamos el apoyo de los profesionales de la comunicación a una reivindicación no partidaria que mejorará la calidad democrática en España y el ejercicio de nuestros derechos civiles amparados en la constitución, máximo garante de nuestra convivencia, especialmente en situaciones excepcionales como la que vivimos.

El manifiesto se publicó a las 21:00 horas del martes 31 de marzo en tres medios de comunicación: *ABC*, eldiario.es y *VozPopuli*. La primera nómina de firmantes era influyente y, sobre todo, plural. Fue relevante el apoyo mayoritario de los redactores que habitualmente cubren la información de Moncloa, principales afectados por esa forma de censura. *La Libertad de preguntar* se publicó en los tres periódicos citados con medio centenar de abajofirmantes y, en solo un par de días, un goteo incesante propulsó el listado hasta superar ampliamente el medio millar: entre ellos, periodistas de prensa, radio y televisión; y periodistas del ámbito nacional, autonómico y local. Fue un clamor de toda la profesión, representada individualmente por sus profesionales. En suma, el manifiesto fue un éxito, porque incidía en una reclamación transversal en la que todos los periodistas podíamos sentirnos cómodos[10].

¿Cómo reaccionó La Moncloa? En lugar de reconocer el error, atender la demanda profesional y dar un paso atrás, el secretario de Estado de Comunicación se negó a articular un modelo como los

10 *ABC*. 31/03/2020. «Cientos de periodistas rechazan el control de las preguntas en las ruedas de prensa en La Moncloa». https://www.abc.es/espana/abci-medio-centenar-periodistas-rechazan-control-preguntas-ruedas-prensa-moncloa-202003312101_noticia.html

utilizados por los partidos políticos u otros presidentes y trasladó la responsabilidad a las asociaciones de la prensa y a los profesionales para que arbitrasen un sistema de turnos. Es más, sugirió que las asociaciones se ocupasen también de decidir «los medios que deben participar». Se borró para ganar tiempo. Las ruedas de prensa seguían celebrándose cada día con esta anomalía.

Y aquí es donde adquiere relevancia la cuestión antes mencionada sobre los periodistas «habituales». La SEC, en lugar de abrir la rueda de prensa telemática a estos informadores, trato de abrirlo a un grupo mucho más amplio que incorporaba a 270 periodistas, lo que sin duda dificultaba la cuestión técnica y diluía la presencia de los profesionales acreditados en La Moncloa. Lo hizo esgrimiendo un supuesto ánimo de buscar pluralidad, pero en contra del criterio que ella mismo fijó unas semanas antes: en un mensaje a la prensa el 14 de marzo, el día que se anunció el estado de alarma, había asegurado que abriría un chat con «los periodistas que habitualmente vienen a La Moncloa a seguir las comparecencias del Gobierno» (unos 60 de medios nacionales, autonómicos, especializados e internacionales).

Es decir, a pesar de la queja formal de la prensa a través de La Libertad de Preguntar, y en lugar de resolver la situación, el Gobierno planteaba nuevos problemas: sobre el cómo y sobre el quién. Y, entretanto, los días se sucedían sin una solución con el sistema de filtrado a pleno rendimiento, a pesar de que tenía encima de la mesa dos propuestas: una planteada por la APM y la FAPE y otra trasladada directamente por el grupo de periodistas que habitualmente cubren la información de La Moncloa. En esos momentos, en la profesión periodística ya existía un consenso[11]: que debía ser la SEC quien articulara un nuevo modelo con dos premisas básicas, preguntas sin filtros y participación de todos los medios posibles; y en ningún caso podía parapetarse en que fueran los medios quienes se organizaran (una forma de enfrentar, como así sucedió, a los medios nacionales, regionales, locales, especializados e internacionales). A pesar de disponer de la propuesta asociativa, la SEC volvió

11 Ruiz de Almirón, Víctor. *ABC*. 03/04/2020. «La Moncloa rechaza alternativas y sigue filtrando preguntas». https://www.abc.es/espana/abci-moncloa-rechaza-alternativas-y-sigue-filtrando-preguntas-202004022115_noticia.html

a rechazar la propuesta, y las ruedas de prensa continuaron con el dichoso filtro camino de las tres semanas con censura.

El siguiente paso se produjo el domingo 5 de abril, a las cinco de la tarde. Ante la cerrazón del Gobierno, *El Mundo* y *ABC* anunciaron[12] —a iniciativa del primero— que dejarían de asistir a las ruedas de prensa con censura. Esa misma tarde, se sumaron la agencia Colpisa, todos los periódicos regionales del grupo Vocento, *La Razón*, *VozPopuli*, *Libertad Digital* y EsRadio. Y esa misma tarde, el Gobierno dio su brazo a torcer. El nuevo método implicaba la aceptación grosso modo de la propuesta de la APM y la FAPE. Mediante una carta enviada a los medios, la SEC optó finalmente por un sistema en directo en el que se incluyeron 79 medios[13].

La primera pregunta libre de un periodista español a un portavoz del Gobierno de España durante el estado de alarma aprobado por la pandemia del Covid-19 la realizó Raquel Caldas, de TreceTV, el 6 de abril a las 14:08, tres semanas después de la declaración del Estado de alarma. Ese fue el tiempo en el que en España funcionó un sistema de censura previa incompatible con un modelo democrático, mucho más si el país se encuentra en un estado de alarma, cuando los contrapoderes deben ser al menos tan fuertes como las atribuciones extraordinarias adquiridas por el Gobierno. Los firmantes de *La Libertad de preguntar* demostraron que en España, como le gusta decir a Jesús García Calero, aún existen espacios para la neutralidad y para el entendimiento. Espacios por los que merece la pena luchar[14].

---

12 Teletipo de Europa Press. *20 Minutos*. «*El Mundo*, *La Razón* y *ABC* dejarán de preguntar en las ruedas de prensa en protesta por la «censura» del Gobierno»https://www.20minutos.es/noticia/4217031/0/el-mundo-abc-dejaran-preguntar-ruedas-prensa-protesta-censura-gobierno/

13 Ruiz de Almirón, Víctor/Caro, Gregoria. 06/04/2020. «La Moncloa acepta un sistema de videoconferencias para hacer preguntas en directo». https://www.abc.es/espana/abci-moncloa-acepta-sistema-videoconferencias-para-hacer-preguntas-directo-202004051746_noticia.html

14 Fernández-Miranda, Juan. *ABC*.04/06/2020: «La libertad en los tiempos del virus». https://www.abc.es/espana/abci-juan-fernandez-miranda-libertad-tiempos-virus-202004060154_noticia.html

LIDERAZGO ANTE UNA PANDEMIA:
EL REY FELIPE, PEDRO SÁNCHEZ Y JOSÉ LUIS MARTÍNEZ-ALMEIDA

María Eizaguirre Comendador
Paula Gómez de la Bárcena Ansorena

DON FELIPE, EL REY DE TODOS LOS ESPAÑOLES

Don Felipe se dirigió a todos los españoles el 18 de marzo a las 21 horas. Cuando el jefe del Estado apareció en nuestras pantallas España lloraba ya por los más de 600 compatriotas fallecidos. Un discurso que para muchos llegó tarde. Hay que recordar que la agenda del Rey, así como sus discursos, están siempre bajo la supervisión del Gobierno, que es quien decide cuándo y qué dice Su Majestad. Tradicionalmente el Rey suele dirigirse a la Nación todas las Navidades en Nochebuena y de manera excepcional cuando la situación requiere unas palabras del Jefe del Estado. Así ocurrió el 3 de octubre tras el referéndum ilegal en Cataluña. El del coronavirus, fue el segundo discurso a la Nación del Reinado de Felipe VI. Un discurso que llegó después de que los Reyes dieran negativo en la prueba de la Covid-19 para saber si estaban enfermos. La medida se adoptó tras el positivo de la ministra de Igualdad, Irene Montero, que había acudido a un acto público junto a Doña Letizia.

Horas antes del discurso del Rey (a las 17 horas), se pudo ver a Don Felipe en el Palacio de la Zarzuela participando en una reunión de trabajo con el presidente del Gobierno, Pedro Sánchez y con los cuatro ministros encargados de coordinar la crisis: Margarita Robles, Salvador Illa, José Luis Ábalos y Fernando Grande-Marlaska. También acudieron Fernando Simón (director del Centro de Coordinación de Alertas y Emergencias Sanitarias), Miguel Ángel Villarroya (jefe del Estado Mayor de la Defensa), José Ángel Gonzalez (director adjunto operativo de la Dirección general de la Policia), Laurentino Ceña (director adjunto operativo de la Dirección General de la Guardia Civil) y María José Rallo (secretaria general de Transportes y movilidad). Fue la única ocasión durante todo el estado de alarma que el Rey y el presidente del Gobierno aparecieron juntos.

Finalizada la reunión Don Felipe, al igual que hicieron días antes sus homólogos europeos como Margarita de Dinamarca, Harald de Noruega, Enrique de Luxemburgo o Felipe de Bélgica, se dirigió a todos los españoles. Y lo hizo tres días después de un comunicado que marcó un antes y un después en la Casa Real. Seis años después del inicio de su Reinado, Don Felipe anunció a través de una nota de prensa una decisión institucional y familiar sin precedentes.

Palacio de La Zarzuela, 15.03.2020

COMUNICADO DE LA CASA DE S.M. EL REY

Ante las informaciones referidas a S.M. el Rey Don Juan Carlos, aparecidas hasta la fecha en distintos medios de comunicación, la Casa de S.M. el Rey quiere hacer constar:

1. Que en su discurso de proclamación ante las Cortes Generales el 19 de junio de 2014 S.M. el Rey dijo lo siguiente:

«La Corona debe [...] velar por la dignidad de la Institución, preservar su prestigio y observar una conducta íntegra, honesta y transparente, como corresponde a su función institucional y a su responsabilidad social. Porque, solo de esa manera, se hará acreedora de la autoridad moral necesaria para el ejercicio de sus funciones. Hoy, más que nunca, los ciudadanos demandan con toda razón que los principios morales y éticos inspiren –y la ejemplaridad presida– nuestra vida pública. Y el Rey, a la cabeza del Estado, tiene que ser no solo un referente sino también un servidor de esa justa y legítima exigencia de los ciudadanos.»

2. Que en coherencia con las palabras pronunciadas en su discurso de proclamación y con la finalidad de preservar la ejemplaridad de la Corona, S.M. el Rey quiere que sea conocido públicamente que S.M. el Rey Don Juan Carlos tiene conocimiento de su decisión de renunciar a la herencia de Don Juan Carlos que personalmente le pudiera corresponder, así como a cualquier activo, inversión o estructura financiera cuyo origen, características o finalidad puedan no estar en consonancia con la legalidad o con los criterios de rectitud e integridad que rigen su actividad institucional y privada y que deben informar la actividad de la Corona.

3. S.M. el Rey Don Juan Carlos deja de percibir la asignación que tiene fijada en los Presupuestos de la Casa de S.M. el Rey.

4. En relación con las noticias aparecidas en el día de hoy sobre la entidad denominada «Fundación Zagatka», Su Majestad el Rey desconoce por completo totalmente y a día de hoy su supuesta designación como beneficiario de dicha Fundación. En todo caso, de ser cierta su designación como beneficiario de la citada Fundación, resultaría de aplicación el apartado 2 de este comunicado.

5. En relación con las noticias aparecidas en el día de hoy sobre la entidad denominada «Fundación Lucum», se hace constar lo siguiente:

5.1 Mediante carta de fecha 5 de marzo de 2019, dirigida a la Casa de S.M. el Rey por el despacho de Abogados Kobre&Kim (U.K.), Su Majestad el Rey tuvo conocimiento —sin ninguna justificación documental—, de su supuesta designación como beneficiario de la «Fundación Lucum», desde el momento en el que se produjese el fallecimiento de Su Majestad el Rey Don Juan Carlos.

5.2 Ante esa información, Su Majestad el Rey adoptó preventivamente las siguientes decisiones:

Primera. Trasladar copia de dicha carta a S.M. el Rey Don Juan Carlos, así como a las autoridades competentes.

Segunda. Que la Casa de S.M. el Rey comunicase al citado despacho de abogados, que ni Su Majestad ni Su Casa tenían conocimiento, participación o responsabilidad alguna en los presuntos hechos que mencionaba, —por lo que carecía de toda justificación lícita su involucración en los mismos—, ni designaría representante legal para iniciar negociación alguna con el citado despacho de Abogados sobre los hechos descritos.

Dicha comunicación se llevó a cabo mediante escrito de fecha 21 de marzo de 2019.

Tercera. Comparecer ante Notario, el 12 de abril de 2019, para manifestar que ha dirigido una carta a su padre, el Rey don Juan Carlos, a fin de que si fuera cierta su designación o la de la Princesa de Asturias como beneficiarios de la citada Fundación Lucum, dejara sin efecto tal designación, manifestando igualmente que no aceptaría participación o beneficio alguno en esa entidad, renunciando asimismo a cualquier derecho, expectativa o interés que, aún sin su consentimiento o conocimiento, pudiera corresponderles ahora o en el futuro en relación con la Fundación Lucum.

Cuarta. Asimismo, y en el mismo acto notarial, y además de lo anterior, manifestó no haber tenido conocimiento ni prestado consentimiento a participar, en nombre propio o en representación de terceros, en particular de su hija, en ningún activo, inversión o estructura financiera cuyo origen, características o finalidad pudieran no estar en plena y estricta consonancia con la legalidad o con los criterios de transparencia, integridad y ejemplaridad que informan su actividad institucional y privada. Y en la hipótesis de que, aun sin su consentimiento ni conocimiento, hubiera sido unilateralmente designado como heredero, legatario o beneficiario en relación con cualesquiera activos inversiones o estructuras, manifestó no aceptar participación o beneficio alguno en dichos activos y renunciar a cualquier derecho, expectativa o interés que pudiera corresponderles en el futuro.

6. S.M. el Rey Don Juan Carlos ha pedido a la Casa de S.M. el Rey que se hagan públicos los siguientes extremos:

6.1 Que de las dos Fundaciones anteriormente citadas en ningún momento facilitó información a S.M. el Rey.

6.2 Que ha designado para su representación al Abogado D. Don Javier Sánchez-Junco Mans que, en el ejercicio del derecho a la defensa, será a partir de este momento quien proceda a dar cuenta públicamente de las informaciones que le puedan afectar y se consideren procedentes.

6.3 Que, tras su abdicación en junio de 2014, el 27 de mayo de 2019 anunció que en junio de ese año ponía fin a toda actividad institucional u oficial, retirándose completamente de la vida pública.

Palacio de La Zarzuela, 15 de marzo de 2020

Cómo se puede leer en ese texto Don Felipe rompió su vínculo con el Rey Juan Carlos, renunció a su herencia y retiró a su padre la asignación económica. En la nota se explicó que un año antes

Don Felipe había recibido una carta de un despacho británico, en representación de Corinna Larsen, en la que se le informaba de su supuesta designación como beneficiario de la Fundación —*off shore*— Lucum, cuando su padre falleciera. El Rey trasladó entonces una copia de la carta al propio Don Juan Carlos, así como a las autoridades competentes. Y ante notario se desvinculó de los negocios de su padre y de la herencia que le correspondiera tanto a él como a la Princesa de Asturias. Un año después y ante las informaciones publicadas en la prensa británica se supo que la Fundación Lucum, creada en Panamá, contaba con Don Juan Carlos como titular de una cuenta bancaria que recibió una donación de 100 millones de dólares de Arabia Saudí. Ahora se entendía por qué a finales de mayo de 2019 solo Don Juan Carlos fue retirado de la vida pública y ya el 2 de junio dejó de tener actividad institucional como Rey Emérito.

Lo que aún está por aclarar es por qué esta delicada información no se hizo pública un año antes y de manera inmediata a todos los españoles. En ese sentido resulta también muy importante saber quién conocía lo ocurrido. El comunicado del Rey asegura que entregó una copia de la carta a «las autoridades competentes». ¿Quiénes son esas autoridades competentes? ¿Estaba al tanto Pedro Sánchez?. El presidente del Gobierno tan solo se refirió al asunto para asegurar que: «No solo apoyo las medidas sino que creo que son necesarias y coherentes con las actuaciones tendentes a la transparencia y la ejemplaridad que, durante el Reinado de Felipe VI, se han venido impulsando desde la Casa del Rey».

En el año 2019 han sido numerosas las voces que han echado de menos una presencia más activa del Rey Felipe ante los desafíos a los que se enfrentaba España. Una presencia más contundente especialmente ante la deriva independentista. Sin embargo, cuanto mayor era el desafío, menor era la presencia pública del Rey, cuya figura poco a poco fue relegada sin que desde Casa Real se haya trasladado, al menos en público, ningún malestar. Y con estos antecedentes llegó el 18 de marzo. El Rey se dirigió a los españoles desde la sala Magnolias, una sala diferente a la que suele utilizar para la grabación del mensaje de Navidad. En esta ocasión el monarca habló de pie, sobre un púlpito de color granate y con las banderas de España y la Unión Europea de fondo. Apenas ocho minutos de discurso en los que insistió en que estábamos ante una crisis sin precedentes, dio aliento a quienes se estaban viendo afectados, agradeció la gestión de los sanitarios, pidió unidad, defendió la necesidad de que nos quedáramos en casa, ensalzó la grandeza de España «un gran pueblo que no se rinde» y se mostró confiado en que el virus no nos vencería.

Captura RTVE

Buenas noches,

Permitidme que me dirija a vosotros, en unos momentos de mucha inquietud y preocupación por esta crisis sanitaria que estamos viviendo, no solo en España sino en toda Europa y en el resto del mundo.

Esta tarde me he reunido con el Presidente del Gobierno y con el Comité Técnico de Gestión del Coronavirus para analizar las últimas informaciones sobre la epidemia y las medidas adopta-

das tras la declaración del Estado de Alarma, que nuestro sistema democrático prevé en la Constitución. Todo el Estado, todas las Instituciones públicas, están volcadas en resolver esta crisis que constituye nuestra prioridad esencial y todos los españoles pueden sentirse protegidos.

Estamos haciendo frente a una crisis nueva y distinta, sin precedentes, muy seria y grave, que pone en riesgo nuestra salud en cada rincón de España. Pero también, y de forma muy traumática, altera y condiciona nuestras costumbres y el desarrollo normal de nuestras vidas, el empleo y nuestras empresas; en definitiva, nuestro bienestar.

Pero también es una crisis que estamos combatiendo y que vamos a vencer y a superar.

Ante esta situación, lo primero que quiero hacer es enviar todo mi cariño y afecto, junto a la Reina y nuestras hijas, a tantas familias en toda España que desgraciadamente han sufrido la pérdida de alguno de sus seres queridos. También lo hacemos a todos los que estáis especialmente afectados, tanto en lo personal como en vuestro entorno, por este virus y sus consecuencias. A todos vosotros, mucha fuerza y mucho ánimo.

En segundo lugar, hoy es más de justicia que nunca dar las gracias a todas las personas, entidades y servicios públicos, sin excepción, que están ayudando y se están sacrificando por los demás. Y quiero personificar esa gratitud en uno de ellos:

Sabíamos que tenemos un gran sistema sanitario y unos profesionales extraordinarios; a ellos quiero dirigirme ahora: tenéis nuestra mayor admiración y respeto, nuestro total apoyo. Sois la vanguardia de España en la lucha contra esta enfermedad, sois nuestra primera línea de defensa.

Los que todos los días y a todas las horas del día, estáis cuidando a los afectados, curando a los enfermos, dando consuelo y esperanza a los que lo necesitan.

Vuestra profesionalidad, entrega a los demás, vuestro coraje y sacrificio personal son un ejemplo inolvidable. Nunca os podremos agradecer bastante lo que estáis haciendo por vuestro país.

No os puede sorprender que desde las casas de toda España se oiga un aplauso emocionante y sentido. Un aplauso sincero y justo, que estoy seguro que os reconforta y os anima.

Hay momentos en la Historia de los pueblos en los que la realidad nos pone a prueba de una manera difícil, dolorosa y a veces extrema; momentos en los que se ponen a prueba los valores de una sociedad y la capacidad misma de un Estado. Estoy seguro de que todos vamos a dar ejemplo, una vez más, de responsabilidad, de sentido del deber, de civismo y humanidad, de entrega y esfuerzo y, sobre todo, de solidaridad –especialmente con los más vulnerables–, para que nadie pueda sentirse solo o desamparado.

Ahora debemos dejar de lado nuestras diferencias. Debemos unirnos en torno a un mismo objetivo: superar esta grave situación. Y tenemos que hacerlo juntos; entre todos; con serenidad y confianza, pero también con decisión y energía.

Ahora tenemos que resistir, que aguantar y tenemos que adaptar nuestros modos de vida y nuestros comportamientos a las indicaciones de nuestras autoridades y a las recomendaciones de nuestros expertos para ganarle al virus. Todos debemos contribuir a ese esfuerzo colectivo con nuestras actitudes y nuestras acciones, por pequeñas que sean.

Sé que es fácil decirlo, y también sé que no es nada fácil hacerlo en estas circunstancias: organizarse cada uno en su trabajo, en su casa, con su familia, o con sus hijos. Pero es lo que debemos hacer por el bien de todos. Porque todos y cada uno somos parte de la solución de esta crisis.

Esta es una crisis temporal. Un paréntesis en nuestras vidas. Volveremos a la normalidad. Sin duda. Y lo haremos más temprano que tarde: si no bajamos la guardia, si todos unimos nuestras fuerzas y colaboramos desde nuestras respectivas responsabilidades.

Recuperaremos la normalidad de nuestra convivencia, la vida en nuestras calles, en nuestros pueblos y ciudades; la economía, los puestos de trabajo, nuestras empresas, nuestros comercios, nuestros talleres... España recuperará su pulso, su vitalidad, su fuerza.

A lo largo de los años hemos pasado por situaciones muy difíciles, muy graves; pero, como las anteriores, esta también la superaremos. Porque España es un gran país; un gran pueblo que no se rinde ante las dificultades.

Este virus no nos vencerá. Al contrario. Nos va a hacer más fuertes como sociedad; una sociedad más comprometida, más solidaria, más unida. Una sociedad en pie frente a cualquier adversidad.

Gracias a todos, ánimo y adelante.

Un discurso con una cuota de pantalla del 70,3% y que fue seguido por 15,6 millones de espectadores. Es el doble de la cifra que logró el discurso de Navidad.

Coincidiendo con este discurso, en algunas calles, hubo ciudadanos que salieron a los balcones para responder con una 'cacerolada' a las palabras del Rey. El PSOE eludió por primera vez defender a Don Felipe de los ataques de, entre otros, su socio de Gobierno. Tras el discurso del Rey solo Nadia Calviño aseguró que su discurso estaba alineado con el mensaje del Ejecutivo. Ni una sola mención oficial contra las caceroladas. Podemos, pese a contar con Pablo Iglesias e Irene Montero en el Gobierno, publicaron en Twitter mensajes de apoyo a la iniciativa. Antes y después de la cacerolada:

PODEMOS
@PODEMOS

En tiempos de crisis y combate se toma conciencia del valor de lo común, de lo público, de la res publica. Emociona escuchar las cacerolas que dicen #CoronaCiao

21:25 · 18/3/20 · Twitter Web App

Preguntado en rueda de prensa en La Moncloa, Pablo Iglesias distinguió entre su papel como vicepresidente del Gobierno del de líder de la formación morada para dar su apoyo velado: «En este país hay libertad de expresión. Cuando la gente quiere manifestar cívicamente, respetando, por supuesto, las condiciones del estado de alarma, su indignación ante situaciones que han molestado a muchos ciudadanos, este Gobierno siempre va a defender la libertad de expresión. Como responsable político de Unidas Podemos mi posición es conocida, pero aquí estoy compareciendo como miembro del Gobierno de España». También Izquierda Unida, presente en el gobierno de coalición con Alberto Garzón como ministro, criticó que el «ciudadano Felipe» no hiciera una sola mención a la fortuna de su padre en Suiza.

Izquierda Unida
@iunida

Con jabón prevenimos el coronavirus, con la República superaremos el virus de la corona. #NiVirusNiCorona

21:13 · 18/3/20 · TweetDeck

209 Retweets 369 Me gusta

Mensajes de apoyo también a la cacerolada de la alcaldesa de Barcelona, Ada Colau o la líder de Adelante Andalucía de Teresa Rodríguez.

El Rey Felipe sí contó con el apoyo explícito nada más terminar su discurso del líder del PP, Pablo Casado y otros responsables del principal partido de la oposición. Entre ellos el secretario general del PP, el alcalde de Madrid y la presidenta de la Comunidad de Madrid.

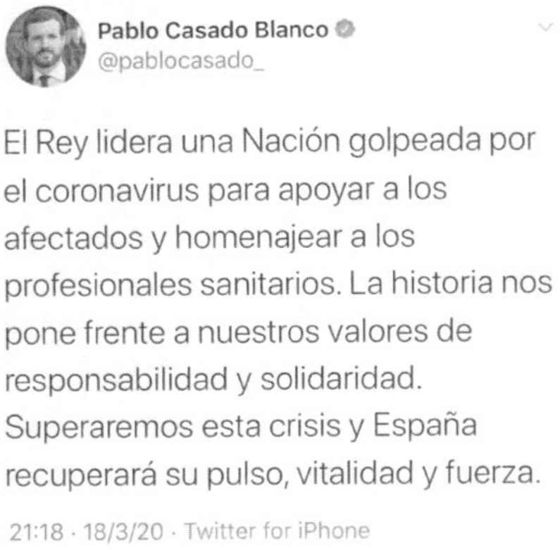
Pablo Casado Blanco
@pablocasado_

El Rey lidera una Nación golpeada por el coronavirus para apoyar a los afectados y homenajear a los profesionales sanitarios. La historia nos pone frente a nuestros valores de responsabilidad y solidaridad. Superaremos esta crisis y España recuperará su pulso, vitalidad y fuerza.

21:18 · 18/3/20 · Twitter for iPhone

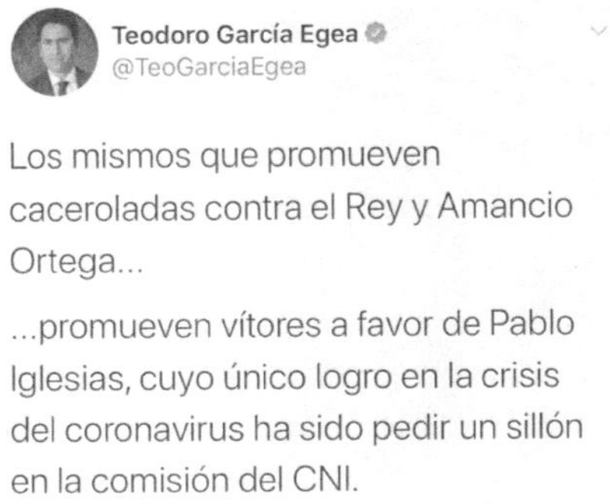
Teodoro García Egea
@TeoGarciaEgea

Los mismos que promueven caceroladas contra el Rey y Amancio Ortega...

...promueven vítores a favor de Pablo Iglesias, cuyo único logro en la crisis del coronavirus ha sido pedir un sillón en la comisión del CNI.

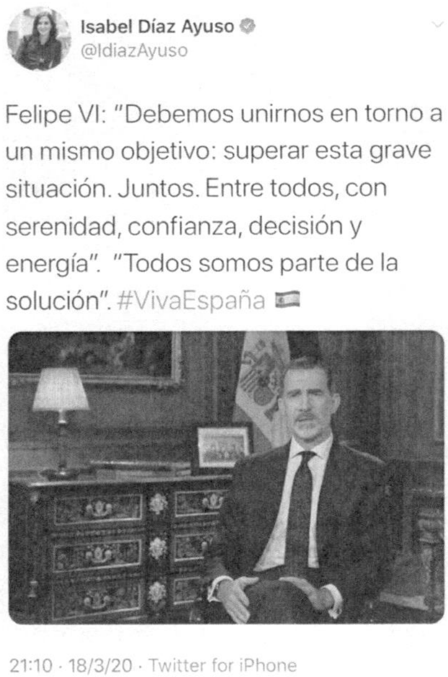
Isabel Díaz Ayuso
@IdiazAyuso

Felipe VI: "Debemos unirnos en torno a un mismo objetivo: superar esta grave situación. Juntos. Entre todos, con serenidad, confianza, decisión y energía". "Todos somos parte de la solución". #VivaEspaña

21:10 · 18/3/20 · Twitter for iPhone

José Luis Martínez-Almeida
@AlmeidaPP_

Este virus no nos vencerá, nos hará más fuertes. Aplaudo la intervención del Rey, un discurso de liderazgo de la Nación ante esta grave crisis.

Todo va a salir bien.

0:40

30,7k visualizaciones

21:16 · 18/3/20 · Twitter for iPhone

Apoyo al que se sumó Vox, con el mensaje también en la redes sociales de su líder Santiago Abascal, y de Ciudadanos, con mensaje de Inés Arrimadas.

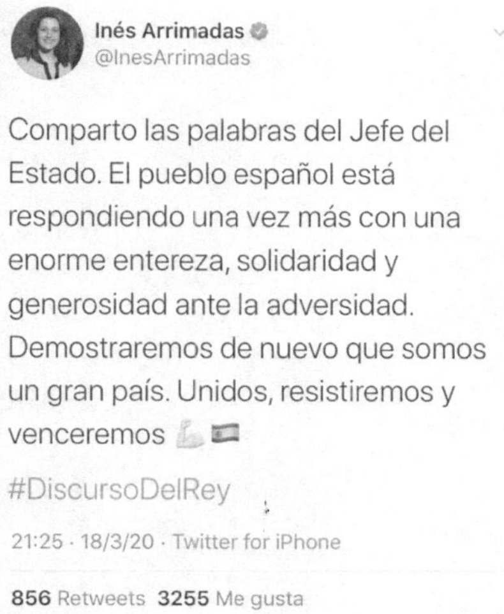

El 23 de marzo el Rey puso a disposición de la ministra de Defensa los efectivos y capacidades de la Guardia Real para que se sumaran a la lucha contra el coronavirus. En total 1.500 efectivos: el 56% procedentes del Ejército de Tierra, el 20% de la Armada, el 18% del ejército del Aire y el 6% restante de cuerpos comunes. Además Don Felipe se interesó por la situación de los españoles que se encontraban en el extranjero y mantuvo conversaciones con diversos Jefes de Estado de distintos países y presidentes de compañías como Alibaba —quien se comprometió a enviar a España 50.000 test rápidos, 100 respiradores y material sanitario— o el de Huawei que envió un millón de mascarillas. También la Reina se puso en contacto con distintas asociaciones como la ONCE, la Federación de Enfermedades Raras y la Asociación Española contra el Cáncer.

El 26 de marzo se produjo una de las imágenes más esperadas, la de Don Felipe visitando el Hospital de IFEMA. Con guantes y mascarilla, acompañado por el alcalde de Madrid y los ministros de Sanidad y Defensa, el Rey aseguró que: «Este hospital es símbolo de lo que somos capaces de hacer cuando trabajamos juntos». Una visita que sirvió para reconciliarse con la ciudadanía y volver a situarse al frente de todos los españoles.

Casa de S.M. el Rey
@CasaReal

El Rey, en el Hospital IFEMA de Emergencia con los ministros de Sanidad @salvadorilla y Defensa, Margarita Robles, el consejero de Sanidad de Madrid, Enrique Ruiz, el alcalde de @MADRID José Luis Martínez Almeida y el director de IFEMA Eduardo López-Puertas #Launiónhacelafuerza

2.513 12:35 - 26 mar. 2020

El 3 de abril se produjo otra de las imágenes de la crisis. La del Rey, con uniforme de campaña, visitando la base de Retamares, en Pozuelo de Alarcón (Madrid), para coordinar la misión 'Balmis'.

A partir de este momento no hubo un solo día en el que el Rey, tampoco la Reina Letizia, no tuviera actividad, bien reuniéndose con distintos ministros del Gobierno (Calviño, Illa, Montero), o manteniendo videoconferencias con líderes empresariales y de la sociedad civil. Hasta el 16 de abril se reunió con casi una decena de ministros, todos del PSOE. Pasado un mes del estado de alarma recibió al titular de Universidades (16 de abril) y de Trabajo (el 20 de abril). También mantuvo conversaciones telefónicas con otros líderes como Donald Trump. La crisis por el coronavirus obligó a suspender el viaje que tenían previsto realizar a Estados Unidos.

Ya el 23 de abril la Princesa de Asturias y la Infanta Sofía participaron por primera vez en la lectura, este año telemática, de El Quijote. Además hicieron un vídeo en el que dieron las gracias a quienes ayudaban contra la pandemia: «Ojalá todo esto pase pronto».

La agenda de los Reyes se completó estos días con la visita de Doña Letizia al 112 o una videoconferencia con Rafa Nadal, Pau Gasol y Fernando Alonso.

Twitter Casa Real

También acudieron a la presentación del Informe COTEC 2020. Don Felipe pidió «inteligencia, generosidad, esfuerzo y sacrificio, por el porvenir de España». El 21 de mayo acompañados por la ministra de Industria, la presidenta de Madrid y el alcalde de la capital acudieron a las 5.30 de la mañana a visitar Mercamadrid.

Seis días después la Familia Real guardó un minuto de silencio en el primer día de luto oficial. El Rey afirmó que España «llora por tantos miles de compatriotas» que han perdido la vida durante la pandemia, a los que los españoles les deben «el recuerdo, el duelo y el cariño».

En su apoyo a todos los sectores, Don Felipe y Doña Letizia visitaron la sala de lectura María Moliner de la Biblioteca Nacional que unos días después abrió de nuevo sus puertas. Don Felipe contactó también con la Estación Espacial Internacional e intercambió unas palabras con el astronauta que fue el encargado de poner una pieza de una empresa española. En junio, y en este caso para apoyar al sector turístico, los Reyes presentaron en el Museo del Prado la campaña 'Spain for Sure' para atraer turistas extranjeros.

El 19 de junio se cumplieron seis años de la llegada de Don Felipe al trono. Toda la familia acudió con mascarillas al teatro para celebrar la efeméride. Con mascarilla Don Felipe y Doña Letizia, fueron también al cine. A final de mes, y para reforzar su compromiso con todos los españoles, comenzaron una gira que les llevaría por toda la geografía española. Fue seguramente el viaje más difícil de sus vidas y en el que lograron: reconectar con la sociedad, marcar distancias con un Rey Emérito que —como hemos visto ya— acabó abandonando España, y presentarse como los Reyes de todos los españoles. Se desplazaron desde Canarias, hasta el País Vasco —donde fueron recibidos por Urkullu— y Cataluña —donde llegaron los problemas—. Torra escribió una carta a Don Felipe para 'pedirle' que no acudiera. Pese a todo los Reyes visitaron el Monasterio de Poblet. Lo hicieron acompañados por el ministro de Sanidad y la delegada del Gobierno en Cataluña pero sin ningún representante de la Generalitat. El 1 de julio el Rey junto al presidente del Gobierno participó en el acto simbólico de reapertura de fronteras con Portugal. Don Felipe corrigió a Sánchez el error de protocolo que protagonizó al colocarse para la foto en medio del presidente y primer ministro portugués. El Rey le invitó a dejar en el centro a los invitados y colocarse en el extremo contrario.

Ya el 6 de julio los Reyes presidieron en La Almudena el funeral organizado por la Conferencia Episcopal. Una cita, con 'Vivas al Rey', a la que no acudió Pedro Sánchez pese a que le daba tiempo a regresar de Lisboa donde almorzó con Antonio Costa. Tampoco asistió Pablo Iglesias pero sí Carmen Calvo. También acudieron a la catedral los representantes de las principales instituciones del Estado, el líder de la oposición Pablo Casado, la presidenta de Madrid y el alcalde de la capital.

El funeral se emitió por Telemadrid y TRECE pero no en Televisión Española que relegó su emisión íntegra a la web. En una decisión inédita, el comité de dirección alegó por un lado que no era un funeral de Estado y por otro que 'pisaba' por horario la emisión del Telediario de las 21 horas (algo que no importó durante la pandemia para emitir por ejemplo los discursos de Sánchez). Como si la televisión pública solo emitiera actos de Estado y no aquellos que suscitan interés. Basta con ver las audiencias: el funeral permitió a TRECE sumar 412.000 espectadores y convertirse, con un 4,2% de cuota de pantalla, en el canal de la TDT más visto a esa hora. Mientras el Canal 24H no pasó del 0,7% de *share* con un máximo de 60.000 espectadores. La decisión fue tan polémica que obligó al Defensor del Espectador a justificar la medida adoptada por las quejas que recibió. En las redes se acusó al Gobierno de querer ser recordado por exhumar a Franco, cuando TVE desplegó hasta 22 cámaras para su emisión en directo, y no por enterrar a 50.000 compatriotas.

Captura Telemadrid

El 13 de julio los Reyes acudieron a la nueva sede de *ABC* para presidir los Premios Mariano de Cavia. El Rey, en un discurso muy aplaudido, defendió la libertad de prensa como el «oxígeno de las democracias». En ese sentido el escritor Arturo Pérez Reverte aseguró que «El único freno que conocen el político, el financiero o el notable es el miedo a la prensa libre».

El 16 de julio se celebró en el Palacio Real el homenaje del Estado a las víctimas de la Covid-19. Una ceremonia laica presidida por los Reyes. Hasta Madrid acudieron también representantes de la UE, como Ursula von der Leyen, y el director de la OMS, el Dr. Tedros al que se le rompió la mascarilla justo en el momento de saludar a Don Felipe. Pedro Sánchez se sumó en esta ocasión al saludo de la Familia Real. Asistieron representantes de todos los partidos (salvo Vox, ERC, CUP, Bildu y BNG), los presidentes autonómicos (incluidos Urkullu y Torra) y los ex presidentes del Gobierno (menos Felipe González por problemas de agenda). Ya en la invitación, en otro gesto inédito, Pedro Sánchez puso su nombre por encima del del jefe del Estado. Algo que como se puede comprobar en invitaciones, por ejemplo del 12 de Octubre, no había ocurrido hasta la fecha.

El presidente del Gobierno
transmite su deseo de compartir con

[illegible]

el Acto de Homenaje de Estado a las víctimas del coronavirus y de reconocimiento a la sociedad
que presidirá
Su Majestad el Rey
y que tendrá lugar el próximo 16 de julio de 2020
a las 9:00 horas en la Plaza de la Armería del Palacio Real de Madrid.

Invitación personal e intransferible

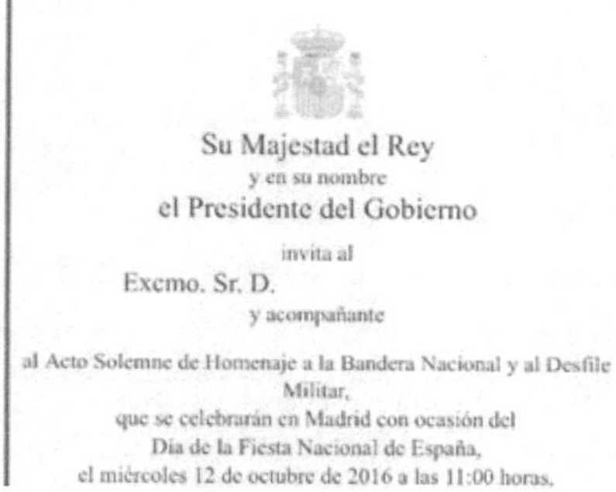

Su Majestad el Rey
y en su nombre
el Presidente del Gobierno
invita al
Excmo. Sr. D.
y acompañante
al Acto Solemne de Homenaje a la Bandera Nacional y al Desfile Militar,
que se celebrarán en Madrid con ocasión del
Día de la Fiesta Nacional de España,
el miércoles 12 de octubre de 2016 a las 11:00 horas.

La ceremonia con una puesta de escena impresionante fue transmitido en directo por todas las televisiones, incluida esta vez sí, Televisión Española. La cadena pública permitió a Ana Blanco ejercer como maestra de ceremonias antes de presentar también ese día el Telediario de las 15 horas. La Orquesta de RTVE fue la encargada de poner una bellísima música a un homenaje que duró media hora. En nombre de las víctimas tomó la palabra Hernando Calleja, hermano del periodista José María Calleja. Una enfermera del Vall d'Hebron y simpatizante del independentismo catalán, Aroa López, representó a los sanitarios. La lectura del poema de Octavio Paz 'Silencio' corrió a cargo del actor José Sacristán. El Rey fue la única autoridad que tomó la palabra: «Esta crisis nos ha puesto a prueba como país. España ha dado una lección» dijo antes de colocar junto a la Princesa de Asturias, una rosa blanca por los solo 28.000 fallecidos que, en esos momentos, reconocía el Gobierno.

Captura RTVE

El último día de julio el Rey presidió en San Millán de la Cogolla la décimo quinta Conferencia de Presidentes Autonómicos. A su llegada fue recibido con un 'Viva España, Viva el Rey'. Una cita presencial, después de más de una docena de reuniones telemáticas, y a la que solo faltó Quim Torra. El lehendakari Urkullu asistió tras pactar con Pedro Sánchez antes de la reunión, y prácticamente in extremis, un pacto fiscal que permitía al País Vasco endeudarse 2.000 millones de euros. Un agravio comparativo que irritó al resto de los presidentes autonómicos.

La Moncloa

El 3 de agosto cuando todo parecía indicar que los Reyes iniciarían sus vacaciones en Palma, la Casa Real hizo público un comunicado en el que se anunció que Don Juan Carlos abandonaba temporalmente España. Fue el mismo día en el que se supo que el Gobierno había solicitado a Bruselas 20.000 millones de euros —un rescate según la oposición— para hacer frente a los ERTE.

El diario digital de Mediaset, *Nius*, publicó el 8 de agosto, la imagen del Rey Juan Carlos a su llegada a Abu Dabi. Fue la primera imagen del Rey Emérito tras su salida de España. Un año antes había abandonado la escena pública y se le había retirado incluso la asignación oficial que percibía del Estado.

Mientras continuaba el debate político en torno a la figura de Don Juan Carlos, la cuenta oficial de la Casa Real superó el millón de seguidores. La prensa internacional se hizo eco de lo que se calificó como «el exilio de Don Juan Carlos». Don Felipe se había reunido con su padre para consensuar su salida y puso en valor su servicio a España.

La Reina Sofía se encontraba ya en las islas Baleares y la infanta Elena viajó a su lado. Unos días más tarde llegaron Don Felipe y Doña Letizia con la Princesa de Asturias y la Infanta Sofía. Doña Letizia inauguró el curso escolar en Navarra y la princesa Leonor, pese a dar negativo en la prueba PCR, guardó cuarentena tras detectarse un positivo en su clase.

70 ex ministros y altos cargos del PSOE (Alfonso Guerra), PP (Ana Pastor) y UCD (Rodolfo Martín Villa) firmaron un manifiesto apoyando a Juan Carlos I y su legado. También las redes se llenaron de mensajes en apoyo al Rey:

Viva el Rey de España

V.E.R.D.E

PEDRO SÁNCHEZ, EN ESTADO DE ALARMA

Los expertos en comunicación política aconsejan siempre ser prudentes, transparentes, empáticos y no buscar solo la memorabilidad. Desde el 12 de marzo hasta el 20 de junio, cuando terminó el estado de alarma, se pudieron contabilizar 20 intervenciones de Pedro Sánchez. En total más de 20 horas televisadas, 1.440 minutos, en horario de máxima audiencia, que contrastan con las contadísimas ocasiones en las que sus colegas europeos (Angela Merkel, Emmanuel Macron o incluso Boris Johnson) tomaron la palabra.

Todos los discursos se realizaron desde La Moncloa y en su mayoría fueron en horario de Telediario. Hubo sin lugar a dudas una 'colonización' de los informativos con RTVE a la cabeza. Casi todas las comparecencias sobrepasaron la hora de duración y en la primera parte de la pandemia tuvieron como denominador común la ausencia de preguntas en directo de periodistas. Una censura previa, hasta el plante de los profesionales, con el único objetivo de proteger al presidente de cuestiones incómodas que pudieran dejarle en evidencia tanto a él como a la propia gestión del Gobierno. Pudiera pensarse que debido a la cantidad de veces que Pedro Sánchez apareció ante los españoles, La Moncloa se había marcado la transparencia como eje de su comunicación. Sin embargo, esas comparecencias marcadas por su larga extensión, con un regusto al famoso 'Aló presidente', demuestran más bien todo lo contrario. Mensajes interminables, con poco contenido y casi siempre con mucha propaganda, en los que el telespectador se perdía entre lo accesorio y lo verdaderamente importante. Mensajes, en ocasiones, contradictorios y con cierto aroma paternalista. A esto hubo que sumar otras frases, éstas más memorables y grandilocuentes, de pesos pesados del mundo de la política como John Fitzerald Kennedy o Winston Churchill. El objetivo inmediato era tratar de hacerse con una audiencia adormecida, que sucumbiera ante el llamado 'efecto amapola'.

Por otra parte resulta relevante recordar que si por algo se había caracterizado la comunicación de Pedro Sánchez desde su llegada a La Moncloa hasta el inicio de la pandemia, fue precisamente por un discurso de división: entre rojos y azules, entre la izquierda, la derecha y la ultraderecha. Quien compartía su visión de España representaba el progreso y la democracia. Quien solo tenía una opinión diferente quedaba reducido a la categoría de 'facha'. Una estigmatización del pensamiento crítico que supuso en la práctica que muchos ciudadanos prefirieran callar a que les identificaran con ese 'ricachón del barrio de Salamanca que se paseaba en un descapotable'. Los bautizaron como 'cayetanos'. Ese planteamiento es el que guió la comunicación política de La Moncloa en la crisis del coronavirus. División entre quienes apoyaban al Gobierno y quienes eran 'desleales'. El mantra fue claro: 'o conmigo, o contra mí'. Y con ese mensaje se puso en marcha toda la maquinaria del Estado. Las apariciones en prime time y la estrategia en redes sociales, no tenían otra razón de ser: crear un relato que evitara presentar/identificar al Gobierno como responsable de la crisis (humana y económica) y reducir a la nada a los rivales políticos. Rivales a los que en el momento en el que se salían del apoyo al Ejecutivo se les acusaba de 'no estar a la altura de los acontecimientos', incluso de alentar un golpe de Estado. Se reclamaba unidad, pero al mismo tiempo no se compartía la información, no se discutieron las medidas, solo se exigió apoyo incondicional. Sánchez ninguneó a Casado (llegando a no llamarle hasta durante más de 100 días) y dio alas a Vox, en una táctica peligrosa y en un intento de seguir dividiendo a la derecha. También se cedió terreno ante los nacionalistas vascos, los independentistas catalanes e incluso se cerraron pactos con los proetarras de Bildu. Una situación que provocó diferencias en el seno del propio partido socialista. El ex presidente Felipe González dijo que el Gobierno de coalición era como «el camarote de los hermanos Marx» y se mostró dispuesto a combatir la «republiqueta de Pablo Iglesias». Alfonso Guerra recordó que «en la Presidencia del Gobierno no se duerme bien, y con Podemos menos». El presidente de Aragón Javier Lambán aseguró que «salvar vidas de los aragoneses está muy por delante de salvar políticamente a Pedro Sánchez». El presidente de Castilla La-Mancha Emiliano García

Page se manifestó contra los ataques al Rey y las cesiones a los independentistas. Y el ex ministro de Industria Miguel Sebastián no se cansó en exigir una mayor transparencia en los datos. Otros, como el ex presidente del Gobierno Zapatero, sí defendió la gestión del Ejecutivo. Diferentes líderes socialistas se mostraron además partidarios de dialogar con la oposición a la que desde La Moncloa se le reconocieron cientos de deberes, pero ningún derecho. La vida en el Congreso quedó prácticamente paralizada. La Cámara Baja votó hasta seis prórrogas del estado de alarma:

— la 1ª logró: 321 'sí' y 28 abstenciones

— la 2ª: 270 'sí', 54 'no' y 25 abstenciones

— la 3ª: 269 'sí', 60 'no', 16 abstenciones

— la 4ª: 178 'sí', 75 'no', 97 abstenciones

— la 5ª: 177 'sí', 162 'no' y 11 abstenciones

— la 6ª: 177 'sí', 155 'no', 18 abstenciones

Durante el estado de alarma hubo hasta 18 decretos ley (se utilizó el BOE para 'colar' la presencia de Pablo Iglesias e Iván Redondo en el CNI) y la coalición PSOE-Podemos amplió hasta los 732 el número de altos cargos en el Gobierno —incluyendo una nueva Secretaría de Estado de Sanidad—. Los informativos se convirtieron así en un desfile de ministros que a su vez hicieron de cortafuegos para el propio Pedro Sánchez. Ellos, junto a los expertos, fueron los peor parados de la crisis: una exposición diaria que simplemente los calcinó. Según la Secretaría de Estado de Comunicación, durante el estado de alarma los ministros protagonizaron 80 ruedas de prensa. El comité técnico, con Fernando Simón al frente, realizó hasta 87 comparecencias.

Sobre el mensaje de Pedro Sánchez caben realizar varias consideraciones: la necesidad de leer cada palabra que dirigió a los españoles es la muestra clara de que el discurso no estaba interiorizado sino que formaba parte de una estrategia. Frases leídas, incluso hablando de sentimientos, dejaron traslucir una posible falta de empatía con las víctimas. El Gobierno al completo, salvo contadas excepciones, siguió riendo, vistiendo colores chillones, protagonizando incluso ruedas de prensa como si fueran meros tutoriales. Se transmitió una imagen de aparente 'normalidad' y se huyó del 'luto' hasta el día 74 del estado de alarma. Tanto es así que se redujeron al mínimo las referencias a los fallecidos. Todo el espacio se llenó con los más que merecidos aplausos a unos sanitarios que lucharon como héroes. Aplausos que, aunque eran para quienes se jugaban la vida, el Gobierno trató de hacer suyos. Y es que los aplausos bien intencionados de millones de españoles, silenciaron las lágrimas de otros tantos compatriotas que vieron cómo sus seres queridos se fueron sin hacer ruido, sin que prácticamente nadie les rindiera homenaje. Durante todo el estado de alarma, el propio Pedro Sánchez, no escribió ni un solo tuit en el que hiciera alusión a los españoles fallecidos. Como si fuera algo que no tuviera nada que ver con su gestión. Se activó como argumentario que el responsable de lo ocurrido era el PP por los supuestos 'recortes' que había aplicado a la Sanidad. En el balance diario la cifra de muertos por coronavirus no fue nunca lo primero a lo que se hacía referencia para actualizar los datos. Siempre se informaba primero sobre los contagiados, en segundo lugar sobre los muertos (en ocasiones sin dar el dato total de fallecidos) y junto a ellos la 'esperanzadora' cifra de recuperados, como si ese marcador, resultara un alivio y nos devolviera a los miles de ciudadanos fallecidos. Incluso antes de detenerse en las víctimas reales el presidente llegó a poner el acento en las supuestamente 450.000 vidas, que según repitió en distintos discursos y entrevistas, se habían salvado: «Hemos perdido la vida de más de 27.000 compatriotas, pero hemos salvado la vida a 450.000 personas». Estos datos se desprendían de un estudio de *Nature* en el que no se decía que esto fuera debido al estado de alarma decretado por Sánchez. En resumidas cuentas, el discurso del presidente del Gobierno, y según diferentes analistas políticos, pivotó en torno a:

1.- **mensajes con poco contenido, 'neolenguaje' y mucho marketing:** horas de televisión en prime time vacíos. Mítines televisados en horario de máxima audiencia y repletos de frases hechas y nuevos vocablos: «la crisis no es estática, es dinámica», «el virus no entiende de ideologías», «recuperación asimétrica», «desescalada»...

2.- **mensajes ambiguos, contradictorios y sin autocrítica:** «el Gobierno no cometió errores», «España actuó antes». Del no hacen falta las mascarillas se pasó a son recomendables y después obligatorias. Del no hace falta dejar los zapatos fuera de casa, a ser una de las recomendaciones de Sanidad.

3.- **mensajes donde reinaba la falta de coherencia:** pidiendo el respeto de la cuarentena mientras los miembros del Gobierno eran los primeros en obviarla.

4.- **mensajes sin liderazgo:** donde el Gobierno dijo que tomaba las riendas de España pero donde las comunidades marcaron el paso, especialmente en Madrid, pero también en el País Vasco, Galicia o Castilla La-Mancha. Donde se dijo que se centralizaba para coordinar, pero donde quedó en evidencia la falta de coordinación especialmente en Sanidad. La crisis del coronavirus, que convirtió a Sánchez en el presidente que más poder acumuló en democracia, puso sobre la mesa algo evidente: no es lo mismo ostentar un cargo, que liderar un país. La *auctoritas* frente a la *potestas*.

5.- **mensajes sin transparencia:** donde se ocultó el número real de fallecidos. Sanidad cambió en varias ocasiones el sistema de contabilización. El balance del Gobierno hablaba de 30.000 fallecidos mientras otros organismos públicos, como el INE, prácticamente lo duplicaban: casi 60.000 fallecidos. Además La Moncloa ocultó los protocolos que manejó antes de la pandemia. Illa desobedeció dos veces al Consejo de Transparencia. No se molestó ni en dar motivos para negar la información. Por otra parte se puso trabas a los periodistas y se filtraron preguntas. Algo que no ocurrió en el resto de países (EE.UU., Francia, Reino Unido, Alemania, Italia) igualmente golpeados por la Covid-19.

6.- **mensajes con propaganda:** desde la tribuna del Congreso se hicieron afirmaciones inexactas de la realidad, incluso mentiras, con el único objetivo de construir un relato que permitiera una vez superada la crisis continuar en el Palacio de la Moncloa.

En plena crisis sanitaria se desató otra tormenta: la política. Una vez más se puso en evidencia que vivimos tiempos en los que importa mucho más el relato (el cómo se cuenta lo que ha pasado) que la propia realidad de los hechos. Y tanto es así que la 'verdad' se trató como algo secundario, algo incluso 'opinable'. El presidente resultó ser inmune a la hemeroteca. Día sí y día también se recordaron las palabras de Pedro Sánchez sobre los independentistas, la reforma del CGPJ, la lucha contra ETA o su relación con Podemos, diciendo una cosa y la contraria en función de sus intereses. La mentira se convirtió en compañera de viaje con los peligros que eso entraña para la salud de nuestra democracia. La sociedad española se acostumbró a que un escándalo tapase al siguiente. Se eliminó la capacidad de sorpresa y de indignación. Todo quedó diluido. Desde La Moncloa se puso en marcha la construcción de un relato, un gran relato, que permitiera mantener el Gobierno cuando se terminase de contar los fallecidos. Al otro lado de la puerta aguardaba el 'apocalipsis'.

En esa 'batalla por el relato' los expertos en comunicación distinguieron claramente los siguientes elementos:

1.- el papel que jugaron los expertos: de los que se tiraba cuando era necesario para justificar decisiones adoptadas. Se llegó incluso a hablar durante días de un comité de desescalada que meses después se reconoció que no existía. Un comité del que las cuentas oficiales del Gobierno llegaron a informar y al que hicieron alusión en diferentes ocasiones tanto Sánchez, como Illa y Simón. Se parapetaron detrás de un comité 'fantasma' para justificar por qué una comunidad y no otra pasaba de Fase durante el desconfinamiento y negar así que hubiera razones políticas para mantener, por ejemplo, a Madrid en la Fase 0.

2.- la alusión a la amenaza global: algo que no solo ocurría en España.

3.- la responsabilidad de la Unión Europea: si no nos ayudaban sería su 'culpa'. Así lo plasmó Pedro Sánchez en un artículo publicado en 10 periódicos europeos.

4.- el 'arrinconamiento' del Rey: en todo el estado de alarma solo coincidió públicamente una vez con el jefe del Ejecutivo. Don Felipe dio su primer discurso el 18 de marzo. Durante toda la pandemia la publicación de los presuntos 'opacos negocios' de Don Juan Carlos puso contra las cuerdas a la Casa Real. Se activó el debate sobre la propia continuidad de la Monarquía cuando España vivía uno de los capítulos más graves de su democracia. Uno de los capítulos más tensos se produjo cuando el Gobierno impidió al Rey asistir en Barcelona a la entrega de los despachos a los jueces.

5.- el 'aislamiento' de la oposición y de quien pensara simplemente diferente: si no aceptaban el 'trágala' se les acusaba de ir contra la democracia, ser desleales y alentar un golpe de Estado. A los partidos constitucionalistas se les exigió apoyo pero no se les facilitó información. En paralelo se dio alas a los nacionalistas e independentistas. Traspasando incluso la línea roja con los proetarras. A nivel calle se señaló a los 'cayetanos' y se les presentó como unos pijos egoístas e insolidarios que solo querían jugar al golf.

6.- señalamiento de las comunidades autónomas: en pleno rebrote se delegó toda la responsabilidad en los gobiernos regionales. Abriendo la puerta incluso a que fueran los propios presidentes autonómicos quienes solicitaran el estado de alarma en el Congreso. Una nueva responsabilidad del Gobierno central que se delegaba con el objetivo de proteger la gestión del Ejecutivo. Los representantes autonómicos deberían asumir el desgaste político. Como si España fuera en realidad un Estado Federal. La Moncloa lo denominó 'cogobernanza'. Un capítulo aparte merece Madrid. Pese a la reunión de Sánchez con Ayuso en la Puerta del Sol, se alentaron manifestaciones contra el gobierno de la Comunidad al que se acusó de «segregar a los pobres y favorecer a los ricos». Manifestaciones que contaron con el apoyo de Podemos y Más Madrid y el permiso del delegado del Gobierno. Hay que recordar que las restricciones de movimiento puestas en marcha en la capital eran medidas similares a las puestas en marcha antes por otras 11 comunidades como Aragón, Extremadura o Baleares (gobernadas por el PSOE). Por si fuera poco, el ministro de Sanidad pidió el cierre de Madrid (que echó para atrás el TSJM) y amenazó con intervenir la Comunidad, cuando Navarra era la que contaba con una mayor incidencia de coronavirus. También el 60% de los municipios de Cataluña contaban con más de 500 casos por cada 100.000 habitantes. Pese a todo, el Gobierno ordenó el estado de alarma en Madrid. Pedro Sánchez dijo que «no podían quedarse de brazos cruzados». Almeida aseguró que se aplicaba un 155 sanitario a Madrid mientras que Ayuso en una entrevista en *El Mundo* acusó al Gobierno de «autoritario» y a Pedro Sánchez de ser el «campeón» en el «ránking de las mentiras». La presidenta aseguró además que «solo la Justicia, Madrid y el Rey impiden que Sánchez cambie el país por la puerta de atrás». El Ministerio de Sanidad reconoció a la Agencia Efe que los datos en los que se basó para aplicar el estado de alarma eran del 4 de octubre, sin tener en cuenta la mejoría en los últimos días. La OMS cifró de hecho en un 26 % la bajada de casos en Madrid. La comunidad madrileña era la región de Europa que registraba una mayor caída en la incidencia del coronavirus. Las protestas se repitieron frente a la sede de Ferraz y de nuevo se escucharon gritos de «gobierno dimisión» durante la celebración del 12 de octubre. Madrid continuó en estado de alarma mientras los casos se disparaban en Navarra y Cataluña sin que el Gobierno interviniera. La presidenta navarra Chivite endureció las medidas y aconsejó el «autoconfinamiento» y el gobierno catalán recomendó el teletrabajo.

7.- **elaboración de inexactos argumentarios:** para defender la propia gestión del Gobierno dentro y fuera de España. Con una defensa cerrada de la sanidad pública frente a la privada y señalando al PP como único responsable de unos recortes que nos habían llevado a esta situación. Se envió material a 200 embajadas para que defendieran la actuación del Ejecutivo (ocultando por ejemplo el 8M) y se remitió también esos datos a una veintena de corresponsales extranjeros para tratar de contrarrestar informaciones negativas sobre la actuación del Gobierno y que fueron publicadas en *The Guardian* o *The New York Times* entre otros.

8.- **'colonización' de medios:** cientos de horas con información oficial, especialmente, en los medios públicos. La 'colonización' se llevó a cabo desde los discursos televisados del presidente del Gobierno, hasta la propia aparición de ministros a todas horas en diferentes medios nacionales e internacionales justificando la gestión llevada a cabo. Sirva como ejemplo la intervención de González Laya en la BBC diciendo que la gestión de la crisis pasaba por el uso de mascarillas, los test a asintomáticos y el uso de la tecnología (prácticas que distaban bastante de la gestión real). O la intervención de distintas ministras en el programa de corazón 'Sálvame' donde una bronca entre el presentador del *magazine* —defensor del Gobierno— y una colaboradora —crítica con la gestión— desencadenó todo un debate nacional. España se dividió entre quienes apoyaban a Belén Esteban —la llamada 'princesa del pueblo'— o a Jorge Javier Vázquez. El 'dueño del cortijo', como el periodista solía autodenominarse, confirmó después haber recibido un mensaje del propio Pedro Sánchez que tampoco quiso permanecer ajeno a la polémica. Iglesias encontró tiempo para hacerse 'youtuber', e Irene Montero concedió entrevistas en medios como *Diez Minutos* o *Vanity Fair*.

9.- elaboración de tres lemas: mensajes simples basados en las emociones:

— 'Este virus lo paramos unidos'. Que sirvió para neutralizar la crítica legítima de la oposición.

— 'Salimos más fuertes'. Dejando a un lado la terrible pérdida humana y económica.

— 'España puede'. Eslogan ligado a la esencia de Podemos, que se presentó en un acto con los principales empresarios del país. Se pudo ver a Iglesias y Montero con la presidenta del Banco Santander a la que tantas veces criticaron antes de llegar a La Moncloa. Pese a ser un acto de gobierno y no de partido, llamó la atención que no se invitó a los representantes de otras fuerzas políticas. Apelaron a la unidad pero convirtieron el evento en un nuevo acto de propaganda. La sala a oscuras se iluminó para que Sánchez tomase la palabra. Ya en octubre, en otro acto al que tampoco se invitó a la oposición ni se respondió a las preguntas de la prensa, Pedro Sánchez presentó el reparto de los fondos que se esperaban de Europa. Lo hizo con un vídeo inaugural del pianista James Rhodes que desde su casa interpretó el 'Himno de la Alegría'. El presidente anunció la creación de 800.000 empleos. Hay que recordar que durante la pandemia se destruyeron más de 700.000 puestos de trabajo y que Mariano Rajoy se fue de La Moncloa con 500.000 puestos al año. La cifra elegida por Sánchez es simbólica en cuanto a que recordaba a la promesa de Felipe González cuando ganó las elecciones en 1982. Años más tarde diría: «yo prometí la primera legislatura crear 800.000 empleos y al final destruimos 800.000 empleos. Aprendí a callarme porque los empleos los dan los empleadores, y no el Estado».

10.- **Preguntas filtradas de la prensa hasta que fue inevitable ceder a la presión de los periodistas:** durante todo el estado de alarma Pedro Sánchez no concedió una sola entrevista. Las televisiones, eje del relato, recibieron estos días 'subvenciones'.

11.- **Conquista de los informativos:** comparecencias de Pedro Sánchez en horario de informativos en los que su larga duración impidió que prácticamente pudiera informarse de nada que no fuera de lo que quería el Gobierno que se hablase.

12.- **Monitorización de redes sociales:** se aseguró que no era para limitar la crítica sino para detectar discursos 'peligrosos'. La pregunta es: ¿peligroso a ojos de quién? Por primera vez la ciudadanía tuvo la sensación de estar 'vigilada'. Se llegó incluso a anunciar una ley que permitiría intervenir WhatsApp «en situaciones excepcionales».

13.- **«Aplaudillismo»:** los aplausos como 'cortina de humo' para esconder las víctimas y el desastre económico. Aplausos 'fabricados' en La Moncloa y el Congreso para dar imagen de unidad interna en el Gobierno pero sobre todo como sinónimo de éxito para respaldar la gestión del líder.

14.- **Visualización de la gestión del Gobierno:** se tradujo primero en la ausencia de luto: sin corbata oscura, sin ropa negra que recordara a los muertos. Muertos a los que apenas se hacía referencia tampoco en los discursos. Frente a eso se resaltaban las 450.000 vidas que se habían salvado. La gestión del Ejecutivo también fue visible en el uso de las mascarillas.

> Primero por la carencia no se utilizaron y después, cuando ya había suficientes, se convirtieron en otro arma política: las quirúrgicas las solidarias, las FPP2 las egoístas. Pedro Sánchez, tras lograr el apoyo económico de Europa, incorporó la mascarilla con la bandera española a todos sus actos.

Es oportuno recordar en este punto lo que el escritor francés Sylvain Timsit describió en 2002: «Las 10 estrategias de la manipulación mediática masiva a través de los medios de comunicación». De esta manera , decía el autor, los verdaderos problemas que padece la población son difuminados mediante la manipulación de la opinión publica con la ayuda de los medios y consiguiendo una sociedad más sumisa y menos crítica. Timsit marcó 10 estrategias:

1. la estrategia de la distracción
2. crear problemas para después crear soluciones
3. la estrategia de la gradualidad
4. la estrategia de diferir
5. dirigirse al público como criaturas de poca edad
6. utilizar el aspecto emocional mucho más que la reflexión
7. mantener al público en la ignorancia y la mediocridad
8. estimular al público a ser complaciente con la mediocridad
9. reforzar la autoculpabilidad
10. conocer a los individuos mejor de lo que ellos mismos se conocen

Volviendo a nuestro país, en general las líneas entre información y desinformación fueron difusas. Tampoco estaba claro lo que era información, lo que era opinión o simplemente propaganda. Se tendió en varias ocasiones a confundir la crítica legítima con los bulos. Hubo quien lo llamó la 'bulocracia'. Y lo peor de todo se presentó una mentira como verdad. Fueron tiempos en los que la verdad cotizó al alza y la mentira se convirtió en el 'hábitat natural': «España la primera que había actuado» y «los que más test hacíamos». Con un uso de la OCDE cuestionable y echando mano desde un Comité de Expertos 'fantasma' hasta de un estudio de la Universidad Johns Hopkins que tampoco existía. Pedro Sánchez en una entrevista en La Sexta Noche llegó a afirmar que «El confinamiento fue parte del estado de alarma en sus primeros estadios, en el mes de marzo y en el mes de abril. Pero finalmente, el confinamiento no existió».

Durante toda la crisis el presidente del Gobierno tan solo salió al Congreso para defender el estado de alarma o sus prórrogas. Sus visitas se redujeron a una fábrica de respiradores, el 3 de abril, y a otra fábrica de mascarillas trece días después. Lo hizo acompañado tan solo por medios oficiales. En ningún momento se le vio visitando enfermos, hospitales o simplemente ayudando en alguna tarea solidaria. Permaneció recluido en un Palacio de La Moncloa tomado por el coronavirus y ajeno a una máxima: 'la palabra convence, el ejemplo arrasa'.

10 DE MARZO

La Moncloa

Primera comparecencia en La Moncloa, y pasado el 8M, para afrontar la crisis del coronavirus y para informar sobre el Consejo Europeo que se celebró por videoconferencia. Sánchez, en atril y leyendo los papeles, dijo entonces que «Para combatir esta emergencia de salud pública, haremos lo que haga falta, donde haga falta y cuando haga falta. Y juntos, no les quepa duda, superaremos esta crisis». Una frase que según desveló *ABC*, fue copiada del discurso de George Bush en la guerra contra Al Qaeda. También ese día escuchamos una de las frases que más repitió durante todo el confinamiento, «la crisis no es estática, es dinámica». Ya en ese primer momento Sánchez marcó la que sería su estrategia de gestión política y de comunicación:

- Es una crisis global.
- Hacemos lo que nos dicen los expertos. (Llegó a citarlos hasta en seis ocasiones).
- Apelamos a la responsabilidad de los ciudadanos y del resto de las fuerzas políticas.

En definitiva, situó la pelota fuera del tejado de La Moncloa. Esta intervención, fue la última vez en la que los periodistas pudieron entrar en la sala de prensa. Tan solo se pudieron hacer cuatro preguntas.

12 DE MARZO

La Moncloa

El presidente del Gobierno compareció tras el Consejo de Ministros para anunciar las medidas aprobadas. Entre ellas una ayuda de 3.800 millones de euros para las comunidades autónomas. De nuevo en atril y leyendo de los papeles, Sánchez volvió a insistir en que el Gobierno seguía a pie juntillas las indicaciones de los expertos, y apeló a la responsabilidad social. Palabras tras un Consejo al que faltaron siete de ellos, se estaban realizando las pruebas de coronavirus tras el positivo de la ministra de Igualdad Irene Montero que tampoco asistió. Pablo Iglesias sí respetó ese día la cuarentena y participó telemáticamente desde su casa. Los periodistas enviaron sus preguntas a través de un grupo de WhatsApp. El presidente respondió a nueve cuestiones, previamente filtradas.

13 DE MARZO

La Moncloa

El presidente del Gobierno anunció su decisión de declarar por segunda vez en democracia el estado de alarma. El número de contagiados por el coronavirus superaba ya los 4.000 casos. Fue una declaración institucional que duró algo más de seis minutos y sin preguntas. Antes trasladó sus intenciones al Rey Felipe, a la presidenta del Congreso, a los principales líderes del resto de partidos y presidentes de comunidades autónomas, Ceuta y Melilla.

Buenas tardes.

Estimados compatriotas.

En el día de hoy, acabo de comunicar al Jefe del Estado la celebración, mañana, de un Consejo de Ministros extraordinario, para decretar el Estado de Alarma en todo nuestro país, en toda España, durante los próximos 15 días.

El Estado de Alarma es un instrumento de nuestro Estado de Derecho, recogido por nuestra Constitución, para enfrentar crisis tan extraordinarias como la que desgraciadamente está sufriendo el mundo y también nuestro país.

La emergencia sanitaria y social generada por el coronavirus conocido como COVID 19, crea circunstancias extraordinarias como las que la Ley contempla para dotar al Gobierno de España de recursos legales, también, extraordinarios.

En la reunión prevista para mañana, el Consejo de Ministros extraordinario adaptará un conjunto de decisiones excepcionales al amparo de la declaración del Estado de Alarma que se va a decretar mañana.

Estas decisiones estarán orientadas a movilizar todos los recursos del conjunto del Estado para proteger, mejor, la salud de todos los ciudadanos. Recursos económicos, recursos sanitarios, tanto públicos como privados, tanto civiles como también militares, para la protección de todos los ciudadanos, en particular de los que resulten más vulnerables frente al virus por su edad o por otros padecimientos previos. Y también para responder a la emergencia social y económica con la máxima agilidad y contundencia.

Queremos la máxima coordinación de recursos, eficiente y garantizada del conjunto de las administraciones públicas y su mejor funcionamiento. El Gobierno de España va a proteger a todos los ciudadanos y va a garantizar las condiciones de vida adecuadas para frenar la pandemia con la menor afectación posible.

Naturalmente, me dispongo a dar cuenta de inmediato al Congreso de los Diputados, ya he informado a la presidenta del Congreso, he trasladado, también, a las principales fuerzas políticas esta decisión. Otro tanto voy a hacer con los presidentes autonómicos con quienes mantendré una conversación telefónica esta misma tarde. A todos ellos y a todas ellas quiero trasladarles por anticipado mi reconocimiento por el trabajo que vienen haciendo, cada uno desde sus instituciones y sus responsabilidades. También mi gratitud por su comprensión ante estas decisiones que se dirigen a combatir una emergencia que amenaza la salud y el bienestar de todos, y que no atiende ni a fronteras ni internas ni externas.

Estamos solo en la primera fase de un combate contra el virus que libran todos los países del mundo y en particular nuestro continente, Europa. Nos esperan, como dije al principio de la semana, semanas muy duras. Dijimos que vendrían días difíciles y tomamos medidas a la altura de esa dificultad. Y no cabe descartar que en la próxima semana alcancemos, desgraciadamente, los más de 10 mil afectados.

Todo el esfuerzo de las autoridades sanitarias tanto internacionales, como nacionales y autonómicas está dirigido a evitar una propagación demasiado rápida del virus, para poder así auxiliar a los pacientes que por su edad o por dolencias previas sean más vulnerables y precisen la necesaria atención hospitalaria.

Todos tenemos una tarea y una misión en los próximos días, en las próximas semanas y no es menor. La primera línea la forman los profesionales de la salud. Nuestro escudo frente al virus. Ellos con su entrega, con su sacrificio nos protegen a todos y merecen el reconocimiento y la gratitud de todos.

La misión de las autoridades sanitarias nacionales y autonómicas es, también, clara; proporcionar a los profesionales los medios para desarrollar su labor y mantener y reforzar la extraordinaria coordinación que han desarrollado en estas últimas semanas.

Quiero, también, trasladar un mensaje muy especial a nuestros mayores y a las personas con enfermedades crónicas que, lógicamente, debilitan sus defensa; deben protegerse al máximo frente a la infección. Evitar a toda costa los contactos y la exposición en espacios públicos.

También me gustaría dirigirme a los jóvenes, quienes tienen, también, una misión decisiva. Es cierto que por su vitalidad pueden sentirse al abrigo de los efectos más severos del virus, pero pueden actuar como transmisores a otras personas cercanas mucho más vulnerables. Su colaboración, la colaboración de los jóvenes, es decisiva para cortar los contagios y por eso deben limitar los contactos y mantener la distancia social.

Y todas, y todos, tenemos, por supuesto, un deber personal; seguir a rajatabla las indicaciones de los expertos y colaborar unidos para vencer al virus con la máxima responsabilidad y absoluta disciplina social.

Lo he venido diciendo a lo largo de esta semana; haremos desde el Gobierno de España lo que haga falta, cuando falta y donde haga falta.

La declaración del Estado de Alarma permite movilizar, al máximo, los recursos materiales para combatir el virus. Pero, también me vais a permitir que haya un recurso fundamental, que está más allá de cualquier ley o decreto y al que me gustaría apelar directamente a los compatriotas. La victoria depende de cada uno de nosotros, en nuestro hogar, en nuestra familia, en el trabajo, en nuestro vecindario.

El heroísmo consiste, también, en lavarse las manos, en quedarse en casa y en protegerse uno mismo, para proteger al conjunto de la ciudadanía.

Tardaremos semanas, va a ser muy duro y difícil, pero vamos a parar al virus. Eso es seguro. Con unidad, responsabilidad y disciplina social. Superaremos esta emergencia amparándonos en el consejo de la ciencia y apoyándonos en todos los recursos del Estado.

Pero también es seguro que lo conseguiremos antes y con los menores daños humanos, económicos y sociales posibles si lo hacemos unidos y cumpliendo cada cual con nuestro deber. Este virus lo pararemos unidos. Muchas gracias. Buenas tardes.

Fue en esta declaración cuando por primera vez se dirigió a los españoles como «compatriotas» y por primera vez utilizó el que se convirtió en el lema del Gobierno: «Este virus lo paramos unidos».

Los discursos del 10, 12 y 13 de marzo tuvieron varios puntos en común:

Citó constantemente a los expertos y recordó la gestión realizada por el Gobierno: cuántas veces se reunían al día, desde cuándo y con qué comisiones. Todo sonó a justificación. Hubo ausencia de liderazgo y de autenticidad. Las palabras no acompañaron a su lenguaje corporal que por el contrario desveló nerviosismo y falta de seguridad. Frases como «Quiero enviar un mensaje de confianza» o «los españoles pueden sentirse protegidos» perdieron toda la fuerza cuando Sánchez los leyó mientras ordenaba folios y miraba apenas unos segundos al frente.

La imagen que trasladó esos días fue la de un presidente desbordado por los acontecimientos, un presidente siempre un paso por detrás de la propia acción política.

14 DE MARZO

La Moncloa

El Gobierno anunció que el presidente comparecería a las 14horas. Después de infinidad de retrasos, esa comparecencia se produjo a las 21h. Por primera vez Pedro Sánchez leyó su discurso del cue (la pantalla), mirando al frente, lo que le hizo parecer más cercano y dar la sensación de controlar mejor el contenido. Anunció que se aprobaba el estado de alarma en España, que podría ser prorrogado una vez se cumplieran los 15 días, y se prohibía la libre circulación de personas y vehículos en todo el país excepto para comprar comida o medicamentos, regresar al lugar de residencia habitual, para asistir y cuidar de mayores, menores, dependientes, personas con discapacidad o personas especialmente vulnerables, el desplazamiento a entidades financieras y por causas de fuerza mayor justificadas.

Buenas tardes,

Comparezco para dar cuenta del Consejo de Ministros extraordinario en el que hemos aprobado el ya, el anunciado Estado de Alarma y las medidas que este implica para hacer frente al coronavirus, al Covid-19.

Como saben, España se enfrenta a una emergencia de salud pública que requiere decisiones extraordinarias. Una pandemia que es mundial y que supone un serio perjuicio para el bienestar del conjunto de ciudadanos.

Una crisis sanitaria, económica y social a la que vamos a dar respuesta con la mayor excelencia y rigor científico y con todos los recursos que sean necesarios. Los expertos sanitarios nos han explicado, una y otra vez, que esta no es una situación estática.

Así ha sido desde el inicio. Las fases de propagación son cambiantes y, por lo tanto, los escenarios de respuesta han ido precisamente adaptándose a ese escenario tan dinámico. Hasta ahora, estábamos en una fase de contención reforzada. Siguiendo siempre los criterios de quienes tienen mayor conocimiento sobre las epidemias y pandemias.

Nuestra misión y determinación —les quiero trasladar— es máxima: proteger a los españoles y ganar al virus. Y a partir de ahora, entramos en una nueva fase que es la de la activación del mecanismo constitucional del Estado de Alarma.

Estamos preparados, tenemos las ideas claras y no nos va a temblar la mano para ganar al virus.

Ponemos en el centro de nuestras prioridades la salud de las personas, pero al mismo tiempo debemos atender directamente a nuestras familias, trabajadores, a los autónomos y a las empresas.

Las medidas que vamos a adoptar son drásticas y van a tener desgraciadamente consecuencias. Por eso, lo primero que quiero es avanzarles que hoy hemos acordado implementar en el próximo Consejo de ministros las siguientes medidas en el conjunto del país para paliar los efectos económicos y sociales del Estado de Alarma. Serán cuatro grupos de medidas:

- En primer lugar, apoyo a los trabajadores, los autónomos, los empresarios, las familias y los colectivos más vulnerables.
- En segundo lugar, apoyo a la flexibilización de los mecanismos de ajuste temporal de actividad para evitar despidos, los denominados, ERTES.
- En tercer lugar, el apoyo de la actividad económica y a las empresas para garantizar la liquidez ante las dificultades transitorias pero intensas como consecuencia de la emergencia económica derivada del coronavirus.

- o Y, por supuesto, en apoyo a la investigación de la vacuna sobre el coronavirus.

Estas medidas se sumarán, junto a otras nuevas que iremos aprobando a lo larga de toda la crisis, a las ya activas del Plan de Choque Económico que presentamos y aprobamos en Consejo de Ministros el pasado día 10 de marzo.

A partir de aquí, procedo a anunciar y a explicar las principales medidas que implica la decisión del Gobierno de España de declarar el Estado de Alarma.

En primer lugar, la declaración del Estado de Alarma afecta a todo el territorio nacional durante 15 días que podrán prorrogarse con la autorización del Congreso de los Diputados si fuera necesario. Esto quiere decir que a partir de hoy, para que los españoles lo entiendan perfectamente, la autoridad competente en todo el territorio será el Gobierno de España. El Real Decreto entrará vigor con efectos inmediatos, pues se publicará en el Boletín Oficial del Estado esta misma noche.

Para el ejercicio de las funciones contempladas en este Real Decreto y sus amplias medidas, bajo mi dirección, la dirección de la Presidencia del Gobierno, les anuncio que serán también autoridades competentes delegadas, en sus respectivas áreas de responsabilidad, las siguientes personas:

- La ministra de Defensa, Margarita Robles.
- El ministro del Interior, Fernando Grande-Marlaska.
- El ministro de Transportes, Movilidad y Agenda Urbana, José Luis Ábalos.
- Y el ministro de Sanidad, Salvador Illa.

En aquellas áreas de responsabilidad que no recaigan en la competencia de alguno de los titulares anteriores, la autoridad competente delegada será el ministro de Sanidad Salvador Illa.

Informo también a los españoles que todos ellos quedan habilitados para dictar los acuerdos, las resoluciones, las disposiciones e instrucciones interpretativas que, en la esfera específica de su actuación, sean necesarias para garantizar la salud y la seguridad.

En segundo lugar, les anuncio que los integrantes de las Fuerzas y Cuerpos de Seguridad del Estado, todos los Cuerpos de Policía de las comunidades autónomas y de las Corporaciones Locales, a efectos de este Real Decreto, quedarán bajo las órdenes directas del ministro del Interior.

Los servicios de intervención y asistencia en emergencias de protección civil definidos en el Sistema Nacional de Protección Civil, actuarán también bajo la dependencia funcional del ministro del Interior.

Asimismo, en cualquier momento y cuando sea necesario para el eficaz tarea y cumplimiento de las medidas, dispondremos de la actuación de las Fuerzas Armadas. El ejército ya está preparado para ello. Cada Administración conservará las competencias que le otorga la legislación vigente en la gestión ordinaria de sus servicios para adoptar las medidas que estime necesarias, pero siempre, y esto quiero subrayarlo, en el marco de las órdenes directas de la autoridad competente.

En tercer lugar, les anuncio que durante la vigencia del Estado de Alarma las personas únicamente podrán circular por las vías de uso público para la realización de las siguientes actividades:

- Adquisición de alimentos, productos farmacéuticos y de primera necesidad.
- Asistencia a centros, servicios y establecimientos sanitarios.
- Desplazamiento al lugar de trabajo para efectuar su prestación laboral, profesional o empresarial.
- Retorno al lugar de residencia habitual.
- Asistencia y cuidado a mayores, menores, dependientes, personas con discapacidad o personas especialmente vulnerables.
- Desplazamiento a entidades financieras y de seguros.
- Por causa de fuerza mayor o situación de necesidad.
- Cualquier otra actividad de análoga naturaleza.

Esta circulación habrá de realizarse individualmente, salvo en las personas con dificultad de movilidad que podrán ir acompañadas. Igualmente, se permitirá la circulación de vehículos particulares por las vías de uso público para la realización de esas actividades y, por supuesto, para el repostaje en gasolineras o estaciones de servicio.

En todo caso, en cualquier desplazamiento deberán respetarse las recomendaciones y obligaciones dictadas por las autoridades sanitarias. El ministro del Interior podrá acordar el cierre a la circulación de carreteras o tramos de ellas por razones de salud pública, seguridad o fluidez del tráfico o la restricción en ellas del acceso de determinados vehículos por los mismos motivos.

En cuarto lugar, en el ámbito educativo: queda suspendida la actividad educativa y también la universitaria presencial en todos los centros y etapas, ciclos, grados, cursos y niveles de enseñanza.

Durante el período de suspensión se mantendrán las actividades educativas a través de las modalidades a distancia y «on line», siempre que ello resulte posible.

En quinto lugar, queda suspendida toda la actividad comercial minorista a excepción de los comercios de alimentos, bebidas, productos y bienes de primera necesidad, establecimientos farmacéuticos, médicos, ópticas y productos ortopédicos, higiénicos, prensa, combustible, estancos, equipos tecnológicos y de telecomunicaciones, alimentos para animales de compañía, tintorerías, peluquerías y comercio por internet, telefónico o por correspondencia. Se suspende cualquier otra actividad o establecimiento que pueda suponer un riesgo de contagio.

La permanencia en los establecimientos comerciales cuya apertura esté permitida deberá ser la estrictamente necesaria para que los consumidores puedan realizar la adquisición de alimentos y productos, quedando suspendida la posibilidad de consumo de productos en los propios establecimientos. En todo caso, se evitarán aglomeraciones y se controlará que consumidores y empleados mantengan la distancia de seguridad de al menos un metro a fin de evitar los posibles contagios.

En sexto lugar, se suspende la apertura al público de museos, archivos, bibliotecas, monumentos, locales y establecimientos en los que se desarrollen espectáculos públicos, actividades deportivas y de ocio. Se suspenden, asimismo, las actividades de hostelería y restauración. Las cafeterías y restaurantes permanecerán cerrados al público, pudiendo, eso sí, prestar exclusivamente servicios de entrega a domicilio.

Quedan suspendidas también los, desfiles y fiestas populares, las verbenas.

En séptimo lugar, la asistencia a los lugares de culto y las ceremonias civiles y religiosas, incluidas las fúnebres, se condicionan a la adopción de medidas organizativas consistentes en evitar aglomeraciones de personas, en función de las dimensiones y características de los lugares, de tal manera que se garantice a los asistentes la posibilidad de respetar la distancia entre ellos de al menos un metro, que es lo que nos recomiendan las autoridades sanitarias.

En octavo lugar, les informo de las medidas adicionales que hemos aprobado dirigidas a reforzar el Sistema Nacional de Salud en todo el territorio español. Todas las autoridades civiles de la Administraciones Públicas del territorio nacional, y en particular las sanitarias, así como los demás funcionarios y trabajadores al servicio de las mismas, quedan bajo las órdenes directas del ministro de Sanidad.

Las administraciones públicas autonómicas y locales mantendrán la gestión, dentro de su ámbito de competencias, de los correspondientes servicios sanitarios, asegurando en todo momento su adecuado funcionamiento como ha sido hasta ahora. Todos los medios sanitarios civiles y militares, públicos y privados, se ponen a disposición del ministro de Sanidad. El Ministro se reserva asimismo el ejercicio de cuantas facultades resulten necesarias para garantizar la cohesión y equidad en todo el territorio español.

En noveno lugar, les anuncio que para el aseguramiento del suministro de bienes y servicios necesarios para la protección de la salud pública el Ministro de Sanidad podrá:

- Impartir las órdenes necesarias para asegurar el abastecimiento del mercado.
- Intervenir y ocupar transitoriamente industrias, fábricas, talleres, explotaciones o locales de cualquier naturaleza, incluidos los centros, servicios y establecimientos sanitarios de titularidad privada, así como aquellos que desarrollen su actividad en el sector farmacéutico.
- Practicar requisas temporales o imponer prestaciones personales obligatorias.

En décimo lugar, el ministro de Transportes, Movilidad y Agenda Urbana queda habilitado para dictar los acuerdos, resoluciones y disposiciones que, en la esfera específica de su actuación, sean necesarios para garantizar los servicios de movilidad, ordinarios o extraordinarios, en orden a la protección de personas, bienes y lugares.

En concreto, se mantiene el 100% de los servicios ferroviarios de Cercanías y de trasporte público de viajeros por carretera, ferroviarios y marítimo.

Se reducen a la mitad los servicios ferroviarios de media distancia, los servicios regulares de transporte de viajeros por carretera y marítimo.

En undécimo lugar, el Gobierno de España garantiza el suministro alimentario en todos los supermercados y tiendas de alimentación, así como el suministro de energía eléctrica, gas natural y el resto de derivados del petróleo.

Todas las infraestructuras críticas adoptarán las medidas necesarias para asegurar la prestación de los servicios esenciales que les son propios. Y esa misma exigencia la aseguraremos también para aquellas empresas y proveedores que no teniendo la consideración de críticos, son esenciales para garantizar el abastecimiento de la población y los propios servicios esenciales.

Como saben, mañana me reuniré por videoconferencia con los Presidentes autonómicos. Y lo haré para garantizar una coordinación del más alto nivel en la respuesta urgente y necesaria al Coronavirus. Desde la unidad, la máxima coordinación y nuestro liderazgo pleno.

Todos y cada uno de los presidentes deberán dejar a un lado sus diferencias, situarse detrás del Gobierno de España y centrarse en una única misión: entre todas y todos vencer al virus. No hay colores políticos, no hay ideologías, no hay territorios. Nuestros ciudadanos son lo primero.

Aprendamos de los 40 años de nuestra Constitución. En ocasiones, somos 17 autonomías pero en otras, como tantas otras veces en la historia de España, debemos ser el gran país que somos. Vamos a dar una respuesta conjunta a la altura del Estado autonómico que somos, con el Gobierno de España liderando al conjunto de las administraciones para dar una respuesta común.

Como presidente de todos, les trasladaré con detalle las acciones que el Consejo de Ministros extraordinario ha decretado y escucharé, sin duda alguna, sus sugerencias en torno a las medidas que iremos aplicando y adaptando, en función de los posibles escenarios de esta emergencia sanitaria que sufrimos.

Los principios que guiarán nuestra acción en esta crisis durante las próximas semanas con el conjunto de presidentes autonómicos serán tres: coordinación, cooperación y colaboración. En definitiva, la unión.

A partir de este principio de unidad de fuerzas y de objetivos, analizaremos lo que ocurre en cada territorio y tomaremos las medidas adecuadas en función de la fase de propagación. También, redistribuiremos las fortalezas para no escatimar en esfuerzos en las comunidades que más lo necesiten.

La solidaridad, el diálogo y la cohesión territorial estarán presentes en todo momento. Porque hay que levantar la cabeza: el virus no distingue colores políticos, ni ideologías, ni territorios.

Por eso, insisto, coordinarnos y escucharnos no es una opción, es una obligación. La unidad de acción de todas las administraciones públicas es una condición indispensable para salir victoriosos de esta emergencia sanitaria.

Desde el Gobierno de España con el concurso del conjunto de autonomías, municipios y provincias y también de los distintos partidos políticos, usaremos todos los recursos a nuestro alcance ante una urgencia que nos concierne a todos: combatir la propagación del virus y frenar la curva de contagio.

Demasiadas veces nos hemos confundido los seres humanos a la hora de identificar a nuestros enemigos; pero esta vez es importante no equivocarnos. Porque ahora estamos ante nuestro verdadero enemigo, que es el virus y la pandemia. Es un enemigo de todos y todos debemos combatirlo unidos.

Quiero ser muy ilustrativo para que los españoles conozcan cuál es nuestra tarea colectiva: el objetivo en esta batalla contra el virus es primero reducir su propagación, después detenerla y, por fin, eliminarlo.

Tenemos por delante semanas difíciles, de esfuerzos y sacrificios. Esos esfuerzos y sacrificios empezarán a dar fruto cuando consigamos el primer objetivo: doblegar la curva de propagación del virus. Cuando observemos que su difusión no asciende en flecha, sino que se hace más lenta. Ese será el primer logro colectivo.

La victoria sobre el virus comenzará cuando el número de altas médicas sea superior al de nuevos infectados.

La victoria será mayor cuando caiga en picado la propagación a nuevos enfermos. Será en ese momento cuando nuestra economía se recuperará con fortaleza.

Pero la victoria será total cuando, además de eliminarlo, contemos con una vacuna que evite futuras pandemias.

Estos días aparecen mensajes inspirados por la confusión, por la rabia y por la angustia. Y es comprensible. Porque no hay nada que dañe más el ánimo de una persona que la amenaza de lo desconocido. Es una reacción humana. Pero debemos actuar con unidad, con responsabilidad y con disciplina social.

Como presidente del Gobierno, os pido vuestra colaboración: sé que la tengo, a la vez que frenamos la curva de contagios, cortemos la cadena de transmisión del pánico. Paremos los bulos y especulaciones, *fake news*, con información contrastada. Actuemos con responsabilidad, disciplina social y sentido de comunidad. Sé que somos capaces de hacerlo unidos.

Sabemos que en cada casa de España ahora mismo se necesita un mañana, una certeza de que mañana esto habrá pasado. Y así es, mañana esto habrá pasado. Porque hoy estamos actuando, coordinados, unidos y con la máxima solidaridad y eficacia.

Al menos, hasta que la emergencia del virus pase. Porque pasará. Y entonces podremos volver a las calles y a las terrazas. Volveremos a la rutina de nuestros puestos de trabajo y visitaremos de nuevo a nuestros amigos y seres queridos. Llevaremos a nuestros hijos al parque y nos dispondremos para la siguiente fase: la recuperación social y económica y la vuelta a la normalidad.

Hasta que llegue ese momento, no derrochemos energías que son precisas ahora. No perdamos el rumbo. Vayamos todos a una.

Sin duda, no se me escapa, son tiempos de extraordinaria dificultad. Pero más extraordinario aún es nuestro país.

Como ya he compartido, cada uno de nosotros tiene una misión: la tienen y del máximo nivel los profesionales de la salud que nos protegen a todos; la tienen las administraciones que deben proveerles de recursos y coordinarse; la tienen nuestros mayores, que deben extremar su protección; la tienen también los jóvenes que deben mantener la distancia social; la tiene cada ciudadano cuidando de sí mismo y cuidando así del resto de la comunidad.

Este es el momento de la responsabilidad y la disciplina social. Pero también es el momento del compromiso con los más vulnerables.

Hoy debemos recordar que en la crisis económica de 2008 nos salvaron de ella nuestros mayores. Abuelas y abuelos que fueron la tabla de salvación para muchas familias y, por lo tanto, para la sociedad en su conjunto.

De sus pensiones salió el dinero para llenar nuestras despensas, para atender los recibos o para pagar la manutención de los jóvenes universitarios. Su techo fue en muchas ocasiones el techo que cobijó a toda la familia.

Nuestros mayores nos dieron algo más que ayuda, nos dieron un gran ejemplo.

En esta crisis son ellos los que más necesitan nuestra ayuda. Y también esta crisis nos da la oportunidad de demostrar que aprendimos de su ejemplo, que somos capaces de estar a la altura de nuestros mayores y de reaccionar.

Demostremos que esa solidaridad entre generaciones es un hecho. Protejamos a los mayores protegiéndonos a nuestros mayores. Y cuando por fin, todo pase que pasará, avanzaremos

España ha demostrado y está demostrando que tiene capacidad de recuperarse frente a la adversidad. Y lo haremos unidos, tomando las medidas que sean necesarias, donde sean necesarias y cuando sean necesarias. Y que nadie dude de que lo conseguiremos.

España tiene la capacidad de levantarse cuantas veces haga falta porque si de algo estamos convencidos es de la fortaleza de este país. Empezando por nuestro sistema de salud público, que es nuestro mejor escudo contra la enfermedad y siguiendo con nuestros trabajadores, por nuestros empresarios.

Permitidme concluir haciendo un reconocimiento público a quienes están colaborando en esta batalla contra la enfermedad:

A los profesionales de la salud que sois ejemplo de heroicidad con vuestra entrega y vuestro trabajo, gracias.

A las autoridades locales, autonómicas, europeas e internacionales, que ponéis por delante el interés común y la unidad de acción, gracias.

A las Fuerzas y Cuerpos de Seguridad del Estado que veláis por el orden público, gracias.

A nuestras Fuerzas Armadas que se unen a esta tarea ya en alerta, gracias.

A los investigadores que trabajáis a contrarreloj para encontrar la cura del Covid-19, gracias.

Al mundo de la cultura, que con altruismo está haciendo llegar hasta las casas libros, conciertos y películas de forma gratuita para ofrecer una ocupación a la ciudadanía en este tiempo, gracias.

A los empresarios y autónomos que sacrificáis los ingresos de vuestros negocios para proteger a vuestros clientes y a vuestros trabajadores, gracias.

A los informadores y medios de comunicación por facilitar información veraz y difundir a la ciudadanía las recomendaciones médicas que evitan el contagio del virus, gracias.

A quienes acuden a donar sangre antes de recluirse,como estamos viendo, gracias.

A las madres y padres que tranquilizáis a vuestros hijos y les explicáis con ternura que lo mejor es quedarse en casa, gracias.

A quienes cuidáis de las personas más vulnerables para que estén protegidas y no les falte de nada, gracias.

Esta es una batalla que vamos a ganar, sobre eso no hay discusión; la vamos a ganar. Lo importante es qué el precio que paguemos por esa victoria sea el minimo. Cuántas más vidas nos ahorremos, cuántos más enfermos y más días de enfermedad nos evitemos, cuánto menos tiempo de vida, de estudio, de trabajo, de ocio sacrifiquemos, más rotunda será esa victoria.

Que no quepa duda alguna: unidos, saldremos adelante. Unidos, venceremos al virus.

Un discurso que logró una audiencia histórica. De 20:59 a 21:50 horas, 18 millones de espectadores de media, un 80,9% de cuota de pantalla, conectaron con las 24 televisiones que emitieron el discurso. Además, más de 21,7 millones lo vieron en algún momento.

De nuevo las preguntas de la prensa fueron previamente filtradas. Así se pudo ver al presidente del Gobierno buscando entre sus papeles las respuestas. Pedro Sánchez atendió esa noche a 10 periodistas (en una de las respuestas justificó la presencia de Pablo Iglesias y sin mascarilla en el Consejo de Ministros) e incluyó preguntas de españoles en el extranjero que según se dijo había recibido el secretario de Estado de Comunicación. Resulta también cuanto menos curioso que tan solo unos minutos después de esta comparecencia, se hiciera público el positivo de su esposa, Begoña Gómez. Un extremo que habría obligado al propio presidente a explicar en prime time las razones por las que él mismo se había saltado la cuarentena.

17 DE MARZO

La Moncloa

Nueva comparecencia de Pedro Sánchez tras un Consejo de Ministros en el que se dio luz verde al paquete de medidas económicas: «Aunque nos abrumen las cifras de contagio, resistiremos. Aunque nos preocupe el impacto económico, que nos preocupa y ocupa, resistiremos. Aunque nos cueste mantener la moral en pie. Unidos resistiremos los golpes de la pandemia. Jamás nos rendiremos y venceremos». Pedro Sánchez evocó las palabras de la mayor arenga que pronunció Churchill en su vida. El 4 de junio de 1940, cuando apenas llevaba tres semanas como primer ministro británico, afrontó el desafío de explicar en el Parlamento cómo las Fuerzas Armadas británicas sufrieron un golpe casi mortal en Dunkerque.

18 DE MARZO

Congreso TV

En un hemiciclo prácticamente vacío y con la separación recomendada por la autoridad sanitaria entre los escaños que ocupan sus señorías, Pedro Sánchez explicó que estábamos ante el inicio de la pandemia, que lo peor estaba por llegar pero que juntos saldríamos de esta. Resultó muy llamativo su actitud hacia el líder de la oposición al que no miró en ningún momento, tampoco cuando Pablo Casado le tendió la mano.

21 DE MARZO

La Moncloa

Una semana después del inicio del estado de alarma Pedro Sánchez volvió a salir en prime time para dirigirse a los españoles. Un discurso sin medidas, sin anuncios y lleno de mensajes propagandísticos.

Una hora, más de 60 minutos, en la que quizá lo único relevante del discurso de ese sábado por la noche, fue su mensaje para preparar a la ciudadanía acerca de los duros días que llegaban: «lo peor está por venir».

El resto giró en torno a datos como el consumo de internet o detalles sobre el queroseno. Esa noche llegó a poner al mismo nivel a Isabel Díaz Ayuso y a Quim Torra, lo que provocó la respuesta inmediata de la presidenta de la comunidad de Madrid.

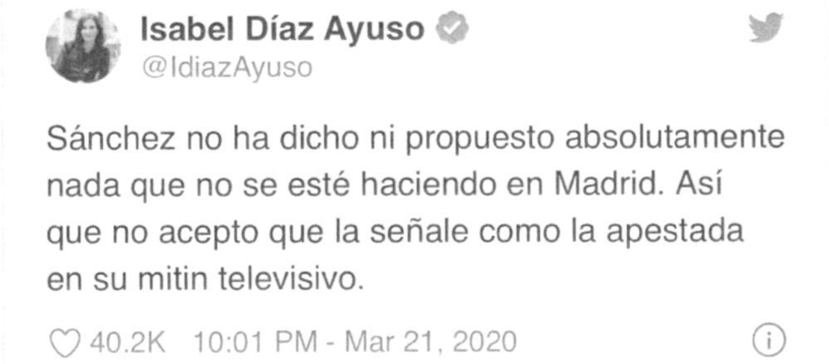

Isabel Díaz Ayuso
@IdiazAyuso

Sánchez no ha dicho ni propuesto absolutamente nada que no se esté haciendo en Madrid. Así que no acepto que la señale como la apestada en su mitin televisivo.

40.2K 10:01 PM - Mar 21, 2020

Sánchez pidió también que no se le criticara y cometió lo que fue considerado otro error al asegurar que los españoles ahora percibían a las Fuerzas y Cuerpos de Seguridad del Estado como imprescindibles y no como un gasto superfluo. Unas palabras, estas últimas, que llevaron a primer plano unas declaraciones del propio Sánchez en 2014 cuando en una entrevista en el diario *El Mundo* aseguró que el único Ministerio que le sobraba era el de Defensa.

PRECIO: 1,80 €.

LÍDER MUNDIAL DE LA INFORMACIÓN EN ESPAÑOL

EL MUNDO.es

TODOS GANAMOS

>Acceda hoy gratis a Orbyt y a la web sin límite

C#HPY6C9GA

DOCE MÁS UNA / PEDRO SÁNCHEZ

«Sobra el Ministerio de Defensa»

A PRIMERA VISTA

Es de 29 de febrero este **hombre bisiesto**, como si su vida contara cada 4 años, como si hubiera **nacido para morderse las urnas** > De crío mamó política, carne que habría de aliviar después sus **hambrunas en el partido** > Porque siempre vivió en la suplencia de las listas y la fontanería de sus siglas, las que hoy llevan su nombre en la **cima del PSOE** > Al final de su estatura hay una sonrisa. Y una digestión de preguntas con **respuestas sin cocinar**.

RAFAEL J. ÁLVAREZ

1- ¿A usted qué le pasa cuando se pone una camisa que no es blanca?

—Ja, ja, ja... que sudo.

2- ¿*Sálvame* es *Vótame*?

—No. Llamé a *Sálvame* para fijar la posición del PSOE contra el toro de la Vega. Por Tordesillas tardaré tiempo en pasar...

3- Ahora que PSOE significa *Pedro Sánchez O É*, ¿qué siglas le debe su partido a España?

—Habría que invertir las siglas.

cargo. El Gobierno ha bajado 10 puntos la cobertura al desempleo, ahorra donde más duele. Entiendo que Juan y Sonia no nos crean, pero hay diferencias entre la izquierda y la derecha. Muchos españoles cuentan los días para enviar a Rajoy al paro.

6- ¿Usted trabajaría en negro si tuviera hambre?

— [Piensa] Le voy a hacer una confesión: en el primer trabajo que tuve me dieron parte del sueldo en negro. Cobraba 35.000 pese-

PASADO MAÑANA

ERNESTO SÁENZ DE BURUAGA

La foto

El final de ciclo en la vida española avanza a velocidad de crucero. Los recién llegados al barco de la política, **Pablo Iglesias** y Podemos, han encontrado una alfombra roja para pavonearse en la feria de la vanidad televisiva. Nunca pensaron que lo tendrían tan fácil a golpe de tuit y con el cabreo generalizado de la ciudadanía. La foto en la que se trabaja el desafecto y la desilusión hacia los grandes partidos está publicada. Lo último, esos 15,5 millones de euros cargados por 86 exdirectivos de Cajamadrid y Bankia a las cuentas de esas entidades con tarjetas visa opacas, donde daban rienda suelta a sus caprichos como compras en Mercadona, viajes, tiendas de lujo y, con toda la cara del mundo, retirada de dinero en efectivo de los cajeros automáticos. Y ahí están todos retratados en una imagen obscena, hiriente y bochornosa, porque, mientras

Sin duda esta intervención fue considerada por la oposición como la peor de las realizadas por el presidente del Gobierno y así se lo hicieron saber en redes sociales Partido Popular y Vox.

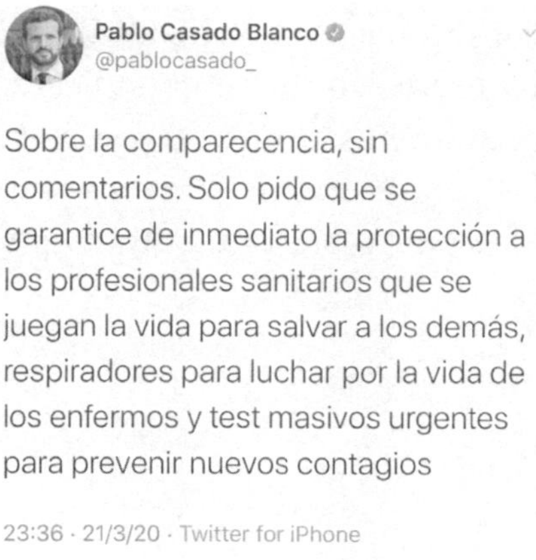
Pablo Casado Blanco
@pablocasado_

Sobre la comparecencia, sin comentarios. Solo pido que se garantice de inmediato la protección a los profesionales sanitarios que se juegan la vida para salvar a los demás, respiradores para luchar por la vida de los enfermos y test masivos urgentes para prevenir nuevos contagios

23:36 · 21/3/20 · Twitter for iPhone

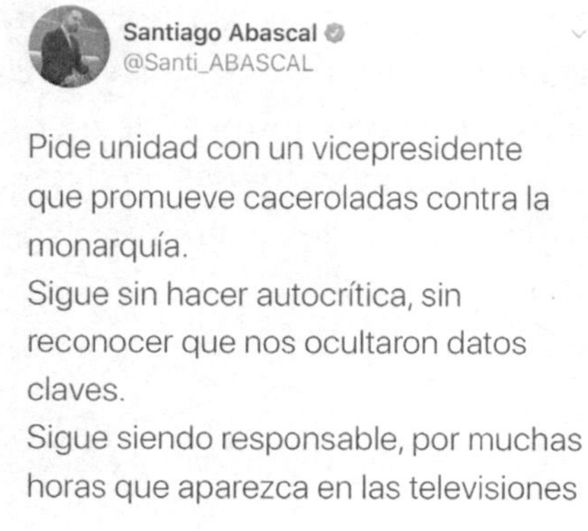
Santiago Abascal
@Santi_ABASCAL

Pide unidad con un vicepresidente que promueve caceroladas contra la monarquía.
Sigue sin hacer autocrítica, sin reconocer que nos ocultaron datos claves.
Sigue siendo responsable, por muchas horas que aparezca en las televisiones

A estas críticas hubo que sumar la de la prensa. Según se ha sabido hasta 12 periodistas hicieron llegar a la Secretaría de Estado de Comunicación cuestiones relativas a la posible prórroga del estado de alarma. Ninguna de esas preguntas se incluyeron, quizá porque «reventaban» la comparecencia del presidente prevista al día siguiente.

22 DE MARZO

La Moncloa

Tras una nueva videoconferencia con los presidentes de las comunidades autónomas, Ceuta y Melilla, Sánchez salió de nuevo ante los españoles para confirmar lo que horas antes se había filtrado. El estado de alarma se prorrogaba hasta el 11 de abril. Tras las critica del día anterior el presidente realizó una comparecencia más corta y con anuncio de medidas concretas: dotaba de un mayor protagonismo al Ejército y dejaba las residencias de mayores privadas en manos de las comunidades. De nuevo alertó de que lo peor estaba por venir.

26 DE MARZO

El presidente del Gobierno, Pedro Sánchez, acudió al Congreso de los Diputados para que la cámara autorizase la prórroga del estado de alarma hasta el 11 de abril y se convalidaran cinco Reales Decretos. Un pleno que terminó al filo de las dos de la madrugada tras 11 horas de debate. El jefe del Ejecutivo solicitó a los responsables de los partidos que usaran la política para la «unión» y que «ahuyentemos cualquier pensamiento mezquino o egoísta». Pablo Casado, le dio su apoyo, pero le acusó de «ineficacia» y de «negligencia» por no actuar antes y haber suspendido eventos multitudinarios como las manifestaciones del 8 de marzo. Para el líder del PP, España necesitaba soluciones y no estaba ya «para más mítines ni manuales de resistencia».

28 DE MARZO

La Moncloa

Comparecencia desde el Palacio de La Moncloa de 50 minutos para anunciar el cierre de todo el trabajo no esencial. Pedro Sánchez comenzó en este discurso a dibujar su próxima línea de actuación: responsabilizar a la UE. Sobre los test fake, Sánchez argumentó que estábamos ante un mercado muy agresivo. De nuevo la comparecencia terminó con preguntas previamente filtradas por el secretario de Estado de Comunicación.

4 DE ABRIL

La Moncloa

Siete días después de la última comparecencia, Pedro Sánchez volvió a tomar la palabra desde La Moncloa. En esta ocasión fue a las 15h, en pleno arranque del Telediario. Lo hizo para anunciar una nueva prórroga del estado de alarma, esta vez hasta el 26 de abril. Aseguró que trabajaban ya en un plan de vuelta a la normalidad. Anunció la vuelta a la producción el 9 de abril y reiteró su disposición a reeditar los 'Pactos de la Moncloa' y a nivel europeo el Plan Marshall. Citó en esta ocasión a Kennedy y entre las anécdotas hizo alusión a que los niños estos días habían aprendido sobre la importancia de lavarse las manos.

9 DE ABRIL

La Moncloa

A las 9 de la mañana comenzó un nuevo pleno en el Congreso. Jueves Santo para aprobar la prórroga del estado de alarma hasta el 26 de abril. El presidente del Gobierno aseguró que la pandemia empezaba a estar controlada. Reiteró otra de sus frases habituales: «el virus no entiende de territorios ni ideologías». Sánchez aseguró ver «luz al final del camino» e hizo especial hincapié en la propagación de bulos y *fake news*: «un problema de salud pública y de salud democrática». De nuevo exigió a la oposición unidad y lealtad y defendió que «todos hemos llegado tarde, y España no es una excepción. Pero España actuó antes». Por último, adelantó que la siguiente semana pondría en marcha una reunión con el resto de partidos, presidentes autonómicos y agentes sociales para impulsar un acuerdo. Durante todo el pleno se le pudo ver con el móvil, ordenando papeles o intercambiando sonrisas con Pablo Iglesias, mientras la oposición tomaba la palabra.

Su discurso tuvo además varias afirmaciones imprecisas como que «España es el país que primero tomó medidas de confinamiento en todo Occidente, el primero. Lo hicimos con solamente 120 fallecidos: muy por delante de los demás países». Una afirmación falsa, ya que España no fue ni siquiera el primer país europeo en acordar el confinamiento. El presidente también hizo la siguiente afirmación: «El estudio de la Universidad de Oxford, otorga a España la puntuación más alta de los países occidentales: 90 sobre 100. 90 sobre 100 en cuanto al rigor en la respuesta a la pandemia». Otra vez, la afirmación no era cierta, ya que Eslovenia, Serbia o Croacia, con 100 puntos, o Austria, Rumanía, Francia e Italia, con 95 puntos, superaban a nuestro país.

12 DE ABRIL

La Moncloa

En su primera intervención con preguntas en directo de periodistas, el presidente del Gobierno compareció pasadas las 15h ante los españoles. Fue el discurso más breve dado hasta la fecha y también en el que utilizó un lenguaje más bélico. Una intervención que tuvo como objetivo insistir en que el confinamiento no había terminado. A partir de este momento y gracias al acuerdo que la Secretaría de Estado cerró con la APM, pasaron a participar en las ruedas de prensa medios tan respetables como Radio Espejo Canario, *Diario del Puerto* o Grupo Nervión. Compañeros todos de profesión que habitualmente no suelen acudir a La Moncloa y que en realidad hicieron más difícil que los periodistas y medios nacionales pudieran preguntar y tener acceso a Sánchez.

18 DE ABRIL

La Moncloa

Pasadas las 20.15 horas, el presidente del Gobierno protagonizó una nueva alocución ante los españoles. Más de una hora de *speach* en el que rebajó el tono bélico de la anterior ocasión. Al margen del anuncio de prórroga del estado de alarma y que permitiría salir a los niños a partir del 27 de abril, el discurso giró en torno a la necesidad de la «unidad». En ese sentido y preguntado en el turno de los periodistas por las ocasiones en las que había llamado a Pablo Casado, Sánchez evitó responder. Tampoco nombró al PP ni a su presidente. Se refirió también a los «lobos antieuropeos». Sánchez aseguró que se habían salvado «decenas de miles de vidas» y aseguró que el 13 de abril había 84 fallecidos. Eran 44 menos de los que realmente contabilizó Sanidad al final de aquella jornada.

25 DE ABRIL

La Moncloa

Sánchez compareció a las 20.15h para anunciar que si la evolución de la pandemia «sigue como hasta ahora» desde el 2 de mayo se podrá salir a hacer deporte y dar un paseo. El jefe del Ejecutivo aseguró que la desescalada sería gradual, asimétrica (dependería del territorio en el que cada uno viva) y ordenada (mismas reglas y mando único). Por último, justificó la decisión de poner fin a la comparecencia diaria de los uniformados porque entrábamos en una nueva fase y los portavoces, dijo, tenían que ser otros.

28 DE ABRIL

La Moncloa

El Consejo de Ministros aprobó el 'Plan para la transición hacia una nueva normalidad'. Un plan de desescalada en cuatro fases que el Gobierno esperaba terminar «a finales de junio». Pedro Sánchez presentó la hoja de ruta hacia la llamada 'nueva normalidad'. Toda España se situaba en la Fase 0 el 4 de mayo, y cada provincia, según explicaron, saltaría de nivel según fuera cumpliendo objetivos. A esta planificación se añadió una excepción: las islas de Formentera (Baleares) y La Graciosa, La Gomera y El Hierro (Canarias) que arrancaron en la Fase 1, por el bajo nivel de contagios.

2 DE MAYO

La Moncloa

Sánchez dijo que no existía un plan 'B'. El presidente del Gobierno insinuó que el resto de medidas sociales —como los ERTES— podían quedar en suspenso si no se aprobara su prórroga del estado de alarma. Volvió a insistir, pese a que no era cierto, que España era el quinto país del mundo con más test realizados.

9 DE MAYO

La Moncloa

Sánchez subrayó que la desescalada estaría guiada por la prudencia y el criterio de los expertos y los científicos.

16 DE MAYO

La Moncloa

El presidente del Gobierno, expresó su voluntad de alcanzar un «gran consenso» sobre la nueva prórroga, la quinta, para gestionar la crisis sanitaria de la Covid-19. Además destacó la necesidad de actuar con prudencia y responsabilidad para mantener controlado el virus mientras se recuperaban espacios de movilidad y se avanzaba hacia la reactivación económica.

23 DE MAYO

La Moncloa

Sánchez compareció de nuevo a las 14 horas para decir que «Lo más duro ha pasado, lo más difícil ha quedado atrás. Vemos ya mucho más que la luz al final del túnel: lo que estamos viendo es el final del túnel». El anuncio más destacado fue el regreso del fútbol y la aprobación la siguiente semana del luto oficial durante 10 días.

31 DE MAYO

La Moncloa

Nueva comparecencia a las 14horas. Por primera vez con corbata negra. El presidente del Gobierno aseguró que no podíamos relajarnos y apeló a la responsabilidad individual. Dijo que solicitaría una última y definitiva prórroga del estado de alarma. Alabó la gestión de su portavoz durante la pandemia: «He podido conocer a un doctor Simón entregado a su trabajo y entregado al bien común. Pensando en el país más que en sí mismo, incluso cuando estuvo contagiado por el mismo virus que combatía». También apoyó a Illa: «Salvador Illa nunca ha fallado ni ha desfallecido. Siempre se ha mantenido sereno y firme, siempre ha dialogado, ha cooperado y nunca ha escurrido el bulto. Ha soportado las peores calificaciones y jamás ha perdido la compostura». Y añadió sobre ambos: «Han soportado los insultos más mezquinos y jamás han caído en la provocación». Defendió también que habían sido absolutamente transparentes. «Muy pocos países han tenido tanta rendición de cuentas como España. Eso es motivo de orgullo. Hemos contabilizado el número real de fallecidos». Fue un discurso con sabor a fin de ciclo, a un 'hasta aquí he llegado', ahora les toca a las CCAA. A partir de ahora, las responsabilidades, a ellas.

7 DE JUNIO

La Moncloa

Desde La Moncloa, Sánchez aseguró que «La sanidad española es incluso mejor de lo que pensábamos. Lo que hemos descubierto es que no estaba cuidada como se merece». Sánchez justificó la variedad de cifras oficiales por la «mortalidad indirecta de la pandemia». Preguntado por el cese de Pérez de los Cobos, Sánchez dio su apoyo a Grande-Marlaska.

14 DE JUNIO

La Moncloa

Pedro Sánchez, defendió que una Comisión Parlamentaria de Evaluación abordara las fortalezas y las fragilidades de España ante crisis como la de la Covid-19. Además, anunció que el 21 de junio se reabrirían las fronteras con los Estados miembros de la UE y los países del espacio Schengen, y el 1 de julio con Portugal y terceros países.

20 DE JUNIO

La Moncloa

Pedro Sánchez llevó a cabo su última intervención durante el estado de alarma. Fue declaración institucional, de nuevo, sin preguntas. Agradeció a los españoles su actitud. Anunció la creación de una comisión en el Congreso e insistió en que ha salvado 450.000 vidas. Dijo que apostaba por el diálogo y que había que evitar el acoso y la amenaza, insultos o provocaciones: «España se tiene que entender con España». Por último, dijo estar «orgulloso de lo que hemos conseguido».

4 DE AGOSTO
Última rueda de prensa antes de las vacaciones

La Moncloa

Comenzó a las 15 horas coincidiendo una vez más con el arranque de los informativos en televisión. Durante 40 minutos el presidente hizo balance de la gestión del coronavirus y la crisis económica. Si en los últimos días, tanto la ministra de Economía como la de Hacienda aseguraron que lo peor de la crisis había pasado, Sánchez retrasó hasta 2023 la recuperación a niveles anteriores a la pandemia. Sobre los 20.000 millones solicitados a Bruselas para hacer frente a los ERTE y preguntado sobre si era o no un rescate, como denunció la oposición, aseguró que «era un rescate para los trabajadores que necesitan el apoyo de lo público». Y pidió sentido de Estado a los partidos para poder aprobar los presupuestos de una legislatura que sería «larga, fructífera y de diálogo». Durante su comparecencia, en la que se refirió a él mismo como «mi persona» (en otras ocasiones lo hizo como líder mundial), no se pronunció sobre la salida del Rey Juan Carlos de España. Un asunto que centró las primeras preguntas de los profesionales que se encontraban en la sala de prensa. Pedro Sánchez, que dijo desconocer dónde se encontraba el Emérito, insistió en que lo que se juzgaba no eran las instituciones sino la persona. Y reiteró que el Gobierno consideraba «plenamente vigente el acuerdo constitucional». Cerró así un falso debate sobre la continuidad de la Monarquía que se había desatado en las últimas horas. Un debate impulsado por Podemos que, pese a formar parte del Ejecutivo, se mostró partidario de restaurar la República. Pedro Sánchez, que coordinó toda la operación con Carmen Calvo e Iván Redondo y dejó fuera a Podemos, evitó desautorizar directamente a Pablo Iglesias como le habían solicitado el Partido Popular y Ciudadanos.

Esta fue la última comparecencia de Pedro Sánchez antes de irse de vacaciones durante tres semanas y en pleno rebrote de coronavirus. España estaba a la cabeza en Europa del número de nuevos contagios. El presidente organizó sus vacaciones en Doñana y Lanzarote. El jefe del Ejecutivo utilizó dos Falcon para trasladarse a Canarias y se alojó en el palacete de La Mareta. Un palacete que curiosamente el Rey Hussein de Jordania regaló a Juan Carlos I a finales de los 80 y que no fue objeto de ninguna investigación tras donarlo a Patrimonio Nacional. Tampoco supuso un problema para que Pedro Sánchez, con el Rey Emérito fuera del país, pasara en esta residencia real sus vacaciones.

12 DE AGOSTO
Despacho en Marivent. Casa Real

Pedro Sánchez hizo un paréntesis en sus vacaciones en Lanzarote y se reunió en Marivent con el Rey Felipe, al que en septiembre —y en una nueva cesión independentista— impidió acudir a la entrega de despachos a los jueces en Barcelona.

El presidente del Gobierno aseguró que se había tratado de un «despacho ordinario en tiempos extraordinariamente complejos». Sobre el paradero del Rey Emérito Pedro Sánchez dijo que «aquellas cuestiones que tengan que comunicarse tiene que ser la Casa Real o el propio afectado, y no el Gobierno de España» quien informe. Y sobre Podemos evitó calificar como «inquietantes y perturbadoras» las noticias sobre la imputación de su socio de Gobierno por una presunta malversación. Pedro Sánchez se limitó a expresar su «máximo respeto» al Poder Judicial y llegado el momento evitó que Pablo Iglesias tuviera que dar explicaciones en el Congreso acerca de la presunta financiación irregular. Tampoco se mostró preocupado cuando el juez García-Castellón pidió al Supremo que investigara al vicepresidente por denuncia falsa en el Caso Dina. El juez, que denunció amenazas de muerte, acusó a Iglesias de actuar con «temerario desprecio a la verdad para sacar rédito electoral» y con «agravante de género». El propio Iglesias, que recibió un mensaje de apoyo de Carles Puigdemont, rechazó la posibilidad de dimitir. Desde la oposición se reclamó su cese inmediato mientras el Gobierno aseguró que la acusación contra Iglesias «era en todo caso anterior a su llegada a La Moncloa». Por mucho menos tuvo que dimitir el que fuera ministro de Cultura Màxim Huerta.

En la memoria de todos, la moción de censura que el PSOE presentó contra el PP en 2018 enarbolando la bandera contra la corrupción y que, con el apoyo de Podemos y nacionalistas, permitió la llegada de los socialistas a La Moncloa. Desde la tribuna Pedro Sánchez instó a Mariano Rajoy a dimitir y le acusó de «normalizar» la corrupción. Un partido imputado no podía estar en el Gobierno, defendió entonces Sánchez. Rajoy por su parte le preguntó si cuando se hiciera pública la sentencia de los ERE —que afectó a dos ex presidentes de la Junta de Andalucía y del PSOE— presentaría también su dimisión. La sentencia de los ERE llegó un año después y supuso la mayor condena por corrupción de la democracia española. La «indignación, alarma social y la necesidad de recuperar la ejemplaridad y la dignidad democrática» pasaron a mejor vida.

No fue hasta octubre de 2020 cuando el Tribunal Supremo, además de ratificar las penas, consideró excesivas las afirmaciones del juez De Prada —considerado progresista— en la sentencia de la Gürtel. Rajoy en un comunicado subrayó que la moción se basó en una enorme manipulación, y el PP aseguró que Sánchez llegó al poder con una moción injusta basada en una mentira.

Tampoco quedó nada de las dudas que un año antes Pedro Sánchez mostró en torno a la posibilidad de que Pablo Iglesias y Podemos formaran parte de su Gobierno: «No podría dormir tranquilo por las noches». Eran otros tiempos... lo llamaron la 'nueva política' y ahora, en pleno rebrote de agosto, tocaba dejar el mando único (que el Gobierno asumió el 14 de marzo) en manos de las comunidades autónomas. La 'nueva normalidad' dejó que los gobiernos regionales asumieran el desgaste de la pandemia. Pese a que la ley no lo contemplaba, Sánchez defendió que los propios presidentes autonómicos solicitaran el estado de alarma en el Congreso. Se activó un nuevo cortafuegos tras disfrutar de las vacaciones. Habían sido más largas que las del año anterior (cuando negociaba su investidura) y coincidieron con la expansión del virus. Hasta Fernando Simón reconoció, en un polémico llamamiento a los influencers, que «las cosas no iban bien» y podría haber «muchos muertos». El PP acusó a Sánchez de «estar en la hamaca» y «lavarse las manos». Pablo Casado impulsó una comisión sobre la «pésima gestión de la pandemia» y para esclarecer la cifra real de fallecidos en España. Aseguró que nuestro país «no tenía a nadie al timón». Pedro Sánchez no le recibió en La Moncloa hasta el 2 de septiembre. Una reunión en la que el líder del PP siguió ofreciendo hasta 10 pactos de Estado pero se negó a apoyar unos presupuestos de los que no conocía una línea. También rechazó pactar la renovación del CGPJ pese a que Sánchez filtró un WhatsApp que le había enviado.Desde *The Wall Street Journal* y *Bloomberg* criticaron al presidente por ser el «más incompetente en la primera ola» e irse de vacaciones en la segunda «con el turismo diezmado y la economía de rodillas». La plataforma americana se preguntó por qué el presidente del Gobierno no comparecía ahora, tras haberlo hecho en innumerables ocasiones, para alertar de la gravedad de la situación (algo que sí hizo Angela Merkel).

Parecía muy lejano aquel septiembre de 2019 en el que PSOE y Podemos pidieron la dimisión del director general de Emergencias en Murcia por irse al teatro la noche de la DANA. Pedro Sánchez acabó adelantando tres días su regreso a La Moncloa. 'Sufrió' en Matalascañas los primeros abucheos y reapareció finalmente el 24 de agosto. Lo hizo junto a su núcleo duro: Iván Redondo, Salvador Illa y Fernando Simón.

Bruselas lanzó el primer salvavidas a España y concedió un préstamo de 21.300 millones para financiar los ERTE. La primera etapa de la crisis se cerró sin que Sánchez diera a conocer la cifra real de muertos. Frente a los 30.000 reconocidos por Sanidad, según el INE casi 60.000 personas han muerto por coronavirus y hasta tres millones —la cifra más alta de toda la UE— han resultado contagiadas. 11.000 en la segunda ola (desde finales de junio hasta mediados de octubre). Tampoco hubo una sola dimisión o cese. Pronto descubriríamos que llegaban curvas. A pesar de lo que siempre se nos dijo 'Spain is not different'. Quizá, y solo quizá, no todo estaba tan 'bien atado'...

JOSÉ LUIS MARTÍNEZ-ALMEIDA: EL ALCALDE DE ESPAÑA, 'UNO DE LOS NUESTROS'

Paula Gómez de la Bárcena Ansorena

La altura del soberano depende de la altura de su pueblo

Napoleón Bonaparte

La administración local es una de las organizaciones más antiguas de nuestro país y es símbolo de la Democracia en mayúsculas. El municipalismo español está presente en las páginas de nuestra historia, desde el municipio romano en Hispania, pasando por la organización municipal visigoda, hasta llegar a la formación de los concejos y ciudades.

La Constitución de Cádiz establece el diseño de los primeros ayuntamientos constitucionales (en su art. 310 se recoge «La obligación de constituir ayuntamientos en todos los pueblos que 'por sí o su comarca' llegasen a las mil almas») e introducía ya la aparición de las figuras que iban a encargarse de presidir los ayuntamientos: los alcaldes constitucionales, los regidores y el procurador síndico.

Repasando la historia y la evolución de la política local de nuestro país, podemos concluir sin temor a equivocarnos que los alcaldes son el refugio de los ciudadanos cuando la política entra en descrédito y adquieren mucha más notoriedad e importancia en épocas de vacío de poder.

Carlos III, conocido como el mejor alcalde de Madrid inició la transición de una ciudad abandonada y deprimida para tratar de convertirla en una de las grandes urbes europeas. Obsesionado en promover la prosperidad en la Villa, no dudó en emprender una reforma profunda tanto a nivel urbanístico y arquitectónico como a nivel económico y social. No encontró sin embargo el monarca apoyo en los ciudadanos de Madrid, que no entendieron ese afán de cambio. Ese rechazo por parte de la sociedad madrileña no le frenó en su empeño de sacar a Madrid de su provincianismo e iniciar su transformación en una ciudad moderna.

Los alcaldes de Móstoles, Andrés Torrejón y Simón Hernández firmaron el famoso 'Bando de la Independencia' en el que alentaban a la población a levantarse contra la ocupación francesa. Fue ejemplo claro de llamada a la unidad y a la defensa de los valores nacionales. Rubricaron un texto del que se desprendía un mensaje de pertenencia a una comunidad y sentimiento de identidad. Las valientes palabras de dos alcaldes del municipio y el efecto que produjeron, fueron la chispa que desencadenó la Guerra de la Independencia.

La figura del regidor también ha llenado páginas de la literatura española. Una de las obras más importantes de nuestro siglo de Oro lleva por título *El Alcalde de Zalamea*, en la que el héroe es un alcalde que se rebela contra el poder despótico.

Fuera de nuestras fronteras encontramos ejemplos como el de Rudy Giulani, quien comenzó su trabajo por la ciudad de Nueva York mucho antes de llegar a la alcaldía. El reconocimiento ciudadano le llegó durante su etapa como fiscal del distrito sur de la ciudad. En este contexto, comenzará su lucha contra la corrupción, el narcotráfico y el crimen organizado que le llevará a la alcaldía y a ser recordado como el alcalde que limpió la ciudad. Fue probablemente el acontecimiento más complejo que tuvo que presenciar durante su mandato, los atentados del 11-S, lo que provocaron el auge de su popularidad. Defendió tajantemente que la ciudad nunca se arrodillaría ante el terrorismo, convirtiéndose así en un ejemplo para todo el país y ganándose el sobrenombre de «alcalde de los Estados Unidos».

Desde 1940, y durante treinta y siete años, la ciudad de París se mantuvo sin alcalde, considerándose así que el presidente de la República podía asumir las funciones de edil de la capital sin dificultades adicionales. Minusvalorar la figura del jefe del ejecutivo local en la ciudad más grande de la Europa continental fue un error que, incluso Jacques Chirac, cometió antes de ser candidato a la alcaldía en 1977. Ese desacierto no le impidió conseguir apoyos a derecha e izquierda del espectro político. Un apoyo que se trasladó a la ciudadanía que le otorgó su confianza durante dieciocho años, momento en el que decidió presentarse a las elecciones presidenciales. Esta postura fue muy discutida, ya que es bien conocido que poco tiene que ver la gestión local con la nacional. Pero contra todo pronóstico, su popularidad había alcanzado tal nivel en el resto del país, que logró la victoria en 1995 y que le llevaría a ostentar el título de presidente de la República hasta 2007.

Se demuestran con estos pocos ejemplos cómo los alcaldes se convierten en los líderes más cercanos en épocas de crisis, de desasosiego, de caos y en aquellos momentos de mayor debilidad del Estado. Y que los municipios son los espacios de conexión política.

En la época actual, en la que presenciamos una de las mayores crisis de liderazgo a nivel mundial, vuelve a adquirir notoriedad la figura del alcalde. El regidor de Madrid, José Luis Martínez-Almeida Navasqüés (Madrid, 1975) también es un ejemplo de cómo el gobernador de una ciudad se convierte en el guardián del bienestar de los ciudadanos.

Martínez-Almeida da el salto definitivo a la vida pública en 2015 al acudir a las elecciones municipales como número 3 de la lista popular y cuyo resultado fue la pérdida de la alcaldía para el Partido Popular después de más de cuarto de siglo de hegemonía conservadora. Tras la salida de Esperanza Aguirre del Ayuntamiento, dejando una sensación de desamparo en la bancada popular que aún no había asumido su papel en la oposición, dos candidatos se postularon para dirigir un grupo en el que reinaba el pesimismo y Martínez-Almeida salió vencedor tras una votación secreta entre sus propios compañeros de corporación.

Era en aquel tiempo un gran desconocido para los madrileños, pero pronto empezó a ocupar titulares al convertirse en el 'azote' de la entonces alcaldesa Manuela Carmena, llevando a cabo una política activa y demostrando una inmensa firmeza en sus convicciones.

Dos años después, y de nuevo contra todo pronóstico, el presidente del PP Pablo Casado le nombra candidato a la alcaldía de Madrid y aunque no logra ganar las elecciones, pronto demostrará sus grandes dotes de negociación política al cerrar en muy poco tiempo un pacto de gobierno con Ciudadanos y Vox. «Fue mi apuesta más arriesgada, pero sin duda la más exitosa», reconoce Pablo Casado, que no dudó en volver a confiar en Martínez-Almeida como portavoz nacional del PP. Para Casado el alcalde madrileño es «el triunfo de la normalidad. Un tipo humildemente brillante y genialmente común».

Cuando todavía no se cumple un año de la llegada del alcalde popular al Palacio de Cibeles, España al igual que la gran mayoría de los países europeos es vapuleada por una crisis sanitaria jamás imaginada. Y es en este preciso momento en el que el alcalde de Madrid demuestra su firme compromiso con los habitantes de la ciudad que dirige, sean madrileños o no, cercanos a su partido o no. Asume en esos momentos el reto de informar de manera contundente a los ciudadanos de la existencia de un peligro real, transmitiendo al mismo tiempo un mensaje de tranquilidad en el bando municipal del 12 de marzo. Este bando se hace público un día antes de la comparecencia del presidente del Gobierno en la que informaba del Decreto de Estado de Alarma, adelantándose así a las actuaciones del ejecutivo nacional. Las medidas impuestas a los vecinos de Madrid precederían a las que más tarde se iban a imponer en todo el país: cierre de terrazas, de espacios municipales, de cines y de teatros.

Si hay algo que han tenido en común todos los mensajes que el alcalde ha dirigido al pueblo de Madrid es su alto contenido ilusionante, en concreto ILUSIÓN POR MADRID. Del pueblo de la capital siempre se ha remarcado su carácter abierto, dinámico y esperanzador. No en vano, y por desgracia, no es la primera vez que la ciudad se enfrenta a un drama devastador. Esas señas de identidad son el bastón de mando del alcalde que no ha dudado en apoyarse en el madrileño para paliar los efectos de la crisis. El vecino participa directamente en la recuperación por Madrid y se consigue crear comunidad, un orgullo de pertenencia que sin duda fortalece a un pueblo. Almeida cumple con su parte y ensalza el esfuerzo del madrileño entendiendo que él debe estar a la altura de sus conciudadanos del mismo modo que ellos deben estar a la altura de su ciudad. Es tan importante saber transmitir confianza a los ciudadanos como demostrarles que su líder también confía en ellos.

En un momento de descrédito y desafección de la ciudadanía ante la clase política, cansados de los titulares diarios sobre casos de corrupción, prevaricación, malversación, tráfico de influencias..., la política de las emociones se vuelve esencial para recuperar la conexión entre los políticos y la ciudadanía. Conectar con los vecinos, ser conocedor de sus necesidades y de su sentir general son labores básicas de un regidor. Y en este sentido, se ha gestionado la crisis en Madrid con la idea de HOGAR. La Villa se convertía así en el hogar de todos lo que habitaban en ella, y como en toda familia, los problemas de un miembro afectan a los demás. Es el momento de remar todos juntos a contracorriente, a las órdenes de un cabeza de familia que es el primero en remangarse la camisa.

No había otra prioridad que arrimar el hombro, consolar a los afectados, empatizar con las verdaderas víctimas de la crisis y estar donde se te necesita. Martínez-Almeida aparecía a diario, a veces por sorpresa, en los lugares donde se desarrollaban las acciones claves: comedores sociales, MercaMadrid, supermercados, cocheras de la EMT, hospitales, comisarías, estaciones de bomberos... Que nadie echara en falta su presencia y su aliento. Sus apariciones no eran meramente institucionales, hemos podido ver al alcalde descargando cajas, cocinando o interesándose por la situación de los hospitales, en definitiva, actuando simplemente como uno más.

Los mensajes diarios de ánimo también son esenciales para recuperar la ilusión de una sociedad tocada pero nunca perdiendo de vista la realidad de la situación. El alcalde no ha dudado en mostrar su lado más humano al reconocer que él mismo se sentía abatido ante las duras imágenes del Palacio de Hielo confesando que «es la imagen que más me ha impactado en mi vida» o que le cuesta dormir por las noches. El uso constante de las redes sociales para comunicarse con sus vecinos también ha favorecido la sensación de «no estáis solos», unos mensajes que pretendían en cierta medida acabar con el silencio desolador de la ciudad.

Al mencionar la política de las emociones es importante tener en cuenta que cada vez más, el votante acude a las urnas guiado por impulsos. Cierto es que esta premisa se cumple en mayor medida cuando se celebran elecciones municipales, pues la ideología puede dejar de ser la variable fundamental del voto. La política municipal es sin duda alguna la más cercana al ciudadano, lo que implica que el voto se guíe no tanto hacia las siglas como sí hacia el cabeza de lista. Muchos son los ejemplos en los que podemos apoyar esta afirmación.

Abel Caballero (PSdeG-PSOE) llegó a la Alcaldía de Vigo gracias a un pacto con el BNG tras unos comicios ganados por el Partido Popular. Durante su primer mandato, Caballero se centró en las políticas sociales, lo que le mejoró sus resultados la segunda vez que presentó su candidatura. Desarrolló una enorme campaña de ensalzamiento de la ciudad, comparándola en algunos casos, no sólo con Madrid sino incluso con Nueva York o Tokio. Ese empeño por crear un sentimiento de orgullo entre sus vecinos, su cercanía y ciertas políticas sociales le convierten en el de regidor más votado de España desde 1979 entre las ciudades de más de 200.000 habitantes. Lo llamativo de estos datos no es que un candidato alcance unos resultados apabullantes, si no que esos resultados no son acordes con los obtenidos en las elecciones autonómicas donde el Partido Popular se alza como partido ganador. Se demuestra así que, en muchos casos, y especialmente en las ciudades pequeñas, el vecino reconoce a su alcalde e introduce la papeleta con su nombre sin que la sigla de la misma prevalezca en su decisión.

Sin embargo y ante los hechos acaecidos tras la reunión de la FEMP, cabe preguntarse si Caballero no ha sucumbido ya a las pretensiones del ejecutivo nacional olvidándose de los motivos por los que los vigueses le confiaron el bastón de mando. Caballero no dudó en utilizar su voto de calidad como presidente de la FEMP para sacar adelante un acuerdo a propuesta del Ministerio de Hacienda por el cual los ayuntamientos deben ceder sus remanentes a las arcas del Estado. Dicho acuerdo no sólo levantó ampollas entre alcaldes de distinto color político, sino que rompió con años de consenso entre los municipios.

Una a vez más asistimos a la 'rebelión de los alcaldes' impulsada por el PP y que contra todo pronóstico supo aunar el descontento de regidores de hasta14 partidos distintos y que ha conseguido tumbar en el Congreso el decreto del Gobierno sobre el uso estatal de los ahorros de los ayuntamientos. Los españoles somos testigos de nuevo del triunfo del municipalismo.

Sólo el tiempo dirá si tal decisión le pasará factura a Caballero en las urnas, pues su balanza se inclinó a favor del Gobierno de la nación en detrimento de los municipios. Y parece que, en esta ocasión, apostó a caballo perdedor.

Un caso parecido es el de Francisco Vázquez, alcalde de La Coruña por mayoría absoluta durante veintitrés años en contraposición a la hegemonía del centro derecha en tierras gallegas de casi treinta años. Vázquez centró su mandato en la mejora de las infraestructuras de la ciudad, medidas normalmente muy bien aceptadas por los vecinos, y darle un enorme impulso a la cultura coruñesa con la creación de la Universidad de La Coruña y la puesta en marcha de los Museos Científicos Coruñeses, entre otras muchas cosas. Fue un regidor muy fiel a sus principios y sus ideas y, en este aspecto no dudó en mostrarse crítico con su propio partido convirtiéndose en el alcalde más díscolo del PSOE de Rodríguez Zapatero.

Iñaki Azkuna fue Alcalde de Bilbao hasta que en 2014 murió a causa de una grave enfermedad. Las imágenes de su funeral en la catedral de Santiago de Bilbao son una prueba irrefutable del sentimiento de orfandad que inundaba las calles de su ciudad. Los que le conocieron coinciden en que era una persona extremadamente humana, una condición le que aportaba su otra gran vocación: la medicina. Azkuna no dudó en compartir con sus vecinos sus problemas de salud, pues los consideraba parte de su familia, y los bilbaínos le mostraron su apoyo confiándole de nuevo la alcaldía de Bilbao. El broche de oro a su trayectoria llegó cuando en 2012 fue nombrado Mejor Alcalde del Mundo por la City Mayors Foundation convirtiéndose en el único alcalde español en alcanzar tal reconocimiento.

Y por último mencionaremos a Rosa Aguilar, uno de los referentes históricos de Izquierda Unida en España y alcaldesa de la única capital de provincia-gobernada por dicho partido. Aguilar estuvo al frente del ayuntamiento de Córdoba diez años. La valoración de su gestión por parte de los cordobeses fue siempre muy positiva, aunque cabe preguntarse si el salto a la política autonómica y nacional y el cambio de siglas le pasaron factura a nivel de popularidad. No dudó en mostrar pública y notoriamente sus discrepancias con la dirección de su partido, lo que provocó un gran revuelo en las filas de Izquierda Unida y se barajó la posibilidad de apartarle como cabeza de cartel en los comicios de 2007. Sin embargo, esa posibilidad quedó descartada al entender que, sin el liderazgo de Aguilar, las elecciones estaban perdidas de antemano.

Queda claro que el mayor error que puede cometer un alcalde es olvidarse de las funciones para las que le han elegido sus vecinos, y pretender extralimitarse de sus competencias. Todos los esfuerzos deben centrarse en mejorar la calidad de vida de los habitantes de la ciudad e intentar ceñirse a las políticas que tengan repercusión positiva y prácticamente inmediata en su convivencia. Entra aquí en juego la idea de que la prioridad es el bienestar de las personas a las que representa dejando a un lado menesteres de la política puramente autonómica o nacional. En este sentido, Almeida desempeña su papel anteponiendo la defensa de su ciudad a las actividades estrictamente partidistas. No se podía gestionar tal situación sin contar con el apoyo y la colaboración de todos los partidos políticos que conforman el Ayuntamiento. Empieza así una labor de integración, de aunar esfuerzos y de alinearse con sus adversarios huyendo de los enfrentamientos. La imagen de unidad a nivel político también transmite un mensaje de tranquilidad frente a la desesperanza vecinal.

La unión hace la fuerza y era urgente ponerse a disposición de todo aquél que estuviera decidido a aportar y a tomar decisiones inmediatas. La Presidenta de la Comunidad de Madrid, Isabel Díaz Ayuso también lo entendió así y han sido incontables las ocasiones en las que hemos podido comprobar la buena sintonía que existe entre los dos dirigentes. Los madrileños nos hemos llegado a acostumbrar a sus reuniones, sus ruedas de prensa y sus comparecencias conjuntas dando siempre una imagen de apoyo total entre las dos administraciones.

La crispación es algo que está a la orden del día, y es un motivo más por el que el ciudadano se aleja de la vida política incluso perdiendo todo interés en el tema. El tiempo que se dedica a discutir es tiempo que se pierde para trabajar por la reconstrucción y la grave situación de la ciudad no lo podía permitir. Madrid dio en este aspecto, un ejemplo a nivel nacional logrando consenso entre todas las fuerzas políticas, tras varios días de llamadas telefónicas, reuniones y acuerdos entre los ediles del ayuntamiento. No debió ser tarea fácil pero lo que es indudable es que existía voluntad conciliadora por parte de todos los actores. Almeida ha demostrado ser un hombre de consenso y sus rivales políticos han sabido apreciar el gesto de humildad y la mano que les tendía el alcalde.

Cuando el gobierno de la nación se negó a aceptar la crisis humanitaria que atravesábamos, el alcalde lo consideró incluso una ofensa a todos los madrileños que habían perdido la vida, a sus familiares y al terrible esfuerzo que hacían otros por los demás. Adelantándose una vez más al ejecutivo nacional, el ayuntamiento colocó un crespón negro en la Puerta de Alcalá en señal de luto y celebró un homenaje a los muertos por el COVID 19 instalando un pebetero en frente al Palacio de Cibeles en cuya inscripción puede leerse: «Vuestra llama nunca se apagará en nuestro corazón. En homenaje a los fallecidos durante la pandemia del Covid-19». Una vez más el alcalde no se encontraba solo, en ambos actos estuvo acompañado por el resto de representantes políticos.

Merece una mención particular la buena sintonía que mantiene el alcalde con Begoña Villacís mostrándose juntos en todos los actos de relevancia y mostrando consenso entre los dos partidos de gobierno en todo momento. El regidor ha recalcado en varias ocasiones que «son dos partidos, pero un mismo Gobierno». Y personalizando más en la figura de Villacís, ha llegado incluso a afirmar en una entrevista a *ABC* que su relación con Begoña es «el matrimonio que aún no he tenido en mi vida». Unas declaraciones y unas imágenes que por desgracia hemos echado de menos en otros ayuntamientos y comunidades donde también se gobierna en coalición.

Pero sin duda alguna, el gran triunfo en materia de consenso político es la firma de los Pactos de la Villa en el que se recogen 352 medidas para la reconstrucción de Madrid consensuadas por todos los partidos representados en el pleno. Un acuerdo histórico en el que ha prevalecido el interés general a las ideologías y las propuestas propias. Un triunfo que sería injusto atribuir sólo a la figura del alcalde, es el resultado de la buena predisposición de todos los representantes políticos.

En palabras de Nicolás Redondo Terreros, ex secretario general del PSE-EE: «Almeida será reconocido sin duda como uno de los mejores alcaldes de la ciudad de Madrid. Las crisis muestran muy tajantemente las formas de liderazgo y estamos ante un líder colaborativo e integrador. Los madrileños pueden estar satisfechos con su alcalde, él lo sabe y está a gusto con el beneplácito de su gente».

Este talante conciliador ha llenado ríos de tinta alabando el acierto del alcalde por apostar por la unidad. Son muchas las personas y las personalidades que han querido reconocer el empeño de Almeida por aunar esfuerzos. No sólo recibe buenas palabras de sus compañeros de partido, sino también de sus rivales políticos y de personajes que siempre se han declarado en las antípodas ideológicas del alcalde popular. Hemos asistido incluso a acontecimientos jamás imaginados como ciudadanos al ser testigos de una reunión de los cinco alcaldes madrileños, promovida por el ex alcalde socialista Juan Barranco y con el fin de mostrar su apoyo al actual regidor y sellar el interés común por la ciudad más allá de las discrepancias políticas. Una imagen de la que, sin duda alguna, nos sentimos orgullosos todos los madrileños.

Aunque las competencias de los ayuntamientos son muy limitadas, las actuaciones de un regidor pueden tener una enorme aceptación por parte de los vecinos si son acertadas. Nos topamos aquí con la eterna pregunta de si los ayuntamientos deberían ver aumentadas tanto sus competencias como su presupuesto, aunque es un tema complejo que merecería un capítulo aparte.

En este sentido cabe destacar que el regidor de Madrid supo predecir el peligro que acechaba y puso sobre la mesa medidas políticas en el momento más inicial de la crisis sanitaria: moratoria del pago de alquileres municipales, supresión de desahucios, beneficios fiscales para la hostelería y el ocio... fueron disposiciones premonitorias. Semanas más tarde llegarían los Pactos de la Villa que ya hemos mencionado anteriormente.

Si hay algo que valoran los ciudadanos es la TRANSPARENCIA, algo que incluso recoge la agenda 2030 como uno de los objetivos principales de las administraciones. Pero tener una buena comunicación con el vecino no es sólo de obligado cumplimiento, sino que está demostrado que mejora notablemente la percepción de los vecinos sobre su regidor. Los ciudadanos necesitan claridad para poder así confiar en las instituciones. Almeida se ha mostrado siempre dispuesto a atender no sólo a la prensa si no a cualquier ciudadano que lo necesitara. Incluso ha ido más allá haciendo una férrea defensa de la libertad de expresión y la libertad de preguntar declarando en varias ocasiones que «hoy la democracia es más necesaria que nunca y los límites a la libertad de expresión no deben ser más que los establecidos en el ordenamiento jurídico».

Este comportamiento también le ha hecho ganarse el respeto de la prensa ya que no es costumbre entre los políticos el atender preguntas sin evasivas. Se han celebrado varias ruedas de prensa con el fin de informar a los vecinos de la situación de la ciudad y de las medidas que se estaban tomando, pero también se ha podido ver al alcalde pararse en mitad de la calle para atender a las preguntas de cualquier medio que le requería. Sin duda el mayor de nuestros desvelos es cómo salir de una crisis que en palabras del ex alcalde Ruiz Gallardón es «la situación más difícil que ha vivido la ciudad en su historia y que no tiene comparación con ninguna anterior. Mucho más complicada que el 11-M, al menos en ese momento sabíamos que había un punto final, a diferencia de la incertidumbre de esta crisis.»

Almeida, «uno de los nuestros», no tiene la clave ni una varita mágica para sacarnos de esta desesperada situación, pero sí está en su mano hacer sentir a los vecinos de Madrid que no están solos y que pueden confiar que, tanto gracias a sus aciertos como a pesar de sus errores, su alcalde velará por el bien de la ciudad. Nos enfrentamos ya no sólo a una crisis sanitaria sino también a una crisis económica que seguramente dejarán tocada a la Villa, pero nunca hundida porque el pueblo de Madrid jamás se ha caracterizado por dejarse vencer ante las adversidades. Tiene mucha suerte el alcalde de contar de su lado con una sociedad constructiva, luchadora y colaboradora.

La crisis no ha hecho más que empezar y, aunque reconocemos que los comienzos de Almeida han sido muy acertados, queda un larguísimo camino por recorrer. El refranero español nos recuerda que *'el movimiento se demuestra andando'*, confiemos en que nuestro alcalde mantenga su entusiasmo y su compromiso durante los tiempos que se avecinan. En su mano está seguir siendo en el futuro «el Alcalde de España».

EL CORONAVIRUS,
UNA AMENAZA MUNDIAL

Estados Unidos - Ana Céspedes

Reino Unido - Eduardo Barrachina

Alemania - Ana de Requesens Moll

Francia - Bijan Eghbal

Italia - Giuseppe Tringali

ESTADOS UNIDOS EN TIEMPOS DE CRISIS

Ana Céspedes

LA ALERTA SE COMUNICA TARDE Y SIN EL NIVEL DE AMPLIFICACIÓN NECESARIO

31 de diciembre. La autoridad de salud de Wuhan publica un comunicado en su web informando de un clúster de casos de neumonía vírica.

[Casos confirmados en Estados Unidos: 0] [Fallecimientos: 0]

Fuente: https://www.worldometers.info/coronavirus/country/us/

Es **30 de diciembre de 2019** y mientras en Nueva York amanece un día frío y ligeramente soleado donde la mayoría de los neoyorkinos se preparan para celebrar la entrada del nuevo año, algo muy distinto sucede a más de 12.000 kilómetros de distancia, en la ciudad china de Wuhan. Funcionarios de la autoridad de salud local convocan al joven oftalmólogo Li Wenliang en medio de la noche. Le exigen que rectifique sus declaraciones **«En cuarentena en el departamento de emergencias»**. Una misteriosa enfermedad había afectado a siete pacientes en su hospital y el joven doctor había advertido del peligro esa misma tarde en un chat compartido con sus compañeros de la escuela de medicina.

Según el artículo de investigación publicado por *The New York Times* (NYT) el 1 de febrero y que dio luz a estos acontecimientos en Estados Unidos, la policía obligó al Doctor Wenliang a firmar una declaración de que su mensaje constituía un «comportamiento ilegal». NYT también describe cómo este no es un caso aislado y las autoridades llevan semanas durante diciembre, y probablemente antes, intentando silenciar a médicos y otros[1]. La investigación ordenada por Trump y cuyos resultados terminan determinando la orden ejecutiva de salida de la Organización Mundial de la Salud (OMS) el 7 de julio, confirmará posteriormente hechos similares.

Cada vez es más difícil controlar la información. El 31 de diciembre, las autoridades chinas se ven obligadas a emitir un comunicado, publicado por la Comisión Municipal de Salud de Wuhan en su web, reconociendo la existencia de un conglomerado de casos de «neumonía viral». Según la OMS, fue la propia oficina local de la OMS en China la primera en alertar de esta noticia a la sede central de Ginebra. Esto motivó que la OMS pidiera información a las autoridades chinas, que fue facilitada el 3 de enero. Unos días más tarde, las autoridades chinas confirmaron que el clúster estaba causado por un nuevo coronavirus[2] y el **9 de enero confirmaron la primera muerte** por el mismo, un hombre de 61 años, trabajador del mercado mayorista de mariscos de Wuhan. En su comunicado, las autoridades chinas no mencionaron un hecho relevante para comprender los mecanismos de transmisión, su mujer había desarrollado la enfermedad cinco días después de él y nunca había visitado el ya famoso mercado[3].

Durante el mes de enero, muchos medios de comunicación en Estados Unidos se centran en investigar los detalles que se habían ocultado en la irresponsable gestión de la pandemia en China, la complacencia de la OMS y la evolución exponencial de casos en China. Mientras tanto, los científicos americanos, al igual que muchos otros a nivel mundial, se dedican a desempolvar sus investigaciones en la familia de coronavirus. Paradas, en muchos casos, por

1 As New Coronavirus Spread, China's Old Habits Delayed Fight [Internet]. Nytimes.com. 2020 [cited 13 July 2020]. Available from: https://www.nytimes.com/2020/02/01/world/asia/china-coronavirus.html

2 Covid-19: cronología de la actuación de la OMS [Internet]. Who.int. 2020 [cited 13 July 2020]. Available from: https://www.who.int/es/news-room/detail/27-04-2020-who-timeline---covid-19

3 Coronavirus Deaths Are So Far Mostly Older Men, Many With Previous Health Issues [Internet]. Nytimes.com. 2020 [cited 13 July 2020]. Available from: https://www.nytimes.com/2020/01/23/world/asia/coronavirus-victims-wuhan.html

falta de apoyo financiero. La **secuencia genética del nuevo virus, publicada el 10 de enero** en la base de datos del Centro Nacional para Información de Biotecnología (NCBI) americano, produciría un giro en muchas de las investigaciones en marcha. El entonces llamado 2019-nCoV era ya el tercer brote epidémico por un coronavirus que afectaba a humanos en los últimos tiempos, después del brote de síndrome respiratorio agudo severo (SARS) de 2002-2003 y el brote de síndrome respiratorio de Oriente Medio (MERS), iniciado en 2012. Los otros, sin embargo, se habían podido contener. ¿Qué pasaría con este?

Mi pareja, Gustavo, y yo acabábamos de llegar de España. Las vacaciones de Navidad con la familia son una tradición desde 2012 que trabajo en Estados Unidos. Requiere mucho esfuerzo estar pendiente del trabajo cuando tienes apenas una semana para abrazar a amigos, familia e incluso a nuestra hija María, que estudia en Londres desde hace tres años. Pero 'el deber llama'. Y como siempre, había estado 'pendiente del email'. En mi caso, como CEO de una organización dedicada al desarrollo de vacunas y anticuerpos para enfermedades infecciosas, IAVI, las noticias sobre la evolución del brote de Wuhan merecían especial atención. La gran pregunta de nuestro equipo científico era si se trataría de un brote controlado, como en casos anteriores. O si, por el contrario, estábamos frente a la denominada «enfermedad X», ante la que los expertos en salud pública llevaban años alertando. En previsión de lo que pudiera pasar, mi colega Mark Feinberg, virólogo y una de las personas que conozco con mayor visión científica, ya había pedido a nuestro equipo del Laboratorio de Diseño y Desarrollo de Vacunas de IAVI[4] en Brooklyn (Nueva York) que comenzaran la investigación.

La respuesta al alcance de lo que se empezó denominando «el brote de Wuhan» no tardaría mucho en llegar. Tailandia declaró el primer caso fuera de China el 13 de enero[5] y una semana más tarde,

4 IAVI. 2020 [cited 13 July 2020]. Available from: https://www.iavi.org

5 Woman in Thailand is first case with novel pneumonia virus outside China [Internet]. STAT. 2020 [cited 13 July 2020]. Available from: https://www.statnews.com/2020/01/13/woman-with-novel-pneumonia-virus-hospitalized-in-thailand-the-first-case-outside-china/

China finalmente confirmó públicamente que **«el nuevo coronavirus se puede propagar de persona a persona»**. Según revela el informe encargado por el presidente Trump, el Gobierno chino conocía esa información semanas antes. Y, sin embargo, no es hasta el 23 de enero que China impone medidas agresivas de contención en Wuhan.

La OMS declara la nueva enfermedad una emergencia de salud pública de importancia internacional una semana más tarde, el 30 de enero. Una medida que no conlleva todavía limitaciones en viajes internacionales.[6] El 31 de enero, Alex Azar —secretario de Salud y Servicios Sociales (HHS) de Estados Unidos— y Robert Redfield —director de los Centros de Prevención y Control de Enfermedades (CDC)—, anuncian en rueda de prensa la declaración de **emergencia de salud pública para todo Estados Unidos**[7], en una de las pocas intervenciones de alto nivel de ambos líderes durante esta crisis. Estados Unidos **cierra las fronteras con China el 1 de febrero**. La OMS había comunicado anteriormente que esa medida no era necesaria. La Unión Europea sigue las recomendaciones de la OMS y mantiene las fronteras abiertas.

El primer caso confirmado del nuevo coronavirus en Estados Unidos fue el 20 de enero. Un hombre de unos 30 años, del estado de Washington, y que había viajado a Wuhan[8]. Esa semana se celebraba la cumbre alpina del Foro Económico Mundial, en Davos, Suiza. Era el 22 de enero y Joe Kernen —presentador de la cadena CNBC— preguntó al presidente Trump en una entrevista si había preocupaciones sobre una pandemia en este momento. «No. En ab-

---

6 WHO declares coronavirus outbreak a global health emergency - STAT [Internet]. STAT. 2020 [cited 13 July 2020]. Available from: https://www.statnews.com/2020/01/30/who-declares-coronavirus-outbreak-a-global-health-emergency/

7 Press Briefing by Members of the President's Coronavirus Task Force | The White House [Internet]. The White House. 2020 [cited 13 July 2020]. Available from: https://www.whitehouse.gov/briefings-statements/press-briefing-members-presidents-coronavirus-task-force/

8 Holshue M, DeBolt C, Lindquist S, Lofy K, Wiesman J, Bruce H et al. First Case of 2019 Novel Coronavirus in the United States. New England Journal of Medicine. 2020;382(10):929-936. Available from: https://www.nejm.org/doi/full/10.1056/NEJMoa2001191

soluto. Y... estamos... lo tenemos totalmente bajo control. Es una persona que viene de China, y lo tenemos bajo control. Va a estar bien», respondió[9].

La ciudad de Nueva York contiene, con mucho, la población china más alta de cualquier ciudad individual fuera de Asia. El barrio de Chinatown está relativamente cerca de la sede de mi oficina en IAVI. Recuerdo volver del trabajo a finales de enero, paseando por las calles del distrito financiero y observar cómo la inmensa mayoría de personas de **la comunidad china neoyorkina utilizaban ya por entonces mascarillas**. Algo que tampoco pasó desapercibido para algunos periodistas[10]. La comunidad científica, sin embargo, no había siquiera iniciado «el debate sobre el uso de mascarillas», uno de los que más titulares acaparará en los meses siguientes y un área en la que todos deberíamos reflexionar. Parecía, en aquel entonces, una medida excesiva, injustificada.

Sí se había identificado ya la necesidad de financiación pública para acelerar las numerosas investigaciones que se iniciaban por todo el mundo. Y fue también a finales de enero cuando se empezaron a otorgar las **primeras ayudas de financiación a proyectos para el desarrollo de vacunas** para el nuevo virus, todavía denominado 2019-nCoV[11]. Los presupuestos eran todavía limitados. Curio-

9 CNBC Transcript: president Donald Trump sits down with cnbc's joe kernen at the world econom-ic forum in Davos, Switzerland [Internet]. CNBC. 2020 [cited 13 July 2020]. Available from:
https://www.cnbc.com/2020/01/22/cnbc-transcript-president-donald-trump-sits-down-with-cnbcs-joe-kernen-at-the-world-economic-forum-in-davos-switzerland.html

10 Chinese New Yorkers Worried About The Coronavirus Are Wearing Masks. Do They Work? [Internet]. Gothamist. 2020 [cited 13 July 2020]. Available from:
https://gothamist.com/news/chinese-new-yorkers-worried-about-coronavirus-are-wearing-masks-do-they-work

11 CEPI – International – GloPID-R [Internet]. Glopid-r.org. 2020 [cited 13 July 2020]. Available from: https://www.glopid-r.org/ressources/rapid-response-against-novel-coronavirus/

samente, ya se empezaba a hablar, no obstante, de la «carrera por la vacuna»[12].

ESTADOS UNIDOS SE RESISTE A ADMITIR EL INMINENTE IMPACTO LOCAL DE COVID-19

2 de febrero. Tony Faucy: «Es muy, muy transmisible, y seguramente será una pandemia. Pero ¿será catastrófico? No lo sé».

[Casos confirmados en Estados Unidos: 0] [Fallecimientos: 0]

Fuente: https://www.worldometers.info/coronavirus/country/us/

El 1 de febrero, la compañía de cruceros Princess emite un comunicado informando que uno de los pasajeros que había viajado en uno de sus barcos había dado positivo por coronavirus. **Más de 3.600 pasajeros se ponen en cuarentena**[13]. El número de casos confirmados supera los 700 y se convierte en uno de los brotes más grandes fuera de China. La noticia tiene un gran impacto en Estados Unidos, con cerca de 400 ciudadanos estadounidenses a bordo del crucero[14].

Los científicos ya no dudan de que se trata de una pandemia y la pregunta ahora es el impacto de esta. El 2 de febrero, Anthony (Tony) Fauci, director del Instituto Nacional de Alergias y Enfermedades Infecciosas (NIAD), lo expresa abiertamente: «Es muy,

12 Researchers Are Racing to Make a Coronavirus Vaccine. Will It Help? [Internet]. Nytimes.com. 2020 [cited 13 July 2020]. Available from: https://www.nytimes.com/2020/01/28/health/coronavirus-vaccine.html?smid=nytcore-ios-*share*

13 Princess Cruises: Diamond Princess Updates - Notices & Advisories [Internet]. www.princess.com. 2020 [cited 13 July 2020]. Available from: https://www.princess.com/news/notices_and_advisories/notices/diamond-princess-update.html

14 NPR. Americans Evacuate Diamond Princess Cruise Ship amid spread of Infection [Internet]. Npr.org. 2020 [cited 13 July 2020]. Available from: https://www.npr.org/2020/02/16/806470340/americans-evacuate-diamond-princess-cruise-ship-amid-spread-of-infection?t=1593833910456

muy transmisible, y seguramente será una pandemia. Pero ¿será catastrófico? No lo sé»[15].

En su discurso anual del Estado de la Unión el 5 de febrero, Trump incluye una breve referencia a la potencial pandemia, «Estamos coordinando con el Gobierno chino y trabajando en estrecha colaboración en el brote de coronavirus en China. Mi administración tomará todas las medidas necesarias para proteger a nuestros ciudadanos de esta amenaza». En un discurso que suele tener un marcado carácter político y económico, Trump dedica mayor atención a destacar los ingresos recibidos por los aranceles impuestos a China y su interés en un nuevo acuerdo comercial. «Tengo un gran respeto por el presidente Xi, y ahora estamos trabajando en un nuevo acuerdo comercial con China. Pero debe incluir un cambio real y estructural para poner fin a las prácticas comerciales desleales, reducir nuestro déficit comercial crónico y proteger los empleos estadounidenses»[16].

El **11 de febrero, la OMS asigna la denominación oficial de Covid-19** a la enfermedad, con el objetivo de evitar el estigma sobre la ciudad de Wuhan, en línea con directrices internacionales[17]. En Estados Unidos y desoyendo los consejos de sus asesores, Trump sigue hablando del «virus chino». Es una reacción a los comentarios emitidos previamente por un portavoz del Gobierno chino sugiriendo, sin evidencia, que el ejército de Estados Unidos había traído el nuevo coronavirus a la provincia de Hubei, donde se encuentra Wuhan.

---

15 Wuhan Coronavirus Looks Increasingly Like a Pandemic, Experts Say [Internet]. Nytimes.com. 2020 [cited 13 July 2020]. Available from: https://www.nytimes.com/2020/02/02/health/coronavirus-pandemic-china.html?smid=nytcore-ios-*share*

16 Remarks by President Trump in State of the Union Address | The White House [Internet]. The White House. 2020 [cited 13 July 2020]. Available from: https://www.whitehouse.gov/briefings-statements/remarks-president-trump-state-union-address-3/

17 Easy Covid-19 test tops research priorities as cases climb [Internet]. CIDRAP. 2020 [cited 13 July 2020]. Available from: https://www.cidrap.umn.edu/news-perspective/2020/02/easy-covid-19-test-tops-research-priorities-cases-climb

La carrera de la investigación biomédica continúa. Un equipo de investigadores de NIAD presenta **resultados preliminares** en animales con el nuevo compuesto en investigación **Remdesivir el 13 de febrero**[18]. Se trata de estudios todavía muy iniciales en monos y con otro coronavirus, el que provoca la enfermedad de MERS. Pero ofrecen perspectivas positivas para un potencial desarrollo clínico y acaparan numerosos titulares en prensa general. Unos días más tarde, el 18 de febrero, la multinacional farmacéutica Sanofi anuncia la primera de varias colaboraciones multimillonarias para el desarrollo de una vacuna con la agencia estatal americana de Investigación y Desarrollo Biomédico Avanzado (BARDA). Sanofi también utilizará su experiencia previa en otro coronavirus, el que provoca la enfermedad de SARS[19]. La comunidad científica china también busca el apoyo de los científicos americanos en la lucha contra Covid-19. Y los científicos americanos necesitan todavía de las muestras de virus de los pacientes de Wuhan. El grupo chino Evergrande anuncia la donación de $115 millones a investigadores de Harvard, Ragon Institute, MIT y otros centros de investigación del hub biomédico de Boston[20].

Se empieza a reconocer en Estados Unidos el papel protagonista que tienen los tests diagnóstico para Covid-19 en la gestión de la pandemia. El CDC aprueba la ampliación de sus indicaciones, hasta el momento centradas en personas que habían viajado a China o habían estado en contacto con aquellos que habían viajado. Un día después de confirmar el primer caso de potencial transmisión local, se amplían los criterios para incluir a personas con síntomas

---

18 Remdesivir Prevents MERS Coronavirus Disease in Monkeys [Internet]. Niaid.nih.gov. 2020 [cited 13 July 2020]. Available from: https://www.niaid.nih.gov/news-events/remdesivir-prevents-mers-coronavirus-disease-monkeys

19 Sanofi announces it will work with HHS to develop coronavirus vaccine [Internet]. STAT. 2020 [cited 13 July 2020]. Available from: https://www.statnews.com/2020/02/18/sanofi-announces-it-will-work-with-hhs-to-develop-coronavirus-vaccine/

20 Scientists from Harvard, China to unite against coronavirus [Internet]. Harvard Gazette. 2020 [cited 13 July 2020]. Available from: https://news.harvard.edu/gazette/*story*/2020/02/harvard-and-china-collaborate-on-coronavirus-therapies/

de enfermedad que habían viajado a Irán, Italia, Japón y Corea del Sur. También pacientes con enfermedad respiratoria inferior aguda que estén hospitalizados, incluso si no se ha identificado una fuente de exposición al coronavirus, cuando no hay un diagnóstico alternativo.

La Casa Blanca solicita al Congreso la aprobación de un **paquete urgente de medidas económicas el 22 de febrero**. Se habla de $1.000, si bien se terminan solicitando $2,500. Los demócratas critican la falta de ambición, comparándolo con los $6.200 millones solicitados al Congreso en 2014 durante la crisis de Ébola y de los cuales se aprobaron $5.400[21].

Altos cargos del Gobierno de Estados Unidos empiezan a trasladar la severidad de la situación. **«No se trata tanto de si [la pandemia] va a suceder, sino más bien de cuándo exactamente ocurrirá»**, declara Nancy Messonnier —directora del Centro Nacional de Inmunización y Enfermedades Respiratorias— el **25 de febrero**. «Este es un desafío de salud potencialmente grave y sin precedentes a nivel mundial», dijo el secretario de Salud y Servicios Sociales Alex Azar a un subcomité del Senado. Messonnier adelantó actuaciones que los americanos no estaban dispuestos a escuchar. «Las ciudades y pueblos deberían planear medidas de distanciamiento social, como dividir las clases escolares en grupos más pequeños de estudiantes o cerrar las escuelas por completo. Las reuniones y conferencias pueden tener que cancelarse. Las empresas deben hacer arreglos para que los empleados trabajen desde casa». Poco después de la conferencia de prensa, los mercados bursátiles cayeron en picado por segundo día.

El presidente Trump, que viajaba por India, muestra por primera su desacuerdo con los mensajes que miembros de su propio gobierno están emitiendo. «Puede preguntar sobre el coronavirus, que está muy bien controlado en nuestro país». «Tenemos muy pocas personas con él, y las personas que lo tienen están mejorando, en todos los casos, no he escuchado nada más: la gente está mejorando,

21 Trump sending coronavirus budget request to Congress [Internet]. POLITICO. 2020 [cited 13 July 2020]. Available from: https://www.politico.com/news/2020/02/24/trump-coronavirus-budget-request-117275

todos están mejorando». En esta misma línea se manifestaba Larry Kudlow —director del Consejo Económico Nacional—, quien declaró en CNBC que el coronavirus había sido «contenido» y que no haría un daño grave a la economía. «No creo que vaya a ser una tragedia económica en absoluto».

LA CASA BLANCA DECLARA EMERGENCIA NACIONAL E INICIA EL CONTROL POLÍTICO DE LA CRISIS SANITARIA

11 de marzo. Estados Unidos declara el estado de Emergencia Nacional.
[Casos confirmados en Estados Unidos: 1.248] [Fallecimientos: 38]
Fuente: https://www.worldometers.info/coronavirus/country/us/

El 27 de febrero, Trump anuncia el nombramiento del vicepresidente Mike Pence como responsable de coordinar la respuesta del Gobierno frente al coronavirus. Pence nombra a la embajadora Deborah (Debbie) Birx como coordinadora de la respuesta de coronavirus para la Casa Blanca [22]. El secretario de Estado Azar permanece, al menos formalmente, como presidente del grupo de trabajo sobre coronavirus del Gobierno. Sin embargo, resulta evidente que su papel público será muy reducido, con estos dos nombramientos por encima. Algunos medios se hacen eco de que Trump considera a Azar «demasiado alarmista sobre el virus». Desde la Casa Blanca se decide controlar los mensajes y se establecen directrices para que funcionarios y científicos del Gobierno pidan aprobación previa a la oficina de Pence de cualquier declaración sobre la pandemia[23].

22 Remarks by President Trump, Vice President Pence, and Members of the Coronavirus Task Force in Press Conference | The White House [Internet]. The White House. 2020 [cited 13 July 2020]. Available from: https://www.whitehouse.gov/briefings-statements/remarks-president-trump-vice-president-pence-members-coronavirus-task-force-press-conference/

23 Cases Soar in Italy, Iran and South Korea as Alarm Grows [Internet]. Nytimes.com. 2020 [cited 13 July 2020]. Available from: https://www.nytimes.com/2020/02/27/world/coronavirus-news.html?referringSource=articleShare

Las primeras medidas económicas se aprueban. En rueda de prensa, Trump declara «El Congreso está dispuesto a darnos mucho más de lo que pedimos. Eso es bueno para variar. Pero estamos totalmente listos, dispuestos y capaces. Es un término que usamos. Estar 'listo, dispuesto y ser capaz'. Y tenemos, tenemos... va a estar muy bien bajo control». Trump empieza a aceptar que la crisis puede tener un tamaño nunca visto, si bien continúa reforzado que el país está preparado. «Ahora, puede hacerse más grande, puede ser un poco más grande. Puede que no se haga más grande en absoluto. Veremos qué pasa. Pero independientemente de lo que pase, estamos totalmente preparados».

Un hombre sin antecedentes de viaje a China fallece el **28 de febrero en Washington**. Se trata de la **primera muerte** de Covid-19 reportada en Estados Unidos, si bien luego se supo que había habido otras anteriores. El primer caso oficial de Covid-19 en Nueva York se confirma el 1 de marzo. Los estados empiezan a solicitar la declaración oficial de desastre, un paso necesario para poder acceder a ayudas del Gobierno federal. Andrew Cuomo declara la **Emergencia por Desastre en el estado de Nueva York el 3 de marzo**.

Hasta ese momento, las pruebas para el diagnóstico de Covid-19 se estaban realizando de forma centralizada desde el CDC de Atlanta. El 29 de febrero, el estado de New York consigue la autorización para realizar sus propias pruebas y se marca el objetivo de hacer 1.000 al día. Un mes más tarde, Cuomo declara con orgullo que ya se han alcanzado los 20.000 tests al día[24]. El 3 de marzo, los CDC emiten una nueva guía que permite a cualquier persona hacerse la prueba del virus sin restricciones.

Trump se reúne en la Casa Blanca el 2 de marzo con los responsables máximos de las principales multinacionales biomédicas. Es una reunión que tendrá una gran influencia en lo que pase a

24 Remarks by President Trump and Members of the Coronavirus Task Force in Meeting with Pharmaceutical Companies | The White House [Internet]. The White House. 2020 [cited 13 July 2020]. Available from: https://www.governor.ny.gov/sites/governor.ny.gov/files/atoms/files/NYForwardReopeningGuide.pdf

continuación, no solo en Estados Unidos sino a nivel mundial. El presidente tiene claro que su 'arma' principal en la gestión de la crisis será la de ser el primer país que desarrolle, o ponga a disposición de sus ciudadanos, una solución biomédica para Covid-19. Sus asesores llevan semanas rastreando toda la innovación mundial existente y seleccionando los asistentes a esa reunión. Uno por uno, los primeros representantes de las compañías invitadas presentan sus proyectos. Muchos se muestran cautos. Conocen bien el desarrollo de vacunas y saben que la probabilidad de éxito hasta ahora es de un 6% y los tiempos más de 10 años. Si bien esos no son tiempos aceptables en este caso, algunos intentan no prometer más de lo que es posible cumplir[25].

Stéphane Bancel, CEO de Moderna, acapara la atención de Trump al compartir la posibilidad de que su vacuna esté lista antes de finales de año, gracias al tipo de tecnología utilizada. Fauci matiza «que se trata de una estimación muy ambiciosa». De cualquier manera, Moderna ya tenía una ventaja. Sus científicos habían estado colaborando con investigadores de NIAD en una vacuna para otro coronavirus, MERS, y acaban de publicar datos preliminares en modelos animales. Las expectativas ya están marcadas para Trump, que tiene en su cabeza las elecciones presidenciales del 3 de noviembre. Veinticuatro horas después de la mesa redonda, el 3 de marzo, la FDA aprueba el estudio en fase 1 de Moderna, lo que lo convierte en el primer candidato a vacuna que avanza a fase clínica en Estados Unidos[26].

La OMS declara oficialmente la pandemia el 11 de marzo, una medida que si conlleva la recomendación del cierre de fronteras. La gravedad de la situación que Italia vivía y el número creciente

25 Remarks by President Trump and Members of the Coronavirus Task Force in Meeting with Pharmaceutical Companies | The White House [Internet]. The White House. 2020 [cited 13 July 2020]. Available from: https://www.whitehouse.gov/briefings-statements/remarks-president-trump-members-coronavirus-task-force-meeting-pharmaceutical-companies/

26 Robert Kuznia C. In quest for vaccine, US makes 'big bet' on company with unproven technology [Internet]. CNN. 2020 [cited 13 July 2020]. Available from: https://www.cnn.com/2020/05/01/us/coronavirus-moderna-vaccine-invs/index.html

de países afectados hablaban por sí mismos. La insatisfacción en Washington era clara y los medios de comunicación se hacían eco del retraso de la OMS al declarar oficialmente una situación reconocida por la mayoría. Unas horas más tarde, ese mismo 11 de marzo, **Trump se dirige al país en un discurso televisado en directo desde el despacho oval de la Casa Blanca**.

Con una cara seria, falta de energía en la voz y mostrando abiertamente su incomodidad por seguir un guion preestablecido, Trump lee su discurso. Literalmente y sin esfuerzo visible porque no parezca una lectura. Comunica su decisión de declarar la Emergencia Nacional, siguiendo la declaración de pandemia por parte de la OMS. Alaba su propia gestión «Y tomando medidas intensas tempranas, hemos visto dramáticamente menos casos del virus en los Estados Unidos que ahora están presentes en Europa». Culpa a Europa de lo que pueda venir, «La Unión Europea no tomó las mismas precauciones ni restringió los viajes desde China y otros puntos críticos. Como resultado, viajeros de Europa han sembrado una gran cantidad de nuevos focos en Estados Unidos». Finaliza su mensaje anunciando las medidas económicas de carácter urgente que va a presentar para aprobación por el Congreso. No sin antes reforzar su mensaje de «América primero». «Ninguna nación está más preparada o es más resistente que los Estados Unidos. Tenemos la mejor economía, la atención médica más avanzada y los médicos, científicos e investigadores con mayor talento en el mundo». **El cierre de fronteras entra en vigor el viernes 13 de marzo**.

A partir de este momento y has finales de abril, **las ruedas de prensa del Grupo de Trabajo sobre Coronavirus se suceden casi a diario en la Casa Blanca**. Trump participa de manera muy activa, orquestando las intervenciones de Pence, Birx y Fauci. Este último, un gran comunicador, siempre provisto de datos de rigor y con más de cuatro décadas de experiencia a sus espaldas, pronto acapara la atención de los periodistas. Fauci lideró en los 80 la gestión de la crisis de la epidemia del SIDA en Estados Unidos y desde entonces, ha dirigido la estrategia de enfermedades infecciosas en el país. Algunos se dirigen a Fauci para destacar incongruencias técnicas en las declaraciones del presidente, usando preguntas abiertamente malintencionadas. Otros muestran un interés genuino por escuchar los hechos y cifras de alguien que los conoce bien.

Un informe elaborado por la prestigiosa universidad británica Imperial College y liderado por el reconocido epidemiólogo Neil Ferguson, proyecta 2,2 millones de muertes en Estados Unidos si no se imponen medidas de «aislamiento social». El informe modela lo aprendido de la devastadora experiencia en Italia y concluye que «no hay otra opción que seguir los pasos de China»[27].

Son días de una gran tensión e incertidumbre en Estados Unidos, un país bastante más descentralizado de lo que pueda parecer desde fuera. Las órdenes de «estar en casa» y mantener «aislamiento social» han de ser emitidas por los estados y existe una palpable falta de alineamiento. Los mensajes son confusos. Mientras tanto, **los norteamericanos han dejado de ver lo que sucedía en Europa como algo ajeno**. Empiezan a darse cuenta de que, si no se respetan ciertas precauciones, puede ser una cuestión de días el alcanzar una situación similar a la Italia, Francia o España. El gobernador de California Gavin Newson toma el liderazgo y publica el 18 de marzo la primera orden que exige a los ciudadanos estar en casa[28]. Cuomo publica el 22 de marzo medidas similares en Nueva York, obligando a que «el cien por ciento de la fuerza laboral se quede en casa», excluyendo los servicios esenciales[29]. A lo largo de los siguientes 10

27 Neil M Ferguson, Daniel Laydon, Gemma Nedjati-Gilani, Natsuko Imai, Kylie Ainslie, Marc Baguelin, Sangeeta Bhatia, Adhiratha Boonyasiri, Zulma Cucunubá, Gina Cuomo-Dannenburg, Amy Dighe, Ilaria Dorigatti, Han Fu, Katy Gaythorpe, Will Green, Arran Hamlet, Wes Hinsley, Lucy C Okell, Sabine van Elsland, Hayley Thompson, Robert Verity, Erik Volz, Haowei Wang, Yuanrong Wang, Patrick GT Walker,Caroline Walters, Peter Winskill, Charles Whittaker, Christl A Donnelly, Steven Riley, Azra C Ghani.Impact of non-pharmaceutical interventions (NPIs) to reduce Covid-19 mortality and healthcare demand. 13. [Internet]. Imperial.ac.uk. 2020 [cited 13 July 2020]. Available from: https://www.imperial.ac.uk/media/imperial-college/medicine/sph/ide/gida-fellowships/Imperial-College-COVID19-NPI-modelling-16-03-2020.pdf

28 Executive Order N-33-20 [Internet]. Gov.ca.gov. 2020 [cited 13 July 2020]. Available from: https://www.gov.ca.gov/wp-content/uploads/2020/03/3.19.20-attested-EO-N-33-20-Covid-19-HEALTH-ORDER.pdf

29 New York State on PAUSE [Internet]. Department of Health. 2020

días, la mayoría de los estados adoptan actuaciones equivalentes, si bien algunos como Florida se resisten.

Algunas organizaciones, entre ellas nosotros en IAVI, aceleran la implantación de sus planes de crisis. Se cancelan todos los viajes de trabajo, se activan los protocolos de comunicación y se instaura el trabajo desde casa (WFH, en sus siglas en inglés). Gustavo y yo vivimos en un edificio de 76 plantas al sur de Manhattan. Nuestros días transcurren encerrados en casa trabajando. En mi caso, de manera constante en actividades relativas a Covid-19. La velocidad de publicaciones es algo nunca visto. Nuestro proyecto de vacuna avanza muy rápidamente y estamos a punto de finalizar un acuerdo con la farmacéutica americana Merck & Co. Como para tantos otros, la plataforma Zoom se ha convertido en nuestra única salida al mundo exterior y las reuniones se suceden sin parar. Desde primera hora con África, India y Europa, hasta las más locales ya después de cenar.

La investigación biomédica en Covid-19 trabaja veinticuatro horas al día, los siete días de la semana y en todo el mundo. **Los candidatos a vacuna para Covid-19 ya se acercan al centenar**, si bien la mayoría de ellos están en fase preclínica. Los proyectos de investigación son tan numerosos que numerosas organizaciones ponen en marcha bases de datos para tener visibilidad en los últimos desarrollos. Las páginas de publicaciones «antes de revisión», entre ellas bioRxiv, medRxiv y arXiv, están más activas que nunca. Los investigadores no tienen tiempo de esperar a la tradicional revisión por pares para compartir la información, en ocasiones, todavía preliminar.

Desde el punto de vista de política sanitaria, la gestión de la crisis acapara cada vez más críticas. Miembros destacados de la comunidad científica mundial expresan sus frustraciones. «No puedo evitar sentirme muy frustrado porque los políticos e incluso los 'expertos' han tardado casi dos meses en comprender la magnitud del peligro del SARS-CoV-2», dijo Richard Horton —editor en jefe

[cited 13 July 2020]. Available from: https://coronavirus.health.ny.gov/new-york-state-pause

de la prestigiosa revista científica *The Lancet*—, en Twitter. «Esos peligros fueron claros desde el principio».[30]

ESTADOS UNIDOS SE CONVIERTE EN EPICENTRO MUNDIAL DE LA PANDEMIA Y DEJA LA OMS

14 de abril. Donald Trump: «La OMS ha facilitado información errónea de China sobre el virus. No hemos sido tratados adecuadamente».

[Casos confirmados en Estados Unidos: 555.240] [Fallecimientos: 30.573]

Fuente: https://www.worldometers.info/coronavirus/country/us/

La información de calidad por parte del Gobierno federal se entremezcla con comentarios, cuanto menos imprudentes, del propio presidente. «Quiero que Estados Unidos tenga muchas ganas de salir a la calle en dos semanas y media, con iglesias llenas en todo nuestro país», declara Trump en rueda de prensa. Se está refiriendo a su objetivo de que el país vuelva a un estado de normalidad el domingo 12 de abril, fecha en la que los estadounidenses celebran Easter, la Pascua de Resurrección. Una directriz con la que sus asesores no están de acuerdo. Fauci, convertido ya en el referente científico en la gestión de la crisis, habla de «la necesidad de prepararse para un segundo ciclo»[31]. Los medios de comunicación amplifican declaraciones que aumentan la brecha dentro del equipo de gobierno y destacan la falta de datos que apoyan las declaraciones de Trump[32].

30 Modeling study suggests 18 months of Covid-19 social distancing, much disruption [Internet]. CIDRAP. 2020 [cited 13 July 2020]. Available from: http://www.cidrap.umn.edu/news-perspective/2020/03/modeling-study-suggests-18-months-covid-19-social-distancing-much

31 Jr. B. Coronavirus: White House health advisor Fauci says US needs to be prepared for second cycle [Internet]. CNBC. 2020 [cited 13 July 2020]. Available from: https://www.cnbc.com/2020/03/25/coronavirus-white-house-health-advisor-fauci-says-us-needs-to-be-prepared-for-second-cycle.html

32 Opinion | Trump Wants to 'Reopen America.' Here's What Happens if We Do. [Internet]. Nytimes.com. 2020 [cited 13 July 2020]. Available from: https://www.nytimes.com/interactive/2020/03/25/opinion/coronavirus-trump-reopen-america.html?referringSource=articleShare

Las declaraciones de Trump sobre la hidroxicloroquina el 20 de marzo son otro de los ejemplos que provoca más titulares. «Me siento bien al respecto. Eso es todo, solo un sentimiento», dijo el presidente en referencia a la hidroxicloroquina durante una reunión informativa en la Casa Blanca[33]. Insistiendo unos días más tarde «La estoy tomando, hidroxicloroquina. En este momento... sí. Hace un par de semanas, comencé a tomarlo. Porque creo que es bueno, he escuchado muchas buenas historias»[34]. Son muchos los que lanzan la **voz de alarma sobre la presión política que sufre la FDA** y que podría haber determinado la autorización de uso en condiciones de emergencia para cloroquina e hidroxicloroquina el 30 marzo. Una autorización revocada el 15 de junio[35], con la suspensión por parte de los Institutos Nacionales de Salud (NIH) el 22 de junio de manera anticipada de los estudios clínicos en marcha[36]. Durante ese periodo, al menos seis estados se vieron forzados a tomar medidas para limitar las recetas inapropiadas de medicamentos con estos principios activos y preservar los suministros para los pacientes que los tomaban para el lupus y la artritis reumatoide[37].

---

33 Remarks by President Trump, Vice President Pence, and Members of the C oronavirus Task Force in Press Briefing | The White House [Internet]. The White House. 2020 [cited 13 July 2020]. Available from: https://www.whitehouse.gov/briefings-statements/remarks-president-trump-vice-president-pence-members-c-oronavirus-task-force-press-briefing/

34 Berkeley Lovelace Jr. K. Trump says he takes hydroxychloroquine to prevent coronavirus infection even though it's an unproven treatment [Internet]. CNBC. 2020 [cited 13 July 2020]. Available from: https://www.cnbc.com/2020/05/18/trump-says-he-takes-hydroxychloroquine-to-prevent-coronavirus-infection.html

35 Coronavirus (Covid-19) Update: FDA Revokes Emergency Use Authorization for Chloroquine and Hydroxychloroquine [Internet]. U.S. Food and Drug Administration. 2020 [cited 13 July 2020]. Available from: https://www.fda.gov/news-events/press-announcements/coronavirus-covid-19-update-fda-revokes-emergency-use-authorization-chloroquine-and

36 Gardner J. NIH ends key Covid-19 studies of hydroxychloroquine [Internet]. BioPharma Dive. 2020 [cited 13 July 2020]. Available from: https://www.biopharmadive.com/news/nih-hydroxychloroquine-coronavirus-trial-halt/580270/

37 Martha Bebinger W. Why Hoarding Of Hydroxychloroquine Needs To Stop [Internet]. Kaiser Health News. 2020 [cited 13 July 2020]. Available

Ciertos conservadores bastante influyentes cierran filas con el presidente y se atreven a sugerir que vale la pena sacrificar a algunas personas mayores para mantener la economía en movimiento. «Prefiero morir antes que matar al país», declara Glenn Beck, conocido periodista político[38]. En contraste, el gobernador del estado de Nueva York, uno de políticos demócratas más astutos, comienza a centrar sus mensajes en la toma de decisiones en base a datos científicos objetivos. «Debemos tomar decisiones de reapertura basadas en hechos. Sin política, sin giros. Sin emoción. Sin conspiraciones. Solo los hechos y los datos y la ciencia», declara Cuomo[39].

El edificio donde vivimos ha implementado medidas muy estrictas. No se permite la entrada a personas de fuera y se ofrece un espacio para alojarse a los propios trabajadores, con el fin de evitar el riesgo asociado a la utilización de transporte público. El número de afectados crece exponencialmente, en ocasiones amigos. Central Park ha instalado un hospital de campaña. Y desde la ventana de nuestro apartamento observamos como el hospital de debajo de casa ha instalado una especie de carpa para poder trasladar con privacidad a los numerosos fallecidos desde la salida del hospital a los camiones morgue. **Estados Unidos en general, y Nueva York en particular, son el nuevo foco de la pandemia** y las preguntas de mis colegas de trabajo sobre la situación en España se revierten. Son ahora mis amigos españoles los que me preguntan cómo estamos en Nueva York y nos dan consejos, basados en su propia experiencia en España.

---

from: https://khn.org/news/why-hoarding-of-hydroxychloroquine-needs-to-stop/?utm_campaign=KHN%20-%20Weekly%20Edition&utm_source=hs_email&utm_medium=email&utm_content=85379918&_hsenc=p2ANqtz-8kXWf3RpbV_Q_GeSr5BS_btdhQ59aMk87rcJ6Xj0NB_zDdEgMDyqwJFd3q5SjTbVZsYcKFxOiH5ofdD5VOHsScuOoyGA&_hsmi=85379918

38 'I would rather die than kill the country': The conservative chorus pushing Trump to end social distancing. Available from: https://www.washingtonpost.com/nation/2020/03/25/coronavirus-glenn-beck-trump/

39 Remarks by President Trump and Members of the Coronavirus Task Force in Meeting with Pharmaceutical Companies | The White House [Internet]. The White House. 2020 [cited 13 July 2020]. Available from: https://www.governor.ny.gov/sites/governor.ny.gov/files/atoms/files/NYForwardReopeningGuide.pdf

En medio de la confusión política, **la perspectiva de una vacuna proporciona la luz y esperanza que la población americana necesita**. Ya se han superado los 125 proyectos de investigación en marcha, con una participación relevante de científicos, compañías y organizaciones americanas en la mayoría de ellos. La prensa ofrece actualizaciones casi diarias del estado de evolución de la investigación en vacunas. Y las principales agencias de financiación de investigación biomédica anuncian contribuciones de cientos de millones de dólares a los proyectos más avanzados. «Me siento bastante cómodo de que dentro de 12 meses estaremos en una situación diferente y probablemente podamos comenzar a vacunar a las personas», afirma Stoffels —director científico de la multinacional Johnson & Johnson— al tiempo que la agencia del gobierno americano BARDA anuncia una contribución de $450 millones al proyecto de vacuna de la compañía[40]. «Es posible tener millones de dosis de una vacuna en enero», declara Fauci en el programa *Today Show* de NBC[41].

En el terreno económico nacional, el **27 de marzo se aprueba la** ***Ley Federal de Ayuda, Alivio y Seguridad Económica del Coronavirus (CARES)***, con amplio apoyo de ambos partidos en el Congreso. Contempla ayudas por un total de $2 millones de millones e incluye ayudas directas a familias, trabajadores y pequeños negocios.

La Casa Blanca, ansiosa por recuperar la vuelta a la normalidad, publica las ***Directrices para la Reapertura de la Economía*** **el 16 de abril**. De manera similar a otros países, el documento define los criterios que, de cumplirse, permiten a los estados levantar las restricciones. Sin establecer un marco temporal específico y clara-

40 Shapiro A. J&J's Chief Scientific Officer predicts vaccinations against coronavirus within 12 months [Internet]. Finance.yahoo.com. 2020 [cited 13 July 2020]. Available from: https://finance.yahoo.com/news/johnson-johnson-chief-scientific-officer-predicts-coronavirus-vaccination-within-12-months-225714803.html

41 NPR Fauci says its doable to have millions of doses of Covid 19 Vaccine by January [Internet]. Npr.org. 2020 [cited 13 July 2020]. Available from: https://www.npr.org/sections/coronavirus-live-updates/2020/04/30/848478507/fauci-says-its-doable-to-have-millions-of-doses-of-covid-19-vaccine-by-january

mente trasladando la presión a los estados, Trump indica que «hay 29 estados que pueden comenzar la apertura pronto y varios que podrían comenzar el proceso de inmediato»[42].

Distintos gobernadores habían empezado ya a formar coaliciones y trabajar de manera conjunta. Las directrices federales son una guía de carácter muy general y que deja en mano de los estados la mayoría de los detalles sobre las actividades específicas a implementar. En un intento de aportar un marco estratégico para el abordaje coordinado de la pandemia, la Universidad de Harvard publica el 20 de abril un estudio en el que ofrece una guía para la reapertura basada en tres ejes: tests, seguimiento de casos, y aislamiento con apoyo financiero[43]. En una línea similar, el propio Gates publica el 23 de abril un informe sobre las áreas de trabajo necesarias para alcanzar una economía sostenible: tratamientos, vacunas, tests, seguimiento de contactos, y políticas económicas y de salud pública[44]. Ambos documentos, basados en datos y con un gran nivel de sentido común, no acaparan la atención del Gobierno federal, que ha decidido descentralizar en los estados la ejecución de medidas específicas de salud pública.

La falta de liderazgo del organismo científico del Gobierno estadounidense para el control de enfermedades infecciosas, el CDC, es cada vez más visible. Distintos medios de comunicación destacan que la Casa Blanca había rechazado las esperadas directrices del CDC por ser «demasiado exigentes» y había solicitado una revisión de estas. Finalmente se publicaron el 14 mayo[45], generando

42 White House *Guidelines* To States For Reopening [Internet]. Npr.org. 2020 [cited 13 July 2020]. Available from: https://www.npr.org/2020/04/16/836489480/read-white-house-*guidelines*-to-states-for-reopening

43 Coronavirus biggest threat to American democracy since Great Depression or WWII, need 20 million tests daily to reopen: expertsRoadmap to Pandemic Resilience [Internet]. Ethics.harvard.edu. 2020 [cited 13 July 2020]. Available from: https://ethics.harvard.edu/covid-roadmap

44 Gates B. The first modern pandemic [Internet]. gatesnotes.com. 2020 [cited 13 July 2020]. Available from: https://www.gatesnotes.com/Health/Pandemic-Innovation

45 Bernstein, L. CDC offers brief checklists to guide businesses, schools

gran nivel de crítica por su falta de concreción y limitada ayuda que ofrecen.

Los proyectos de investigación siguen creciendo exponencialmente. La Fundación del NIH anuncia el 17 de abril la creación de ACTIV, una plataforma de colaboración público-privada dirigida a estandarizar las investigaciones realizadas en proyectos financiados por el Gobierno federal y numerosas compañías farmacéuticas, y priorizar los proyectos de vacunas y tratamientos con mayor potencial en el corto plazo. Participan más de 16 compañías[46].

Mientras tanto y **en apenas cuatro semanas, el número de muertos en Estados Unidos se triplica**, desde cerca de 31.000 el 14 de abril a más de 91.000 el 15 de mayo. A diferencia de otros países, no se limitan las horas en la que se puede salir de casa. Pero las calles están igualmente vacías y todos los establecimientos, salvo aquellos considerados de emergencia, cerrados. La «ciudad que nunca duerme» parece ahora dormida. Nunca olvidaré las calles de Soho y Tribeca prácticamente desiertas los sábados de mayo. Y la mezcla de miedo, enfado y tristeza durante mi paseo semanal. Los días de trabajo son muy intensos y mantener el equilibrio exige disciplina. Me ayudan las clases de barre, pillates y baile on-line. Y el grupo de WhatsApp de mis amigas del sector de la salud en España.

Con una media de alrededor de $400 millones anuales, Estados Unidos ha sido hasta ahora, y desde su constitución, el principal financiador de la OMS. El Gobierno americano había expresado desde el inicio de la pandemia de Covid-19 su frustración sobre la gestión del organismo mundial. Sin embargo, pocos esperaban la reacción de Trump **el 14 de abril al anunciar la suspensión por un periodo de 60-90 días de la financiación a la OMS**, en plena

and others on reopening. Washington Post (2020), May 14.

46 NIH partners with 16 drug companies to speed Covid-19 research [Internet]. STAT. 2020 [cited 13 July 2020]. Available from: https://www.statnews.com/2020/04/17/nih-partners-with-16-drug-companies-in-hopes-of-accelerating-covid-19-treatments-and-vaccines/?utm_source=STAT+Newsletters&utm_campaign=1460a88749-Daily_Recap&utm_medium=email&utm_term=0_8cab1d7961-1460a88749-152153498

pandemia[47]. «La OMS ha facilitado información errónea de China sobre el virus. No hemos sido tratados adecuadamente». Apenas cuatro semanas después y ante la negativa de la OMS a abordar los requerimientos de Trump de llevar a cabo una investigación en China, Trump hace público un ultimátum a la OMS. En una carta compartida en Twitter el 18 de mayo, el presidente estadounidense amenaza con cortar permanentemente los fondos a la OMS y reconsiderar su participación en la organización si esta «no se compromete a realizar mejoras sustanciales en los próximos 30 días»[48].

El anuncio definitivo llega tan solo once días más tarde y de la mano del mismo Trump en rueda de prensa. «Terminaremos hoy nuestra relación con la OMS y redirigiremos esos fondos a otros en todo el mundo y merecedores de las necesidades urgentes de salud pública mundial», declara Trump el 29 de mayo y sin que al parecer las personas más directamente involucradas supieran nada al respecto. «El mundo necesita respuestas de China sobre el virus»[49]. Trump rompe así uno de los acuerdos históricos de los dos partidos políticos, el área de salud pública. Hay miles de empleados estadounidenses en la OMS y su organismo regional para las Américas. Estados Unidos también alberga 82 centros colaboradores de la OMS.

Estados Unidos ha proporcionado aproximadamente el 15% de la financiación total de la OMS durante su actual período presupuestario de dos años. Algunos republicanos del Congreso se hacen eco de los ataques de Trump contra la agencia. Sin embargo, pocos

---

47 Trump announces cutoff of new funding for the World Health Organization over pandemic response https://www.washingtonpost.com/gdpr-consent/?cv-&next_url=https%3a%2f%2fwww.washingtonpost.com%2fpolitics%2ftrump-announces-cutoff-of-new-funding-for-the-world-health-organization-over-pandemic-response%2f2020%2f04%2f14%2520%2ff1df101e-7e9f-%2520ee-13e1a%2520ory.html%3fcv- (Cant Access)

48 Wang C. Trump threatens to permanently cut off WHO funding, withdraw U.S. membership [Internet]. CNBC. 2020 [cited 13 July 2020]. Available from: https://www.cnbc.com/2020/05/19/trump-threatens-to-permanently-cut-off-who-funding-withdraw-us-membership.html

49 Trump: U.S. will terminate relationship with WHO amid Covid-19 pandemic [Internet]. STAT. 2020 [cited 13 July 2020]. Available from: https://www.statnews.com/2020/05/29/trump-us-terminate-who-relationship/

apoyan la decisión tomada. «Ciertamente, es necesario que haya una buena mirada a los errores que la OMS podría haber cometido en relación con el coronavirus, pero el momento para hacerlo es después de que se haya resuelto la crisis, no en medio de ella», destaca el senador Lamar Alexander, presidente del comité de salud del Senado. Algunos expertos destacan que la salida de Estados Unidos de la OMS hará crecer la influencia de China.

A pesar de la salida declarada de Trump de la OMS, los funcionarios americanos continúan trabajando e intentando acelerar reformas que eviten la retirada definitiva. Esto tampoco amedranta a Trump quien el 20 junio emite un comunicado interno obligando a que cualquier colaboración con OMS fuese aprobada por su equipo directamente[50]. Muchas han sido las informaciones publicadas sobre la decisión de Trump de abandonar la OMS, incluyendo dudas sobre si el presidente tiene capacidad para adoptarla sin la aprobación del Congreso. En cualquier caso, **Trump emite la solicitud formal de separación de la OMS el 7 de julio**. La salida, según establece el convenio, tendrá efecto un año más tarde. Algo que el candidato demócrata Joe Biden no ha dudado en aprovechar para anticipar que revertirá la decisión si gana las elecciones de noviembre.

TRUMP ESCOGE COMO ARMA POLÍTICA LA INNOVACIÓN BIOMÉDICA: OPERACIÓN WARP SPEED

15 de mayo. Moncef Slaoui: «He visto recientemente los primeros datos de un ensayo clínico con una vacuna contra el coronavirus, y me han hecho sentir aún más seguro de que podremos administrar unos cientos de millones de dosis de la vacuna —suficiente para inocular gran parte de Estados Unidos-— para finales de 2020».

[Casos confirmados en Estados Unidos: 1.059.215] [Fallecimientos: 91.071]

Fuente: https://www.worldometers.info/coronavirus/country/us/

50 Inside the Trump Administration's Decision to Leave the World Health Organization [Internet]. ProPublica. 2020 [cited 13 July 2020]. Available from: https://www.propublica.org/article/inside-the-trump-administrations-decision-to-leave-the-world-health-organization

«Se llama Operación Warp Speed. Eso significa grande y rápido», dijo Trump mientras anunciaba el 15 de mayo en el Jardín de Rosas de la Casa Blanca su proyecto estrella en la gestión de la pandemia. A lo que añadió que se trataba de «Un esfuerzo masivo científico, industrial y logístico diferente a todo lo que nuestro país ha visto desde el Proyecto Manhattan», refiriéndose así al esfuerzo liderado por Estados Unidos durante la Segunda Guerra Mundial, con apoyo del Reino Unido y Canadá, y que permitió el desarrollo de la primera arma nuclear[51]. **El objetivo, poner a disposición 100 millones de dosis de una vacuna en noviembre, 200 millones en diciembre y 300 millones en enero**. Trump hacía esta promesa con posterioridad a declaraciones de Tony Fauci y otros advirtiendo repetidamente esa misma semana que «no había garantía de que una vacuna segura estuviera disponible tan rápido como lo prometió el presidente, o incluso durante años»[52]. Según información publicada en medios, el presupuesto de Operación Warp Speed (ya conocida como OWS) es, aparentemente, ilimitado[53].

Trump aúna en OWS dos elementos de gran importancia en la cultura americana: el orgullo por la nación y el respeto por los militares. «El gran proyecto nacional reunirá lo mejor de la industria y la innovación estadounidense, los recursos completos del Gobierno de los Estados Unidos y la excelencia y precisión del ejército de los Estados Unidos. Tenemos a los militares totalmente involucrados». Sin olvidar incluir una mención internacional para evitar ser criticado como nacionalista. «También estamos trabajando muy fuertemente con otros países que también tienen algunos grandes,

---

51 Garret Fitzgerald. Misguided drug advice for Covid 19. Sciencemag. 2020 [cited 13 July 2020]. Available from: https://science.sciencemag.org/content/367/6485/1434.1

52 Trump Vows Vaccine by End of Year, and Mobilizes Military to Help [Internet]. Nytimes.com. 2020 [cited 13 July 2020]. Available from: https://www.nytimes.com/2020/05/15/us/politics/coronavirus-vaccine-timeline.html?referringSource=articleShare

53 Sara Murray C. Trump grants 'Operation Warp Speed' a blank check to develop vaccine, source says [Internet]. CNN. 2020 [cited 13 July 2020]. Available from: https://www.cnn.com/2020/05/01/politics/donald-trump-vaccine-operation-warp-speed/index.html

excelentes científicos, médicos. Y todos estamos trabajando muy estrechamente juntos, y nos ven como el líder, y lo somos. La relación con otros países para resolver este problema ha sido increíble»[54].

Consciente de que no tiene margen de error, Trump anuncia sus dos nombramientos clave al frente de este proyecto. El Dr. Moncef Slaoui, inmunólogo de reconocido prestigio y con décadas de experiencia en el desarrollo de vacunas en la industria farmacéutica. Y el general de cuatro estrellas Gus Perna, al frente de las operaciones. Se trata de un objetivo «muy creíble, a pesar de que lo más rápido que se ha desarrollado y distribuido una nueva vacuna es de cuatro años y la mayoría ha tomado mucho más tiempo», declara Slaoui en la rueda de prensa conjunta.

OWS priorizará exclusivamente candidatos a vacuna que ofrezcan las mayores posibilidades de estar disponibles antes de finales de año. De los casi 200 candidatos a vacuna investigados a nivel mundial, se han preseleccionado ya 14 y el objetivo será reducirlos a tres o cuatro para ensayos a gran escala. Si bien algunos medios han publicado información anticipando los candidatos confirmados a formar parte de OWS, todavía no se han comunicado oficialmente a fecha de finalización de este capítulo, el 14 de julio.

El Gobierno de Trump ha invertido $10.000 millones en investigación biomédica desde el inicio de la pandemia[55] y ha recogido sus frutos. A pesar de algunos sonoros 'fracasos' como el de la hidroxicloroquina, son muchos los titulares que, destacando los enormes avances producidos, han transmitido grandes dosis de esperanza a los norteamericanos durante estos meses. Uno de esos momentos es el ofrecido el **1 mayo en la presentación de los resultados positivos con Remdesivir** en el despacho oval de la Casa Blanca, junto al CEO de Gilead y Tony Fauci, todavía en el 'lado amigo' del presidente, al menos públicamente. Un modesto e importante avance, con una mejora de 4 días en la recuperación de pa-

54 Remarks by President Trump on Vaccine Development | The White House [Internet]. The White House. 2020 [cited 13 July 2020]. Available from: https://www.whitehouse.gov/briefings-statements/remarks-president-trump-vaccine-development/

55 Lo dice Trump en la rueda prensa del 15 de mayo.

cientes hospitalizados, 11 días en lugar de los 15 con placebo[56]. Los datos, correspondientes ya a 1.000 pacientes, permiten una autorización de uso de emergencia por parte de la FDA ese mismo día.

La gran visibilidad de las investigaciones en Covid-19 también provoca alguna que otra alegría en Bolsa. El ejemplo más marcado, el de Moderna. El 18 de mayo, la biotecnológica americana anuncia resultados preliminares positivos de su candidato a vacuna mRNA-1273[57]. Los resultados, correspondiente tan solo a 8 de los 45 voluntarios en Fase I, provocan un incremento inmediato del precio de las acciones y según una investigación publicada por CNN Business, ventas con revalorizaciones multimillonarias por parte de los propios directivos de la organización[58]. **El precio de las acciones de Moderna se ha multiplicado casi tres veces, desde $29,88 el 2 de marzo hasta los $75.04 a cierre de este capítulo el 14 de julio**. El Gobierno americano ha invertido $483 millones en el candidato a vacuna de Moderna. Las voces críticas destacan que se basa en una tecnología que no se ha conseguido utilizar con éxito hasta ahora en el desarrollo de vacunas. Los que están a favor destacan que solo este tipo de tecnologías permitirán en un futuro respuestas suficientemente rápidas como las requeridas en el caso de pandemias.

El radar de Trump y sus asesores no se limita a proyectos locales. El presidente estadounidense selecciona y apoya también los proyectos internacionales más avanzados. Su objetivo es que Estados Unidos tenga acceso a la primera vacuna para Covid-19 que se desarrolle, ahí donde esté. Y para ello, Trump prefiere los acuer-

56 How Remdesivir, New Hope for Covid-19 Patients, Was Resurrected [Internet]. Nytimes.com. 2020 [cited 13 July 2020]. Available from: https://www.nytimes.com/2020/05/01/health/coronavirus-remdesivir.html

57 Moderna Announces Positive Interim Phase 1 Data for its mRNA Vaccine (mRNA-1273) Against Novel Coronavirus | Moderna, Inc. [Internet]. Moderna, Inc. 2020 [cited 13 July 2020]. Available from: https://investors.modernatx.com/news-releases/news-release-details/moderna-announces-positive-interim-phase-1-data-its-mrna-vaccine

58 Matt Egan and Robert Kuznia C. Moderna's coronavirus vaccine announcement set off a frenzy on Wall Street. Now some are calling for an investigation [Internet]. CNN. 2020 [cited 13 July 2020]. Available from: https://www.cnn.com/2020/06/01/business/moderna-vaccine-stock-sales-invs/index.html

dos bilaterales. Ausentándose de importantes reuniones dirigidas a impulsar la cooperación global, **Estados Unidos decide no participar en el denominado Acelerador de Acceso a Herramientas Covid-19 (ACT)**, una nueva colaboración mundial dirigida a acelerar el desarrollo, la producción y el acceso equitativo a las pruebas, tratamientos y vacunas de Covid-19.

La OMS lanza ACT el 24 de abril, en respuesta a una llamada de los líderes del G-20 en marzo. La ausencia de Estados Unidos genera muchos titulares en la cumbre fundacional del 4 de mayo, liderada por la Unión Europea, con apoyo de Canadá, la Coalición para las Innovaciones en Preparación para Epidemias (CEPI) y organizaciones filantrópicas como Bill y Melinda Gates Foundation, Wellcome Trust y Unitaid, entre otros. El objetivo de ACT es recaudar 7.500 millones de euros en fondos iniciales para investigación global sobre Covid. Estados Unidos, China, India y Rusia no participan[59].

Los anuncios realizados en las semanas siguientes a la cumbre muestran que el Gobierno estadounidense no necesita formar parte de coaliciones internacionales para poder invertir cientos de millones de dólares en los proyectos que considera más alineados con sus objetivos. Generando, en algunas ocasiones, roces internacionales. Las declaraciones del Gobierno francés no se dejaron esperar el 14 de mayo, tras la asignación de $30 millones a la compañía francesa Sanofi y el CEO de esta declarar que «el Gobierno de Estados Unidos tiene derecho al pedido anticipado más grande porque ha invertido y asumido el riesgo». Macron pidió una reunión urgente con el CEO declarando que «Para nosotros, sería inaceptable si hubiera un acceso privilegiado desde este o aquel país con un pretexto que sería un pretexto monetario»[60].

59 WHO launches global project to develop Covid-19 medical products - STAT [Internet]. STAT. 2020 [cited 13 July 2020]. Available from: https://www.statnews.com/pharmalot/2020/04/24/covid19-coronavirus-who-vaccines-medicines-access/?utm_source=STAT+Newsletters&utm_campaign=d713df9ad1-Daily_Recap&utm_medium=email&utm_term=0_8cab1d7961-d713df9ad1-152153498

60 French president Macron seeks meeting after Sanofi CEO's vaccine comments [Internet]. FiercePharma. 2020 [cited 13 July 2020]. Available from:

El 21 de mayo, Estados Unidos anuncia la colaboración con la compañía AstraZeneca. La farmacéutica británica se compromete a desarrollar 300 millones de dosis de su vacuna en octubre y a involucrar a 30.000 voluntarios en Estados Unidos en su ensayo clínico en fase III en verano[61]. **La agencia americana BARDA proporcionará una financiación de $1.200 millones a AstraZeneca**. En palabras del secretario del HHS Alex Azar, reaparecido en medios tras el arrinconamiento paulatino de Fauci por parte de Trump, «Este contrato con AstraZeneca es un hito importante en el trabajo de OWS hacia una vacuna segura, efectiva y ampliamente disponible para 2021».

Las voces críticas sobre la falta de cooperación internacional de Estados Unidos crecen en la comunidad científica americana. «Bajo un presidente de 'América Primero', ¿acaparará Estados Unidos el mercado de la vacuna Covid-19?», titula el prestigioso outlet Stat News[62]. También aumentan **las protestas sobre la presión política ejercida por la Casa Blanca a los organismos técnicos**, con ejemplos como la sonora destitución de Rick Brights de la dirección de BARDA y su posterior denuncia de irregularidades[63] o la dimisión de un alto cargo de la FDA el 10 de junio. «Nuestra ventana de oportunidad se está cerrando. Si no desarrollamos una respuesta coordinada nacional, basada en la ciencia, me temo que la pande-

https://www.fiercepharma.com/pharma/french-president-macron-seeks-meeting-after-sanofi-ceo-s-vaccine-comments

61 Trump Administration's Operation Warp Speed Accelerates AstraZeneca Covid-19 Vaccine to be Available Beginning in October [Internet]. HHS.gov. 2020 [cited 13 July 2020]. Available from: https://www.hhs.gov/about/news/2020/05/21/trump-administration-accelerates-astrazeneca-covid-19-vaccine-to-be-available-beginning-in-october.html

62 Under Trump, will the U.S. corner the market on Covid-19 vaccine? [Internet]. STAT. 2020 [cited 13 July 2020]. Available from: https://www.statnews.com/2020/05/15/under-an-america-first-president-will-the-u-s-corner-the-market-on-covid-19-vaccine/?utm_source=STAT+Newsletters&utm_campaign=cf34bf88de-Daily_Recap&utm_medium=email&utm_term=0_8cab1d7961-cf34bf88de-152153498

63 BARDA whistleblower Rick Bright speaks out on 60 Minutes [Internet]. Cbsnews.com. 2020 [cited 13 July 2020]. Available from: https://www.cbsnews.com/news/rick-bright-barda-whisteleblower-hhs-60-minutes-2020-05-14/

mia empeorará y se prolongará, causando enfermedades y muertes sin precedentes», declara Brights en el conocido programa de CBS 60 Minutos [64]. «La FDA lucha por mantenerse independiente en medio de la carrera por la cura del virus», titula Político, uno de los periódicos especializados con mayor impacto en DC[65].

Trump deja caer que a finales de mayo se cancelará el Grupo de Trabajo de Coronavirus y la presencia en las ruedas de prensa de la Casa Blanca de Tony Fauci, ya convertido en figura pública, se hace cada vez más limitada. Los rumores, desmentidos por el propio presidente en su popular Twitter, dicen que «quiere despedir a Fauci». Algo que el propio Tony se toma con cierto sentido de humor, ayudado por la maravillosa imitación que le hace Brad Pitt en el conocido programa de NBC Saturday Night Live.

SE ALCANZAN LOS 100.000 MUERTOS Y SE INICIA «LA CRISIS DENTRO DE LA CRISIS»

30 de mayo. Carta abierta firmada por 1.200 profesionales sanitarios: «como defensores de la salud pública, no condenamos estas manifestaciones por su potencial riesgo para la transmisión de Covid-19. Sino que las apoyamos como vitales para la salud pública nacional y la salud amenazada específicamente de los negros en los Estados Unidos»

[Casos confirmados en Estados Unidos: 1.160.443] [Fallecimientos: 108.139]

Fuente: https://www.worldometers.info/coronavirus/country/us/

The New York Times abre su edición de fin de semana con una portada impactante «Una pérdida incalculable», titula. Debajo, los nombres de los **100.000 fallecidos por Covid-19 en el país**, que

64 BARDA whistleblower Rick Bright speaks out on 60 Minutes [Internet]. Cbsnews.com. 2020 [cited 13 July 2020]. Available from: https://www.cbsnews.com/news/rick-bright-barda-whisteleblower-hhs-60-minutes-2020-05-14/

65 FDA struggles to remain independent amid race for virus cure [Internet]. POLITICO. 2020 [cited 13 July 2020]. Available from: https://www.politico.com/news/2020/06/03/fda-struggles-to-remain-independent-amid-race-for-virus-cure-299127

ocupaban también páginas supletorias dentro del periódico[66]. Es mismo día, **25 de mayo**, cuatro agentes de policía de Minneapolis arrestan a **George Floyd**, un hombre negro de 46 años, después de que un empleado de una tienda de conveniencia le denunciara por haber comprado cigarrillos con un billete falsificado de $20. Diecisiete minutos después de que la primera patrulla llegara a la escena, Floyd estaba inconsciente y atrapado debajo de la rodilla de uno de los policías, sin mostrar signos de vida. Los cuatro policías fueron despedidos al día siguiente y poco más tarde, acusados por homicidio involuntario de segundo grado[67].

Los días que suceden a la noticia de la muerte de Floyd son una espiral acelerada de acontecimientos. Los estadounidenses, que llevan dos meses en sus casas, no dudan en salir a la calle por miles. Las manifestaciones se suceden por todos los rincones del país. Nueva York alcanza decenas de protestas cada día. Según NYT, medio millón de norteamericanos se manifestaron el 6 de junio, pico de las protestas, en más de 550 sitios repartidos por todo el país. **Entre 15-26 millones de estadounidenses participan en las manifestaciones, con una media de 140 protestas al día por todo Estados Unidos, desde el 26 de mayo y hasta el 3 de julio**[68].

Algunas voces quieren alertar de las muertes que se pueden producir si las manifestaciones se prolongan y facilitan los contagios. Pero la libertad de expresión es uno de los valores clave de la cultura americana y nadie en el entorno político se atreve a hacer declaraciones que puedan ser malentendidas como un intento de erosión de la libertad. Por si quedara alguna duda, **el 30 de mayo, 1.200 profesionales sanitarios firman una carta abierta en apoyo de las protestas**. «Quedarse en casa, el distanciamiento social y la uti-

66 Remembering the 100,000 Lives Lost to Coronavirus in America [Internet]. Nytimes.com. 2020 [cited 13 July 2020]. Available from: https://www.nytimes.com/interactive/2020/05/24/us/us-coronavirus-deaths-100000.html

67 How George Floyd Was Killed in Police Custody [Internet]. Nytimes.com. 2020 [cited 13 July 2020]. Available from: https://www.nytimes.com/2020/05/31/us/george-floyd-investigation.html

68 Black Lives Matter May Be the Largest Movement in U.S. *History*. https://www.nytimes.com/interactive/2020/07/03/us/george-floyd-protests-crowd-size.html

lización de mascarillas en público son efectivos para minimizar la propagación de Covid-19. En la medida de lo posible, apoyamos la aplicación de estas mejores prácticas de salud pública durante manifestaciones que llaman la atención sobre la fuerza letal dominante de la supremacía blanca. Sin embargo, como defensores de la salud pública, no condenamos estas manifestaciones por su potencial riesgo para la transmisión de Covid-19. Sino que las apoyamos como vitales para la salud pública nacional y la salud amenazada específicamente de los negros en los Estados Unidos[69].

«A pesar de las protestas en curso en todo el país, el presidente Donald Trump aún no ha dado un discurso a la nación desde el Despacho Oval», titula la agencia de noticias Reuters[70]. Trump sigue centrado en su campaña por la vacuna de Covid-19 y en la reapertura de la economía. El 5 de junio declara que tiene «dos millones de dosis listas», pendientes de que se compruebe su eficacia y el 19 de junio, la nueva secretaria de prensa de Trump confirma que el Equipo de Trabajo del Coronavirus no emitirá más ruedas de prensa oficiales[71]. **Trump ha decidido ya dar plena velocidad a su campaña política, en la que se atreve a contradecir aún más abiertamente a sus asesores científicos**. El 24 de junio y en el marco de uno de sus primeros discursos de campana, el presidente Trump se refiere al coronavirus como 'kung flu'[72].

La politización de la respuesta al coronavirus no parece haber destruido todavía, sin embargo, la credibilidad en la ciencia de

69 Open Letter [Internet]. Google Docs. 2020 [cited 13 July 2020]. Available from: https://drive.google.com/file/d/1Jyfn4Wd2i6bRi12ePghMHtX3ys1b7K1A/view

70 An Oval Office speech? Trump's advisers torn over how to address protests [Internet]. U.S. 2020 [cited 13 July 2020]. Available from: https://www.reuters.com/article/us-minneapolis-police-trump-address/an-oval-office-speech-trumps-advisers-torn-over-how-to-address-protests-idUSKBN2383S6

71 https://www.bloomberg.com/news/articles/2020-06-19/white-house-s-virus-task-force-will-no-longer-brief-public?utm_campaign=pol&utm_medium=bd&utm_source=applenews

72 Then and now: Trump's changing views on Covid-19 [Internet]. BBC News. 2020 [cited 13 July 2020]. Available from: https://www.bbc.com/news/av/world-us-canada-52145270/how-trump-s-attitude-toward-coronavirus-has-shifted

los estadounidenses. En una encuesta llevada a cabo por NYT el 27 de junio, el 84% de los votantes dijeron que confiaban en los científicos médicos para proporcionar información fiable sobre el virus —90% de los demócratas y 75% de los republicanos—. La confianza general en el CDC fue 77% —71% entre republicanos y 83% entre demócratas—, dato sorprendente si se tiene en cuenta el papel casi ausente que ha tenido durante la crisis[73].

Poco a poco, los estados comienzan a levantar sus restricciones, incluyendo numerosas áreas de Nueva York. **Manhattan es la última localidad del estado en acceder a Fase 2, el lunes 22 de junio**. Esa misma mañana y como tantos otros neoyorkinos, Gustavo se apresura al barbero a primera hora. Aún faltan diez minutos para las siete de la mañana y ya es el tercero esperando en la puerta. Con mascarilla y a un metro y medio de distancia. Un primer paso de vuelta a la nueva normalidad.

SE DUPLICAN LOS CASOS Y LA DIVISIÓN POLÍTICA. ¿VUELTA AL INICIO?

14 de julio. Peter Navarro, asesor de Trump: «Anthony Fauci se ha equivocado en todo lo que he interactuado con él»

[Casos confirmados en Estados Unidos: 1.810.284] [Fallecimientos: 139.153]

Fuente: https://www.worldometers.info/coronavirus/country/us/

Tras un periodo estable con una media de 20.000 casos al día y la reapertura paulatina de los cincuenta estados, **el número de afectados por Covid-19 en Estados Unidos comienza a duplicarse**, alcanzando los 57.500 el 4 de julio, día de la independencia nacional.

Los responsables del NIH lo atribuyen a la apertura de muchos estados sin realmente estar preparados y levantan la voz de alarma,

73 On Coronavirus, Americans Still Trust the Experts [Internet]. Nytimes.com. 2020 [cited 13 July 2020]. Available from: https://www.nytimes.com/2020/06/27/upshot/coronavirus-americans-trust-experts.html?referringSource=articleShare

pidiendo a los norteamericanos que utilicen mascarillas y que mantengan la distancia para protegerse, «con independencia del estado en que vivan»[74]. Y es que, a pesar de las recientes directrices del CDC que finalmente recomiendan la utilización de mascarillas, son todavía muchos los ciudadanos que no las consideran necesarias. Sin ir más lejos, el propio presidente utiliza una mascarilla por primera vez en público el fin de semana del 11 de julio, pese a las abiertas críticas de la comunidad científica. De hecho, las encuestas muestran que **el uso de mascarillas se ha convertido en un tema partidista**, con los demócratas mucho más propensos a su utilización que los republicanos[75].

Con las elecciones a pocos meses y previendo el impacto político que podría tener que la educación siguiera cerrada a principios de noviembre, la **reapertura de los centros educativos en otoño es otro de los puntos de conflicto político**. El Gobierno federal ha dejado las decisiones de reapertura en manos de los gobiernos estatales y locales. El 7 de julio, Trump declara abiertamente que los demócratas «no quieren abrir escuelas en el otoño por razones políticas, no por razones de salud». Y añade, «vamos a presionar mucho a los gobernadores y a todos los demás para que abran las escuelas»[76].

En el terreno federal, OWS sigue asignando financiaciones multimillonarias a proyectos de vacunas, al tiempo que provoca las críticas del Senado por su falta de transparencia en la toma de de-

74 Situation 'really not good' as new Covid-19 cases break records: Fauci. [cited 14 July 2020]. Available from: https://abcnews.go.com/Politics/situation-good-covid-19-cases-break-records-fauci/s*tory*?id=71636306

75 CDC director says Trump, Pence should wear masks to set example [cited 14 July 2020]. Available from: https://thehill.com/policy/healthcare/507299-cdc-director-says-trump-pence-should-wear-masks-to-set-example?utm_campaign=KHN%3A%20First%20Edition&utm_medium=email&_hsmi=91409470&_hsenc=p2ANqtz--9xodWsZbFPc3Xx0gSJH719sL-v48Ijxej3GFVp4ThdEzAItptNz2CUhuEUPi_GLWI0pLQj47JJTM_4U-19bRSiWZbSCiA&utm_content=91409470&utm_source=hs_email

76 Trump says he will pressure governors over school reopenings even as virus surges [cited 14 July 2020]. Available from: https://edition.cnn.com/2020/07/07/politics/trump-education-schools-reopening/index.html

cisiones. **El 7 de julio, OWS anuncia la financiación de $1.600 millones a la compañía Novavax**, la mayor hasta la fecha. «Agregar al candidato de Novavax a la diversa cartera de vacunas de OWS aumenta las probabilidades de que tengamos una vacuna segura y efectiva tan pronto como finalice este año», explica Azar, responsable máximo del departamento de salud americano[77].

Todo esto sucede al tiempo que se crea la mayor red nacional de la historia de Estados Unidos para captar a voluntarios para estudios clínicos en vacunas y otras terapias de prevención, la Red Nacional de Prevención de COVID[78], los servicios de seguridad del Gobierno incrementan la alarma sobre el posible espionaje de China —posteriormente Rusia— a organizaciones relacionadas con investigación en Covid-19, y Europa excluye de su apertura de fronteras a Estados Unidos[79]. Pero ninguno de estos acontecimientos históricos detiene la agresividad de la Casa Blanca contra su propio equipo científico de algo nivel. «Anthony Fauci se ha equivocado en todo lo que he interactuado con él», destaca Peter Navarro en su OpEd en USA Today[80]. «Ninguno de nosotros miente. Somos totalmente transparentes con la población estadounidense», defiende el alto cargo público del departamento de salud Brett Giroir, ante comentarios emitidos por la Casa Blanca desacreditando al equipo científico del propio gobierno[81].

---

77 U.S. Will Pay $1.6 Billion to Novavax for Coronavirus Vaccine [cited 14 July 2020]. Available from: https://www.nytimes.com/2020/07/07/health/novavax-coronavirus-vaccine-warp-speed.html?referringSource=articleShare

78 Volunteers can now sign up for large coronavirus vaccine studies [cited 14 July 2020]. Available from: https://www.washingtonpost.com/health/2020/07/08/volunteers-can-now-sign-up-large-coronavirus-vaccine-studies/

79 E.U. Formalizes Reopening, Barring Travelers From U.S. [cited 14 July 2020]. Available from: https://www.nytimes.com/2020/06/30/world/europe/eu-reopening-blocks-us-travelers.html

80 Anthony Fauci has been wrong about everything I have interacted with him on: Peter Navarro. [cited 14 July 2020]. Available from: https://eu.usatoday.com/*story*/opinion/todaysdebate/2020/07/14/anthony-fauci-wrong-with-me-peter-navarro-editorials-debates/5439374002/

81 Coronavirus testing czar pushes back after Trump targets health officials: 'None of us lie'[cited 14 July 2020]. Available from: https://thehill.com/policy/healthcare/507305-coronavirus-testing-czar-pushes-back-after-trump-tar-

La historia continúa y personalmente, **tengo una gran confianza en que nos espera un desenlace positivo**. Nos esperan, sin embargo, muchos más meses de incertidumbre y no podemos perder la calma. Sabemos que hay medidas que funcionan —las mascarillas, la prudencia en los contactos personales y la higiene de manos—, que los investigadores están haciendo lo imposible por encontrar soluciones —serán necesarias no una sino varias vacunas, al tiempo que tratamientos eficaces— y no debemos olvidar que de nosotros depende que esta historia tenga un final positivo.

Todas las crisis representan una oportunidad. En este caso, la falta de liderazgo político y la politización de medidas que deberían estar basadas en datos y evidencia científica, es una oportunidad para que todos apliquemos nuestro 'sentido común', nos eduquemos en la ciencia disponible a nuestro alcance —mucha y de calidad cuando se seleccionan las fuentes—, intentemos acceder a fuentes principales y no a mensajes sesgados, y contribuyamos con nuestro esfuerzo individual a que esta sociedad salga reforzada de la crisis y a que nuestros hijos se beneficien de ella. En lugar de sufrir sus consecuencias. Ese es el objetivo que yo me he marcado.

EL PRESIDENTE SE CONVIERTE EN UNA ESTADÍSTICA

[Casos confirmados en Estados Unidos: 7.602.846] [Fallecimientos: 214.279]

Después de meses resistiéndose al uso de mascarillas, incluyendo en sus actividades de campaña, Trump pasa a formar parte de las estadísticas. Es viernes 2 de octubre y son las 12.54 de la madrugada en la costa este de Estados Unidos. Mientras la mayoría de neoyorkinos duermen, Trump comunica la noticia a través de su

gets-health-officials?utm_campaign=KHN%3A%20First%20Edition&utm_medium=email&_hsmi=91409470&_hsenc=p2ANqtz-_EwLVLbU1ocSI2NitCvRHutnIUW13E1ctAGbsJDhTkhwdqhQF4WPgqsybbG_2GKmRyO75COGQRatPjbZ2dMen1RyjMOA&utm_content=91409470&utm_source=hs_email

Twitter. «Esta noche, @FLOTUS (Melania) y yo dimos positivo por COVID-19. Comenzaremos nuestro proceso de cuarentena y recuperación de inmediato. ¡Lo superaremos JUNTOS!». Apenas unos minutos más tarde, Sean Conley, médico de Trump, firma una nota oficial confirmando el diagnóstico. Los adversarios del presidente no tardan en denunciar que el presidente había estado liderando una campaña de recaudación de fondos a través de Hope Hicks, esa misma tarde, a pesar de haber estado expuesto al virus ya que se acababa de conocer que una de sus asesoras más cercanas había tenido un diagnóstico positivo.

Las especulaciones vuelan en las horas que suceden a la noticia. Hasta que el viernes por la tarde el presidente aparece por primera vez en público en la Casa Blanca. Esta vez con el objetivo de embarcar a bordo de su helicóptero Marine One, camino al Centro Médico Militar Nacional Walter Reed en Bethesda, a escasos 11.5 Km de la Residencia Oficial. Trump sale de la Casa Blanca y levanta el pulgar con su tesón habitual. Lo hace, sin embargo, en silencio y con menos fortaleza de lo habitual. Los miembros de la tripulación aérea, los agentes del Servicio Secreto y el personal de la Casa Blanca están todos protegidos con mascarillas. El tono no deja de ser de una cierta seriedad, a pesar de los repetidos intentos de Trump por disminuir la importancia. En un vídeo grabado antes de partir hacia Walter Reed, Trump destaca: «Creo que estoy muy bien, pero vamos a asegurarnos».

Como se sabrá apenas unas horas después, el presidente ya había recibido la primera dosis de una de las terapias que se acaba de alzar como más prometedora en los últimos días. Se trata de un cóctel de anticuerpos monoclonales frente al SARS-CoV-2 desarrollado por la biotecnológica Regeneron y cuyos resultados se habían publicado esa misma semana. El proyecto cuenta con la financiación de la agencia estatal BARDA.

Tres días mas tarde y al mismo tiempo que cerramos la edición de este texto para imprenta, el presidente ya está de vuelta en la Casa Blanca. ¿Cambiará el presidente su visión sobre Covid-19 después de ser el mismo un paciente? La repuesta no se deja esperar: «Abandonaré el fantástico Centro Médico Walter Reed hoy a las

6.30 de la tarde. Me siento genial. ¡No tengas miedo de Covid! No le dejes dominar tu vida. Hemos desarrollado, bajo la administración Trump, medicamentos y conocimiento fantástico. Me siento mejor que hace 20 años», publica en su Twitter personal. Y es que el presidente ha podido acceder a todos y cada uno de los avances que se han desarrollado en los últimos nueve meses en el tratamiento de Covid-19, incluyendo Remdesivir, dexametasona y los ya mencionados anticuerpos. Y no esta dispuesto a cambiar su discurso de minimización del impacto de la enfermedad.

A su llegada a la Casa Blanca, el lunes 5 de octubre, Trump no duda en salir a saludar desde el balcón y en quitarse la mascarilla, mientras sube sus dos pulgares hacia arriba. Esta vez con una sonrisa y aspecto aparentemente saludable. La batalla por la reelección, si una vez se ha parado, está ahora más activa que nunca. Y Trump muestra que no va a dejar ni unos milímetros de espacio a sus adversarios.

Palabras del presidente Trump en su discurso a la Nación

Despacho Oval, 11 de marzo de 2020, 9:02 pm EDT

EL PRESIDENTE: Mis compatriotas estadounidenses: Esta noche, quiero hablar con ustedes sobre la respuesta sin precedentes de nuestra nación al brote de coronavirus que comenzó en China y ahora se está extendiendo por todo el mundo.

Hoy, la Organización Mundial de la Salud anunció oficialmente que se trata de una pandemia mundial.

Hemos estado en contacto frecuente con nuestros aliados y estamos reuniendo todo el poder del Gobierno federal y el sector privado para proteger al pueblo estadounidense.

Este es el esfuerzo más agresivo e integral para enfrentarse a un nuevo agente patógeno en la historia moderna. Estoy convencido de que la adopción de las complejas medidas instauradas permitirá reducir significativamente la amenaza local y, en última instancia, vencer a este virus.

Desde el principio de los tiempos, las naciones y las personas se han enfrentado a desafíos imprevistos, incluidas amenazas a la salud a gran escala y muy peligrosas. Así ha sido hasta ahora y continuará siéndolo. Lo importante es cómo se responde, y estamos respondiendo con gran rapidez y profesionalidad.

Nuestro equipo es el mejor del mundo. Al comienzo del brote, instituimos restricciones radicales en los viajes a China y establecimos a nivel federal la primera cuarentena obligatoria, en más de 50 años. Declaramos una emergencia de salud pública y emitimos el nivel más alto de alarma de viaje a otros países a medida que el virus propagó su horrible infección.

Gracias a la adopción temprana de estas medidas severas, hemos conseguido una dramática reducción del número de casos en Estados Unidos, frente a los datos actuales de Europa.

La Unión Europea no adoptó las mismas precauciones ni restringió los viajes desde China y otros puntos críticos. Como resultado, numerosos nuevos brotes en nuestro país han tenido su origen en viajeros provenientes de Europa.

Después de consultar con nuestros mejores profesionales de la salud del Gobierno, he decidido tomar varias medidas, severas pero necesarias, para proteger la salud y el bienestar de todos los estadounidenses.

Suspenderemos todos los viajes desde Europa a los Estados Unidos durante los próximos 30 días, con el fin de evitar que ingresen a nuestras costas nuevos casos. Las nuevas reglas entrarán en vigor el viernes a medianoche. Las restricciones se ajustarán según las condiciones en el terreno.

Habrá exenciones para los estadounidenses que se hayan sometido a las evaluaciones apropiadas, y estas prohibiciones se aplicarán a cualquier flujo de personas o materiales que venga de Europa a Estados Unidos. No se aplicarán al Reino Unido.

Al mismo tiempo, estamos monitorizando la situación en China y en Corea del Sur. Y, a medida que mejore su situación, volveremos a evaluar las restricciones y advertencias vigentes para una posible apertura anticipada.

A principios de esta semana, me reuní con los líderes de las compañías de seguros [médicos]. Han accedido a renunciar a todos los copagos por tratamientos de coronavirus, a extender la cobertura de seguro a estos tratamientos y a evitar la facturación médica sorpresa.

Estamos recortando grandes cantidades de burocracia para que las terapias antivirales estén disponibles en un tiempo récord. Estos tratamientos reducirán significativamente el impacto y el alcance del virus.

Además, la semana pasada, promulgué un proyecto de ley de financiación de $ 8.300 millones para ayudar a los CDC y otras agencias gubernamentales a combatir el virus y apoyar las vacunas, los tratamientos y la distribución de suministros médicos. Las pruebas y las capacidades de prueba se expanden rápidamente, día a día. Nos estamos moviendo muy rápido.

A la gran mayoría de los estadounidenses: el riesgo es muy, muy bajo. Las personas jóvenes y sanas pueden esperar recuperarse completa y rápidamente si contraen el virus. El mayor riesgo es para la población de edad avanzada con afecciones de salud subyacentes. La población de edad avanzada debe ser muy, muy cuidadosa.

En particular, recomendamos enfáticamente que los hogares para ancianos suspendan todas las visitas médicamente innecesarias. En general, los estadounidenses mayores también deben evitar viajes no esenciales en áreas con mucha gente.

Mi administración está coordinando directamente con las comunidades que han sufrido los brotes más grandes, y hemos emitido orientación sobre el cierre de escuelas, el distanciamiento social y la reducción de grandes reuniones.

Actuar hoy de manera inteligente nos evitará la propagación del virus mañana.

Cada comunidad se enfrenta a diferentes riesgos y es fundamental seguir las pautas de los responsables locales que trabajan en estrecha colaboración con nuestros expertos federales en salud, y son los mejores.

Para todos los estadounidenses, es esencial que todos tomen precauciones adicionales y practiquen una buena higiene. Cada uno de nosotros tiene un papel que desempeñar en la lucha contra este virus. Lávese las manos, limpie las superficies de uso frecuente, cúbrase la cara y la boca si estornuda o tose, y sobre todo, si está enfermo o no se siente bien, quédese en casa.

Para asegurar que los trabajadores estadounidenses afectados por el virus puedan quedarse en casa sin temor a dificultades financieras, pronto tomaré medidas de emergencia, que no tienen precedentes, para proporcionar ayuda financiera. Esto estará dirigido a trabajadores que están enfermos, en cuarentena o que cuidan a otros debido al coronavirus.

Le pediré al Congreso que tome medidas legislativas para extender este apoyo.

Debido a las políticas económicas que hemos implementado en los últimos tres años, tenemos la mejor economía del mundo, con diferencia.

Nuestros bancos e instituciones financieras están totalmente capitalizados e increíblemente fuertes. Nuestro desempleo está en un mínimo histórico. Esta amplia prosperidad económica nos permite disponer de flexibilidad, reservas y recursos para manejar cualquier amenaza que se presente en nuestro camino.

Esto no es una crisis financiera, es solo un momento temporal que venceremos juntos como nación y como mundo.

Sin embargo, para brindar apoyo adicional a los trabajadores, familias y empresas estadounidenses, esta noche estoy anunciando las siguientes acciones adicionales: Voy a autorizar a la Administración de Pequeñas Empresas (SBA) para que ejerza la autoridad disponible para proporcionar capital y liquidez a las empresas afectadas por el coronavirus.

Con vigencia inmediata, la SBA comenzará a proporcionar préstamos económicos en los estados y territorios afectados. Estos préstamos a bajo interés ayudarán a las pequeñas empresas a superar las interrupciones económicas temporales causadas por el virus. Con este fin, le pido al Congreso que aumente los fondos para este programa en $50.000 millones adicionales.

Usando la autoridad del estado de emergencia, instruiré al Departamento del Tesoro para que difiera los pagos de impuestos, sin intereses ni multas, para ciertas personas y empresas afectadas negativamente. Esta acción proporcionará más de $200.000 millones de liquidez adicional a la economía.

Finalmente, solicito al Congreso que brinde a los estadounidenses un alivio inmediato de los impuestos sobre la nómina. Espero encarecidamente que considere esta medida.

Estamos en un momento crítico en la lucha contra el virus. Hicimos un movimiento temprano en nuestra relación con China que permitió salvar vidas. Ahora debemos tomar la misma acción con Europa. No nos demoraremos. Nunca dudaré en tomar las medidas necesarias para proteger la vida, la salud y la seguridad del pueblo estadounidense. Siempre pondré el bienestar de América primero.

Si estamos atentos, y podemos reducir la posibilidad de infección, lo cual haremos, impediremos significativamente la transmisión del virus. El virus no tendrá oportunidad contra nosotros.

Ninguna nación está más preparada o es más resistente que los Estados Unidos. Tenemos la mejor economía, la atención médica más avanzada y los médicos, científicos e investigadores más talentosos en cualquier parte del mundo.

Estamos todos juntos en esto. Debemos dejar a un lado la política, detener el partidismo y unificarnos como una nación y una familia.

Como la historia ha demostrado una y otra vez, los estadounidenses siempre están a la altura del desafío y superan las adversidades.

Nuestro futuro sigue siendo más brillante de lo que cualquiera puede imaginar. Actuando con compasión y amor, curaremos a los enfermos, cuidaremos a los necesitados, ayudaremos a nuestros conciudadanos y saldremos de este desafío más fuertes y más unificados que nunca.

Dios os bendiga y Dios bendiga a América. Gracias.

FINAL

9:12 pm. EDT

COVID-19 EN EL REINO UNIDO

Eduardo Barrachina

Al contrario que en España y en general, el continente, el Reino Unido atravesó la crisis de la pandemia del Covid-19 por tres fases muy distintas marcadas por bruscos cambios de estrategia del Gobierno británico y de percepción de la sociedad británica. Esta estructura se divide en unas primeras semanas de marcada política *tory* liberal y desconfianza en adoptar medidas severas con el fin de salvaguardar la economía británica; etapa de confinamiento con el primer ministro en grave riesgo ingresado por Covid-19 en un hospital de la Seguridad Social británica (National Health Service o en sus siglas inglesas, NHS); y finalmente, una etapa en la que tras su convalecencia, el Reino Unido se enfrentó a un desastre en sus residencias de mayores, tuvo que afrontar el escándalo de su consejero más cercano y asumir una cifra de más de 57.000 fallecimientos por Covid-19.

En cada una de esta etapa, la reacción del pueblo británico y los medios de comunicación británicos ha sido distinta. Como en otros países, la gestión del Covid-19 en el Reino Unido consistió en un proceso que conforme iba avanzando iba revelando deficiencias, cambios de estrategias, calamidades, confusión y de vez en cuando, alguna noticia feliz.

PRIMERAS SEMANAS

El 12 de marzo el propio primer ministro Johnson anunció que el Reino Unido permanecería abierto para los negocios (*open for business*) y que no adoptaría medidas especiales. El objetivo era proteger la economía británica de las medidas severísimas que otros países europeos ya estaban adoptando. En aquellos días mientras muchos dignatarios europeos se esforzaban por dar ejemplo y evitar el roce mediante otro tipo de saludo a distancia, Boris Johnson sin embargo ponía todo su empeño en estrechar manos. Más que un mero gesto era una declaración de intenciones: «Aquí no pasa nada».

En aquellos días corría en la prensa británica la especie de que el héroe de Boris Johnson era el alcalde de aquel pueblecito de veraneo de la película *Tiburón*, que a despecho de varios ataques mortales protagonizados por el feroz escualo se resiste a cerrar la playa para salvar la temporada turística. El propio Johnson añadía: «De acuerdo, se equivocó, pero acertó heroicamente con sus principios».

Es precisamente en principios, y no en ideas, donde descansaba la primera estrategia británica. No se concebía que el partido *Tory*, de pensamiento liberal en lo económico fuera precisamente el partido que cerrara negocios y empresas, algo que de alguna manera recuerda ideas del laborismo británico de los setenta. En la tradición inglesa se comprenden menos las limitaciones de derechos o restricciones que en el continente, donde existe una amplia doctrina constitucional sobre la suspensión del ejercicio de derechos y todas las constituciones prevén supuestos de estados de alarma, excepción o guerra. El derecho inglés carece de un derecho administrativo tal y como lo entendemos en España, donde la Administración goza siempre de prerrogativas, esto es, de *imperium*.

Aquel 12 de marzo, intuía Boris, era su oportunidad para emular a Winston Churchill y prometer algo parecido al «sangre, sudor y lágrimas» con el que el legendario político británico se dirigió al Parlamento al ser nombrado primer ministro el 13 de mayo de 1940, nueve meses después del comienzo de la Segunda Guerra Mundial. Custodiado por el asesor jefe para Asuntos Científicos, Sir Patrick Vallance, y el jefe para Asuntos Médicos, Chris Whitty, Boris declaró que «el Reino Unido se enfrentaba a la peor crisis sanitaria de toda una generación» y avisó con semblante serio y una sinceridad que le honra, que «muchas familias perderán a sus seres queridos antes de tiempo». La última frase evocaba sin duda una situación pre-bélica, de las muchas que forman ya parte irremediable del hábitat sentimental de los británicos. Descansaba una idea inspirada en las dos guerras mundiales, de resiliencia, palabra de origen inglés (*resilience*) y que inexplicablemente ingresó hace unos años en el Diccionario de la Real Academia Española. La consigna era sencilla, muy inglesa y quedaba compendiada en un: «quédese en casa si se encuentra mal».

El panteón conservador lo forman B. Disraeli, W. Churchill y M. Thatcher. Los tres evocan como nadie las tres gestas británicas, ya elevadas a mito y leyenda: el Imperio Británico, la II Guerra Mundial y las Malvinas. Boris Johnson, que se reconoce heredero de esa tradición, no iba a dejarse amedrentar por un virus procedente de una ciudad china donde se comen pangolines. Eso no era el Partido Conservador. Ni mucho menos Inglaterra. Por eso en su intervención dijo «tenemos un plan». En aquel momento tan solo habían dado positivo 590 personas en todo el país y parecía que el virus se estaba desarrollando más lentamente que en otros países[82]. Boris Johnson se sentía seguro y capaz de dominar la situación.

Por su presencia física, oratoria, seguridad al hablar y gesticulación, el primer ministro Johnson es el político ideal para estas intervenciones en las que la elocuencia parece doblegar la realidad. Nadie tiene mejor puesta en escena que Johnson y fue muy claro cuando dijo que «si retrasamos el pico por unas semanas, entonces la NHS se encontrará en una posición más fuerte».

De su intervención no se derivaban obligaciones ni se aprobaron leyes o regulaciones. Al más puro estilo británico, tan refractario a imponer obligaciones, Johnson se limitaba a hacer meras recomendaciones. Por ejemplo, «Si usted tiene síntomas de coronavirus, por pequeños que sean, o tose de forma continuada o tiene alta temperatura, entonces debería quedarse en casa al menos durante 7 días y así proteger al resto y ayudar a reducir la expansión de la enfermedad».

En lo que luego fue un error de juicio, el primer ministro afirmó que: «Estamos considerando la posibilidad de prohibir grandes eventos públicos como encuentros deportivos». Y añadía: «La evidencia científica sugiere que la prohibición de tales eventos tendría un efecto mínimo en la expansión del virus».

Hay que reconocer la osadía del primer ministro al plantear la pandemia en estos términos, pues recuérdese que estas declaracio-

82 Según datos del Gobierno británico. https://coronavirus.data.gov.uk/cases

nes se hacían cuando España e Italia vivían ya verdaderos dramas. Aunque Boris Johnson se refugiaba siempre en «evidencia científica» es cierto que arriesgó bastante con esas declaraciones.

En aquel mismo acto causaron controversia las palabras del asesor jefe para Asuntos Científicos, Sir Patrick Vallance, quien advirtió que calculaba que «se necesitarían 40 millones de contagiados para adquirir la inmunidad de grupo y de este modo impedir que el virus regresara». Fue un mensaje muy frío y científico, alejado de cualquier empatía y cercanía con la gente. Precisamente en esa idea científica de la inmunidad de grupo se basaba toda la política del Gobierno británico para no cerrar escuelas o impedir eventos deportivos.

Su estrategia fue muy criticada por la oposición laborista, entonces aún liderada por Jeremy Corbyn, y causó estupor en las cancillerías europeas, muchas de ellas como España, sujetas a severas restricciones. Incluso Francia advirtió que se plantearía impedir la entrada de británicos si no adoptaba medidas de control. A pesar de que el primer ministro se apoyaba en asesoramiento científico, la medida convenció a pocos salvo a la prensa afín como *The Telegraph* o *The Spectator*, venerables y prestigiosas cabeceras.

En aquellos días, Londres vivía entre la confusión y una normalidad postiza. No había nada cerrado. Se podía ir a un pub o a cenar pero empezaba a verse muchísima menos gente y los restaurantes, antes bulliciosos, estaban casi vacíos.

DECLARACIÓN DEL CONFINAMIENTO

La estrategia ultraliberal del primer ministro, aunque bien intencionada y con el noble ánimo de no destrozar la economía del Reino Unido, que hasta la fecha, recordémoslo, no se había visto afectada por el Brexit, fue políticamente insostenible.

El 23 de marzo, un lunes por la noche, se declaró el *lockdown* (confinamiento) de la población y la adopción de medidas restrictivas. La intervención de Boris Johnson fue menos solemne y más clara: «para ser claros, si mucha gente seriamente se infecta, la NHS será incapaz de gestionarlo, con lo que habrá más gente que muera, no solo del coronavirus sino de otras enfermedades». El tono cambió y, reconociendo que «a ningún primer ministro le gusta adoptar estas medidas», su intervención estuvo cuajada de expresiones como «asesino invisible» o «esfuerzo nacional».

El mensaje se centró en salvar la NHS y de hecho se convirtió en un lema *«Help the NHS»*, que hace unas décadas habría sido impensable en el Partido Conservador.

En el discurso no había una rectificación expresa de nada de lo dicho en su intervención del 12 de marzo. Aquel día el mensaje fue, «quédese en casa si se encuentra mal» y ahora adoptó un carácter firme e imperativo, «A partir de esta noche, debo dar una instrucción muy clara al pueblo británico: deben quedarse en casa».

El mensaje, que no fue prolijo en medidas, se caracterizó por la sencillez y claridad inglesa: «Si sus amigos le piden verse, Ud. debe decir que no», o también «No pueden verse con familiares que no vivan en casa».

Al contrario que en muchos países, la intervención del primer ministro se hizo sin una declaración expresa de ningún estado de emergencia. Sin referencias a legislación concreta, medidas coercitivas, multas o declaración de estado de alarma, Boris Johnson se limitó a explicar algunas medidas concretas como el cierre de tiendas y el cese de eventos sociales, bodas, etc. Obsérvese, y esto es muy importante para ir entendiendo el Reino Unido, que nunca se habló expresamente de suspensión de derechos y mucho menos de prohibiciones. Aunque a efectos prácticos se iba a prohibir, no se iba a desplegar un derecho administrativo sancionador con el mismo vigor que en el continente. Por ejemplo, Boris Johnson se refirió a *«we will stop gatherings of more than two people in public»*, una fórmula menos severa que el «quedan prohibidas».

El mensaje del primer ministro no incluía medidas coercitivas ni referencias a multas. El Estado, como se ha indicado anteriormente es más flaco y reflejo de ello es la menor visibilidad de policía. Así pues, el Gobierno británico se esforzó por trasladar la imagen de un Estado, que aunque tenía que ser intervencionista y restringir el ejercicio de ciertos derechos, iba a serlo lo menos posible. En ese planteamiento, reside en buena medida, una de las grandes diferencias con España o Italia, al menos al principio de la pandemia.

El historiador británico AJP Taylor escribió hace poco más de un siglo que un inglés solo percibía la existencia del Estado al ir a la estafeta de correos o al cruzarse con un policía. Aunque las cosas han cambiado, la declaración del *lockdown* no dejó a su vez caer todo el peso del Estado como, por ejemplo, España o Italia. Se utilizaron leyes sanitarias para emergencias médicas y se publicaron *guidelines*, esto es, guías y recomendaciones del propio Gobierno británico, que si bien no tenían el efecto de norma jurídica, tenían un efecto disuasorio.

Por ejemplo, no hubo una medida que permitiera al Gobierno británico controlar los precios de ciertos bienes como las mascarillas. El control de precios es siempre una medida anti-competitiva y anti-mercado y que se relaciona con periodos bélicos o dictaduras. Solo el 18 de mayo empezaron a emerger peticiones de la Autoridad británica para los Mercados y la Competencia con el fin de poder controlar el precio de ciertos bienes. Se habían recibido 21.000 quejas sobre al aumento de los precios y no existían mecanismos de control.

Para compensar las medidas restrictivas, tan ajenas al sentir británico, expresamente se anunció que los parques permanecerían abiertos estrictamente para hacer ejercicio. Los parques ocupan un lugar muy especial en la vida urbana de los británicos, y al contrario que en España, tienen un papel bastante importante en la vida social de las ciudades. España, por lo general, se ha debatido siempre entre la playa y la montaña, orillando con desdén al parque. Pero en Londres, por ejemplo, tienen una función importantísima. Los parques permiten a los británicos, sin distinción alguna de clases, disfrutar de un día soleado, y son, de alguna manera, una tregua al sistema de clases. Ninguna familia española honrada y de orden se plantearía ir a comer al parque y pasar toda la tarde. Eso explica que nunca llegara a estar prohibido visitarlos, aunque fuera con limitaciones que gradualmente fueron levantándose.

Por lo general la reacción al confinamiento y a la situación en general fue tranquila. Por ejemplo, el propio primer ministro fue diagnosticado con Covid-19 y se esforzó siempre en dar una imagen de normalidad. Su mensaje fue «continuaré dirigiendo el gobierno mediante video-conferencia a la vez que entre todos combatimos este virus». En realidad, nadie le dio más importancia.

INGRESO Y CONVALECENCIA DEL PRIMER MINISTRO

El fin de semana del 4 y 5 de abril fue abundante en noticias, mensajes y cambios. El sábado 4 de abril después de un prolongado proceso interno, el Partido Laborista eligió como líder a Sir Keir Starmer, en sustitución del radical Jeremy Corbyn. Corbyn, un marxista trasnochado y acusado de antisemitismo, fue el gran perdedor de las elecciones de diciembre de 2019 y ya entonces no tenía ninguna credibilidad o influencia política. Aunque la noticia de su elección no causó el impacto que habría causado en circunstancias normales, anunció el fin de una época turbulenta para el laborismo. Por fin, en un momento extraordinario el primer ministro iba a tener un líder de la oposición que pudiera cuestionarle las medidas y decisiones tomadas sobre el Covid-19. Starmer, que es un prestigioso ***barrister***[83], condecorado por servicios al Derecho y a la justicia penal y con un tono moderado, tenía ante sí la tarea de asumir el liderazgo de la oposición en unas circunstancias extraordinarias con la ventaja de que al contrario que su antecesor Corbyn, él era respetado y creíble. De hecho, su experiencia como abogado permite a Starmer manejar con tesón, eficacia y oratoria su primera sesión de preguntas al primer ministro, las famosas ***Prime Minister Questions***.

El 5 de abril todos los medios de comunicación se hicieron eco de que tras varios días combatiendo el Covid-19, el primer ministro había sido ingresado en un hospital de Londres. La noticia conmocionó a la sociedad británica que por lo general identifica a Johnson con una persona de gran energía y fortaleza. Causó un gran vacío y preocupación porque aunque se alegaban medidas de precaución,

---

83 Una de las dos ramas en las que se divide la profesión legal en Inglaterra. El ***barrister*** es el abogado que acude a los tribunales en litigios mientras que el ***solicitor*** es quien asesora en materia legal y negocia contratos.

el aspecto de Johnson se había deteriorado muchísimo. Al día siguiente se extendió el nerviosismo en el país cuando se informó de que Boris Johnson había sido trasladado a la unidad de cuidados intensivos. Era esta una situación con la que el pueblo británico no contaba. No sólo el número de contagios y muertes no dejaba de ascender y se encontraban en medio de un confinamiento, sino que su primer ministro estaba en una cama de la Seguridad Social con dificultades para respirar. Y para añadir un poco más de drama, su novia Carrie Symonds estaba a punto de dar a luz a un varón. Era imposible no sentir la desazón que invadió a la sociedad británica.

Durante su estancia en el hospital, Boris Johnson se ganó el cariño de la sociedad británica y hubo mensajes de recuperación de todos los sectores y medios. Sus adversarios políticos, como el nuevo líder de la oposición, el laborista Sir Keir Starmer, Jeremy Corbyn —antiguo líder laborista y adversario político de Johnson en las elecciones de diciembre de 2019—, el alcalde de Londres y también laborista, Sadiq Khan, todos, mandaron mensajes de ánimo a Boris Johnson. Es justo reconocer que la nación emocionada se volcó con su primer ministro.

Su ministro de Asuntos Exteriores, Dominic Raab, fue escogido como sustituto del primer ministro aunque él mismo se cuidó en aclarar siempre que seguía trabajando *«on instructions of the Prime Minister»* (siguiendo instrucciones del primer ministro).

Esa misma noche, la Reina Isabel II se dirigió de modo excepcional al pueblo británico. Su mensaje al país no solo fue muy esperado sino que consiguió calar de inmediato en la sociedad británica. Fue visto por 24 millones de personas.

Isabel II habló de la unidad de la nación y su autodisciplina en los momentos difíciles. Auscultando el alma de los británicos, hizo una referencia tímida a los bombardeos alemanes en la II Guerra Mundial. El *blitz* alemán es fundamental para entender al pueblo británico contemporáneo, su pragmatismo en las horas difíciles y al mismo tiempo, la capacidad para sobreponerse a situaciones de pánico. Los británicos son un pueblo que durante cierto tiempo tuvieron que resistir bombardeos de la *Luftwaffe*, la aviación alemana. Ese episodio, se ha trasladado oralmente a la segunda, tercera y cuarta generación y es un timbre de honor que une al país en los momentos difíciles. Y no se olvide que el Rey Jorge VI, padre de Isabel II, y toda la familia real británica permanecieron en Londres durante la contienda y que la propia Reina Isabel II fue testigo de los bombardeos. La Corona británica está íntimamente vinculada a ese episodio tan definido por el coraje, solidaridad, serenidad y fe en la victoria.

Es claro que la Reina no escogió ese momento por casualidad. Al contrario, es el momento del siglo XX que mejor define la personalidad y carácter del pueblo británico y que, no lo olvidemos, está detrás de cómo en los comienzos de la crisis del Covid-19 se intentó abordar la pandemia. Bien aconsejada, su discurso acabó con un sencillo pero gigante *«We will meet again»* (Nos volveremos a encontrar). Hacía referencia a la famosa canción de 1939 que se popularizó durante la Segunda Guerra Mundial. Enseguida la frase prendió en las redes sociales y se convirtió en un lema de esperanza. Fue una frase con mucho éxito que evocaba sencilla y eficazmente lo que el pueblo británico deseaba. La idea caló en el acto porque resumía en cuatro palabras cómo la nación de los pubs, eventos deportivos, conciertos, parques, galerías, etc. se sentía. Y en un momento dramático, con el primer ministro ingresado, las palabras de la Reina Isabel II trasladaron a la nación británica orgullo de nación, referentes históricos y fortaleza institucional.

DISCURSO TRAS EL ALTA DEL HOSPITAL

Una vez dado de alta el 12 de abril y para evitar recaídas, Boris Johnson se tomó varias semanas de descanso y no regresó al número 10 de Downing Street hasta el domingo por la noche del 27 de abril. Sin embargo, recién dado de alta y muy desmejorado, aún tuvo fuerzas para dirigirse a la nación. Reconoció sin ambages que «la NHS me ha salvado la vida», y añadía para que no quedara duda, *«no question»*. Un líder conservador, admirador de Thatcher, estaba reconociendo literalmente que debía su vida a la sanidad pública británica, que en el pasado fue objeto de agrios debates políticos sobre la necesidad de su privatización.

Habló del progreso que se estaba haciendo en «esta increíble batalla nacional contra el coronavirus». En un plano más personal, fue muy recordado y celebrado que agradeciera con sus propios nombres al equipo de enfermeras y que en concreto, recordara específicamente a la enfermera neozelandesa Jenny McGee y al enfermero portugués Luis Pitarme, ambos encargados de estar con él en la unidad de cuidados intensivos. Obsérvese que los dos no son británicos. Sutilmente, con la mención a estos dos países se estaba haciendo un discreto homenaje a la Commonwealth y la Unión Europea. De modo indirecto (*things could have gone either way*) Boris Johnson reconocía que en algún momento se temió por su vida.

DISCURSO DEL 10 DE MAYO

A los dos meses de la declaración de confinamiento el primer ministro Johnson se dirigió en una intervención que fue muy esperada. Todos los medios de comunicación británicos conectaron directamente a las 8 de la noche del domingo 10 de mayo. La intervención iba a permitir hacer balance de los dos últimos meses y anunciar qué medidas concretas se podían levantar. En realidad, fue una intervención confusa que en el fondo no dijo nada y fue controvertida porque nadie entendió muy bien si algo había cambiado.

El primer ministro anunció el cambio del lema oficial *«Stay at home»* a *«Stay alert»*, es decir, del «quédese en casa» a un «permanezca alerta». Nadie lo entendió porque no quedaba claro cuáles eran las consecuencias prácticas de permanecer alerta y si implicaban algún cambio.

Fue en un estilo muy característico de Johnson en el que no se dieron cifras de víctimas y se limitó a hablar de unas cifras «trágicas». Esto nos lleva a otro asunto que contrasta con España u otros países del continente. El recuento de cifras. En el sur de Europa fue constante, dramático y agobiante. No fue así el Reino Unido. Se habló poco de las cifras. Y de alguna manera, había cierta flema británica o invocación indirecta de las dos guerras mundiales. Como si les diera pudor alarmarse porque la cifra aumentara sin cesar.

Ahí quedó todo y pasó entonces a defender las medidas adoptadas, la necesidad de proteger la NHS y salvar vidas.

La única medida que avanzó pero que acusó de falta de detalle fue la de permitir volver a trabajar estrictamente si uno no podía trabajar desde casa. Es decir, la norma era «vaya al trabajo si no puede trabajar desde casa». La confusión aumentaba cuando añadió que había que evitar el transporte público. En un país como el Reino Unido en que es habitual que la gente viaje incluso dos horas de ida y otras dos de vuelta para ir a trabajar (*commuting*) no se entendió bien cómo se podía ir a trabajar sin utilizar transporte público (especialmente su red ferroviaria y de metro). Recomendaba entonces utilizar el propio coche, ir paseando o en bicicleta, ignorando así las enormes distancias que muchos trabajadores recorren cada día para alcanzar sus puestos de trabajo. La confusión fue grande.

A mediados de mes el país era incapaz de entender a su gobierno. Estaba confuso y ya entonces estaba claro que las medidas se estaban adoptando con una insoportable lentitud, mientras españoles, franceses y alemanes disfrutaban ya de cenas al aire libre.

LA CRISIS DE DOMINIC CUMMINGS

El caso de Dominic Cummings constituyó un punto de inflexión en cómo la sociedad británica y los medios de comunicación se acercaron a la gestión del Covid-19. Dominic Cummings es el asesor estratégico más cercano que tiene Boris Johnson y se le conoce relativamente poco fuera del Reino Unido. Es un personaje que está detrás de muchas de las decisiones polémicas o controvertidas que Boris Johnson ha tomado como primer ministro. Sus formas, aspecto, modo de vestir, aspecto avinagrado, desabrido al hablar y por lo general, falto de empatía, lo han hecho un personaje entre siniestro, temido, impopular y con pocos amigos. Es probable que Cummings sea la segunda persona más influyente en el Gobierno británico y es especialmente odiado por todos aquellos que apoyaron la permanencia en la UE ya que Cummings diseñó la campaña del sí en el referéndum del Brexit, severamente criticada y denunciada por falsas promesas. Cummings en general cae mal pero al no ser un político electo y sí un cargo técnico de confianza, eso daba igual.

El domingo 24 de mayo trascendió que durante la fase más severa del *lockdown* (confinamiento) Dominic Cummings se llevó a su mujer e hijo a la ciudad de Durham, a cuatro horas y media en coche de Londres, saltándose así el famoso eslogan *«Stay at Home»*. Se reveló también que posteriormente se desplazó otra vez con su familia para celebrar el cumpleaños de su mujer. La reacción frente a Cummings fue feroz y resultó en la dimisión de Douglas Ross MP[84], secretario de Estado para Asuntos de Escocia (*Minister*) que estaba en desacuerdo con el apoyo que el primer ministro dio a Dominic Cummings. Aunque fue la única dimisión, de repente emergieron los fantasmas que de vez en cuando asolan la política británica, esto es, si hay clases y élites que se saltan las reglas. La prensa y redes sociales no le perdonaron a Cummings su osadía.

Hasta tal punto fue el escándalo que el prestigioso e influyente columnista del *Financial Times*, Tony Barber, llegó a hablar de la falta de confianza (*trust*) que Boris había generado en gran parte de la sociedad británica. Precisamente, Cummings —añadía Barber— es la causa de la falta de confianza que existe en las negociaciones del Brexit entre la Unión Europea y el Reino Unido.

El caso Cummings erosionó muchísimo a Boris Johnson quien, dada su educación en Eton y Oxford, siempre ha hecho esfuerzos por sortear su imagen de elitista. En un momento en el que pedía a los británicos quedarse en casa, que su asesor más cercano (e impopular) ignorara las instrucciones del Gobierno socavó la credibilidad del primer ministro. El propio *The Telegraph*, cabecera *tory*, pro-Brexit y pro-Boris fue durísimo con Cummings.

Durante unos diez días el país vivió obsesionado con Cummings, que al final resistió después de una extraña intervención ante la prensa desde el jardín posterior de Downing Street. Se piense lo que se piense sobre el personaje, debe sin embargo criticarse, que Cummings fuera sujeto a un acoso brutal y sin precedentes por la

84 En el Reino Unido todos los diputados incluyen el posnominal MP (*Member of Parliament*).

prensa británica. El primer ministro no lo tuvo fácil y sabía que dejarlo caer le iba a hacer un daño político enorme porque Cummings era suyo, su asesor, su gurú. Cummings es un asesor muy inteligente, eficaz, que no tiene problemas en ir contra corriente y que por lo general da buenos resultados. No hay otro Cummings. Detrás de Johnson estaba siempre Cummings. Él y Cummings eran un equipo y que cayera era inconcebible. Y sabiéndolo, Boris Johnson no dejó de apoyarle y a las semanas la cuestión se disolvió.

PRIMEROS DÍAS DE JUNIO

El 5 de junio el Reino Unido alcanzó la cifra de 40.000 fallecidos por el Covid-19, una cifra inimaginable al comienzo de la crisis[85]. La cifra demostró que el Gobierno británico no había tenido éxito y que su política estaba siendo completamente errática. A los tres días, entraba en vigor una cuarentena obligatoria para todos los que entraran en el Reino Unido y que provocó numerosas protestas del sector de la aviación, hostelería y restauración. No se entendía por qué se hacía de un modo tan descoordinado con otros Estados Miembros de la Unión Europea ni cuál era el sentido una vez que se había alcanzado la escalofriante cifra de 40.000 muertos. En la propia prensa británica se cuestionaba ya abiertamente el propio confinamiento e incluso si, habida cuenta del elevadísimo número de fallecidos, había servido para algo. Un editorial de *The Spectator* el 30 de mayo advertía que «Es hora de restaurar la libertad e ir avanzando hacia un sistema voluntario».

De repente muchos británicos tuvieron la extraña y doble sensación de fracaso y al mismo tiempo, de confusión. No solo las medidas restrictivas estaban tardando en levantarse o flexibilizarse sino que encima se imponía una cuarentena justo cuando empezaba la temporada turística.

El 9 de junio se anunció, quizá para devolver cierta idea de normalidad, que los comercios no esenciales podrían volver a abrir el 15 de junio. Pubs, bares, restaurantes y barberos tendrían que esperar.

---

85 BBC.co.uk. 5 de junio de 2020. https://www.bbc.co.uk/news/av/uk-52944894

La sensación en todo el país era que el Gobierno británico estaba siendo excesivamente lento y la prensa británica se hacía eco de un *Cabinet* dividido por esta cuestión.

El miércoles 10 de junio habló Boris Johnson en rueda de prensa para actualizar informaciones sobre la pandemia en la que finalmente confirmó que el comercio volvería a abrir el 15 de junio. Su medida más comentada fue, no obstante, la creación de una *«supportive bubble»* (burbuja de apoyo) de suerte que un adulto soltero (con o sin hijos) podía ser acogido por otra familia sin violar el confinamiento y sin necesidad de respetar las regla de los 2 metros de distancia. Como era habitual volvió a mencionar al *Chief Scientific Adviser* y al *Chief Medical Officer*.

Desde un punto de vista económico, el Brexit no había afectado la economía británica. Lo que ha afectado y mucho ha sido el Covid-19. El viernes 12 de junio, se publicaron datos económicos y aunque las malas noticias se esperaban, el shock fue total. La economía británica se había contraído un 25,1% de febrero a abril de 2020[86]. Compárese con la contracción de un 8% en el punto más alto de la crisis financiera de 2008.

En julio de 2020, el Gobierno británico superó la cota del 100% de deuda pública respecto al PIB por primera vez desde marzo de 1961, tras incrementar su endeudamiento en más de 150.000 millones de libras en los cuatro meses anteriores. A modo de comparación, el Gobierno británico se endeudó en 16.000 millones durante dichos cuatro meses en 2019, siendo el ratio entre deuda pública y PIB del 90% en julio de 2019[87].

Cuatro medidas cardinales explican este endeudamiento: el *furlough scheme* (similar al ERTE español) que no existía en la legislación y tuvo que ser creado en el momento, las subvenciones

86 Según datos de la Oficina Nacional de Estadística del Reino Unido. https://www.ons.gov.uk/economy/grossdomesticproductgdp/bulletins/gdpmonthlyestimateuk/april2020

87 Según datos de la Oficina Nacional de Estadística del Reino Unido. https://www.ons.gov.uk/economy/governmentpublicsectorandtaxes/publicsectorfinance/bulletins/publicsectorfinances/july2020

a las Pymes, la condonación a los comercios del impuesto de actividades económicas y el diferimiento del pago del IVA.

Como esto no es una crisis financiera normal, sino que es causa de las propias normas que se adoptaron, todas las miradas se volvieron al Gobierno y en especial al primer ministro, responsables de todas las medidas que habían malogrado la economía británica. El ministro de Economía, *Chancellor* Rishi Sunak reconoció que la pandemia estaba teniendo un «impacto muy severo en la economía británica». La presión fue enorme y eso reabrió un debate que ha tenido bastante importancia en el Reino Unido, al contrario que en España, que es el que hace referencia a la distancia social de los «dos metros». Devino en el patrón para poder abrir o no ciertos establecimientos durante la pandemia. Muchos parlamentarios y *junior ministers* exigían que se retirara la obligación de los dos metros de distancia para que el comercio pudiera reabrir.

LA RECTA FINAL

El 23 de junio el propio Johnson anunció una buena noticia que coincidió con un día caluroso en el que todos en el país están de buen humor. Los pubs, bares, restaurantes, barberías y hoteles podrán finalmente abrir el 4 de julio. Era una noticia muy esperada en todo el país y probablemente era imposible retrasarla más. No solo permitía volver a cierta normalidad británica (piénsese en los pubs y su importancia para socializar) sino que económicamente las prestaciones económicas por los ERTE que el Gobierno británico pagaba hasta un 80% habían devenido insostenibles.

La controvertida regla de «2 metros de distancia» que se había impuesto y que impedía la apertura de muchas tiendas o pubs que no pudieran garantizar su cumplimiento, fue sustituida por *«One metre plus»* —o en español, «algo más de un metro»—, ejemplo elocuente del más auténtico pragmatismo británico.

Aunque con limitaciones, también se anunció la apertura de cines, museos y galerías. Fue muy celebrada la apertura de lugares de culto y el propio Johnson se refirió en su discurso a la circunstancia de que durante el confinamiento, ni la Cuaresma, ni Eid[88] ni Pasover[89] pudieron observarse con normalidad.

NEW DEAL

El primer ministro Johnson quiso que todo el drama del confinamiento tuviera un final relativamente feliz y el 30 de junio anunció lo que él llamó *New Deal*. Consistía en un programa muy ambicioso de inversiones por valor de 5 billones de libras esterlinas y que Johnson no ocultó que se había inspirado en el mismo que el presidente F.D. Roosevelt aprobó para EE.UU. en 1933 en tras la Gran Depresión.

Boris Johnson está más cómodo hablando del futuro e ilusionando que dando malas noticias así que disfrutó hablando de que Gran Bretaña «trabajará más, más rápido y de un modo más verde», que se invertirá en educación, en la NHS y que se crearán oportunidades para todos. De alguna manera, era un discurso bastante social. Adaptado a la realidad sin guiños al liberalismo *tory*. Es más, tuvo que justificarse y explicar que él no era intervencionista pero que las circunstancias lo exigían. E incluso, llegó a decir «No soy comunista».

Apareció en un atril con el eslogan «Construir, construir, construir». Y de eso iba la intervención. Todavía algo pálido y sin aparecer recuperado del todo, enfatizó sobre construir un nuevo Reino Unido.

Y aquí es menester recordar que el Partido Conservador inglés es probablemente el partido más eficiente del mundo y no en vano, es el más antiguo. Por algo será. Tiene una capacidad extraordinaria para entender la realidad, adaptarse a ella y fundirse con la mayoría abandonando dogmas y rigideces.

---

88 Celebración musulmana que festeja el fin del ayuno impuesto por el Ramadán.

89 Celebración judía que rememora el éxodo del pueblo hebrero de Egipto.

COVID-19 Y EL BREXIT

El Covid-19 ha dominado toda la escena política e informativa desde marzo de 2020, anegando así al gran protagonista de este año que era el Brexit. Tras la salida efectiva de las estructuras políticas de la Unión Europea el 31 de enero de 2020 y la posterior renovación del *Cabinet* con ministros comprometidos sin fisuras con la salida de la UE con o sin acuerdo, las negociaciones oficiales entre ambas partes empezaron el 3 de marzo.

Para entonces —recuérdese— en Europa empezaban a confirmarse los primeros caos y fallecimientos. No en vano, el 3 de marzo se confirmó el primer caso de fallecimiento en España por el Covid-19.

El Covid-19 tuvo tres efectos inmediatos en el Brexit pero fueron sutiles. De alguna manera, detrás de cada decisión que se adoptaba sobre el Covid-19, latía la inmediata salida de la UE y la necesidad de mostrar al mundo que el Reino Unido ya era un país soberano e independiente capaz de gestionar eficazmente la pandemia. En primer lugar supuso la suspensión efectiva de las negociaciones sin que hubiera ningún avance durante el primer semestre. Sólo a finales de junio se reanudaron las conversaciones y lo único que se logró fue la confirmación oficial del Gobierno británico de que renunciaba a solicitar la extensión del periodo de transición, haciendo así efectiva la salida el 31 de diciembre de 2020.

En segundo lugar, cuando en marzo de 2020 Johnson entiende que se enfrenta a una pandemia global, ve su oportunidad de ejercer una soberanía total sobre el problema. La UE no coordinó ninguna medida y cada Estado Miembro se organizó como pudo o quiso. Era la ocasión perfecta para mostrar al mundo lo que *'Global Britain'*[90] puede hacer, un anticipo de lo que será el país tras el Brexit. Muchas de las primeras proclamas y gestos iban dirigidos a mandar un mensaje muy claro: «esto lo arreglaremos solos y a nuestra manera». Solo en un contexto de negociación del Brexit debe entenderse ese convencimiento y grandilocuencia. Por último, la insuficiente gestión de la UE a la hora de coordinar medidas durante los pri-

90 El eslogan para referirse a un Reino Unido post-Brexit, parecido a Marca España o España Global.

meros meses de la pandemia y el debate que posteriormente surgió sobre las ayudas a España e Italia, sirvió a cierta prensa y sectores políticos para justificar una vez más la necesidad de la salida y la justificación del Brexit ante una UE insolidaria, ineficaz y cobarde.

CONCLUSIONES

Las noticias económicas y el número de muertos cercano a 60.000[91] confirmó una cosa: el Gobierno fracasó. Ni salvó la economía ni evitó muertes. Fracasaron ambos objetivos.

Al principio, en marzo, cuando aún hacía frío en Londres, muchos políticos ***tories*** y en general el pensamiento conservador inglés aspiró a poder salvar su economía a cambio de unas miles de muertes. Era una proposición casi bélica: habrá muertos pero ganaremos la guerra. Con el cambio de timón al cabo de unas semanas, el Reino Unido experimentó un giro de 180 grados o lo que en inglés se conoce gráficamente como un ***U-turn***. Se produjo la paradoja de que en marzo de 2020 decidió no imponer ninguna medida especial para frenar el Covid-19 y acabó siendo el último país en organizar su «desescalada».

En paralelo, durante el Covid-19 el Reino Unido se sumó en cierta crisis de identidad propiciada por ataques a sus estatuas, incluida la de Sir Winston Churchill, su héroe de la II GM, que tuvo que ser protegida con un andamio que la cubría, lo que causó escarnio entre la sociedad británica. Si a ello se le suma el escándalo Cummings, un primer ministro que estuvo a punto de fallecer, ministros infectados, ancianos que murieron desamparados en residencias, manifestaciones de vándalos de extrema izquierda en sus ciudades y las negociaciones del Brexit paradas durante meses, etc. se comprende por qué el Reino Unido dejó de reconocerse en una sociedad que en cien días había cambiado radicalmente.

Covid-19 no fue una historia de éxito para los británicos pero no por falta de unidad política, que al contrario que en España, la hubo en un grado suficiente. Su drama fue la indecisión. Sobera-

91 A fecha de 17 de octubre de 2020. https://coronavirus.data.gov.uk/deaths

no es —nos recuerda siempre Carl Schmitt— quien decide en el estado de excepción. El drama del Reino Unido no fue fracasar en contener el virus, fracaso al que se podrían sumar con facilidad varias docenas de países. Su drama fue no decidir en el momento preciso. No tener plan.

Johnson trazó una estrategia brillante para ganar las elecciones dentro del Partido Conservador, lograr una aplastante victoria y finalmente alcanzar la salida de la Unión Europea el 31 de enero de 2020. Todo eso en 7 meses. Pero las catástrofes exigen de otros perfiles políticos y Boris Johnson renunció a actuar a tiempo. El genial tacticismo para el Brexit no iba a funcionar en una pandemia.

Boris Johnson, al igual que el alcalde del pueblo de la película *Tiburón*, intentó acertar en los principios y sabiendo que las muertes eran inevitables, dio prioridad a salvar y proteger la economía británica y los puestos de trabajo. Políticamente tal estrategia es insostenible. Boris Johnson es un político optimista que intenta trasladar mensajes de esperanza. Pero frente a una pandemia global —al igual que con el agresivo escualo de su película favorita— le iba a hacer falta más que mensajes positivos. Sin desdecirse se desdijo. Su estrategia inicial no funcionó pero encontró la redención en su ingreso en el hospital.

Faltó más política y estrategia. Políticamente, es indefendible que todas las decisiones se basen *«on the advice of experts»*, esto es, según los consejos de los expertos. Eso es precisamente el fin de la política. No decidir.

Desnortada a veces por una pandemia que no controlaba, con 60.000 fallecidos, una crisis económica y sumida en una negociación complicadísima con la Unión Europea, su sistema institucional, forjado al calor de los siglos, logró mantenerse. La vieja Albión fue el único país del mundo que se enfrentó al Covid-19 en medio de una negociación colosal que iba a alterar su régimen constitucional y su relación económica y política con sus socios comerciales. Sus políticos no siempre acertaron y a veces erraron pero sus instituciones, a la cabeza el Parlamento y la Judicatura, estuvieron a la altura y el debate público, aun enconado, fue enriquecedor.

La lucha contra la pandemia ha traído radicalmente a la actualidad el tema, en sentido orteguiano, de la historia inglesa: la libertad de las personas, el poder de los gobiernos y el desafío de tener que decidir qué país ser. Para el futuro inmediato, Gran Bretaña ha de abordar otras dimensiones comunes de su trayectoria nacional: restaurar la riqueza de la nación de Adam Smith y dar un marco nuevo y duradero a su relación con el continente.

Discurso de Boris Johnson a la Nación

12 de marzo de 2020

Buenas tardes a todos y muchas gracias por venir.

Acabo de presidir una reunión del Comité de Emergencia del Gobierno a la que han asistido ministros de Escocia, Gales e Irlanda del Norte.

Está claro que el coronavirus, Covid-19, continúa y seguirá propagándose por el mundo y nuestro país durante los próximos meses. Hemos hecho todo lo posible para contener esta enfermedad, lo que nos ha ocupado un tiempo valioso.

Pero ahora, se trata de una pandemia mundial.

El número de casos aumentará drásticamente y, de hecho, el número real de casos es mayor, quizás mucho mayor, que el de los casos confirmados con pruebas hasta la fecha.

Tengo que ser franco, todos tenemos que ser francos: esta es la peor crisis de salud pública que ha tenido lugar en una generación.

Hay personas que lo comparan con la gripe estacional. Por desgracia, eso no tiene razón de ser. Debido a la falta de inmunidad, esta enfermedad es más peligrosa.

Además, seguirá extendiéndose, por lo que debo estar a vuestra altura, al nivel del público británico. Muchas más familias van a perder a sus seres queridos antes de tiempo. El consejero científico en jefe proporcionará la mejor información que tenemos al respecto en breve.

Pero como dijimos en las últimas semanas, tenemos un plan en el que estamos trabajando.

Ahora, pasamos a la siguiente fase de ese plan.

Porque actualmente, no solo se trata de intentar contener la enfermedad en la medida de lo posible sino de retrasar su propagación y minimizar, así, el sufrimiento. Si retrasamos el pico, aunque sea unas pocas semanas, nuestro Servicio Nacional de Salud del Reino Unido (NHS, por sus siglas en inglés) estará en un estado más fuerte a medida que el clima mejore y que menos personas padezcan patologías respiratorias normales. De esta manera, tendremos más camas disponibles y más tiempo para la investigación médica.

También, podemos actuar para estirar la curva de la enfermedad durante un período más largo. Así, nuestro sistema estará en mejores condiciones de afrontar la situación.

El director médico establecerá nuestras líneas de defensa. Tenemos que implementarlas en el momento adecuado para maximizar su efecto. La tarea más importante será proteger a nuestros mayores y a los más vulnerables durante las semanas 'pico', que es cuando existe el máximo riesgo de exposición a la enfermedad y cuando el Servicio Nacional de Salud del Reino Unido (NHS) estará bajo máxima presión. Por lo tanto, el período más peligroso no es ahora sino dentro de algunas semanas. Depende de lo rápido que se propague.

Por eso, hoy estamos avanzando con nuestro plan. A partir de mañana, si tiene síntomas de coronavirus, por leves que sean, como una nueva tos persistente o fiebre alta, debe quedarse en casa durante al menos siete días para proteger a los demás y ayudar a retrasar la propagación de la enfermedad.

Desaconsejamos a todos los mayores de 70 años y a aquellos con enfermedades graves que hagan cruceros, así como los viajes escolares internacionales.

Durante las próximas semanas, es probable que hagamos más recomendaciones y si en algún hogar alguien presenta estos síntomas, le pediremos a toda la familia que se quede en casa. Esta medida todavía no entrará en vigor por las razones que explicará Sir Patrick. Sin embargo, me gustaría señalar que ese momento llegará.

Estamos considerando prohibir los eventos públicos importantes tales como los partidos deportivos. La opinión de los científicos, como hemos dicho durante las últimas semanas, es que prohibir tales eventos tendrá poco efecto en la propagación.

Pero también, está la cuestión de la carga que estos eventos pueden imponer a los servicios públicos. Por lo tanto, estamos discutiendo estos temas con compañeros de todo el Reino Unido y en breve, tendremos más información sobre cuándo adoptar medidas más drásticas, al respecto.

En todas las etapas, nos hemos guiado por la ciencia. Además, haremos lo correcto en el momento adecuado.

No estamos —repito, no estamos— cerrando escuelas. El consejo científico es que esto podría causar más daños que beneficios en este momento. Pero, por supuesto, todavía lo estamos considerando y esta decisión puede cambiar de nuevo a medida que la enfermedad se vaya propagando. Las escuelas solo deben cerrar si se les advierte de manera específica que lo hagan. Ese sigue siendo nuestro consejo.

Es evidente que estas medidas van a causar graves trastornos en nuestro país durante muchos meses.

El mejor consejo científico es que esto nos ayudará a frenar la enfermedad y a salvar vidas. Habrá información detallada disponible en el sitio web del Servicio Nacional de Salud del Reino Unido (NHS) y en el 111. No obstante, quiero hacer hincapié en algo muy importante a raíz del discurso de esta tarde: Insto a las personas que creen, en vista a lo que estamos diciendo sobre sus posibles síntomas, que se queden en casa y recaben información en internet antes de llamar al 111, en la medida de lo posible.

También, quiero en esta etapa hablar directamente a las personas mayores. Debido a que esta enfermedad es, particularmente, peligrosa para ustedes, las personas mayores. Aunque la gran mayoría padecerán una enfermedad de gravedad leve o moderada, sé que muchas personas estarán muy preocupadas. Y creo que todos deberíamos pensar en nuestros mayores, los miembros más vulnerables de cada familia, en nuestros vecinos, y en todo lo que podamos hacer para protegerlos en los próximos meses. Necesitaremos movilizar a millones de personas para ayudarse y apoyarse mutuamente. Y solo quiero que sepan que el Gobierno hará todo lo posible para ayudarle, a usted y a su familia durante este período. No solo vamos a apoyar la economía, como vieron ayer, al dar liquidez, sino que trabajaremos en muchas otras formas de estímulos y ayudaremos a las comunidades para que puedan a apoyarse entre sí.

Como hemos hecho durante las últimas semanas, continuaremos proporcionando toda la información científica y médica posible tan pronto como podamos.

Así que me gustaría terminar repitiendo los dos mensajes más importantes, con los que ya se habrán familiarizado: sigue siendo vital —quizás más vital que nunca— que recordemos lavarnos las manos.

Y, por último, por supuesto, aun cuando las cosas parecen difíciles ahora, es necesario recordar que superaremos esto, el país superará esta epidemia como ha superado muchas experiencias más duras en el pasado. Si nos cuidamos los unos a los otros y nos comprometemos, de todo corazón, a hacer un esfuerzo nacional conjunto.

GESTIÓN DE LA CRISIS DEL CORONAVIRUS EN ALEMANIA

Ana de Requesens Moll

IRRUPCIÓN DE LA PANDEMIA EN ALEMANIA

El guitarrista flamenco 'Tomatito' actuaba cerca de Stuttgart. Un grupo de amigos perteneciente a la Asociación Hispano-Alemana habíamos reservado entradas para el concierto el 14 de marzo de 2020. Luego iríamos a cenar. Cuando vives en el extranjero sientes una gran nostalgia de tu tierra. Reunirte con compatriotas, poder hablar en tu propio idioma y sentir España cerca, su arte y su cultura es casi una necesidad.

Hacía varios meses, desde antes de Fin de Año de 2019 que los medios de comunicación alemanes hablaban de un nuevo virus en China. Las noticias caían como un goteo. El 31 de diciembre, la Deutsche Presse Agentur, la mayor agencia de noticias de Alemania, informaba sobre una «misteriosa enfermedad pulmonar» en China, al mismo tiempo que la Organización Mundial de la Salud (OMS) reportaba 44 casos de infectados en Wuhan, provincia de Hubei.

Mientras se acercaba la fecha del concierto, seguíamos con preocupación las noticias sobre el avance del virus. De una lejana infección en China, el Covid-19 se estaba convirtiendo en una plaga que se extendía como una balsa de aceite hasta las puertas de nuestra casa. También podía llegar a Alemania.

Ante estas primeras noticias el Gobierno alemán constituyó un Comité Permanente de Vigilancia sobre el coronavirus. Era todavía principios de enero.

Desde China se intentaba quitar hierro al asunto. A Alemania llegaban noticias tranquilizadoras, no había posibilidad de contagio entre humanos, se decía.

Muy distinto fue el planteamiento de los científicos alemanes, que muy pronto se pusieron a investigar el virus. El Hospital Universitario Charité de Berlín, referente en Alemania en investigación en enfermedades infecciosas, puso un gran equipo a trabajar. El Charite se fundó en 1710 en tiempos de la Peste Bubónica y entre sus filas hay varios premios Nobel de medicina. En pocos días su director, el prestigioso virólogo Christian Drosten desarrolla el primer test diagnóstico del Covid-19 creado a nivel mundial y lo pone a disposición de toda la comunidad científica. Drosten también advirtió que podría producirse un contagio rápido.

Sin embargo, salvo los virólogos, nadie en Alemania parecía preocuparse por el virus en aquellos días del arranque del año 2020. El Instituto Robert Koch (IRK) perteneciente al Ministerio de Sanidad no preveía una extensión del virus a Alemania. El IRK es la mayor autoridad del Gobierno alemán en materia de control y prevención de enfermedades y fue el encargado de supervisar el avance del coronavirus.

Y es que inicialmente, tanto el Gobierno alemán como las autoridades sanitarias confiaban en las informaciones de la OMS y del Centro Europeo para la Prevención y Control de Enfermedades (ECDC) que califican el nuevo virus como de «bajo riesgo». Nada parecía prever lo que ocurriría más tarde.

Finalmente se produjo en Alemania el primer caso de contagio. Fue en Baviera el 27 de enero de 2020, cuando un empleado de 33 años de la empresa Webasto fue infectado por una colega de trabajo procedente de China. Webasto tiene una gran fábrica en Wuhan.

A 31 de enero siete personas habían dado positivo de Covid-19 en Alemania.

Ante estos primeros contagios el IRK aumenta el riesgo del coronavirus de «escaso» a «moderado», recomendando una prevención con medios caseros, como lavarse las manos y estornudar en el hueco del codo.

Pero aun entonces los medios de comunicación alemanes hablaban más del Brexit que del coronavirus. Recuerdo que en casa y entre amigos comentamos estas noticias, pero nadie se lo tomaba aún en serio. Ese era el sentir general de la población en Alemania.

El 1 de febrero la OMS declara la alarma internacional. La revista *Spiegel* informa que un avión militar había salido para Wuhan para evacuar a 102 ciudadanos alemanes.

El Gobierno alemán empieza a dudar de las cifras suministradas por el Gobierno chino. Su actuación parecía poco transparente. Se había mostrado muy reservado a la hora de aportar datos y no autorizaba la visita de una delegación de la OMS. Los científicos del Robert Koch se ponen a investigar datos más fiables.

Durante las primeras semanas del mes de febrero los contagios en Alemania apenas sobrepasaban la docena. Pero entonces llegaron las vacaciones de invierno y todo cambió.

Durante esas vacaciones muchas familias residentes en el sur de Alemania aprovechamos para ir a esquiar a las estaciones cercanas de los Alpes austriacos o italianos. Era la última semana de febrero y durante aquellos días explotó el número de contagios. La conocida estación de esquí de Ischgl, en el Tirol austriaco, se convirtió en uno de los focos principales. Muchos amigos y compañeros de colegio de mis hijos fueron a Ischgl y a su vuelta tuvieron que ponerse directamente en cuarentena. Esta situación nos empezó a preocupar. El virus ya no era algo lejano.

Por esas mismas fechas los pueblos alemanes celebraban las fiestas de Carnaval o 'Fasching'. En esas ocasiones la gente se disfraza, se lanza a la calle, hay fiestas, desfiles, música, bailes. Los alemanes olvidan la típica 'distancia social' que les caracteriza. Fue la gran oportunidad para que el coronavirus encontrase muchos nuevos 'huéspedes'. Sonado fue el caso de las 300 personas que se contagiaron durante el carnaval de Heinsberg en Renania del Norte-Wesfalia.

Entonces las voces de alarma de los científicos alemanes empezaron a resonar cada vez con más fuerza. El mes de febrero terminó con 57 casos confirmados en Alemania.

Mientras tanto las cifras de infectados en Italia se habían disparado. Se cancela el Carnaval de Venecia. La OMS sube la calificación del riesgo a nivel global de «alto» a «muy alto».

La situación de alarma en Italia, país fronterizo con Alemania, hizo cambiar completamente la percepción del riesgo del virus. Estaba claro que la epidemia había llegado a Europa y también que se extendería a Alemania. Era cuestión de tiempo.

En vista de los nuevos casos, el Gobierno alemán decide un cambio de estrategia.

MES DE MARZO, ESTADO DE ALARMA

Desde el 2 de marzo se produce un giro la situación y Angela Merkel decide asumir el mando. Más de 150 personas habían dado positivo y los virólogos advertían que el virus se seguiría expandiendo. A partir de ese momento Merkel opta por seguir el criterio de los científicos como base fundamental de sus decisiones. Además, formará un gobierno paralelo de la crisis con los presidentes de los *Länder*. Mantendrán reuniones semanales en las que acordarán conjuntamente las medidas contra el coronavirus, que luego cada estado pondrá en marcha. También se activan todos los recursos sanitarios del país, incluyendo las empresas de biotecnología y las facultades de medicina de todas las universidades.

El domingo 8 de marzo fallece el primer ciudadano alemán por coronavirus en una clínica de Egipto. Al día siguiente se producen los dos primeros fallecimientos en Alemania. Una mujer de 89 años en Essen y un hombre de 78 años en Heinsberg, que tenía previamente problemas de corazón y diabetes. El coronavirus ya ha entrado oficialmente en Alemania y empieza a transformar la vida de los alemanes.

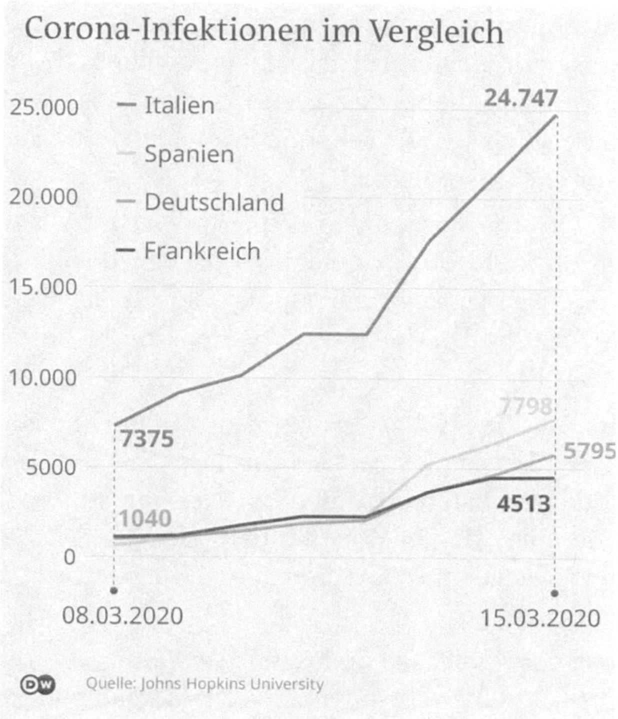

En las tiendas se acaban los artículos de primera necesidad. Las ventas de pastas y hortalizas enlatadas se disparan casi un 80%. Los supermercados ponen límite a la cantidad de leche o papel higiénico que se puede adquirir en una sola compra. Los alemanes hacen ***Hamsterkäufe***, 'compras hámster', preparándose para una larga cuarentena.

Los acontecimientos desde entonces se sucedieron a velocidad de vértigo.

PRIMERAS RESTRICCIONES AL CONTACTO SOCIAL

El 11 de marzo Merkel concede la primera entrevista a los medios. Según la OMS han fallecido ya a nivel mundial 4.300 personas por causa del virus y eleva la calificación de la enfermedad a «pandemia». La canciller dice: «Se está poniendo a prueba nuestra solidaridad, nuestro sentido común y nuestro pensar en los demás y yo deseo que pasemos esta prueba [...]. Tenemos que ganar tiempo. Hay que conseguir aplanar la curva del crecimiento de la infección». El mensaje era claro, había que ralentizar en lo posible el avance de la pandemia y evitar la saturación de los hospitales. La única forma era restringir el contacto social.

Christian Drosten, convertido ya en el virólogo estrella del Covid-19 recomienda el cierre de los colegios y la cancelación de grandes eventos. Lo afirma tras leer un estudio sobre la efectividad de esta medida en Estados Unidos en los tiempos de la Gripe Española entre 1918 y 1919.

Los gobiernos de los *Länder*, empiezan también a actuar. Baviera anuncia el cierre de los centros escolares. Al día siguiente, después de producirse la tercera muerte por coronavirus en la región de Stuttgart, también Baden-Württemberg suspende las clases hasta después de las vacaciones de Semana Santa e insta a la población a quedarse en su casa.

Casi todos los gobiernos de los *Länder* ponen en marcha medidas similares. El número de infectados en Alemania ya llega a 3.675.

El 15 de marzo el ministro del interior Horst Seehofer (CSU) anuncia que se controlarían todas las fronteras con los países vecinos Francia, Austria, Suiza, Luxemburgo y Dinamarca. Solamente se autorizará el paso de mercancías y de trabajadores transfronterizos. Los viajes deben reducirse al mínimo necesario.

Angela Merkel y los presidentes de los *Länder* llegan a un acuerdo para poner en marcha medidas conjuntas. Merkel aparece ante los medios para explicar unas restricciones únicas en la historia de Alemania en los últimos setenta años. «Según los científicos, la forma más eficaz de reducir el contagio es manteniendo una distancia social», dice Merkel. En virtud de ello anuncia el cierre de todos los comercios, salvo supermercados, farmacias y demás servicios básicos. Además se suspenden todo tipo de celebraciones religiosas, culturales o deportivas entre otras restricciones.

Pocos días antes el canciller austriaco Sebastián Kurz ya había anunciado controles en las fronteras con Austria y el cierre de las entradas desde Italia.

Las Fuerzas Armadas se activan para la lucha contra la pandemia, sobre todo se utilizan sus sistemas de compras de material para el aprovisionamiento de material protector y desinfectantes. Los reservistas deberán estar disponibles para incorporarse en caso necesario.

El Gobierno pide a las empresas que manden a sus empleados a trabajar desde casa, siempre que sea posible. Una situación nueva para muchos.

MERKEL DIRIGE UN DISCURSO HISTÓRICO A LOS CIUDADANOS

El 18 de marzo Angela Merkel se dirigió a la nación por televisión con un discurso sin precedentes. Merkel apeló al sentido común y a la disciplina de los alemanes para combatir el peligro del coronavirus: «Permítanme decirles: la situación es seria. Tienen que tomarla también en serio. Desde la reunificación de Alemania... no, desde la Segunda Guerra Mundial, no se había planteado a nuestro país otro desafío en el que todo dependiera tanto de nuestra actuación conjunta y solidaria».

El 20 de marzo Baviera y Sarre son los primeros estados federales que declaran el confinamiento de los ciudadanos. Solo las salidas al trabajo o para comprar son permitidas. Se prohíben los encuentros de varias personas en el exterior. Otros estados siguen esta medida.

El 22 de marzo, los contagios en Alemania habían superado los 23.900 y habían fallecido 90 personas. Tras una consulta entre la canciller y los presidentes regionales se ordenan más restricciones:

- solo se permiten las salidas al aire libre en compañía de una persona o con personas de la misma familia.
- se prohíben las visitas a otros domicilios
- estas medidas se limitan a dos semanas.

Las fuerzas de seguridad vigilarán el seguimiento de estas medidas e impondrán sanciones en caso de incumplimiento.

Ese mismo día Merkel se autoimpone una cuarentena de catorce días tras haber tenido contacto con un médico que dio positivo. Con ello pretende también dar ejemplo.

Baden-Württemberg y Rheinland-Pfalz ofrecen acoger pacientes de Francia dada la falta de respiradores y la saturación de los hospitales de los países vecinos.

El 23 de marzo el Gobierno federal aprueba un plan de choque económico con un presupuesto extraordinario de 156 mil millones de euros. Por sobrepasar los límites de endeudamiento establecidos es necesario que el Bundestag (Parlamento) de su autorización. Así aprobará la *Ley para la Protección de la Población por Situación de Epidemia de Alcance Nacional*, que otorga al Gobierno federal la regulación de medidas de alcance nacional en materia de salud —normalmente potestad de los *Länder* o gobiernos regionales— durante el tiempo de la epidemia. El ministro de Finanzas Olaf Scholz (SPD) declaró: «Nos esperan unas semanas muy duras». Este paquete es ratificado por el Bundesrat (Cámara de representación de los *Länder*) el 27 de marzo y firmado el mismo día por el presidente de la Republica Frank-Walter Steinmeier, con lo que la ley entra en vigor.

Durante el mes de marzo el IRK informa que las medidas están funcionando y la curva de contagios se está ralentizando. Pero la economía alemana está sufriendo enormemente. Empieza a debatirse un posible levantamiento de las restricciones y una vuelta a la normalidad. Merkel pide paciencia a los ciudadanos.

En Wolfsburg, estado de la Baja Sajonia mueren 29 personas en una residencia de mayores después de que 165 dieran positivo. El gobierno regional prohíbe los nuevos ingresos en estas residencias y restringe las visitas. Otros estados le siguen. Parece aún prematuro levantar las restricciones y el Gobierno federal y los *Länder* acuerdan prolongar el estado de excepción hasta el 19 de abril, después de Semana Santa.

El 2 de abril Alemania los infectados llegan a 73.522, produciéndose el mayor número de nuevos casos, 6.156, contabilizados en un solo día. A nivel mundial se había superado el 1 millón de contagios y los 53.000 fallecimientos por Covid-19.

El Instituto Robert Koch presenta la primera app para la detección de cadenas de infección. Los individuos proporcionan los datos de forma voluntaria a través de pulseras y smartwatches. Esta app será un tema controvertido por las dudas abiertas sobre la protección de datos de carácter personal y su aplicación no tendrá lugar hasta bien entrado el mes de junio.

El 11 de abril coincidiendo con las fiestas de Pascua, el Presidente de la República Federal, Frank-Walter Steinmeier, pronuncia el otro discurso memorable de esta pandemia, que fue retransmitido por televisión: «Estoy profundamente impresionado del esfuerzo realizado por nuestro país en las últimas semanas [...]. Podemos y creceremos incluso en esta situación [...]. Les pido a todos ustedes que sigan teniendo confianza, porque los gobernantes a nivel federal y estatal saben de su enorme responsabilidad». Fue la primera vez que un presidente alemán se dirigía a la nación por una situación excepcional, ya que típicamente solamente pronuncia un discurso por Navidad.

Llegadas las vacaciones de Semana Santa la impaciencia por la reapertura se hace notar en todo el país. El PIB había caído 1,9% en el primer trimestre y se preveía una caída casi del 10% en el segundo trimestre. La contracción del segundo trimestre sería la peor desde 1970 y dos veces mayor a la del primer trimestre de 2009, cuando ocurrió la gran crisis financiera.

Era necesario dar a la economía una perspectiva de reapertura que frenase esta caída libre.

El 13 de abril la Academia Nacional de las Ciencias Leopoldina, la institución que asesora al gobierno en materia científica, publica una declaración en la que estima que ya se dan las condiciones para una vuelta escalonada a la normalidad. Merkel toma nota y anuncia que este estudio es «muy importante» para orientar las futuras actuaciones.

DESESCALADA E IMPULSO A LA ECONOMÍA

La presión al Gobierno para que se levantaran las restricciones crecía por momentos. El presidente de la Confederación de la Industria Alemana (BDI) Dieter Kempf, advirtió de las graves consecuencias para la economía del país si continuaban prolongándose las restricciones de contactos entre los ciudadanos. «Cada semana de cierre tiene un coste para la economía alemana de unos 5.000 millones de euros de su PIB. Un corte así no se puede soportar durante meses y provoca pérdidas masivas de bienestar y daños permanentes en la economía y la sociedad».

El 15 de abril tiene lugar una reunión por videoconferencia entre la canciller Merkel y los presidentes de los *Länder* en las que acuerdan las medidas para la vuelta a la normalidad de forma escalonada. Estas deberían realizarse con precaución. «Tenemos que asegurar los éxitos que ya hemos logrado», enfatiza Merkel.

A partir del 20 de abril pueden abrir los comercios de menos de 800 metros de superficie observando estrictas medidas higiénicas y en lo posible evitar las colas. Independientemente del tamaño se permite la reapertura de librerías, tiendas de automóvil y de bicicletas. En el exterior tenía que mantenerse una distancia de 1,5 metros entre las personas. Los ciudadanos podían reunirse fuera de casa solamente con los miembros de su familia o con una sola persona que no pertenezca a la misma. No se permitirían los viajes privados o visitas. Los festivales y los grandes eventos como partidos de fútbol se prohibieron hasta el 31 de agosto. El control de las fronteras continuaría también hasta el 4 de mayo.

El 22 de abril la empresa BioNTech anuncia que ya tiene la primera candidata a vacuna contra el coronavirus y ha recibido autorización para probarla en 200 voluntarios, pero no estará disponible para el público este año.

Desde el 27 de abril el uso de la mascarilla será obligatorio en toda Alemania.

Merkel y los presidentes de los estados federales no llegan a un acuerdo para llevar a cabo una desescalada homogénea en toda Alemania. La distribución de infectados en el país es desigual. Unos

100.000 casos están concentrados entre Baviera (sur), Renania del Norte-Westfalia (oeste) y Baden-Wurtemberg (suroeste). Esos tres son los *Länder* más afectados por la enfermedad. Si en Baviera, el IRK cuenta casi 43.000 infectados, en Baja-Sajonia (oeste), el cuarto *Land* con mayor presencia de casos, hay registrados unos 10.300 enfermos de Covid-19.

En esta diferencia de casos se apoya un número creciente de presidentes regionales para plantear un mayor aligeramiento de las medidas de distanciamiento social. La decisión será finalmente de los *Länder*, cada uno realizará un desescalamiento a su medida. Merkel impone, sin embargo, acordar un límite de seguridad: de producirse más de 50 casos de contagio por cada 100.000 habitantes en un espacio de 7 días se volvería la cuarentena.

El 4 de mayo se inició la segunda fase de la desescalada. Las escuelas e institutos se abrieron de forma gradual empezando por los cursos que tenían exámenes por final de ciclo. Las guarderías permanecieron cerradas. También podían abrir, con restricciones en su actividad, las peluquerías, los templos religiosos y los museos. Los comercios podrán abrir ya sin límite de espacio, pero se establecen normas sobre el número de clientes que pueden entrar a la vez en los locales. El aligeramiento de las restricciones dependerá del estado de la pandemia en cada *Länd*.

La última fase de la reapertura concluyó el 15 de junio fecha en la que se levantaron los controles en las fronteras dentro de la Unión Europea y gran parte del resto de las restricciones pendientes. Los empleados que se encontraban trabajando excepcionalmente desde su casa volvieron a sus oficinas. Los centros escolares abrieron ya para todos los cursos. Se pusieron en marcha las piscinas públicas. La vida parece haber vuelto a la normalidad, pero solo en parte.

Los alemanes han implantado un riguroso protocolo para evitar el contacto y asegurar las medidas de higiene. Los colegios solo imparten algunas asignaturas por razones de capacidad, ya que las clases se han dividido en pequeños grupos para asegurar un metro y medio de distancia de los pupitres. En las ciudades las calles peatonales están más tranquilas de lo normal. La gente evita el contacto. Todos los años por estas fechas los alemanes ya tienen planificadas sus vacaciones de verano, pero este año es diferente. Muchos se plantean quedarse en casa o viajar solo dentro de Alemania. Vivimos una 'normalidad' que aún no tiene nada de normal. Y tardaremos en volver a la vida de siempre. Si es que alguna vez ocurre.

¿POR QUÉ ALEMANIA HA TENIDO POCOS FALLECIDOS?

La población alemana casi dobla en número de habitantes a la española, Alemania ha tenido un gran número de contagios, pero un bajo número de fallecidos por Covid-19. ¿Qué ha hecho Alemania de forma diferente para enfrentarse con éxito a esta pandemia?

The New York Times lo ha llamado la *«The German Exception»*, la excepción alemana. El diario de Zurich *Neue Zürcher Zeitung* habló de «El Milagro Alemán». Lo cierto es que a fecha 11 de junio, Alemania tenía una de las tasas de mortalidad por Covid-19 más bajas del mundo. Con una población de 83 millones de habitantes el número de contagiados ascendía a 184.861 y de fallecidos a 8.729. Es decir, habría en Alemania 11 fallecidos por cada 100.000 habitantes. La mortalidad en España es cinco veces mayor.

The New York Times

	▼CASES	PER 100,000	DEATHS	PER 100,000	SLOWER – FASTER CASE GROWTH RATE (Jan. 22 – June 9)
United States MAP »	2,007,773	614	112,918	35	
Brazil MAP »	739,503	353	38,406	18	
Russia	493,023	341	6,350	4	
U.K. MAP »	290,143	436	41,128	62	
India MAP »	276,583	20	7,745	<1	
Spain MAP »	242,280	519	27,136	58	
Italy MAP »	235,763	390	34,114	56	
Peru	199,696	624	5,571	17	
Germany MAP »	184,861	223	8,729	11	
Iran	177,938	218	8,506	10	

Update: 11 June 2020

Ciertamente Alemania tenía un plan nacional de pandemias desde 2004 que se actualizó en 2017, lo que le llevó a tener ya preparado un protocolo de actuación que podía ser puesto en marcha rápidamente ante una emergencia. Pero hubo otros factores decisivos.

El *think tank* británico Deep Knowledge Group ha situado a Alemania como el segundo país más seguro del mundo respecto al Covid-19 detrás de Suiza. España ocupa el puesto 58 de dicho ranking. El extenso informe incluye 200 países de todo el mundo y analiza con una metodología 'big data' una enorme cantidad de datos relativos a 130 parámetros cuantitativos y cualitativos, como, por ejemplo, la capacidad de los gobiernos para manejar la crisis, la eficacia de la cuarentena, la resiliencia de la población y la preparación del sistema sanitario. Según el *think tank*, el liderazgo de Alemania en este ranking se debe principalmente a la capacidad del gobierno para poner en marcha soluciones inmediatas y eficaces a la pandemia, en las que participaron conjuntamente el sector público y privado. Se priorizó la investigación científica y los mecanismos de prevención del contagio y de tratamiento de los infectados, sobre todo los que formaban parte de los grupos de riesgo y así se pudo minimizar el impacto del coronavirus en la población de edad más avanzada.

Source Deep Knowledge Group June 2020

Sin duda, el éxito de Alemania en su lucha contra el coronavirus se debe no a uno sino a un conjunto de factores.

Para Christian Drosten, virólogo del Charité, «el motivo de que en Alemania tengamos tan pocas muertes en relación con el número de personas contagiadas se puede explicar en gran medida por el gran número de tests que estamos realizando [...]. Alemania reconoció muy pronto que se enfrentaba a una epidemia y comenzó rápidamente a realizar tests, desde que apareció el primer caso se rastreó exhaustivamente la cadena de contagio y se sometió a cuarentena a todas las personas de contacto, en el más amplio sentido del término, con lo que hemos ganado tiempo para preparar los hospitales con tantas camas con respiración asistida y tantas camas en la UCI como sea posible».

Alemania está practicando cerca de 350.000 test de coronavirus a la semana, muchos más que cualquier otro país europeo. La detección temprana y generalizada ha permitido que los casos pudieran ser inmediatamente aislados, aun cuando no presentaban síntomas, evitando así futuros contagios.

Otro factor importante ha sido la gran capacidad del sistema sanitario. Alemania es el primer país de Europa y el cuarto del mundo con mayor número de camas de hospital. El país germano cuenta con un total de 500.000 camas de hospital, lo que le da un ratio de 823 camas por cada 100.000 habitantes. Esta capacidad casi triplica la de España con 297 camas por cada 100.000 habitantes. Los hospitales cuentan con suficientes recursos para hospitalizar un gran número de pacientes en caso necesario.

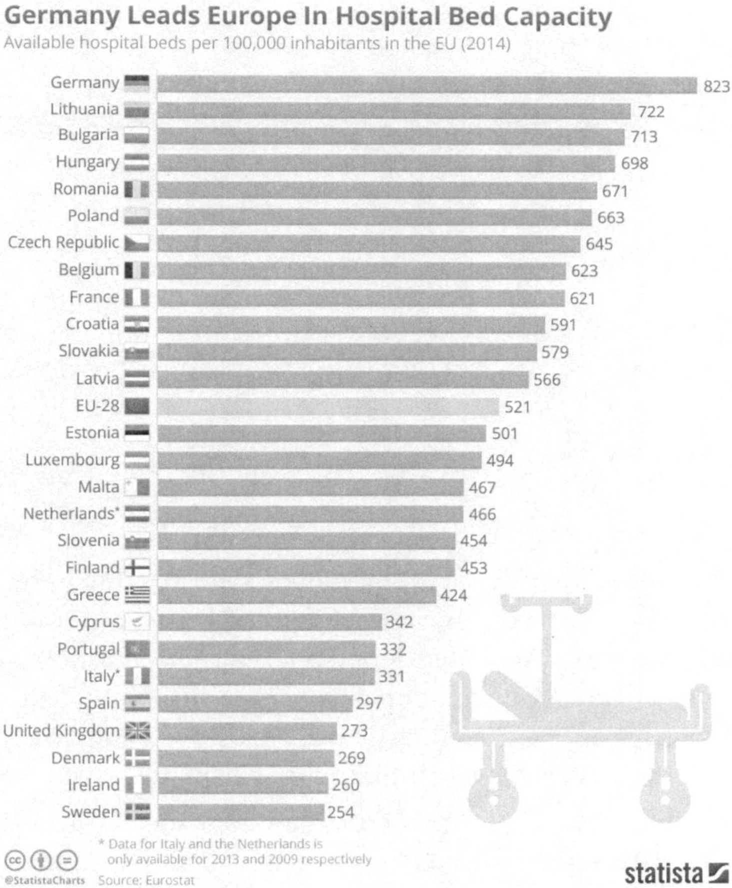

Las Unidades de Cuidados Intensivos han sido otro factor clave, ya que Alemania es el país del mundo con mayor número de UCIS en relación a su población. Al principio de la pandemia contaba con

28.000 UCIS con respiradores, que se fue incrementando durante la fase crítica de la pandemia hasta las 40.000 unidades. Esto da un ratio de 34 UCIS por cada 100.000 habitantes en Alemania, comparado con Estados Unidos 25,8 o España 9,7.

Además, con el fin de liberar UCIs para enfermos graves de Covid-19, el Gobierno ordenó aplazar todas las operaciones que no fuesen urgentes y al mismo tiempo garantizó indemnizaciones a los hospitales que implantasen esta medida.

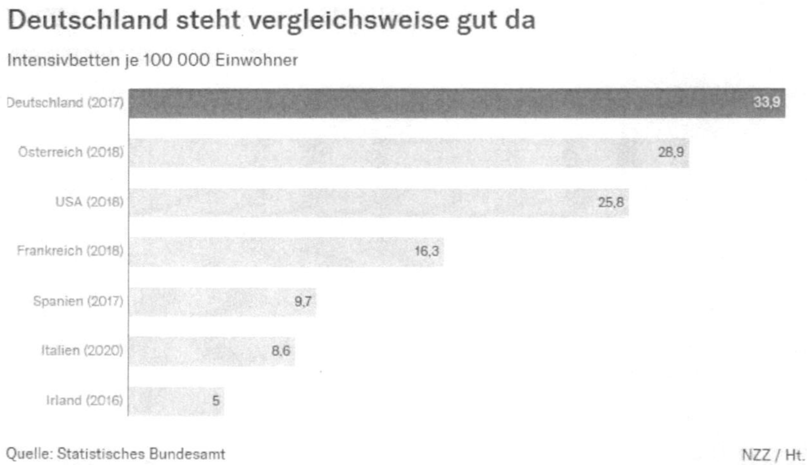

La disponibilidad de UCIs ha demostrado ser una gran ventaja ya que si un paciente grave tiene acceso inmediato a una UCI se multiplican las posibilidades de supervivencia. La demanda de UCIs durante la fase álgida nunca superó la disponibilidad, por lo que se pudo acoger a pacientes de otros países vecinos como Francia o Italia y además enviar respiradores a España.

Por otra parte, la propia mentalidad alemana ha ayudado sin duda a controlar la crisis con eficacia. Los alemanes son muy dados a cumplir con las reglas que imponen las autoridades, lo que ha sido muy favorable durante la pandemia. Asimismo, la atención a la salud y a la higiene forma parte de la cultura alemana. La costumbre de lavarse las manos está muy instalada y cuando explotó la pandemia no fue el papel higiénico lo primero que se agotó en los comercios, sino el líquido desinfectante.

Podría decirse, que los alemanes pueden llegar hasta a exagerar en este cumplimiento del deber impuesto por las autoridades y algunos incluso se las dan de 'maestros' de los demás. Se han dado casos de *'corona-parties'* en donde han sido los propios vecinos los que llamaron a la policía. O viandantes que se dedicaban a fotografiar a grupos en los parques y los colgaban en internet para conocimiento de las autoridades, cuando solo se permitían los paseos de dos personas. Todo esto no fue agradable, pero sin duda ha ayudado a detener la expansión de la enfermedad.

MEDIDAS ECONÓMICAS PARA SALIR DE LA CRISIS

La economía alemana se reducirá un 6,5% en 2020 debido a la crisis del coronavirus. Según la Agencia de Empleo Alemana, 7,3 millones de trabajadores han pasado a jornada reducida o *kurzarbeit* debido a la disminución de la producción. Esta cifra nunca había sido tan alta. Durante el mes de abril se ha producido un aumento de 308.000 trabajadores desempleados y en mayo 169.000. La tasa de paro en Alemania se ha incrementado en un 0,3% situándose en un 6,1% llegando a los 2,81 millones de parados.

Para paliar los efectos de la pandemia en la economía alemana, el Gobierno federal, previo acuerdo con los gobiernos regionales de los *Länder*, ha puesto en marcha dos grandes paquetes de medidas.

Un primer paquete de choque se aprobó el 25 de marzo e incluyó medidas urgentes por valor de 156 mil millones de euros. Las Pymes y autónomos recibieron una subvención a fondo perdido de entre 9.000 y 15.000 euros durante tres meses y pudieron solicitar también préstamos rápidos para mantener la liquidez. Además podrían aplazar el pago de impuestos y las contribuciones a la seguridad social. También se pusieron en marcha procedimientos rápidos para que las empresas solicitaron el alta en el *kurzarbeit*, jornada reducida, de los trabajadores. El *kurzarbeit* o trabajo a jornada reducida, es una forma de prevenir el desempleo. La Agencia de Empleo financia al menos el 67% de los ingresos netos de los trabajadores independientemente de las horas trabajadas.

Adicionalmente el Gobierno lanzó un segundo plan de medidas el 3 de junio por el que se inyectaron otros 130 mil millones de euros a la economía. Este plan incluye 57 medidas, entre las que se encuentra la bajada del IVA hasta final del año 2020 del 19% al 16% y del 7% al 5% pero se prevé que repercutirá en una bajada general de los precios y en una mayor liquidez de las empresas.

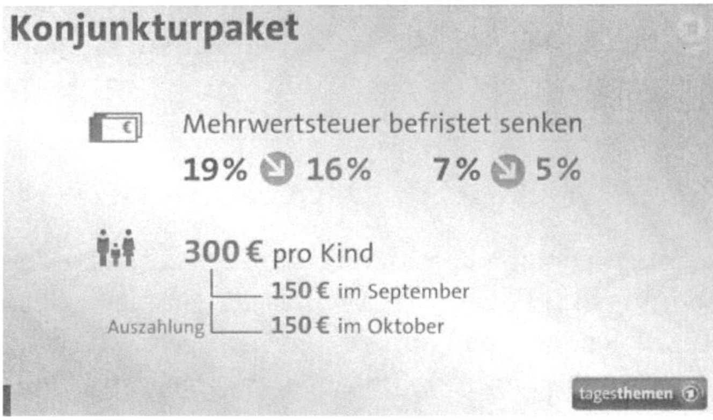

En lo que respecta a las ayudas a las familias, todas ellas recibirán una ayuda por hijo mejor de 18 años de 300 euros por familia.

Asimismo, se establece una bajada de costes de la energía eléctrica durante los próximos 3 años. También se prioriza la inversión en energías renovables y en innovación.

El Gobierno ha dejado atrás sus propósitos de déficit 0 y no ha dudado en endeudarse para estabilizar la economía y volver a la senda del crecimiento en el año 2021. En palabras de Jens Wiedmann, presidente del Bundesbank: «En los últimos meses hemos atravesado el mayor hundimiento económico de la historia de la Republica de Alemania [...]. Ya hemos dejado atrás el punto de inflexión y estamos otra vez en la senda del crecimiento [...]. El Gobierno ha reaccionado rápida y eficazmente en una difícil coyuntura para proteger a empresas y trabajadores. Esto ha sido acertado. Con las últimas medidas el Gobierno ha vuelto a empujar fuertemente la economía hacia adelante».

APOYO AL GOBIERNO Y LIDERAZGO INDISCUTIBLE DE ANGELA MERKEL

Angela Merkel ha demostrado ser una gran líder en tiempos de crisis. Tras 14 años en el poder, su magnífica gestión de la pandemia ha relanzado su figura, alcanzando un 72% de popularidad entre sus compatriotas.

La era Merkel ha supuesto para Alemania una fase de gran estabilidad y prosperidad. Supo preservar al país de la crisis económica del 2008 de la que Alemania salió mejor parada que el resto de Europa. Admitió a un millón de refugiados jugándose en ello su carrera política. A pesar de sus ideas conservadoras, ha sido inflexible con la extrema derecha de Alternativa para Alemania (AfD) y ha bloqueado cualquier acuerdo con ella. Además, mantiene desde hace siete años un gobierno de coalición con el Partido Socialdemócrata Alemán (SPD) que ha dado estabilidad al país.

La revista *The Atlantic* dice que Merkel se ha ganado el título de 'científica en jefe' por su actuación durante la pandemia. Efectivamente la canciller ha manejado la crisis de una forma calculada y basándose en la evidencia científica. Como física de profesión que es, se mostró ante el pueblo alemán como una persona fiable que basa sus decisiones en los datos. Su comunicación ha sido concisa y directa al grano.

Supo ponerse al mando de la crisis demostrando una rápida capacidad de decisión. En todo momento el gobierno de coalición conservador-socialista se mantuvo unido y sin fisuras. También ha sabido coordinar las voluntades de los gobiernos federales y conseguir medidas consensuadas contra el coronavirus.

A pesar de la grave situación, en Alemania se ha vivido esta crisis con calma y la población ha confiado en la capacidad de su gobierno para tomar las decisiones adecuadas.

La ciudadanía ha tenido que aceptar grandes restricciones a su libertad de movimientos, su vida familiar y social. Esto no había ocurrido nunca en la historia de la Republica alemana, por lo que Merkel ha pedido reiteradamente «paciencia» a sus compatriotas.

Estas restricciones, según les dijo, eran «imprescindibles para salvar vidas».

Al mismo tiempo, Merkel puso en marcha un paquete de medidas sin precedentes para salvaguardar la industria, los autónomos, las pymes y los consumidores. «Les aseguro: el Gobierno hace todo lo posible para mitigar las repercusiones económicas. Y sobre todo para mantener puestos de trabajo».

Y los alemanes dieron mayoritariamente su apoyo aceptando en un 93 % estas restricciones. En ello influyó, sin duda, la buena política de comunicación, que ha sido constante y transparente tanto por parte de Merkel como por parte de los demás miembros del Gobierno. Sus mensajes han sido efectivos, claros y a la vez empáticos con la población. «Corresponde a una democracia abierta que expliquemos de forma transparente las decisiones políticas. Que fundamentemos lo mejor posible nuestro proceder y lo comuniquemos, para que resulte comprensible» en palabras de la propia canciller.

De este modo, Alemania está encabezando una de las respuestas más eficaces a la pandemia a nivel mundial y está probando ser uno de los países mejor preparados para afrontar la recesión.

Con todo, Merkel no se ha olvidado de Europa. Si bien la canciller dijo no a los Coronabonos, en parte por la falta de apoyo interno en Alemania a esta medida, sí ha trabajado por encontrar alternativas para ayudar al resto de los países europeos a salir de la crisis, ya que la propia economía alemana, eminentemente exportadora, también depende de ello. «Europa nos necesita como nosotros necesitamos a Europa», ha declarado Merkel. La unidad y solidaridad en el continente no ha sido nunca tan importante como lo es ahora.

Y es que Alemania se preparaba para tomar la Presidencia del Consejo Europeo el 1 de Julio de 2020. Los próximos seis meses de presidencia alemana son una fase crucial en la que Europa necesita salir de una profunda crisis. «Nos hacemos cargo de esta tarea durante el mayor reto de la historia de la Unión Europea», dijo Merkel.

Angela Merkel, canciller de Alemania y Ursula von der Leyen, presidenta de la Comisión Europea

Durante los próximos seis meses dos mujeres alemanas —Angela Merkel al frente del Consejo Europeo, y su antigua colaboradora Ursula von der Layen como Presidenta de la Comisión— liderarán el destino de Europa en una fase clave de su historia. A ambas les une un gran espíritu europeísta y un gran sentido de la responsabilidad por el bienestar colectivo. De su capacidad para unir las distintas voluntades e intereses de los países europeos y conseguir un difícil equilibrio en el juego de poder de las grandes potencias, dependerá en gran parte la salida de la crisis y también el futuro papel de Europa en el mundo.

Será gran un broche final para la carrera política de la canciller, quien tiene intención de retirarse de la política en el año 2021. Angela Merkel es una gran mujer de estado a la que no solo Alemania sino el resto de Europa tienen mucho que agradecer. En mi opinión es sin duda el gran personaje político de este principio del siglo XXI.

Discurso de Angela Merkel a la Nación

18 de marzo de 2020

«Queridas conciudadanas y queridos conciudadanos:

El coronavirus está modificando actualmente en forma dramática la vida en nuestro país. Nuestra idea de la normalidad, de la vida pública, de la convivencia social, está siendo puesta a prueba como nunca antes.

Millones de ustedes no pueden ir al trabajo, sus hijos no pueden ir a la escuela o al jardín infantil; los teatros, cines y negocios están cerrados y, lo que quizás sea lo más difícil: a todos nos faltan los encuentros, que en otros tiempos son obvios. Naturalmente, en semejante situación, todos estamos llenos de interrogantes y preocupaciones acerca de lo que vendrá.

Me dirijo hoy a ustedes por esta vía inusual, porque quiero decirles lo que me guía como canciller, y a todos mis colegas del gobierno, en esta situación. Corresponde a una democracia abierta que transparentemos y expliquemos las decisiones políticas. Que fundamentemos lo mejor posible nuestro proceder y lo comuniquemos, para que resulte comprensible.

Creo firmemente que saldremos airosos de esta prueba, si realmente todos los ciudadanos y ciudadanas la comprenden como su propia tarea.

Por eso, permítanme decirles: la situación es seria. Tómenla también en serio. Desde la reunificación de Alemania, no, desde la Segunda Guerra Mundial, no se había planteado a nuestro país ningún otro desafío en el que todo dependiera tanto de nuestra actuación solidaria mancomunada.

Quisiera explicarles dónde estamos actualmente en cuanto a la epidemia y qué está haciendo el gobierno federal y la esfera estatal para proteger a todos los miembros de nuestra comunidad y limitar los perjuicios económicos, sociales y culturales. Pero también quiero comunicarles por qué se requiere de ustedes, y lo que todos y cada uno pueden aportar.

En cuanto a la epidemia —y todo lo que les digo al respecto proviene de las consultas permanentes del gobierno federal con expertos del Instituto Robert Koch y otros científicos y virólogos— se está investigando a toda máquina a nivel mundial, pero todavía no existe una terapia contra el coronavirus ni una vacuna.

Mientras eso no cambie, solo hay un objetivo, que es la línea central de todo lo que hacemos: desacelerar la propagación del virus, extenderla por meses para así ganar tiempo. Tiempo para que los investigadores puedan desarrollar un medicamento y una vacuna. Pero, sobre todo, tiempo para que quienes enfermen puedan recibir la mejor atención posible.

Alemania tiene un excelente sistema de salud, tal vez uno de los mejores del mundo. Pero también nuestros hospitales se verían superados si en poco tiempo ingresaran demasiados pacientes con una evolución grave del coronavirus.

No son cifras abstractas en una estadística, sino un padre o un abuelo, una pareja. Son personas. Y nosotros somos una comunidad en la que cada vida y cada persona cuentan.

En esta situación, quisiera dirigirme en primer lugar a aquellos que, como médicos, cuidadores, o en otra función, trabajan en nuestros hospitales y, en general, en nuestro sistema de salud. En esta lucha, ellos están en la primera línea. Son los primeros que ven a los enfermos y ven cuán grave es en algunos casos la evolución de la infección. Y cada día acuden nuevamente a su trabajo y están al servicio de la gente. Hacen una labor gigantesca y les agradezco de todo corazón.

En suma, se trata de volver más lento el recorrido del virus por Alemania. Para ello —y es algo existencial— tenemos que apuntar a una cosa: reducir la actividad pública lo más posible. Naturalmente con sensatez y de manera proporcionada, porque el Estado seguirá funcionando, el abastecimiento seguirá estando por supuesto garantizado, y queremos mantener tanta actividad económica como sea posible.

Pero debemos reducir ahora todo aquello que pudiera poner el peligro a la gente, lo que pudiera causar daño a los individuos o a la comunidad.

Debemos limitar por todos los medios posibles el riesgo de que uno contagie a otro.

Yo sé cuán dramáticas son ya las restricciones: no más eventos, ni ferias, ni conciertos, y por lo pronto tampoco más escuela, ni universidad, ni jardín infantil, ni juegos en los parques. Yo sé cuán duramente golpean nuestra vida y nuestra idea de la democracia los cierres acordados entre el gobierno federal y los regionales. Son restricciones que jamás hubo en la República Federal de Alemania.

Permítanme asegurarles: para alguien como yo, para quien viajar y desplazarse fueron derechos por los que hubo que luchar mucho, tales restricciones solo pueden justificarse por una absoluta necesidad. En una democracia, jamás deberían dictarse a la ligera y solo pueden ser aplicadas temporalmente. Pero en este momento son imprescindibles para salvar vidas.

Por esa razón, desde comienzos de la semana hay reforzados controles y limitaciones de ingreso en las fronteras con algunos de nuestros principales países vecinos.

Para la economía, las grandes empresas al igual que las pequeñas, para los negocios, restaurantes, los trabajadores independientes, la situación ya es muy dura. Las semanas próximas serán más difíciles. Les aseguro: el gobierno hace todo lo posible para mitigar las repercusiones económicas. Y sobre todo para resguardar puestos de trabajo.

Podemos utilizar y utilizaremos todos los medios necesarios para ayudar a nuestras empresas y trabajadores a pasar esta dura prueba.

Todos pueden confiar en que el abastecimiento de víveres está garantizado en todo momento; y si los escaparates se vacían un día, se vuelven a llenar. A todos los que van al supermercado quiero decirles: tener reservas es sensato, y siempre lo ha sido. Pero con mesura. Acaparar, como si nunca fuera a haber algo nuevamente, no tiene sentido y por último no es solidario.

Permítanme expresar aquí también agradecimiento a personas a las que se agradece con demasiada poca frecuencia. Quien por estos días está en la caja de un supermercado o rellena los estantes, hace uno de los trabajos más duros que hay por el momento. Gracias por estar ahí para sus conciudadanos y por mantener funcionando la tienda, literalmente.

Y ahora paso a lo que, para mí, es hoy lo más urgente. Todas las medidas estatales no darán resultado si no utilizamos la herramienta más eficaz contra la propagación demasiado rápida del virus: se trata de nosotros mismos. Tal como cualquiera puede ser afectado por el virus, todos y cada uno de nosotros debe ayudar. En primerísimo lugar, tomando en serio lo que ocurre. No hay que caer en el pánico, pero tampoco hay que pensar ni por un instante que no depende de usted. Nadie es prescindible. Todos cuentan, se requiere el esfuerzo de todos nosotros.

Eso es lo que nos muestra una epidemia: cuán vulnerables somos todos, cuánto dependemos del comportamiento considerado de otros, pero también cómo podemos protegernos y apoyarnos unos a otros, actuando mancomunadamente.

Ahora depende de cada uno. No estamos condenados a mirar pasivamente el avance del virus. Tenemos un recurso para hacerle frente: por consideración, debemos mantener distancia entre nosotros. El consejo de los virólogos es claro: no más apretones de manos, lavarse las manos frecuente y minuciosamente, mantener una distancia de al menos un metro y medio de otros, y en lo posible no tener contacto con los más viejos, porque corren especial peligro.

Yo sé cuán difícil es lo que se nos pide. Especialmente en períodos de emergencia quisiéramos estar cerca unos de otros. Conocemos la cercanía física, tocarnos, como expresión de cariño. Pero, por desgracia, en este momento es lo contrario. Y verdaderamente todos debemos entenderlo. En este momento, solo mantener distancia es expresión de que nos importa esa persona.

La visita bien intencionada, el viaje que no era necesario, todo eso puede significar contagio y realmente ya no debería tener lugar. Hay un motivo por el que los expertos dicen: abuelos y nietos no deberían juntarse ahora.

Quien evita encuentros innecesarios, ayuda a todos quienes deben ocuparse a diario de cada vez más casos en los hospitales. Así salvamos vidas. Será difícil para muchos y también esto será crucial: no dejar solo a nadie, preocuparse de aquellos que necesitan apoyo y confianza. Como familias y como sociedad, encontraremos otras formas de acompañarnos.

Ya ahora hay muchas formas creativas para burlar al virus y sus consecuencias sociales. Ya hay nietos que abonan a sus abuelos a un podcast para que no estén solos.

Todos tenemos que encontrar maneras de mostrar cariño y amistad: hablar por Skype, telefonear, enviar correos electrónicos o quizás volver a escribir alguna carta. El correo se distribuye. Se escuchan ejemplos maravillosos de ayuda de vecinos a mayores que o pueden ir de compras. Estoy segura de que se puede hacer aún mucho más y como comunidad demostraremos que no nos dejamos solos unos a otros.

Apelo a ustedes: aténganse a las reglas que regirán el próximo tiempo. Como gobierno, revisaremos continuamente qué se puede volver a corregir, pero también, que más podría ser aún necesario.

Esta es una situación dinámica y seguiremos siendo capaces de aprender, para reconsiderar en cualquier momento las cosas y poder reaccionar con otros instrumentos. También lo explicaremos en su momento.

Por eso les pido: no crean en rumores, sino solo en los comunicados oficiales, que siempre traducimos también a varios idiomas.

Somos una democracia. No vivimos de imposiciones, sino de conocimientos compartidos y participación. Esta es una tarea histórica y solo podemos superarla unidos.

Estoy absolutamente segura de que superaremos esta crisis. ¿Pero cuán alto será el número de víctimas? ¿Cuántas personas queridas perderemos? En gran medida está en nuestras propias manos. Ahora podemos reaccionar, todos junto, en forma decidida. Podemos aceptar las restricciones actuales y apoyarnos mutuamente.

Esta situación es seria y el desenlace está abierto.

Es decir: dependerá —no solo, pero también—, de cuán disciplinadamente cumpla y aplique cada uno las reglas.

Aun cuando nunca hayamos vivido algo así, debemos demostrar que actuamos con el corazón y la razón, y así salvamos vidas. Depende, sin excepción, de cada uno y, en consecuencia, de todos nosotros.

Cuídense mucho, y también a sus seres queridos. Muchas gracias»,

(cp)

TRADUCCION DEL ALEMÁN AL ESPAÑOL: Deutsche Welle, emisora internacional de Alemania de periodismo independiente en 30 idiomas. Deutsche Welle es una cadena pública financiada con fondos públicos alemanes.

Fuentes

Coronakrise: 78 Tage bis zum *Lockdown* - Die verlorenen Wochen

Kabinett bringt Konjunkturpaket auf den Weg

https://www.merkur.de/welt/coronavirus-ischgl-oesterreich-barkeeper-schweizerin-sammelklage-deutsche-hotspot-tirol-europa-infektionen-urlauber-ski-daenemark-zr-13601074.html

Coronavirus in Deutschland: Quarantäne im Kreis Heinsberg teils beendet,

Deutsche Grenzen ab Montag, 16. März geschlossen - Corona-Virus in Europa

A German Exception? Why the Country's coronavirus Death Rate Is Low

Germany coronavirus Map and Case Count

Corona-Wunder Deutschland: Kaum beschadet durch die Pandemie

El coronavirus mata 11 veces más en España que en Alemania: la cifra de UCI lo explica

Covid-19 Regional Safety Assessment | DKG

España, mejor provista de médicos que de camas hospitalarias

Health equipment - Hospital beds

Chronik zur Corona-Krise: Ausnahmezustand als neue Normalität

Deutsche Grenzen ab Montag, 16. März geschlossen - Corona-Virus in Europa

https://www.abc.es/internacional/abci-sanchez-y-merkel-maneras-antagonicas-hablar-paises-epica-sentimental-frente-efectividad-202004062011_noticia.html?ref=https:%2F%2Fwww.google.com%2F

Angela Merkel sobre el coronavirus: «Somos una comunidad en la que cada vida y cada persona cuentan»

LA LLEGADA DEL VIRUS A FRANCIA

Bijan Eghbal

Aunque fue el 8 de diciembre de 2019 cuando China declaró los primeros síntomas a la OMS, el primer caso en Francia, que se informó en abril de 2020, se remonta al 27 de diciembre de 2019. Sin embargo, la primera declaración pública en Francia comienza realmente el 21 de enero de 2020 cuando la ministra de Sanidad, Agnès Buzyn, declara un riesgo de contaminación bajo en el país. Desde ese día, el Ministerio de Sanidad comparece a diario.

El 24 de enero de 2020, salen a la luz los primeros tres casos de contaminación en Francia. Los tres son de origen chino, y dos de ellos viajaron desde Wuhan. El 8 de febrero de 2020 cinco nacionales británicos, uno de los cuales había viajado a China, dan positivo en Covid-19 en los Alpes franceses y se les aísla.

El 14 de febrero se registra la primera muerte, de uno de los tres primeros casos.

Pero la chispa que comienza la pandemia en Francia es una congregación religiosa en Mulhouse, en la que 2.500 personas se reúnen del 17 al 21 de febrero de 2020. La vuelta a casa de los participantes tras la reunión propaga el virus por el país.

El 22 de febrero abre la Feria de Agricultura de París y reúne a 483.000 visitantes. Solo se cancela el último día...

El 25 de febrero, el recién nombrado Ministro de Sanidad, Olivier Veran, declara: «en este momento no hay más enfermos circulando por Francia, no hay nadie enfermo en los hospitales [...]. La pandemia está a las puertas».

El 26 de febrero, se celebra el partido de fútbol del Lyon contra la Juventus en Lyon con 3.000 hinchas que han viajado desde Turín.

Desde esa fecha, la pandemia se expande por Francia con 57 casos revelados el 28 de febrero. 191 el 2 de marzo. Para el 15 de marzo, se habían confirmado más de 5.400 casos y 127 muertes. El 19 de marzo son más de 11.000 y la mortalidad asciende a 372. El 23 de marzo: 19.865 casos y 860 muertes registradas. Para el 20 marzo ya habían muerto 3.000 personas. El 7 de abril se superan las 10.000 muertes. Para el 20 de abril ya habían muerto 20.250 personas.

Aunque las muertes han ascendido a 30.000 desde entonces, la pandemia se ha reducido localmente ya en mayo, aunque hace falta el máximo nivel de vigilancia para evitar un nuevo repunte.

EL FALLO DE UN SISTEMA

Desde un punto de vista sanitario, la realidad es que Francia no estaba preparada. Se estima que se necesitan 40 millones de mascarillas en Francia por semana a principios de febrero solo entre personal sanitario, y más de 500 millones para toda la población. Esos niveles son inexistentes y el Gobierno francés se enfrenta a grandes dificultades para adquirirlas en un mercado internacional muy cerrado en la que la competición es feroz. Esto ocurrirá también con los geles hidroalcohólicos, test, guantes y batas. Por no mencionar que tampoco hay cantidad suficiente de sedantes.

Desde un punto de vista estructural, el número de camas de reanimación y respiradores está por debajo de lo necesario. Al comienzo de la pandemia en Francia, el país tenía 5.000 camas de reanimación cuando se estima que hacían falta 14.000. A finales de marzo, aumentaron a 10.000. En los hospitales, varios servicios se convirtieron en unidades de reanimación con movilización completa de personal. Como la pandemia se concentraba en ciertas zonas, en particular el este de Francia y París, se trasportó a los pacientes en trenes de alta velocidad, aviones militares y helicópteros a otras zonas menos congestionadas en Francia y en el extranjero.

Estos defectos, sin embargo, se superaron con creces gracias a la dedicación del personal de sanidad y su habilidad de manejar la situación de la manera más eficiente y humana posible, lo que la población reconoció y celebró. También, se produjeron de manera local los respiradores, geles hidroalcohólicos y mascarillas. Los fabricantes industriales convirtieron sus cadenas de producción, se movilizó a farmacéuticos y algunos individuos produjeron su propias máscaras para amigos y familiares.

En mayo, pese a que desde un punto de vista estructural el sistema sanitario parece estar mejor organizado para enfrentarse a la situación y a un posible repunte en la pandemia en verano u otoño, las reservas de mascarillas, gel hidroalcohólico y otros desechables están aparentemente restauradas y la población puede, por lo menos, acceder a ellas.

Se debe recalcar que los defectos a los que Francia se enfrentó no son resultado directo de la administración actual sino de la acumulación de decisiones realizadas por una administración pletórica durante las últimas dos décadas. La esperanza es que se haya aprendido la lección.

LAS MEDIDAS QUE SE TOMARON

A diferencia de países como Noruega, Francia no cerró sus fronteras. Si bien se suspendieron los vuelos desde y hacia Wuhan; el 23 de enero no hay aún restricciones para los viajeros de China. El 1 de febrero de 2020 todos los países de la zona Schengen suspendieron sus visados con China pero Francia no lo hizo.

Inicialmente, los repatriados de China o Italia fueron confinados durante 14 días. Sin embargo, para el 29 de febrero, con el virus presente en varios lugares de Francia, se consideró que ya no era necesario ese confinamiento y que el virus se debía controlar a través de iniciativas locales y nacionales. Se prohibieron también todas las reuniones de más de 5.000 personas.

El 10 de marzo de 2020, se crea un consejo científico para asesorar al Gobierno en la toma de decisiones.

El 11 de marzo, se prohibieron todas las visitas a residencias de mayores.

El 12 de marzo, se anuncia un plan de desempleo parcial excepcional, que permite que el Estado se encargue de los salarios y se les pide que prioricen teletrabajar desde casa. Ese día el presidente Macron, en una rueda de prensa televisada, declara que la pandemia es la mayor crisis sanitaria en un siglo. Ordena el cierre de escuelas y universidades y retrasa el pago de impuestos y los pagos a la Seguridad Social. Sin embargo, se mantiene la primera vuelta de las elecciones municipales, el 15 de marzo. Se posponen todas las cirugías no urgentes, y al día siguiente, se prohíben las reuniones de más de 100 personas.

El 14 de marzo, el primer ministro, Edouard Philippe, anuncia que se cerrarán todos los comercios no esenciales, excepto farmacias, bancos, tiendas de alimentación, gasolineras, quioscos y estancos.

El 16 de marzo, el presidente Macron, declara que «Francia está en guerra» e instaura una cuarentena total. No se permiten las reuniones de familiares o amigos. Se cierran las fronteras Schengen. Se pospone la segunda ronda de las elecciones municipales, así como todas las reformas que se debaten en el Parlamento. Se reservan las mascarillas para el personal del hospital. Se movilizan hoteles y taxis para ese personal. Se suspenden las facturas de luz y agua para la gente que no se lo pueda permitir.

Esa cuarentena se mantuvo hasta el 11 de mayo de 2020 y se demostró que fue extremadamente eficiente en el control y reducción de los efectos de la pandemia.

LAS INICIATIVAS ECONÓMICAS

La cuarentena ha supuesto parar la economía durante dos meses. Este fenómeno se ve acrecentado con la gestión global de la pandemia. Algunos sectores siguen sufriendo graves efectos: los hoteles, aerolíneas, y en particular, los fabricantes de coches y aviones. Y el futuro es incierto, ya que es posible un repunte, mientras que otros países del mundo continúan lidiando con la curva, como por ejemplo EE.UU.

El Gobierno francés ha sido muy reactivo en este aspecto, persiguiendo dos objetivos: prevenir en la medida de lo posible que las empresas quiebren, y asegurar el empleo durante la crisis.

El primer elemento se aseguró gracias a que el Estado garantizó préstamos a las empresas de hasta un 25 % de su volumen de negocio del año anterior hasta el 90 % de su importe, con un límite de 300.000 millones de euros. Además, se aplazaron los pagos de impuestos y contribuciones a la Seguridad Social, y en algunos casos se cancelaron, con un coste total de 32.000 millones. Se creó también un fondo solidario de 2.000 millones de euros para las pequeñas empresas cuyo volumen de negocio se viera afectado en más de un 70 % en el pasado año desde marzo de 2019.

El segundo elemento fue permitir a los empresarios cambiar a sus empleados a tiempo parcial o a tiempo completo con desempleo parcial, con la obligación de pagarles un 70% de su sueldo bruto (100% para empleados por debajo del sueldo mínimo), y el Estado devuelve hasta el 70% de 4,5 veces el sueldo mínimo, es decir, 4.849 € al mes y por empleado, por tanto, permitiendo que recibieran el 84 % de su sueldo neto. El coste total se calculó en 8.500 millones de euros. Esta medida, que se revisó con el tiempo y funciona aún de manera reducida y prolongada para algunas actividades que se ven aún afectadas y lo estarán a largo plazo, ha demostrado ser muy eficaz. Es cierto, ha permitido (i) que las empresas no despidan a los empleados (y se declaren en bancarrota por los costes asociados) y que el Estado cargue con el coste del desempleo a largo plazo, (ii) que las empresas preserven el talento que les habría costado encontrar tras la crisis si hubieran sobrevivido, lo que afectaría a su competitividad, y (iii) que los empleados puedan seguir haciendo frente a sus obligaciones financieras y consumir (aunque sea de manera reducida durante la cuarentena) para contribuir a mantener la economía.

A finales de abril de 2020, el plan inicial de 45.000 millones de euros se extendió hasta los 110.000 millones, de los cuales 24.000 millones se destinaron al desempleo parcial, ya que al menos 13 millones de empleados se beneficiaban del plan, más de la mitad de los asalariados en Francia. El fondo de solidaridad se extendió de 2.000 millones hasta los 7.000 millones.

Se dedicó además un fondo de 20.000 millones de euros para capitalizar empresas debilitadas en sectores estratégicos. Al que se añadieron 18.000 millones adicionales para las actividades turísticas.

A pesar de estas medidas, se espera que el país se enfrente a una recesión del 9% y entre 700.000 y 900.000 nuevos desempleados para finales de 2020. El nivel de deuda de Francia excederá el 115% de su PIB.

Esta crisis no se puede comparar a ninguna otra, ya que acarrea muchas incertidumbres ligadas a la evolución de la pandemia y a la sucesión de cuarentenas en las distintas economías del mundo.

Es interesante recalcar que la Bolsa en Francia ha mostrado una desconexión relativa con la economía real durante ese periodo.

LOS FRACASOS EN COMUNICACIÓN

La gestión de la crisis por el Gobierno francés ha revelado serios déficits en materia de comunicación.

El primero lo causó el no revelar que no había suficientes mascarillas y varios suministros necesarios, y por tanto centrar la comunicación en las medidas de distanciamiento social denegando inicialmente la importancia de las mascarillas, consideradas demasiado técnicas para ser manipuladas por el público en general, e incluso un vector de contaminación.

Este fue también el caso del debate acerca de la necesidad de hacer test a la población. Una vez más, la falta de dispositivos necesarios llevó al Gobierno a una política inconsistente respecto a la doctrina de hacer pruebas, sin tener en cuenta las recomendaciones de la OMS.

Hubo incluso debate político sobre la necesidad de celebrar la primera vuelta de elecciones municipales en un contexto peligroso e inestable, lo que contribuyó probablemente a más contaminaciones.

El presidente Macron se comunicó siempre de manera positiva y confiada, queriendo acelerar el regreso a la normalidad, mientras que el primer ministro, Philippe, gestionando el país y las crisis, adoptó siempre un ademán cauteloso, apelando a la prudencia.

Los medios, con una cobertura las 24 horas del día, con continuos debates entre doctores, científicos, políticos e intelectuales, así como expertos sociales y económicos, contribuyeron a la confusión promoviendo la oposición entre las partes debatientes. Por no hablar del debate con impacto mediático internacional sobre la cloroquina realizado por el profesor Raoult.

Todo esto tiene como resultado que el público francés no confíe de nada de lo que se dijo, y la proliferación de *fake news*, lo cual tiene un impacto político y consecuencias en el comportamiento de la gente.

De hecho, después del final del confinamiento el 11 de mayo, quedó patente que la población, en especial los más jóvenes, necesitaban normalidad y celebración. La gente comenzó a reunirse en grandes ciudades como París, sin respetar el distanciamiento social y posiblemente desafiando al sistema y a la suerte. Un caso particular fue un festival de música el 21 de junio, que aparentemente causó tres semanas después un repunte de la pandemia en los hospitales de París centrado en gente joven.

EL IMPACTO POLÍTICO

Es un hecho interesante que la crisis no ha permitido la unificación de la clase política. Al contrario, las críticas y los retos han continuado, contribuyendo al descrédito del debate político sin grandes variaciones en los porcentajes de representación entre los ciudadanos. También un hecho ilustrativo ha sido la baja participación en las elecciones municipales, con un porcentaje históricamente bajo.

La preservación del medioambiente gracias al confinamiento ha contribuido a generar más votos entre los partidos verdes en grandes ciudades de Francia (Paris, Lyon, Marsella, Burdeos) durante las elecciones municipales. La pregunta es ¿se mantendrá esta tendencia?

A nivel nacional, la popularidad del primer ministro, Edouard Philippe, 10 puntos por delante del presidente, Macron, y aumentando, no ha prevenido su eventual reemplazo por Jean Castex, sin contar con su brillante (59%) reelección como alcalde de Le Havre. Así es, la calidad de la gestión del país por parte de Philippe fue celebrada por la población mientras que la voz del presidente Macron se va apagando de cara a las elecciones presidenciales de 2022. Macron, buscando un impulso y control directo de las acciones del Gobierno, dio el paso de nombrar un nuevo primer ministro el 3 de julio de 2020.

Apareció sin embargo un cambio importante: la pandemia fue gestionada de manera muy eficiente por las regiones, al contrario que los problemas del Gobierno central. Por ello, la descentralización de la administración del Estado es parte del debate público y el programa de gobierno.

LAS CONSECUENCIAS SOCIALES

El esperado crecimiento del desempleo, causado por la crisis de la economía real, tendrá como resultado daños graves y sin precedentes en la sociedad.

Se prevé que la tasa de desempleo crecerá del 8% al 12%. Los jóvenes se verán gravemente afectados ya que las empresas no podrán contratar a los que se incorporan al mercado laboral tras terminar sus estudios. Habrá por tanto un desempleo generacional en una época en la que, en contraste, el debate sobre las pensiones se centra en que la gente trabaje más tiempo durante su vida. Esto ocurre también en un momento donde el sistema de desempleo francés está siendo revisado por el Gobierno con menos derechos para los beneficiarios. Dicha reforma está por ahora pospuesta.

La tasa de ahorro llegará previsiblemente al 22,3% en 2020 con una caída del consumo del 9,3% durante el año.

Las familias se han mantenido distanciadas durante el confinamiento, y en particular los mayores en residencias se han encontrado privados de las visitas de sus familiares. Esto acarrea consecuencias sociales severas si continúa este contexto y no se restaura la normalidad total, consecuencias que deberán ser tratadas.

La población francesa no ha experimentado el confinamiento de manera uniforme. No es lo mismo estar confinado en una casa, ya sea una casa en el campo, o en un apartamento en el centro de la ciudad o en las afueras. No es lo mismo conducir o andar al trabajo o enfrentarse diariamente al transporte público. La naturaleza del trabajo también expone a la gente al riesgo de distintas maneras. Estas diferencias son todas fuente de divisiones y enfrentamientos, que son explotadas por los políticos y que se exacerbarán de cara a las elecciones presidenciales, causando posiblemente que la sociedad francesa se encuentre aún más dividida en materias como la riqueza, el éxito, la religión, la raza o la inmigración.

Todo esto lleva a un ambiente social aún más nocivo, que ya se ha hecho patente con las protestas de los chalecos amarrillos o la mayor huelga de la historia debida a la reforma de las pensiones. Todo ello en un contexto internacional inestable.

LAS TRANSFORMACIONES SOCIALES QUE SE ESPERAN

El tiempo lo dirá, pero parece que han cambiado una serie de hábitos entre la población, que afectan al flujo de la economía y al debate política. Entre otros podemos prever que:

1. Permanecerá alguna forma de distancia social. Siendo los franceses una cultura de contacto físico, lo harán menos de ahora en adelante.
2. El modelo de consumo beneficiará a los productos locales frente aquellos que se importan desde lejos con importantes consecuencias para el clima y posiblemente la salud.
3. Se harán más conferencias por vídeo antes que viajes cortos a otros países para conferencias o reuniones de trabajo.
4. El turismo se reservará para las vacaciones y no se realizará durante fines de semana o en forma de viajes cortos, como pasaba últimamente.

5. Se promoverá un nuevo equilibrio entre el trabajo a distancia y presencial, lo que tendrá consecuencias en la huella de las empresas en el mercado inmobiliario.
6. Los negocios tendrán que adaptar sus modelos de negocio y la organización del trabajo.
7. Ciertas industrias clave serán traídas de vuelta a Francia o Europa para asegurar la soberanía de productos esenciales o estratégicos.
8. Las escuelas y universidades se tendrán que adaptar a un clima sanitario inestable.

Todo esto llevará a cambios muy probables en la economía y otros sectores que las compañías tendrán que gestionar en Francia y a nivel global.

CONCLUSIÓN

Los franceses eran posiblemente la población más protegida en la Tierra y también lo eran los negocios franceses. Pero el nivel de oposición al Gobierno francés nunca ha sido tan alto.

Será interesante ver cómo el país soporta los meses y años que vienen, y todos los actores públicos tendrán una gran responsabilidad sobre sus hombros. Tampoco se puede desdeñar la responsabilidad de los medios.

Discurso de Emmanuel Macron a la Nación

13 de abril de 2020

Francesas, franceses,

Queridos compatriotas:

Estamos viviendo días difíciles.

Todos sentimos en estos momentos miedo, preocupación por nuestros padres, por nosotros mismos, frente a este virus temible, invisible e imprevisible.

El cansancio y la fatiga para algunos, el duelo y la pena para otros.

Esto es todavía más difícil vivirlo cuando somos muchos en un piso pequeño, cuando en casa no se dispone de los medios de comunicación necesarios para aprender, distraerse o interactuar con los demás. Se hace aún más difícil cuando las tensiones están latentes, cuando los riesgos de violencia en el seno de la familia están a la orden del día y cuando vemos cuan grandes son, en estos momentos, la soledad y la tristeza que sufren nuestros mayores.

Sin embargo, gracias a nuestro esfuerzo, hemos ido avanzando cada día. Nuestros funcionarios y personal sanitario, médicos, enfermeros, auxiliares de enfermería, conductores de ambulancia, socorristas, nuestros militares, nuestros bomberos, nuestros farmacéuticos, han entregado en primera línea toda su energía para salvar vidas y atender a los enfermos. Han resistido. Los hospitales franceses han conseguido tratar a todos los que a estos acudían. Estos días, estas semanas han sido y seguirán siendo motivo para honrar a nuestro personal sanitario, tanto en las ciudades como los hospitales.

En la segunda línea, nuestros agricultores, nuestros docentes, nuestros camioneros, repartidores, electricistas, reponedores, cajeras y cajeros, nuestro servicio de recogida de basura, personal de seguridad y limpieza, nuestros funcionarios, nuestros periodistas, nuestros trabajadores sociales, nuestros alcaldes y representantes locales y tantos otros de los que me olvido, ayudados por tantos franceses comprometidos. Todos han permitido que la vida siga.

Y cada uno de ustedes, en lo que yo denomino la tercera línea, por su civismo, respetando el confinamiento, y gracias también a la vigilancia de nuestros policías, han hecho que la pandemia empiece a estabilizarse.

Los resultados son evidentes. Muchas regiones se han podido salvar. Desde hace varios días, los ingresos en las ucis están bajando. Hay un atisbo de esperanza.

Quiero darles las gracias de todo corazón por la entrega y mostrarles mi más profundo reconocimiento.

Entonces, ¿estábamos preparados para esta crisis? Obviamente no lo suficiente; pero la hemos afrontado en Francia como en cualquier otro lugar. Tuvimos que anticiparnos a la urgencia, tomar decisiones difíciles partiendo de información incompleta, a menudo variable, adaptarnos sin parar, porque este virus no lo conocíamos y aún oculta muchos misterios.

Seamos sinceros. La situación ha dejado ver fallos y escasez. Como a todos los países del mundo, nos han faltado batas, guantes y gel hidroalchólico. No hemos podido distribuir tantas mascarillas como habríamos querido a nuestro personal sanitario, a las personas que se han estado ocupando de nuestros mayores, a las enfermeras y a los asistentes domésticos.

Desde que se identificaron estos problemas, nos movilizamos —Gobierno, administraciones locales e industriales y asociaciones— para producir y adquirir el material necesario. Pero entiendo a la perfección que, cuando estamos en el frente, se nos hace difícil concebir que una penuria mundial está impidiendo las entregas.

Ya se han realizado los pedidos. Es más, nuestras empresas francesas y nuestros trabajadores han respondido positivamente y, como en tiempos de guerra, se han puesto a producir: hemos abierto frentes de producción y los frutos serán nuestros.

En tres semanas —imagínense— habremos multiplicado por cinco la producción de mascarillas para nuestro personal sanitario en Francia y habremos producido 10.000 respiradores adicionales en nuestro territorio. Respiradores tan valiosos en las ucis.

Gracias a este esfuerzo, sabremos dar la talla y vamos a seguir distribuyendo más material.

Pero, al igual que ustedes, he visto fallos, he visto que aún hay demasiada lentitud, procedimientos inútiles y también debilidades en nuestro sistema logístico. Extraeremos todas las consecuencias, a su debido tiempo, cuando nos toque volver al orden.

Estas últimas semanas —seamos también justos con nuestro país— han venido marcadas por verdaderos logros: se ha duplicado el número de camas en las ucis, un dato nunca antes alcanzado; hemos visto la cooperación sin precedentes entre hospitales, clínicas privadas y los centros de salud urbanos; se ha trasladado a pacientes a las regiones menos afectadas, pero también a Luxemburgo, Suiza, Alemania y Austria —hecho que agradezco—; se ha puesto en marcha la enseñanza a distancia; se ha organizado una red de solidaridad en nuestros municipios; celebramos el éxito alcanzado por aquellos que nos han alimentado durante estas semanas sin cesar y con compromiso; se ha repatriado a varias decenas de miles de ciudadanos franceses y europeos desde países de todo el mundo; y se ha proporcionado apoyo a los franceses residentes en el extranjero.

Muy a menudo, lo que parecía imposible hace años, hemos sabido hacerlo en pocos días. Hemos innovado, nos hemos arriesgado, hemos actuado directamente sobre el terreno y hemos encontrado muchas soluciones. Hemos de recordarlo porque estas serán las fuerzas que utilizaremos en el futuro.

Queridos compatriotas, si insistí tanto en dirigirme hoy a ustedes, después de haberlo pensado mucho estos últimos días, es para decirles con total transparencia lo que nos espera para las próximas semanas y meses.

Hay un atisbo de esperanza —como les decía— sí, pero no demos nada por sentado. Tanto en la región del Gran Este como en la de Isla de Francia, los hospitales están saturados. En todas partes, tanto en el Hexágono como en las regiones de ultramar, el sistema está bajo presión y la epidemia aún no ha sido controlada.

Debemos, pues, seguir esforzándonos y respetando las normas. Cuanto más se respeten, más vidas salvaremos.

Por ello, el confinamiento estricto debe continuar hasta el lunes 11 de mayo. En estos momentos, esta es la única forma de actuar de manera eficaz.

Esta es la condición para frenar todavía más la propagación del virus, conseguir que haya camas disponibles en las ucis y permitir que nuestro personal sanitario recobre fuerzas. El lunes 11 de mayo será posible únicamente si seguimos siendo cívicos, responsables, respetando las normas y si la propagación del virus realmente ha seguido menguando.

Al dirigirme a ustedes, soy plenamente consciente del esfuerzo que les estoy pidiendo. Durante las próximas cuatro semanas, las normas previstas por el Gobierno deberán seguir respetándose; se está demostrando su eficacia y no deben verse ni reforzadas ni disminuidas, sino que deben aplicarse cabalmente. Les pido a todos los representantes públicos, de cuya relevancia soy consciente, como lo prevé en esta cuestión la República, que colaboren para que las normas sean las mismas en todo el territorio. Se ha decidido declarar toques de queda allí donde ha sido necesario, pero no se deben añadir más prohibiciones durante el día.

En cuanto a nuestro día a día, cuando salimos, tenemos que seguir respetando las «medidas de prevención»: mantener la distancia y lavarnos las manos. Quiero recordarles que todos los que padecen una enfermedad crónica o sufren de otras enfermedades deben poder seguir yendo a consulta. Porque no es solo el virus lo que mata, la soledad extrema y la renuncia a otros tratamientos también pueden ser peligrosas.

Además, deseo que los hospitales y las residencias de mayores puedan permitir organizar, para los más allegados, bajo buenas medidas de protección, visitas a los enfermos que están en la fase final de sus vidas para que puedan decirles el último adiós.

Durante esta fase del confinamiento, el país sigue con vida, y menos mal. Algunas actividades están prohibidas porque son incompatibles con las normas sanitarias. En cuanto a los otros sectores económicos, cuando la seguridad de los trabajadores y empleadores esté garantizada, deberán poder ejercer; lo llevan haciendo desde hace ya un mes.

Para todos aquellos que necesitan ayuda en estos momentos, las medidas por desempleo parcial para los trabajadores y las ayudas de financiación para las empresas se prolongarán y se reforzarán. Son medidas sin precedentes y ya están protegiendo a más de ocho millones de trabajadores y a muchas de las empresas.

Para los artesanos, los comerciantes, las profesiones liberales y los autónomos, los fondos de solidaridad son una primera respuesta, pero comprendo su preocupación. La he oído. La he leído. Las facturas siguen llegando, al igual que los pagos mensuales, los alquileres y los préstamos; por eso le he pedido al Gobierno que se aumenten en gran medida las ayudas, que se simplifiquen, para ayudarles a superar este bache. Deseo que los bancos puedan retrasar todos los plazos de una manera mucho más masiva que nunca. Las aseguradoras deben responder ante esta movilización económica. Estaré atento.

En los próximos días, pues, tenemos una tarea que realizar para no dejarles caer económicamente en estos momentos.

A corto plazo, se pondrá en marcha un plan específico para los sectores que, como el turismo, la hostelería, la restauración, la cultura y los eventos, se verán afectados por mucho tiempo. Se pondrán en funcionamiento cancelaciones de pagos y ayudas específicas.

Para los más vulnerables y los más necesitados, estas semanas también están siendo muy difíciles. Quiero darles las gracias a los alcaldes, los representantes locales y las asociaciones que han colaborado en gran medida apoyando al Gobierno. Además, le he pedido a este último que fuera más allá y que ingrese, sin más dilación, una ayuda excepcional a las familias más modestas con niños a cargo para que puedan hacer frente a sus necesidades básicas. Se ayudará también a los estudiantes en las situaciones más precarias, que viven a veces lejos de sus familias, sobre todo cuando estas vienen de las regiones de ultramar.

Desde el miércoles, el Consejo de Ministros decidirá sobre los nuevos medios de financiación y el Gobierno dará todas las respuestas oportunas cada vez que sea necesario.

El próximo 11 de mayo, queridos compatriotas, será el inicio de una nueva etapa. Será progresiva, las normas podrán adaptarse en función de los resultados, porque el primer objetivo sigue siendo la salud de todos los franceses.

A partir del 11 de mayo, reabriremos progresivamente las guarderías, colegios e institutos.

Para mí, esto es prioritario porque la situación actual agrava las desigualdades. Demasiados niños, especialmente en los barrios populares y en el medio rural, se han visto privados de la escuela, sin tener acceso al mundo digital; los padres no los pueden ayudar de la misma forma. En estos momentos, las desigualdades en cuanto a la vivienda y las desigualdades entre familias se ven incluso más acentuadas. Por eso, nuestros niños deben volver a retomar las clases. El Gobierno, a base de diálogo, tendrá que adaptar algunas normas especiales: organizar de manera distinta el tiempo y el espacio y proteger de manera eficaz a nuestros docentes y niños con el material necesario.

Para el alumnado de estudios superiores, las clases no se retomarán de manera presencial hasta verano. El Gobierno especificará a cada uno cómo se tendrán que organizar, sobre todo a la hora de los exámenes y pruebas de acceso.

El 11 de mayo consistirá en permitir que el mayor número posible de personas vuelva al trabajo, en reactivar la industria, nuestros comercios y nuestros servicios. El Gobierno preparará, sin más dilación, estas reaperturas con los agentes sociales para que se establezcan normas que protejan a los trabajadores en el ámbito laboral. Esa es la prioridad.

Los lugares donde se congrega público, como restaurantes, cafeterías, hoteles, cines, teatros, salas de espectáculos y museos, permanecerán, en cambio, cerrados en esta fase. Los grandes festivales y eventos con un público numeroso no podrán tener lugar al menos hasta mediados de julio. La situación será evaluada de manera colectiva una vez por semana a partir de mediados de mayo para ir adaptando la situación y darles visibilidad.

Por su seguridad, les pediremos a las personas más vulnerables, a las personas mayores, con alguna discapacidad severa y a las personas que padecen patologías crónicas, que se queden confinados incluso después del 11 de mayo, al menos por el momento. Sé que les estoy exigiendo mucho. Soy consciente de lo que les estoy pidiendo y, desde hoy hasta el 11 de mayo, vamos a trabajar para que puedan llevar esta situación lo mejor posible. Pero tendremos que aguantar para protegerles, por su interés.

Tendremos a partir del 11 de mayo una nueva organización para superar esta etapa. La realización lo más masiva posible de test y la detección son un arma privilegiada para salir del confinamiento en el momento más oportuno.

Para entonces, y durante las próximas semanas, vamos a seguir aumentando el número de test realizados por día. Es lo que se lleva haciendo desde hace 15 días. Durante las próximas semanas, he pedido que esas pruebas se realicen, en primer lugar, a nuestros mayores, a nuestro personal sanitario y a los más vulnerables. Además, también he pedido que podamos seguir movilizando todos los medios para hacer test, es decir, todos los laboratorios públicos y todos los laboratorios privados.

El 11 de mayo, tendremos la capacidad de realizar test a cualquier persona que presente síntomas. No vamos a hacérselo a todas las francesas y a todos los franceses; eso no tendría ningún sentido. Pero cualquier persona que presente algún síntoma debe poder realizarse la prueba. Así, se podrá poner en cuarentena a las personas contagiadas, de las que un médico se encargará y les hará un seguimiento.

Para acompañar esta fase, varios proyectos de innovación son el objeto de trabajos con algunos de nuestros socios europeos, como una aplicación móvil *ad hoc* que, basada en el voluntariado y el anonimato, nos permitirá saber si hemos estado en contacto o no con alguna persona infectada. Seguramente ya hayan oído hablar de ella.

El Gobierno deberá trabajar en ello, no podemos dejar escapar ninguna pista ni ninguna innovación. Pero deseo que antes del 11 de mayo nuestras cámaras puedan debatir sobre ello y que las autoridades competentes puedan aclarárnoslo. Esta epidemia no sabrá debilitar nuestra democracia ni poner en peligro algunas libertades.

Hasta nueva orden, nuestras fronteras con los países no europeos permanecerán cerradas.

Desplegaremos todos los medios necesarios para proteger a la población. Además de estas «medidas de prevención», que ya conocen y que tendremos que seguir cumpliendo, el Estado, a partir del 11 de mayo, en connivencia con los ayuntamientos, deberá posibilitar que cualquier francés pueda tener acceso a una mascarilla homologada. Para las profesiones más expuestas y en algunos entornos, como en el transporte público, su uso podrá llegar a ser sistemático.

Esto será posible gracias a las importaciones y al increíble esfuerzo de empresas y trabajadores en todo el territorio nacional por producir este tipo de mascarillas de forma masiva.

El Gobierno presentará dentro de 15 días, de acuerdo con estos principios, el plan para después del 11 de mayo y los detalles de cómo se organizará nuestro día a día.

Se fijarán encuentros para que podamos adaptar las medidas que se hayan tomado y debatir juntos de manera regular qué se adaptará.

Entonces, ¿cuándo podremos esperar el final de esta prueba? ¿Cuándo podremos retomar la vida de antes? Entiendo sus preguntas, las comparto. Y son legítimas. Cómo me gustaría poder decirles más y responderles sobre cada una de estas cuestiones. Pero, con total sinceridad y humildad, no disponemos de una respuesta definitiva para esta cuestión.

Hoy, según los primeros datos que próximamente mostrarán con más detalles los llamados test serológicos, una muy pequeña minoría de franceses se ha contagiado de COVID-19. Esto quiere decir que estamos lejos de lo que los especialistas llaman inmunidad colectiva, es decir, el momento en el que virus deja de circular por sí solo porque una gran parte de nosotros ya lo ha contraído.

Por eso, la primera vía para salir de la epidemia es la de las vacunas. Todos los talentos e investigadores del mundo están trabajando en ello. Francia es reconocida en la materia y cuenta con excelentes recursos, porque, sin duda, es la solución más segura, aunque necesitemos, al menos, varios meses para ponerla en marcha. Nuestro país invertirá de manera mucho más masiva en investigación y plantearé, en su nombre, en los próximos días, una iniciativa ante muchos de nuestros socios para que se aceleren los trabajos en curso.

La segunda vía es la del tratamiento. Llevamos trabajando en ello desde el primer día. Ha habido —y lo sé— mucho debate en el país. Se han explorado todas las opciones y nuestro país es el que más ensayos clínicos ha realizado en Europa. He querido conocer al detalle cada una de las opciones posibles; asegurarme de que lo habíamos intentado todo en el menor tiempo posible y con rigor. No se trata de proporcionar un tratamiento si no estamos seguros, sino de llevar a cabo todos los ensayos clínicos para barajar todas las posibilidades. Pueden estar seguros, nuestros médicos e investigadores están trabajando con verdadero ahínco. No pasaremos por alto ninguna opción. Se lo prometo.

Esta noche comparto con ustedes lo que sabemos y lo que no sabemos. Terminaremos acabando con él, pero aún tendremos que vivir varios meses con el virus. Se lo digo humildemente: tenemos que tomar decisiones y actuar teniendo en cuenta las incertidumbres con lucidez.

Así es. Fíjense en Asia, donde parecía que habían derrotado al virus y está volviendo a muchos países que, de nuevo, están decidiendo cerrar la economía. Tenemos que actuar con calma y valor.

Pero lo que sé en este momento, queridos compatriotas, es que nuestra nación se mantiene a flote, solidaria y con un objetivo común.

Decían que éramos un pueblo indisciplinado. Fíjense cómo respetamos las normas, que se encuentran entre las más rigurosas que se le han impuesto a nuestro pueblo en tiempos de paz.

Decían que éramos un pueblo cansado, monótono y alejado de sus fundadores. Fíjense cómo cuantos de ustedes han estado a la altura y se han sacrificado y comprometido frente a lo inesperado de esta amenaza.

Aquí estamos: solidarios, fraternales, unidos, ciudadanos de un país que resiste. Ciudadanos de un país que debate, que dialoga, que sigue viviendo su vida democrática, pero que permanece unido. Y quiero compartir con ustedes esta noche, en el corazón de la prueba, este sentimiento de orgullo.

La idea que evoca Francia, la de viva y creativa, está bien presente, por lo que tenemos que llenarnos de esperanza.

En las próximas semanas, el Gobierno, el Parlamento, nuestra administración, junto a nuestros alcaldes y representantes locales, tendrán que preparar lo que se avecina. En lo que me atañe, me encargaré de llevar a Europa nuestra voz para tener más unidad y solidaridad. Las primeras decisiones se tomaron en la dirección correcta y hemos metido mucha presión, tanto al Banco Central Europeo como a la Comisión Europea o a los demás gobiernos.

Estamos en un momento de verdad que requiere más ambición, más audacia. Estamos en un momento de refundación.

Hemos de saber ayudar a nuestros vecinos en África a luchar contra el virus de una manera más eficaz, ayudarlos con un plan económico al cancelar sus deudas de forma masiva.

Sí, nunca venceremos solos.

Porque hoy, en Bérgamo, Madrid, Bruselas, Londres, Pekín, Nueva York, Argel o Dakar, lloramos por los muertos de un mismo virus. Por lo tanto, si, de hecho, nuestro mundo se va a fragmentar, es nuestra responsabilidad forjar, desde hoy, nuevas redes de solidaridad y cooperación. También nos corresponderá, en las próximas semanas, preparar lo que está por llegar.

Tendremos que reforzar la economía para producir y devolverles la esperanza a nuestros trabajadores, nuestros autónomos, y mantener nuestra independencia económica.

Tendremos que hacer remontar la independencia francesa en agricultura, sanidad, industria y tecnología y, además, dotar de más autonomía estratégica a nuestra Europa. Esto ocurrirá gracias a un paquete masivo destinado, entre otros ámbitos, a nuestra sanidad, nuestra ciencia y nuestros mayores.

También tenemos que recordar que nuestro país, hoy por hoy, permanece a flote gracias a mujeres y hombres a los que la economía reconoce y remunera muy mal. «Las distinciones sociales no pueden fundarse más que en la utilidad común». Estas palabras las escribieron los franceses hace más de 200 años. Debemos recoger el testigo y concentrar toda nuestra fuerza en este principio.

Hechos como los anteriores se hacen hoy evidentes, pero no bastarán. Volveré a dirigirme a ustedes para hablar de lo que nos deparará el futuro. El momento que estamos viviendo es una amenaza individual y colectiva. Aprendamos a vivir con ella como lo que es. Nos recuerda que somos vulnerables; sin duda lo habíamos olvidado. No busquemos ahora mismo la confirmación de lo que siempre habíamos creído. No. Aprendamos, en este momento, a salir de nuestra zona de confort, de las ideologías, y a reinventarnos —yo el primero—.

Esta crisis alberga una oportunidad: fortalecernos y poner a prueba nuestra humanidad, construir otro proyecto desde la concordia. Un proyecto francés. Una razón profunda de vivir unidos.

En las próximas semanas, con todos los que componen nuestra nación, me encargaré de trazar el camino que haga esto posible.

Queridos compatriotas, vendrán tiempos mejores y volveremos a disfrutar de aquellos días de felicidad. Estoy seguro de ello.

Las virtudes que nos permiten hoy permanecer a flote serán las que nos ayudarán a construir el futuro, nuestra solidaridad, nuestra confianza y nuestra voluntad.

Así que cuídense, cuidémonos los unos a los otros.

Resistiremos.

Viva la República.

Viva Francia.

ITALIA Y LA COVID-19

Giuseppe Tringali

PREMISA

Italia ha sido unos de los países que más ha sufrido esta pandemia.

Un estudio del hospital estatal SACCO indica que el coronavirus llegó desde China y era presente en Italia ya desde enero.

Los dos primeros infectados con coronavirus fueron dos turistas chinos en Roma y fueron hospitalizados el 29/01/2020 en el Instituto Spallanzani. El 6 de febrero, siempre en Roma, se manifestó otro nuevo caso, un italiano repatriado de Wuhan.

Desde el 21 de febrero, la situación empeora y se identifican los primeros casos de personas infectadas con el virus sin que ninguno de ellos hubiera estado en China. El primer positivo fue un hombre de 38 años de Codogno (Lombardía).

Como ocurrió en todos los países, con los primeros casos el Gobierno no reaccionó inmediatamente, infravalorando la velocidad, la facilidad de difusión del virus y el tiempo de incubación. Por lo tanto la alerta y la gravedad potencial del virus no llegó de manera clara a los ciudadanos que siguieron en su vida normal. Además la adopción de medidas progresivas permitió el movimiento de personas en el país que facilitó los contagios.

En la primera fase también se cometieron por lo menos cuatro errores :

— Controlar solo a las pasajeros que regresaban a Italia de las áreas de riesgo pero no controlar a los que llegaban de estas áreas a través de escalas internacionales.

— Utilizar escáners para medir la fiebre pero no hacer el seguimiento de estos pasajeros anotando sus direcciones y número de teléfono y pidiéndoles un aislamiento temporal como más adelante se empezó a hacer.

— Permitir el 19/2/2020 que se jugase en Milán el partido de Champions League Atalanta - Valencia, que desató la epidemia en Milán, Bergamo y en España.

— No separar los hospitalizados de coronavirus de los otros enfermos con hospitales dedicados exclusivamente a enfermos de Covid-19.

Desde allí en pocos días el Gobierno se dio cuenta que la situación tenía una cierta gravedad y empezó a aislar el foco de la epidemia, inicialmente muy concentrada en Codogno, y siguió con unas series de medidas progresivas hasta las más restrictivas como el Plan de Emergencia Nacional y el confinamiento en casa con pocas excepciones en todo el país.

Para entender como Italia afrontó desde el inicio esta pandemia es interesante ver las cronologías y la evolución del contagio con la cronología de las comunicaciones oficiales y de las decisiones del Gobierno italiano, como el comportamiento y el análisis de la comunicación de los políticos de gobierno y de oposición.

CRONOLOGÍA DE LAS MEDIDAS ADOPTADAS

En la siguiente página tenemos el gráfico de la evolución del contagio con las referencias cronológicas por lo tanto ahora vemos cómo actuó el Gobierno. Para ello podemos ver las iniciativas tomadas por el Gobierno Italiano usando la fuente oficial de la Presidencia del Consejos de ministros (www.governo.it).

La recopilación empieza desde 30/1/2020 con la comunicación de la OMS.

A Flourish map

I nuovi contagi

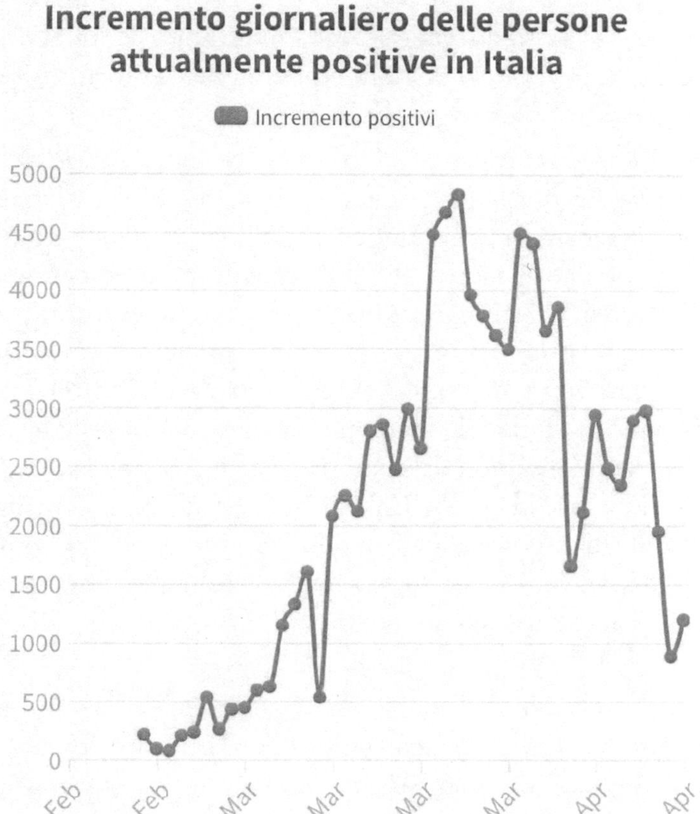

A Flourish chart

30 de enero

Tras la declaración del estado internacional de emergencia por parte de la OMS, el primer ministro, Giuseppe Conte, y el ministro de Salud, Roberto Speranza, con el director científico del Instituto Nacional de Enfermedades Infecciosas 'Lazzaro Spallanzani', Giovanni Ippolito, realizó una conferencia de prensa para hacer un balance de las medidas cautelares tomadas en Italia.

Durante la conferencia, el presidente Conte confirmó los dos primeros casos de contagio encontrados en Italia: se trataba de dos turistas chinos, hospitalizados inmediatamente de forma aislada en el INMI Lazzaro Spallanzani en Roma.

El presidente recordó que, desde las primeras etapas de la epidemia, inspirados por el principio de precaución, se implementaron controles aeroportuarios en Italia para los ciudadanos que venían del área donde ocurrió el brote epidémico y se implementaron medidas de control precisas: medición de la temperatura corporal, identificación y aislamiento de pacientes, procedimientos de localización y cuarentena de contactos cercanos, que, junto con un eficiente sistema de vigilancia epidemiológica y microbiológica, garantizan la contención rápida de cualquier caso. Además, se estableció un Grupo de Trabajo en el Ministerio de Salud para coordinar, en conexión continua con las instituciones internacionales competentes, todas las acciones de control que se tomarán para limitar la propagación del virus y verificar su cumplimiento con las recomendaciones de la OMS.

Luego, el presidente declaró que, por orden de las autoridades sanitarias nacionales, todos los vuelos hacia y desde China, además de los de Wuhan, ya suspendidos por las autoridades chinas, se suspendieron y se les aseguró que la situación está bajo control. y que las medidas tomadas son precautorias y colocaban a Italia en el nivel más alto de precaución a nivel internacional.

31 de enero

Según lo anunciado por la conferencia de prensa del presidente Conte, el Consejo de Ministros decidió asignar los fondos necesarios para la implementación de las medidas cautelares después de la declaración de la OMS de «emergencia de salud pública internacional» por la duración del mes, según lo requerido por la legislación vigente, al final del consentimiento para la emisión de obligaciones de Protección Civil ordinarias.

Por la tarde, el presidente Conte solicitó a Roma una reunión del Comité Operativo de Protección Civil con el coordinador que intervino en la protección de la salud de los ciudadanos en la emergencia del coronavirus. Al final del cual tuvo un rueda de prensa con el ministro de Salud.

1 de febrero

El Comité Operativo volvió a reunirse para evaluar todos los escenarios operativos relacionados con el nivel actual de propagación del virus y para preparar las medidas que se adoptarán a muy corto plazo, en particular en lo que respecta al tráfico aéreo y marítimo.

Estos incluían el aumento de los controles de salud también en los puertos, con la extensión de un procedimiento hasta ese momento previsto solo para embarcaciones no pertenecientes a la UE, la 'práctica de salud gratuita', a todos los buques mercantes y cruceros en tránsito, y el uso de escáneres térmicos en los aeropuertos para controlar la salud de los pasajeros en vuelos procedentes de China a través de escalas intermedias.

Después de la suspensión de vuelos desde China, Farnesina decidió establecer una unidad operativa especial, bajo la coordinación de la Unidad de Crisis, con los Ministerios de Salud, Infraestructura y ENAC para facilitar todos los procedimientos relacionados a los italianos en China, a los chinos presentes temporalmente en Italia, a la gestión del tráfico de mercancías. Tras la reunión del 1 de febrero de 2020, en coordinación con el Comité Operativo de Protección Civil, se reactivó la posibilidad de realizar vuelos de carga entre Italia y China.

3 de febrero

Tras la declaración del estado de emergencia, Angelo Borrelli, jefe del Departamento de Protección Civil, firmó la coordinación de la disciplina y las primeras intervenciones urgentes relacionadas con «el riesgo para la salud asociado con la aparición de agentes virales transmisibles». La disposición confía al jefe del Departamento de Protección Civil la coordinación de las intervenciones necesarias para enfrentar la emergencia en el territorio nacional y la realización de las intervenciones de emergencia y asistencia a la población en cuestión, el fortalecimiento de los controles en las áreas del aeropuerto, medidas urgentes ya establecidas por el Ministerio de Salud, así como actividades para el retorno de personas presentes en países en riesgo y el retorno de ciudadanos extranjeros a países de origen con riesgo.

4 de febrero

Después de la reunión del grupo de trabajo del Ministerio de Salud, se decidió, junto con Protección Civil, fortalecer significativamente los controles y el personal médico y de salud en todos los aeropuertos y puertos. En Roma Fiumicino, corredores de salud y escáneres térmicos se han activado en todas las llegadas. Además, en la reunión del grupo de trabajo el 7 de febrero, se confirmó que los vuelos entre Italia y China permanecerán cerrados según lo previsto por la orden firmada por el ministro Speranza el 31 de enero de 2020 y que el trabajo continuará implementando las medidas ya activadas en la última semana.

6 de febrero

El presidente Conte presidió una reunión en Roma del Comité Operativo de Protección Civil. Al final tuvo una rueda de prensa en la cual agradeció a todos los voluntarios de Protección Civil que en unas pocas horas de servicio monitorearon y controlaron más de 62.000 pasajeros y 521 vuelos internacionales.

8 de febrero

Sobre la base de las indicaciones puestas a disposición por el Comité Científico Técnico establecido por el Comisionado Extraordinario de Protección Civil, el Ministerio de Salud actualizó la circular con fecha 01/02/2020 que contenía «Indicaciones para la gestión de estudiantes y profesores que regresan o dejando para las zonas afectadas de China». Ante el aumento en el nivel de difusión del coronavirus 2019-nCoV en China, la actualización de la circular se inspira, de manera consistente con todas las medidas anteriores del Ministerio, en el principio de máxima precaución.

21 de febrero

El Ministerio de Salud ha publicado el comunicado de prensa n° 85 Covid-19: «Nuevas medidas obligatorias de cuarentena y vigilancia activa» retracta una nueva ordenanza del ministro Speranza que proporciona medidas obligatorias de aislamiento de cuarentena para contactos cercanos con un caso de resultado positivo, y proporciona vigilancia activa con residencia permanente en el hogar. Para aquellos que han estado en áreas de riesgo en los últimos 14 días, la obligación de informar es parte del tema relacionado con las autoridades sanitarias locales.

23 de febrero

Tras los brotes registrados en Lombardía y Véneto, y después de una reunión del Comité Operativo en la sede del Departamento de Protección Civil, el Consejo de Ministros, a propuesta del presidente Conte, aprobó un decreto-ley que introduce medidas urgentes de contención y manejo de la emergencia epidemiológica de Covid-19. El decreto interviene orgánicamente, en la situación actual de emergencia de salud internacional declarada por la Organización Mundial de la Salud, para prevenir y contrastar la transmisión adicional del virus.

Por la noche, el presidente Conte firmó el Decreto del primer ministro del 23 de febrero de 2020 para implementar las disposiciones del Decreto Legislativo 6/2020 para los municipios de las regiones de Lombardía y Véneto afectados por las medidas para contener el contagio del coronavirus.

24 de febrero

El ministro de Economía y Finanzas, Roberto Gualtieri, firmó el decreto ministerial que interviene en las obligaciones de los contribuyentes que residen en los municipios de los llamados 'zona roja' identificada por el anexo 1 del Dpcm el 23 de febrero de 2020.

25 de febrero

Por la mañana, Conte presidió una reunión con los ministros, los presidentes de las regiones y los técnicos del Ministerio de Salud en la sede de Protección Civil para coordinar las acciones a fin de enfrentar mejor la emergencia. Al final celebró una conferencia de prensa.

También el 25, el presidente adoptó su propio decreto que introduce nuevas medidas, en comparación con las que ya se tomaron el 23 de febrero, con el objetivo de contrastar y prevenir la mayor propagación del virus Covid-19. Estas son medidas relacionadas con la realización de eventos deportivos de todo tipo y disciplinas, la organización de actividades escolares y educación superior, la prevención de la salud en las cárceles, la regulación de cómo acceder a los exámenes de manejo, la organización de actividades culturales y turísticas.

28 de febrero

El Consejo de Ministros aprobó el decreto ley que contiene «Medidas de apoyo urgente para familias, trabajadores y empresas relacionadas con la emergencia epidemiológica de Covid-19». Antes del comienzo de la reunión, el ministro de Economía y Finanzas Gualtieri, Roberto Gualtieri, ilustró la disposición en una conferencia de prensa.

1 de marzo

El presidente Conte firmó, en aplicación del decreto ley 23 de febrero de 2020, nº 6, un nuevo Dpcm que incorpora y amplía algunas de las medidas ya adoptadas para la contención y el manejo de la emergencia epidemiológica del Covid-19 e introduce más, con el objetivo de regular el marco de intervenciones de manera unificada y garantizar la uniformidad en todo el territorio implementación nacional de programas de profilaxis.

Con la entrada en vigor de este Dpcm, la vigencia de todos los anteriores, adoptada en aplicación del decreto ley 3 de febrero de 2020, nº 6.

3 de marzo

El primer ministro, Giuseppe Conte, se reunió por la tarde con los jefes de delegación de los partidos mayoritarios en el Palazzo Chigi. Por la noche, la reunión con la mayoría y los líderes de los grupos de oposición. Además del presidente, los ministros Luigi Di Maio (Extranjero), Federico D›Incà (Relaciones con el Parlamento y las Reformas), Alfonso Bonafede (Justicia), Teresa Bellanova (Políticas Agroalimentarias y Forestales), Dario Franceschini (Bienes y Actividades Culturales y Turismo) y el subsecretario Riccardo Fraccaro.

4 de marzo

Las mesas de reunión entre el Gobierno y los representantes de los interlocutores sociales y los organismos locales sobre la gestión de la emergencia del coronavirus se llevaron a cabo en el Palazzo Chigi. Por la tarde, el presidente Conte y la ministra de Educación,

Lucia Azzolina, anunciaron la suspensión en toda Italia de actividades educativas en escuelas y universidades del 5 al 15 de marzo para contener la infección por epi. El Dpcm relacionado que contiene otras medidas para el contraste y la contención en todo el territorio nacional de la propagación del virus Covid-19 se firmó por la noche.

5 de marzo

El Consejo de Ministros aprobó el «Informe al Parlamento para 2020», redactado de conformidad con el artículo 6 de la ley de 24 de diciembre de 2012, nº 243, que se presentará a las Cámaras, con el fin de autorizar la actualización del plan de retorno hacia el objetivo a mediano plazo (OMT) en comparación con el ya autorizado con el Informe al Parlamento 2019, adjunto a la Nota de Actualización del Documento Económico y Finanzas 2019.

La desviación del OMT ya indicado es necesaria en relación con las iniciativas inmediatas, extraordinarias y urgentes que el Gobierno tiene la intención de tomar para abordar las necesidades sanitarias y socioeconómicas relevantes en relación con el estado de emergencia declarado para su difusión. del virus Covid-19. Al final, el primer ministro, Giuseppe Conte, y el ministro de Economía y Finanzas, Roberto Gualtieri, realizaron una conferencia de prensa.

6 de marzo

El Consejo de Ministros nº 35 aprobó un decreto ley que introducía medidas extraordinarias y urgentes para contrarrestar la emergencia epidemiológica del Covid-19, que contenían efectos negativos en el desarrollo de la actividad judicial y en el fortalecimiento del Servicio Nacional de Salud. Más tarde, el ministro Bonafede ilustró la medida en una conferencia de prensa.

8 de marzo

El primer ministro Conte firmó un nuevo Dpcm que estableció, en aplicación del decreto ley del 23 de febrero de 2020, nº 6, medidas adicionales para la contención y gestión de la emergencia epidemiológica del Covid-19 en todo el territorio nacional. El presidente ilustró la disposición en una conferencia de prensa. Con la entrada en vigor (8 de marzo de 2020) del Dpcm, los decretos del presidente del Consejo de Ministros del 1 de marzo y del 4 de marzo de 2020 dejan de producir efectos.

Más específicamente, el art. 1 del nuevo Decreto del primer ministro prevé la creación de un área única, que incluye el territorio de la región de Lombardía y otras 14 provincias (cinco de Emilia-Romaña, cinco de Piamonte, tres de Véneto y una de las Marcas). Dentro de esta área, se prevé la aplicación de medidas reforzadas para contener la infección a la luz de la dinámica epidemiológica que se ha desarrollado en los últimos días. Artículo 2 prevé la reformulación de las medidas para contrastar la epidemia, sujetas a una aplicación uniforme en el resto del territorio nacional.

Con referencia al Decreto del primer ministro del 8 de marzo de 2020, la ministra del Interior, Luciana Lamorgese, adoptó la directiva para los prefectos para la implementación de controles en las «áreas de contención reforzada», que preveía la convocación inmediata, incluso remota, de los comités provinciales para el orden público y seguridad, para tomar las medidas de coordinación necesarias; indicaciones específicas para controles relacionados con la limitación de movimientos de personas físicas que entran y salen y dentro de los territorios «con contención mejorada».

9 de marzo

El primer ministro, Giuseppe Conte, firmó el Decreto del primer ministro del 9 de marzo de 2020 que incluía nuevas medidas para la contención y el contraste de la propagación del virus Covid-19 en todo el territorio nacional. La disposición amplía las medidas a que se refiere el art. 1 del Dpcm 8 de marzo de 2020 a todo el territorio nacional. También está prohibido reunir personas en lugares públicos o abiertas al público. Finalmente, se modificó la letra d del artículo 1 del Decreto presidencial del 8 de marzo de 2020 sobre eventos y manifestaciones deportivas. Estas disposiciones tienen efecto desde el 10 de marzo de 2020 y son efectivas hasta el 3 de abril de 2020. Por la noche, el presidente ilustró el decreto en una conferencia de prensa.

10 de marzo

Publicó la respuesta a las preguntas frecuentes (FAQ) sobre las medidas contenidas en el decreto #IoRestoaCasa (dpcm 9 de marzo de 2020). La sección se actualiza constantemente.

El presidente Conte se reunió con representantes de las fuerzas de oposición en el Palazzo Chigi. El tema de la reunión fueron las medidas para contrarrestar la emergencia del Coronavirus.

11 de marzo

Con el fin de fortalecer aún más el apoyo brindado al sistema de salud, a los ciudadanos y a las empresas y aumentar los recursos para la protección y seguridad civil, el Consejo de Ministros nº 36 aprobó una adición al informe al Parlamento para 2020 (en comparación con el aprobado el 5 de marzo) para un mayor recurso a la deuda. Dado la cantidad total para la cual se solicita la autorización de las Cámaras, el saldo neto a financiar del presupuesto estatal puede aumentar a 104.500 millones de euros en 2020 en términos de competencia y 154.000 millones de euros en efectivo, con un aumento en las apropiaciones de hasta 25 mil millones, tanto en términos de competencia como en términos de efectivo. Al final de la reunión del Consejo de Ministros, el presidente Conte celebró una conferencia de prensa con el ministro de Economía y Finanzas, Roberto Gualtieri, y la ministra de Trabajo y Política Social, Nunzia Catalfo.

Por la noche, el presidente Conte firmó el nuevo Dpcm que contenía medidas adicionales con respecto a la contención y el manejo de la emergencia epidemiológica del Covid-19 en todo el territorio nacional. En un vídeo, el presidente anunció el cierre de todas las actividades comerciales y minoristas, con la excepción de las tiendas de comestibles, productos básicos, farmacias y parafarmacias.

14 de marzo

La vídeoconferencia tuvo lugar en el Palazzo Chigi entre el primer ministro, Giuseppe Conte, los ministros competentes y los interlocutores sociales. Durante la reunión, se firmó el protocolo de seguridad en el lugar de trabajo entre los sindicatos y las asociaciones comerciales.

16 de marzo

El Consejo de Ministros nº 37 aprobó el Decreto #CuraItalia, que contiene nuevas medidas para ayudar a las familias, trabajadores y empresas a contrarrestar los efectos de la emergencia del coronavirus en la economía. Al final de la reunión, el presidente Conte, el ministro de Trabajo y Política Social, Nunzia Catalfo, y el ministro de Economía y Finanzas, Roberto Gualtieri, ilustraron la disposición en una conferencia de prensa.

19 de marzo

La Presidencia del Consejo de Ministros, en concierto con la Protección Civil y a propuesta del ministro de Asuntos Regionales, Francesco Boccia, decidió crear un grupo de trabajo de médicos de toda Italia para poder enviar a los territorios con los principales problemas de salud En este sentido, el jefe de Protección Civil firmó una orden, que se envió a las regiones para el acuerdo. El grupo de trabajo contará hasta un máximo de 300 médicos, con participación voluntaria. El personal, seleccionado para satisfacer las necesidades más solicitadas, trabajaría para apoyar las estructuras regionales de salud. A partir del 20 de marzo es posible enviar su candidatura (el anuncio).

20 de marzo

El ministro de Salud firmó una orden que prohibía: acceso público a parques, villas, áreas de juego y jardines públicos; para realizar actividades recreativas o al aire libre. Y permitía realizar actividades motoras individuales cerca de su hogar, siempre que, en cualquier caso, respetase la distancia de al menos un metro entre cada persona. La ordenanza también requería el cierre de los establecimientos de administración de alimentos y bebidas, ubicados dentro de las estaciones ferroviarias y lacustres, así como en las áreas de servicio y reabastecimiento de combustible, con excepción de aquellos ubicados a lo largo de las autopistas, que solo podían vender productos de comida para llevar para ser consumida fuera del local; los ubicados en hospitales y aeropuertos permanecerían abiertos, con la obligación de garantizar el cumplimiento de la distancia interpersonal de al menos un metro en cualquier caso. En días festivos y pre-días festivos, así como en otros que preceden o siguen inmediatamente estos días, se prohibía cualquier movimiento a hogares que no fueran el principal, incluidos las segundas viviendas utilizados para días festivos. Las disposiciones de esta ordenanza entraron en vigencia a partir del 21 de marzo y estarían en vigencia hasta el 25 de marzo de 2020.

22 de marzo

Una nueva ordenanza fue adoptada conjuntamente por el ministro de Salud y el ministro del Interior que prohibía a todas las personas físicas moverse o moverse con medios de transporte públicos o privados en un municipio que no fuera aquel en el que se encontraban, a excepción de necesidades laborales, de absoluta urgencia o por razones de salud.

Por la tarde, el presidente Conte firmó el Dpcm que contenía nuevos para la contención del contagio en todo el territorio nacional, anunció la tarde anterior. La disposición prevé el cierre de actividades de producción no esenciales o estratégicas. Productos alimenticios, farmacias, tiendas de artículos básicos y servicios esenciales. Las disposiciones entrarían en vigencia a partir de la fecha del 23 de marzo de 2020 hasta el 3 de abril de 2020. Lo mismo se aplicaba, de manera acumulativa, a las mencionadas en el decreto del presidente del Consejo de Ministros del 11 de marzo de 2020, así como a las previstas en la ordenanza del ministro de Salud del

20 de marzo de 2020, cuyos términos de efectividad, ya establecidos para el 25 de marzo de 2020, se extendían al 3 de abril de 2020.

24 de marzo

El Consejo de Ministros nº 38 aprobó un decreto ley (Decreto ley de 25 de marzo de 2020, nº 19 publicado en la Serie General Oficial n. 79 del 25/03/2020) que introduce medidas urgentes para hacer frente a la emergencia epidemiológica de Covid-19. El decreto establecía que, para contener y contrastar los riesgos para la salud y la propagación del contagio, podían adoptarse, en partes específicas del territorio nacional o en su totalidad, por períodos predeterminados, cada uno de los cuales no duraría más de treinta días, reiterable y también se podía cambiar varias veces hasta el final del estado de emergencia, establecido en 31 de julio de 2020 mediante la resolución aprobada por el Consejo de Ministros de 31 de enero de 2020, una o más de las medidas previstas por el propio decreto. La aplicación de las medidas podía modularse hacia arriba o hacia abajo de acuerdo con la tendencia epidemiológica del virus antes mencionado, una o más de las medidas previstas por el propio decreto, de acuerdo con criterios de adecuación específicos y principios de proporcionalidad al riesgo realmente presente. Al final de la reunión, el presidente Conte ilustró el decreto ley en una conferencia de prensa.

25 de marzo

El primer ministro, Giuseppe Conte, habló con la Cámara de Diputados para obtener información sobre la emergencia Covid-19.

Por la noche, después del enfrentamiento entre el ministro de Desarrollo Económico Stefano Patuanelli, el ministro de Economía y Finanzas Roberto Gualtieri y las centrales sindicales nacionales, se acordaron algunos cambios en el Anexo 1 del Decreto del primer ministro del 22 de marzo de 2020.

Las empresas que no hubieran sido suspendidas por el Decreto del primer ministro del 22 de marzo de 2020 y que, debido al efecto de este decreto, tendrían que suspender sus negocios y podrían completar las actividades necesarias para la suspensión, incluido el envío de mercancías almacenadas, hasta la fecha 28 de marzo de 2020.

28 de marzo

El primer ministro, Giuseppe Conte, celebró una conferencia de prensa en el Palacio Chigi con el ministro de Economía y Finanzas, Roberto Gualtieri y, a través de un enlace de vídeo, el presidente de la ANCI, Antonio Decaro. Para apoyar a los municipios afectados por la emergencia epidemiológica del virus Covid 19, se firmó el Dpcm que anticipaba el desembolso de 4.300 millones del fondo de solidaridad municipal. Además, otros 400 millones se ponían a disposición por una orden del jefe del Departamento de Protección Civil para medidas de solidaridad alimentaria de emergencia.

1 de abril

El primer ministro, Giuseppe Conte, anunció en la conferencia de prensa que había firmado el Dpcm que extendía hasta el 13 de abril de 2020 las medidas tomadas hasta el momento para contener el contagio epidemiológico de Covid-19.

6 de abril

El Consejo de Ministros aprobó un decreto ley que introducía medidas urgentes con respecto al acceso al crédito y el aplazamiento de las obligaciones de las empresas, así como poderes especiales en los sectores de importancia estratégica y justicia. El decreto intervenía en apoyo de empresas en dificultades con medidas específicas en cinco áreas principales: acceso al crédito, apoyo a la liquidez, exportaciones, internacionalización e inversiones; medidas para garantizar la continuidad del negocio; fortalecimiento de poderes especiales en áreas de importancia estratégica y obligaciones de transparencia financiera; medidas fiscales y contables; disposiciones adicionales.

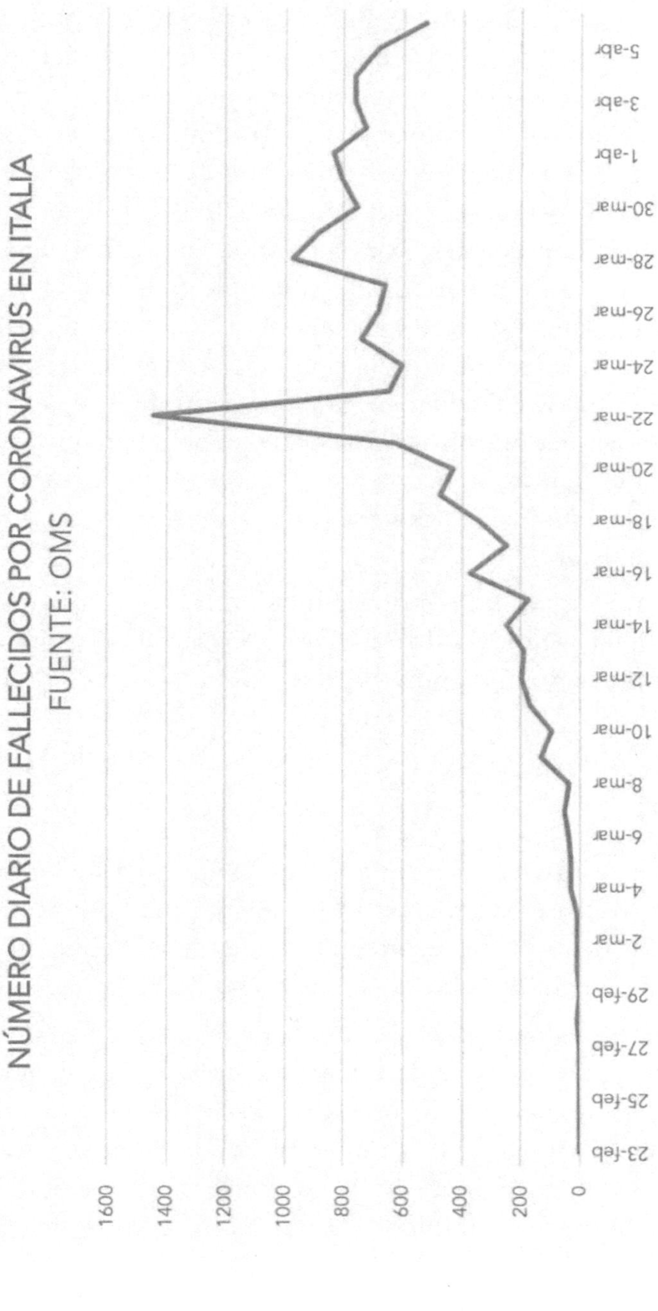
NÚMERO DIARIO DE FALLECIDOS POR CORONAVIRUS EN ITALIA
FUENTE: OMS
1600
1400
1200
1000
800
600
400
200
0
23-feb
25-feb
27-feb
29-feb
2-mar
4-mar
6-mar
8-mar
10-mar
12-mar
14-mar
16-mar
18-mar
20-mar
22-mar
24-mar
26-mar
28-mar
30-mar
1-abr
3-abr
5-abr

Además, a propuesta del ministro de Educación y el ministro de Universidad e Investigación, se aprobó un decreto ley que introducía medidas urgentes sobre la conclusión regular y el inicio ordenado del año escolar y sobre la realización de los exámenes estatales. Las reglas regían, con herramientas temporalmente efectivas, todas las operaciones complejas relacionadas con el cierre del año escolar 2019/2020 y el inicio del año escolar 2020/2021, teniendo en cuenta la situación que surgió después de la emergencia de salud y cualquier extensión del período de suspensión de la actividad docente realizada 'en asistencia' más allá del 18 de mayo de 2020. En relación con los problemas críticos que surgieron en la continuación de las actividades de capacitación práctica o pasantías en el entorno universitario, se adoptaron medidas excepcionales para la realización de los exámenes estatales para el ejercicio de las profesiones, para lo cual la actividad formativa en cuestión constituye una condición de admisión.

Al final de la reunión, el presidente Conte y los ministros Gualtieri (Economía y Finanzas), Patuanelli (Desarrollo Económico) y Azzolina (Educación) ilustraron las medidas en una conferencia de prensa.

10 de abril

El primer ministro, Giuseppe Conte, anunció esta noche que había firmado el nuevo dpcm con el que las medidas restrictivas adoptadas hasta ahora para contener la emergencia epidemiológica de Covid-19 se extendían hasta el 3 de mayo.

El primer ministro, Giuseppe Conte, en la conferencia de prensa del 10 de abril anunció que para la fase 2 de la emergencia relacionada con el coronavirus, utilizaría un Comité de expertos en asuntos económicos y sociales. El Comité tendría la tarea de desarrollar y proponer las medidas necesarias para enfrentar la emergencia y para una recuperación gradual en los diversos sectores de actividades sociales, económicas y productivas.

El Comité trabajaría en coordinación con el Comité Científico Técnico y estaría presidido por el Dr. Vittorio Colao.

26 de abril

El primer ministro, Giuseppe Conte, anunció en conferencia de prensa las medidas para contener la emergencia Covid-19 en la llamada fase 2:

«Gracias a los sacrificios realizados hasta ahora, estamos logrando contener la propagación de la pandemia y este es un gran resultado si consideramos que en la fase más aguda incluso hubo momentos en que la epidemia parecía escapar de todo control. Todos ustedes mostraron fortaleza, coraje, sentido de responsabilidad, de comunidad. Ahora la fase de convivencia con el virus comienza para todos y debemos ser conscientes de que en esta nueva fase, fase 2, la curva de contagio puede volver a subir en algunas áreas del país. Debemos decirnos claramente, existe este riesgo. En la fase 2 será aún más importante mantener las distancias de seguridad». El presidente Conte subrayaba lo importante que era mantener la distancia social también en el contexto familiar.

Además de la distancia social, el uso de equipos de protección personal sería importante en esta segunda fase. Precisamente en este frente, el presidente anunció la firma por parte del comisario Arcuri de la orden que fija el precio de las llamadas máscaras quirúrgicas en un máximo de 0,50 euros.

Luego, el presidente ilustró las innovaciones introducidas por el nuevo Dpcm para contener el contagio de Covid-19 y que sería válido a partir del 4 de mayo y durante las siguientes dos semanas.

En cuanto a los viajes, estos serían posibles dentro de la misma región por trabajo, salud, necesidad o visita a familiares; en cambio, se permitirían transferencias fuera de la región por razones de trabajo, salud, urgencia y para regresar a la casa de uno.

El uso de máscaras en el transporte público pasaba a ser obligatorio.

Se permitiría el acceso a parques públicos respetando la distancia y ajustando las entradas a las áreas de juego para niños, sin perjuicio de la posibilidad de que los alcaldes impidiesen la entrada si no era posible hacer cumplir las normas de seguridad.

En cuanto a las ceremonias religiosas, se permitirían funerales, a los que asistirían familiares de primer y segundo grado hasta un máximo de 15 personas. Además, se estudiaría un protocolo en los próximos días que permitiría a los fieles participar en las celebraciones litúrgicas lo antes posible en condiciones de máxima seguridad.

Se tomaron reglas más estrictas para las personas con fiebre superior a 37,5 grados y síntomas respiratorios: obligación de quedarse en casa y notificarlo a su médico.

En cuanto a las actividades de catering, además de la entrega a domicilio, se permitiría el retiro de la comida que se consumiría en el hogar o en la oficina.

A partir del 4 de mayo, podrían reanudar la fabricación, la construcción, el corretaje de bienes raíces y el comercio mayorista. Para estas categorías, a partir del 27 de abril, sería posible proceder con todas las operaciones preparatorias para la reapertura, como el saneamiento del medio ambiente y la seguridad de los trabajadores.

Para permitir una reanudación gradual de las actividades deportivas, a partir del 4 de mayo, se permitirían sesiones de entrenamiento a puerta cerrada de atletas deportivos individuales.

Con respecto al apoyo a las familias, los trabajadores y las empresas, el presidente recordó que entre enero y marzo el INPS aceptó 109.000 solicitudes adicionales para ingresos y pensión de ciudadanía, 78.000 solicitudes para el bono de cuidado de niños y 273.000 para licencia extraordinaria para familias. Además, en este momento se habían resuelto casi 3,5 millones de solicitudes para el bono de 600 euros para trabajadores independientes, profesionales, agricultores y trabajadores de empresas de espectáculos, por un total de 11 millones de solicitudes, calculando también las que se pagan la integración.

«Algunos todavía están esperando. Hay demoras y me disculpo personalmente por estos retrasos», dijo el presidente Conte, quien luego anunció que el Gobierno estaba trabajando en un nuevo decreto que pondría en el campo 55 mil millones adicionales.

RESUMIENDO

Desde el primer caso italiano del 21 de febrero, el día siguiente se aplicaron medidas restrictivas localizadas: «En las áreas de los brotes —explicó el primer ministro— no se permitirá la entrada y la retirada, a excepción de las excepciones específicas que se evaluarán de vez en cuando. En esas áreas, ya se ordenó la suspensión de actividades y eventos laborales y manifestaciones deportivas».

El 4 de marzo el Gobierno hace estas recomendaciones:

«Mantenga una distancia de al menos un metro de otras personas, diga adiós desde lejos sin besos, abrazos o apretones de manos, evite lugares concurridos, no salga aunque solo tenga un poco de fiebre y no haya sospecha de haber contraído enfermedad, quédese en casa si tiene más de 75 o 65 años pero no goza de buena salud».

Diez días después de la explosión de las infecciones por coronavirus en Italia, el Gobierno decidió nuevas reglas para tratar de detener la transmisión de Covid-19. Decidió aplicar las medidas hasta ahora reservadas para las 'áreas rojas' y para esas regiones —Lombardía, Véneto y Emilia-Romaña—, durante un mes en todo el país, donde la cantidad de personas enfermas fue más alta. Es precisamente por esta razón que estableció que todos los eventos deportivos, por lo tanto, también los partidos del campeonato, se jugasen 'a puerta cerrada'. Las reuniones públicas, las convenciones y las conferencias se pospusieron para una fecha posterior, en particular las relacionadas con el sector de la salud a fin de 'liberar' a los médicos y al personal y tenerlo disponible para hacer frente a la situación. Pasó a estar prohibido acompañar a las personas a las salas de emergencia y el acceso a clínicas privadas y hospicios será limitado.

El objetivo era estandarizar las diversas ordenanzas regionales y lo hace el 8 de marzo.

El 11 de marzo el Gobierno declara la emergencia epidemiológica del Covid-19 en todo el territorio nacional.

Desde el 21 de marzo hasta el 25 de ese mes el Gobierno pone en vigor una nueva ordenanza: aumentan las restricciones a las actividades al aire libre, queda prohibido mudarse a segundas residencias en días festivos, comida cerrada en las estaciones de ferrocarril, en la carretera solo para llevar.

El 1 de abril Giuseppe Conte comunica que se extiende hasta el 13 de abril las medidas de emergencias.

Si examinamos ahora las declaraciones y las comunicaciones de los políticos podemos entender el impacto de estas sobre la población y su reacción.

Fundamental para la sensibilización de Italia, sobre la peligrosidad del virus fue el presidente, Sergio Mattarella, con un discurso a todo el país el 5 de marzo.

Matarella explicó claramente a los italianos que el país vivía una auténtica emergencia sanitaria y que las medidas que se estaban tomando eran necesarias. Mattarella, habla de «esperanza y confianza para superar la crisis», pero al mismo tiempo pide unidad y responsabilidad a todos los ciudadanos.

Desde el 5 de marzo Italia, tiene conocimiento de la complejidad de la epidemia.

Gobierno, médicos, empiezan a recomendar a las personas que se queden en casa pero lo conseguirán con dificultad, tanto que el profesor Massimo Galli, jefe del departamento de virología del hospital Sacco de Milán declara: «Las cifras de contagiados y muertos meten miedo, pero subirán mientras haya gente en la calle».

Interesante es también el análisis de las distintas estrategias de comunicación de los políticos del Gobierno y de la Oposición junto con la postura de los distintos partidos que, por ejemplo, los periodistas Martina Carone y Francesco Cianfanelli hacen en el portal *You trend* el 18 de marzo con el título 'Coronavirus, la sobriedad paga: las estrategias (no solo sociales) de los políticos':

«Analizamos los movimientos comunicativos de los líderes políticos, tanto mayoritarios como opositores, en estas semanas marcadas por la emergencia del Coronavirus.

Desde principios de febrero, los medios de comunicación italianos comenzaron a hablar cada vez con más insistencia y alarma sobre Covid-19, hasta la emergencia que condujo a la emisión del decreto #iorestoacasa. En este contexto, las redes sociales han sido un medio invaluable tanto para la política, que ha podido informar rápidamente a la población sobre la evolución de la situación, como para los ciudadanos, que han podido comunicarse con sus seres queridos y mantenerse actualizados desde la cuarentena.

Según los datos de CENSIS, uno de cada tres italianos usa Facebook como fuente de información (concretamente el 31%) y, desde el comienzo de la emergencia de salud, incluso nuestros líderes políticos han utilizado, en diferentes capacidades y de diferentes maneras, las redes sociales como herramientas principales para comunicarse con los ciudadanos, quienes a su vez respondieron con un aumento en el número de usuarios comprometidos a seguir activamente los canales institucionales y personales de los líderes.

Precisamente por esta razón, analizar las redes sociales de los principales líderes italianos puede ser una forma de entender cómo, en las últimas semanas, la comunicación ha sido el primer obstáculo real en la esfera pública: entre el exceso de información, las posiciones políticas, las noticias falsas y Apelando a ciudadanos e instituciones, los políticos italianos no han permanecido en silencio».

En Facebook, por ejemplo, los principales líderes políticos han compartido más de mil publicaciones en el último mes (1.087 publicaciones en total): el 40% de ellas provienen del perfil de Matteo Salvini (435 publicaciones), mientras que solo el 6% son comunicaciones por el primer ministro Giuseppe Conte (70 puestos).

Analizamos los movimientos comunicativos de los líderes políticos, tanto mayoritarios como opositores, en estas semanas marcadas por la emergencia del coronavirus.

	TOTAL REACTIONS, COMMENTS, SHARES	NUMBER OF POSTS	FANS
Matteo Salvini	12.3M	435	4.1M
Giorgia Meloni	3.5M	185	1.4M
Nicola Zingaretti	312k	158	315k
Luigi Di Maio	1.5M	107	2.2M
Giuseppe Conte	2.1M	70	1.5M
Matteo Renzi	631k	68	1.2M
Roberto Speranza	81k	40	78k
Silvio Berlusconi	49k	24	1.1M

Fuente: FanPageKarma
(período considerado: del 14 de febrero al 12 de marzo)

LOS LÍDERES DE LA MAYORÍA

La revelación de Giuseppe Conte

Durante la emergencia, el primer ministro Giuseppe Conte parece haberse convertido en el principal punto de referencia para los ciudadanos.

Entre la comunicación directa desde la sede de Protección Civil y los vínculos con Barbara d'Urso, la comunicación de Conte evoluciona claramente, sobre todo en tono: desde un estilo muy formal y de contenido, hecho de información esencial y directo de conferencias de prensa útiles para mostrar la presencia de un gobierno activo y vigilante, pasamos con el tiempo a un gobierno mucho más personal y emocional, que encuentra su culminación en sus discursos a la nación, especialmente el del 11 de marzo: esto en realidad no es, como los anteriores, una conferencia de prensa transmitida en Facebook, un vídeo en el que el primer ministro habla directamente a los ciudadanos.

Los discursos en los que Conte anuncia las nuevas decisiones, transmitidas en vivo a través de Facebook, recibieron 13 millones de visitas en general y cientos de miles de reacciones. Desde una comunicación independiente diseñada para la prensa, pasamos a la comunicación directa con los ciudadanos, con un ajuste de estilo y contenido. Esto se demuestra en algunas publicaciones posteriores, que retratan a personas cantando desde los balcones: «Cada uno de nosotros, con nuestra propia determinación, puede ofrecer una valiosa contribución, pequeña o grande, para ganar esta complicada batalla», se lee en el título de uno de estas publicaciones.

Quizás es también por esta razón que, en esos días, la página de Facebook del primer ministro creció exponencialmente: si de hecho a mediados de febrero tenía aproximadamente 1 millón de seguidores, en un mes gana más de 500.000 'me gusta' (de los cuales aproximadamente 300.000 en un solo día, 12 de marzo de 2020), alcanzando 1,5 millones de 'me gusta'.

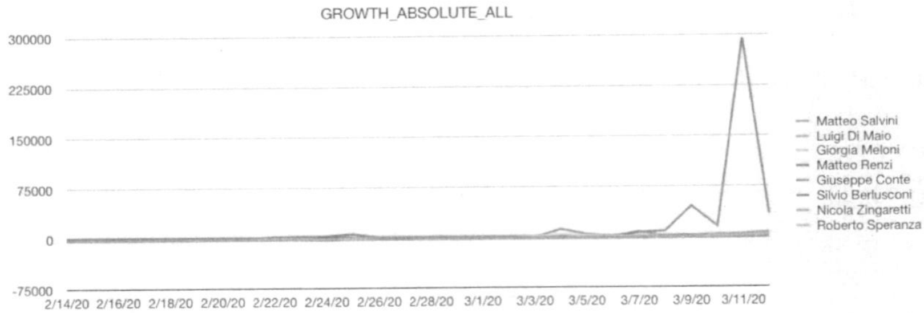

La emergencia sanitaria contada por el ministro Speranza

Incluso el ministro de Salud, Roberto Speranza, como Giuseppe Conte, inicialmente adopta un estilo muy formal: las primeras publicaciones parecen de hecho diseñadas para mostrar su laboriosidad y recordar el esfuerzo realizado por Italia para evitar el contagio. Speranza documenta las reuniones, con pocos detalles sobre los temas en discusión, pero con muchas fotos y un lenguaje formal y algunas veces técnico. En esta etapa, se reconoce un mensaje preciso, a saber, la necesidad de una mayor colaboración europea, transmitida tanto con fotos de las reuniones con los representantes de las instituciones europeas como con los Estados Miembros, y con una frase que encontramos en varias publicaciones: «El virus no tiene límites».

En este mensaje hay una pequeña y hermosa cresta para su página de Facebook. El 7 de marzo, se inició una comunicación para los ciudadanos y para alentar un comportamiento virtuoso, si se usa un lenguaje de empatía, compartir con la persona que no fue mencionada por Francesco Totti y Giuliano Sangiorgi. En esta fase, si hay un pico de aproximadamente 2.000 seguidores más en solo el día 8 de marzo, que ofrece, al final del período analizado, a Speranza para ganar unos 10.000 como en un solo mes (de 68.000 a 78.000 seguidores).

Nicola Zingaretti: ¿un boom de bloques?

Aquellos que en cambio han registrado un auge evidente en el número de sus seguidores ha sido Nicola Zingaretti: el secretario general del Partido Democrático y presidente de la región de Lazio crece en aproximadamente 8.000 seguidores solo el 7 de marzo, fechas en las que el anuncio es positivo para el coronavirus. De hecho, el vídeo se volvió viral con casi 30.000 'me gusta', 10.000 acciones y 20.000 comentarios.

Al principio, el estilo de Zingaretti habla más con tono del presidente de la región que del líder de un partido de gobierno: presta gran atención a la situación local, muchos consejos prácticos a los ciudadanos sobre cómo prevalece la infección, pero no avances nacionales para contrarrestar la situación. contagio o apoyo a la economía.

En particular, en los primeros días el secretario del PD parece tranquilizador, vinculado a los problemas locales y centrado en los posibles efectos indirectos de la economía epidémica; son los días de #Milanononsiferma, y también el mensaje de Zingaretti (que participa en todos los aperitivos públicos en la capital lombarda) si se va. Como durante toda la crisis, hay palabras simples y recurrentes: «Debemos reavivar la economía y restaurar la confianza».

Al principio, el estilo de Zingaretti recuerda más los tonos del presidente de la Región que los del líder de un partido gubernamental: presta gran atención a la situación local, muchos consejos prácticos a los ciudadanos sobre cómo prevalece la infección, pero no los avances nacionales para contrarrestar la situación. contagio o apoyo a la economía.

En particular, en los primeros días el secretario del PD parece tranquilizador, vinculado a los problemas locales y centrado en los posibles efectos indirectos de la economía epidémica; son los días de #Milanononsiferma, y también el mensaje de Zingaretti (que participa en todos los aperitivos públicos en la capital lombarda) si se va. Coma durante toda la crisis, hay palabras simples y recurrentes: «Debemos reavivar la economía y restaurar la confianza».

A medida que pasan los días, los tonos se vuelven más preocupados, las indicaciones sobre el comportamiento de todos los ciudadanos más apremiantes, las contraseñas cambian: incluso después de la infección, Zingaretti continúa enviando un mensaje de responsabilidad, siempre con tonos positivos.

Di Maio y la emergencia vista por Farnesina

El estilo de Luigi Di Maio es muy institucional, vinculado a su papel como ministro de Asuntos Exteriores y a los asuntos que son competencia de su Ministerio. Y quizás debido a este cambio con respecto a los tonos a los que los votantes de M5S están acostumbrados, su página personal registra un 'sufrimiento' en términos de crecimiento, casi nada, que solo recupera en los últimos días.

El 26 de febrero, él también, como Salvini, Meloni, Zingaretti, Berlusconi y Renzi, comienza una fase en la que concentra su rica economía, en particular en el turismo y la exportación. En esta etapa tiene un mensaje tranquilizador, que insiste en la escasa propagación geográfica del virus y en el hecho de que fuera del control equivocado, Italia y los italianos pueden estar relativamente tranquilos.

La campaña a favor de *Made in Italy* y las exportaciones también pasan por las severas respuestas a mensajes considerados anti-italianos, como la entrevista de Salvini con *El País* (el único caso en el que nombra a opositores políticos), la infografía de CNN sobre 'Italia es el centro de contagio', y el punto de Canal + en Coronavirus Pizza, que también dará lugar a una reunión diplomática con el embajador francés Christian Masset en una pizzería, documentada en Facebook.

A partir del 8 de marzo, se produce un cambio: el mensaje de Di Maio se centra principalmente en la invitación a quedarse en casa y en el compromiso de traer a los italianos al extranjero de regreso a Italia. Asume un tono de preocupación por la gravedad de la situación, y por primera realiza dos llamadas directas en las que habla directamente al público, primero para dar indicaciones sobre los decretos de Giuseppe Conte, después para documentar la llegada de ayuda internacional, principalmente de China. Casi comparó la foto de las reuniones, y la única llena está acompañada por el subtítulo 'foto de archivo'.

El optimismo patriótico de Matteo Renzi

Desde los primeros días, Matteo Renzi ha insistido en la necesidad de no generar controversia en un período de emergencia, y de hecho, al menos en las redes sociales, el ex primer ministro interrumpe la oposición interna que lideraba contra el Gobierno en las semanas anteriores.

En su mensaje encontramos elementos recurrentes de su estilo, como referencias a las políticas de su gobierno, en el caso contra los antivacunas. A menudo menciona a Roberto Burioni, un virólogo con posiciones claras que ha sido involucrado repetidamente por el ex primer ministro en temas de salud.

Matteo Renzi también tiene una fase en la que se enfoca en la emergencia económica en comparación con la de salud, pero más tarde que otros líderes, o a principios de marzo. Aquí también, la insistencia en la necesidad de inversiones le permite conectar los asuntos actuales con su acción política del pasado reciente o con el 'plan de choque' en infraestructura presentado el otoño pasado.

El mensaje de Renzi continúa manteniendo el optimismo patriótico que siempre lo ha caracterizado, insistiendo en la grandeza de Italia y su capacidad para impulsar la innovación.

LÍDERES DE LA OPOSICIÓN

Matteo Salvini y los *head-ons*: la dura oposición no paga

Salvini, gracias a sus más de 4 millones de seguidores, sigue siendo el líder político italiano y europeo con más seguidores en Facebook. Sin embargo, si se observa una curva positiva en los últimos días, el crecimiento de su perfil sigue siendo incierto en el primer período de crisis. Una motivación que podría ser la base del cambio de ritmo en el enfoque que el líder del Carroccio ha dedicado a la emergencia sanitaria.

De hecho, lo ideal es dividir la comunicación social de Salvini en dos fases claramente separadas. El primero, el de la oposición dura (hasta el 29 de febrero), un período en el que Salvini critica al Gobierno, considerado incapaz de manejar la crisis, y conecta el tema del contagio con la falta de control fronterizo e inmigración. El símbolo de esta fase es el hashtag #Contedimettiti. Salvini es el único que ataca con vehemencia al Ejecutivo durante una emergencia. En estos primeros días, el líder de la Liga también trata de transmitir la imagen de un líder fuerte y creíble, con muchas fotos en su escritorio, entrevistas con la prensa estadounidense y una comparación entre él y Trump, también criticado por la izquierda en materia de inmigración.

A partir del 29 de febrero, Salvini adopta una actitud mucho más colaborativa y los ataques a la mayoría casi desaparecen (mientras que los ataques a la Unión Europea se vuelven más numerosos). Incluso al relanzar la entrevista publicada en *El País* ('El Gobierno italiano no puede manejar la emergencia', titula el periódico español), el mensaje del líder de la Liga no contiene ninguna crítica a Conte y su ejecutivo.

Giorgia Meloni y los enemigos en el momento de la colaboración

Desde los primeros días de la emergencia, el mensaje de Giorgia Meloni se ha caracterizado por la renuncia explícita de la controversia con el Gobierno. La líder de Fratelli d'Italia a menudo lo repite en publicaciones y vídeos: «es hora de colaborar».

También por esta renuncia, que elimina muchos argumentos, Meloni encuentra a sus enemigos en países extranjeros y en la Unión Europea, pero su mensaje termina desarrollándose sobre cuestiones 'periféricas' de la emergencia, como la defensa del escepticismo del *Made in Italy* y la supuesta falta de transparencia sobre el número real de infecciones en Europa.

El cierre propuesto de las escuelas permite que su mensaje encuentre una disminución más efectiva: solicitar intervenciones para apoyar a las familias que necesitan cuidado de niños u otra asistencia para manejar a sus hijos en el hogar. Esto permite que su página registre un aumento de alrededor de 400.000 seguidores el 4 de marzo, el día en que compartió su apelación en vivo.

A pesar de la emergencia, Giorgia Meloni no abandona el contacto con cuestiones de seguridad, protección policial y reformas institucionales (realiza una conferencia de prensa sobre el presidencialismo el 4 de marzo, también se transmitió en vivo en Facebook), pero ni siquiera en campaña para Maurizio Leo, candidato a profesor sustituto en Roma.

Silvio Berlusconi, un ojo en la economía

Silvio Berlusconi es el único con un saldo negativo en este período, perdiendo un total de 600 seguidores del 14 de febrero al 12 de marzo (con un pico de -1.200 el 24 de febrero).

El ex primer ministro, siempre en un estilo muy formal y concentrado desde el comienzo de la emergencia, en particular sobre las consecuencias económicas del coronavirus, a menudo recurriendo a las instituciones europeas (recuérdese que Berlusconi es actualmente un miembro del Parlamento Europeo). Esta es una fase común a muchos otros líderes, pero que continúa en la comunicación del fundador de Forza Italia durante más tiempo, hasta el 7 de marzo, es decir, hasta los días de los tres decretos de Conte para limitar las salidas fuera de casa.

Berlusconi no se refiere directamente a estos decretos ni apoya explícitamente las medidas del Gobierno, pero desde el principio dice que quiere colaborar, manteniendo una opinión negativa sobre las políticas pasadas del Ejecutivo y considerando medidas insatisfactorias para combatir el virus y apoyar la economía. La misma figura de Berlusconi aparece raramente y sobre todo en las imágenes del archivo de noticias.

UNA CONCLUSIÓN SOBRE EL LIDERAZGO EN TIEMPOS DE CORONAVIRUS

Lo que une a casi todos los líderes (a excepción de Giuseppe Conte, Nicola Zingaretti y Roberto Speranza) es un pico negativo el día 24 de febrero: Silvio Berlusconi pierde más de 1.200 seguidores, Matteo Salvini registra un -681, Renzi -584, Di Maio -444, Melones -237. Probablemente, esta caída se debe a verificaciones periódicas que culminan en la eliminación de cuentas falsas, duplicadas o BOT de Facebook que, como sabemos, a veces juegan un papel activo en la propaganda política.

Desde el punto de vista del mensaje, hay varios elementos en común entre los líderes considerados. Todos, en los primeros días después del primer caso de Codogno, luchan por encontrar un mensaje fuerte y efectivo en una situación sin precedentes, y muchos de ellos en los días siguientes, probablemente incluso persiguiéndose, cometen el ingenio de desviarse en el tema de la recuperación económica, subestimando la emergencia sanitaria.

Especialmente desde los primeros días, hay un llamado a la colaboración que une a todos, excepto a Matteo Salvini, decidido a explotar la situación para poner a Conte en dificultades antes de que él también adopte tonos moderados.

Pero cuando los primeros decretos certificaron la gravedad de la crisis de salud, desde el 4 de marzo (cierre de escuelas), y especialmente después del 7 de marzo (extensión de las áreas rojas), hay un pico en el que los líderes logran crear empatía con su electorado. En un momento de gran dificultad, algunos políticos más que otros, fueron capaces de empoderar, tranquilizar e incluso crear contacto emocional con el público, a menudo dirigiéndose directamente a las personas a través de la herramienta de vídeo en vivo.

En tiempos de crisis, las personas prácticamente 'siguen' a los líderes para mantenerse actualizados y tener información clara, certificada y transparente: en esto, los ministros Speranza y Di Maio se distinguieron, así como Giuseppe Conte.

Pero lo que realmente marcó la diferencia fueron los líderes capaces de combinar tonos moderados, autoridad y empatía, como Giuseppe Conte en el período hasta ahora más complicado de la crisis, Giorgia Meloni dirigiéndose a familias en dificultades para cerrar escuelas y Nicola Zingaretti con su famoso vídeo.

Los líderes que invitan a la calma y evitan limitar su posicionamiento político para buscar visibilidad con la crisis son precisamente aquellos que, al adquirir muchos seguidores en la fase aguda de la crisis y mantener una tendencia constante durante el período considerado, obtienen un mayor seguimiento. Y, tal vez, una credibilidad aún mayor.

Prácticamente se pusieron en marcha una serie de medidas concretas.

5 de marzo

—Cierre de centros educativos: se cerraron escuelas y universidades en Italia. Las actividades educativas en escuelas de todos los niveles se suspendieron inicialmente hasta el 15 de marzo, así como la asistencia a actividades escolares y de educación superior, incluidas universidades e instituciones de formación artística, musical y coreológica avanzada, cursos profesionales, maestrías y universidades para personas mayores. Durante la suspensión de las actividades didácticas en las escuelas, los directores de los centros activan métodos de enseñanza remotos.

Los cursos de posgrado relacionados con el ejercicio de profesiones de la salud, incluidos los de médicos en formación especializada, están excluidos de la suspensión.

—Suspensión de eventos concurridos y restricciones para cines y teatros: se suspenden las conferencias, reuniones y eventos sociales, incluidos el cine y los eventos teatrales, que se celebren en cualquier lugar, tanto público como privado, debido a la dificultad de mantener la distancia de seguridad interpersonal de al menos un metro.

—Eventos deportivos competitivos a puerta cerrada: inicialmente hasta el 3 de abril, el campeonato de fútbol de la Serie A y los eventos deportivos competitivos tendrían lugar a puerta cerrada.

—Gimnasios: los deportes básicos en gimnasios o piscinas quedaban permitidos solo si respetan las reglas de higiene y siempre la distancia de seguridad de al menos un metro.

—Máxima atención a ancianos y pacientes en riesgo: se hace una recomendación expresa a todas las personas mayores o que padecen enfermedades crónicas o multimorbables o con estados de inmunosupresión congénita o adquirida, para evitar abandonar su hogar o residencia fuera de los casos de estricta necesidad y, en cualquier caso, evitar lugares concurridos donde no es posible mantener la distancia de seguridad interpersonal de al menos un metro.

CORONAVIRUS: EL PAPEL DE ALCALDES Y ASOCIACIONES

Los alcaldes, los organismos territoriales y las asociaciones comerciales deben promover la difusión de información sobre medidas de prevención de la higiene, ofrecer actividades recreativas individuales como alternativas a las colectivas prohibidas por el decreto, que promueven y favorecen las actividades realizadas al aire libre, siempre que se realicen sin crear reuniones de personas. En las administraciones públicas y, en particular, en las áreas de acceso a las estructuras del servicio de salud, así como en todas las salas abiertas al público, las soluciones desinfectantes para la higiene de las manos deben estar disponibles para los empleados, usuarios y visitantes.

¿Quién llega a Italia desde áreas en riesgo de coronavirus?

Cualquier persona que, a partir del decimocuarto día antes de la fecha de publicación de este decreto, ingresó a Italia después de haber permanecido en áreas de riesgo epidemiológico, según lo identificado por la Organización Mundial de la Salud, o ha pasado y se ha detenido en los municipios de la zona roja, debe comunicar esta circunstancia al departamento de prevención de la autoridad sanitaria local, así como a su médico general o al pediatra de libre elección.

Coronavirus y teletrabajo

Durante el estado de emergencia, los empleadores pueden implementar un trabajo inteligente para cada trabajador, incluso en ausencia de acuerdos individuales.

Aumento de camas hospitalarias

El plan de Conte también prevé un aumento del cincuenta por ciento de las camas de la UCI y un aumento del cien por ciento en las salas de neumología y enfermedades infecciosas.

Ayuda a trabajadores y empresas

Conte proporciona ayuda a trabajadores y empresas. Pero los 3.600 millones pensados unos días atrás para el decreto sobre medidas económicas pueden no ser suficientes.

23 de marzo

El nuevo decreto del presidente del Consejo de Ministros (dPcm) del 23 de marzo de 2020 introducía nuevas medidas con respecto a la contención y el manejo de la emergencia epidemiológica de Covid-19, aplicable en todo el país.

La disposición preveía el cierre de actividades de producción no esenciales o estratégicas (abarrotes, farmacias, tiendas de artículos básicos y servicios esenciales).

Con respecto a los viajes, el decreto establecía en el Artículo 1, punto b): la prohibición a todas las personas físicas que se trasladasen por medios de transporte públicos o privados, a un municipio diferente al que se encontraban, excepto por necesidades comprobadas de trabajo, de absoluta urgencia o por razones de salud; en consecuencia al artículo 1, párrafo 1, letra a), del decreto del presidente del Consejo de Ministros, 8 de marzo de 2020, eliminaba las palabras «Volver al hogar, hogar o residencia».

Las disposiciones de este decreto entraron en vigencia a partir del 23 de marzo y hasta el 3 de abril de 2020. Lo mismo se aplicaba, de manera acumulativa, a los mencionados en el decreto del presidente del Consejo de Ministros del 11 de marzo, así como a los previstos en la ordenanza del ministro de Salud del 20 de marzo, cuyos términos de efectividad, ya establecidos para el 25 de marzo de 2020, se extendían al 3 de abril de 2020.

30 de marzo

Nada cambiaría al menos hasta el 12 de abril. Las medidas para detener el coronavirus se extendían temporalmente. «La evaluación de extender todas las medidas de contención al menos hasta Pascua surgió en la reunión del Comité Científico Técnico celebrada esta mañana. El Gobierno avanzará en esta dirección». Así lo afirmó el ministro de Salud, Roberto Speranza.

En resumen, las buenas noticias que llegaban sobre la tendencia de las nuevas infecciones no parecían cambiar las intenciones de Giuseppe Conte: el primer ministro ahora estaba listo para anunciar la extensión de los bloqueos. El Gobierno estaba trabajando para acelerar el decreto de abril, donde la propuesta de un ingreso de emergencia aparecía con cierta pulcritud.

Por lo tanto, el plan del Palazzo Chigi preveía, en primer lugar, como lo anunció Speranza, implementar la extensión de los cierres programados para el 3 de abril. Debería ser una extensión sin excepciones, mientras que todavía había algo de sombra sobre la nueva fecha de finalización de las restricciones. El rango considerado más probable en estas horas era el extender del 15 al 18 de abril. El primer ministro quería seguir el mismo camino seguido para el campo de los cierres: el de la graduación.

Como una máscara de *snorkel* se convertía en un respirador, las fábricas que se reconvertían para producir máscaras y respiradores, como los casos de Prada y Gucci, FCA y Ferrari.

Discurso de Giuseppe Conte

11 de marzo de 2020

Me gustaría comenzar dando las gracias en primer lugar, una vez más, a los médicos, los trabajadores de la salud, que mientras les hablo están trabajando sin descanso en los hospitales para combatir la emergencia sanitaria y para tratar a nuestros pacientes.

Mi agradecimiento a todos ustedes, que respetan las medidas que el Gobierno ha adoptado para combatir la propagación del virus.

Mi agradecimiento porque de esta manera estáis cambiando vuestros hábitos de vida, estáis haciendo sacrificios. Sé que no es fácil, pero que sepáis que con vuestras renuncias pequeñas o grandes, estáis ofreciendo una gran y valiosa contribución al país.

Italia, podemos decirlo fuerte, con orgullo, está demostrando ser una gran nación, una gran comunidad, unida y responsable.

En este momento todo el mundo nos mira: seguramente nos miran por el número de los contagios, ven un país en dificultad. Pero también nos aprecian porque estamos mostrando una gran fuerza, una gran resistencia.

Yo tengo una profunda convicción y me encantaría compartirla con vosotros, mañana no solo nos mirarán todavía y nos apreciarán, nos tomarán como ejemplo positivo de un país que gracias a su sentido de comunidad ha conseguido ganar la lucha contra esta pandemia.

Somos, recuerdo, el país que fue el primero en Europa en ser el más afectado por el coronavirus, pero también somos los que reaccionamos con la mayor fuerza y la mayor precaución, convirtiéndonos día a día en un modelo para todos los demás.

Gobernar significa tener una visión de 360 grados: este desafío, ahora lo sabemos bien, trata de la salud de los ciudadanos, es un desafío que ejerce mucha presión sobre nuestro sistema nacional de salud, pero también sobre nuestra economía, nuestro tejido productivo compuesto por pequeñas y medianas empresas. En las decisiones que he hecho hasta ahora, hemos tenido en cuenta, junto con todos los ministros, todos los intereses, todos los valores en juego.

Hice un pacto con mi conciencia. En primer plano estará siempre la salud de los italianos.

Hace solo unos días, os pedí cambiar vuestros hábitos de vida profundamente arraigados, permaneciendo en casa lo más posible, saliendo solo lo estrictamente necesario.

La gran mayoría de ustedes, los italianos, habéis actuado de consecuencia y en manera extraordinaria.

Cuando tomé las medidas, que también limitan algunas de nuestras queridas libertades, sabía que este era un primer paso y, razonablemente, no habría sido el último, que habría sido necesario un paso adicional.

Hoy, está claro, somos conscientes de que en un país grande, moderno y complejo, como el nuestro, es necesario proceder gradualmente, para que todos puedan entender el momento difícil que estamos viviendo y también se preparen a aceptar los cambios requeridos.

Ahora este es el momento de hacer un paso más.

El paso más importante.

Italia siempre seguirá siendo un área única. Italia protegida. Pero ahora disponemos el cierre de todas las actividades comerciales de la venta minorista, con la excepción de productos alimenticios y de necesidades básicas, farmacias y parafarmacias.

No es necesario apresurarse, atención, no es necesario apresurarse para comprar alimentos en los supermercados. Sin embargo, cerramos tiendas, bares, pubs, restaurantes, dejando la posibilidad de hacer entregas a domicilio.

Peluquerías, centros de belleza, también cierran los comedores de empresa que no garantizan la distancia de un metro de seguridad.

Relativamente a la producción y la actividad profesional, va favorecido el modo de trabajo ágil, el incentivo a las vacaciones pagadas y a las licencias retribuidas para los empleados.

Permanecen cerrados los departamentos corporativos no indispensables para la producción. Las industrias y fábricas obviamente continuarán

sus actividades de producción pero a condición de asumir los protocolos de seguridad necesarios para proteger a sus trabajadores y al fin de evitar el contagio. Las fábricas y la industria están incentivadas a implementar medidas adecuadas para resistir a ese momento. Por lo tanto, regulación de turnos de trabajo, vacaciones anticipadas, cierre de departamentos no esenciales.

Obviamente se confirma la garantía de los servicios públicos esenciales como el transporte, el servicio bancario, el servicio postal, los servicios financieros, los seguros y en general todo lo relacionados con las actividades consentidas y su correcto funcionamiento.

Se garantizarán las actividades del sector agrícola, zootécnico, agroalimentario, las cadenas de suministro que ofrecen bienes y servicios con respecto a esta actividad y cumpliendo, por supuesto, a las normas de higiene y salud.

La regla madre sigue siendo la misma: debemos limitar los viajes a motivos de trabajo, a motivos de salud o por necesidad de compra al supermercado.

Es importante tener en cuenta que solo recientemente hemos comenzado a cambiar nuestros hábitos, solo podemos ver el efecto de nuestro gran esfuerzo en unas pocas semanas, un par de semanas.

Así que nadie debería pensar que mañana, en los próximos días, podremos medir el impacto de estas medidas. Para recibir comentarios tendremos que esperar un par de semanas. Y esto es muy importante, así que quiero decirlo: si los números continúan creciendo, lo que de ninguna manera es improbable, no significa que tengamos que apresurarnos para lanzar nuevas medidas de inmediato. No debemos correr a ciegas hacia el abismo, debemos ser lúcidos, medidos, rigurosos, responsables.

Pronto nombraré a un comisionado delegado para fortalecer la respuesta de los hospitales a esta emergencia de salud. Será un comisionado que tendrá amplios poderes de derogación, que trabajará para fortalecer la producción sobre todo, la distribución de equipos para cuidados intensivos y subintensivos también tendrá el poder de crear nuevas fábricas, establecer nuevas fábricas para la producción de estos equipos y compensar las deficiencias encontradas hasta ahora.

La persona que nombraré será el Dr. Domenico Arcuri, director general de Invitalia, y se llevará a cabo esta estructura ya consolidada, ya experta en el sector industrial.

Coordinaremos con el Dr. Borrelli y con la estructura actual de la Protección Civil. Permítanme abrir un paréntesis y agradecer a todas las mujeres y hombres de Protección Civil, Dr. Borrelli por el increíble trabajo que están haciendo hasta ahora.

Y quiero decirles una última cosa: si todos respetamos estas reglas, saldremos de esta emergencia más rápido.

El país necesita la responsabilidad de cada uno de nosotros, la responsabilidad de 60 millones de italianos que hacen pequeños sacrificios a diario. Por la duración de esta emergencia. Somos parte de la misma comunidad.

Cada individuo se aprovecha de los suyos pero también de los sacrificios de los demás. Esta es la fortaleza de nuestro país, una 'comunidad de individuos', como diría Norbert Elias.

Mantengámonos alejados hoy para abrazarnos más cálidamente, para correr más rápido mañana. Todos juntos lo lograremos.

AUTORES

María Eizaguirre Comendador

Doctora en periodismo y Licenciada en Comunicación Audiovisual por la Universidad de Navarra, ha estudiado en Harvard, UCLA y Silicon Valley. También cuenta con un Programa de Alta Dirección de Empresas, otro Programa de Alta Dirección Digital Business y un Máster en Educación y Nuevas Tecnologías. Su tesis doctoral, valorada con Sobresaliente Cum Laude, lleva como título «Información y Televisión: la llamada pena de Telediario». Un asunto del que escribió en el libro «Noticias, las justas». Es coautora del libro «Inspirando líderes comprometidos» y acaba de ser seleccionada como una de las 100 mujeres más influyentes de España. Su nombre ha sido incluido en el ránking de las «Top 100 Mujeres Líderes».

Durante seis años ha dirigido el Telediario de las 21 horas: el buque insignia de Televisión Española (la televisión pública en España y uno de los principales grupos de comunicación de la UE). Ha estado al frente de las principales coberturas informativas: abdicación del Rey Juan Carlos y proclamación del Rey Felipe, atentados yihadistas (como el ataque en París contra Bataclan), el pulso independentista en Cataluña —con la aplicación del artículo 155— y distintos procesos electorales. Por su compromiso en la defensa de la igualdad de oportunidades recibió el Premio FEDEPE y el Premio «Talento sin género».

En 2018, ya como editora del Canal 24 horas, ha sido seleccionada como una de las 20 finalistas del primer concurso público para optar a la presidencia y consejo de administración de RTVE. Un concurso que todavía no ha finalizado y en el que ha logrado ser la mujer con la mejor nota en el proyecto de gestión para Radio Televisión Española.

Su carrera en la pequeña pantalla comenzó en el año 2012 como editora del Telediario Fin de Semana, presentado por Oriol Nolis y Raquel Martínez. Los excelentes datos de audiencia le llevaron, tan solo un año más tarde, a dirigir el Telediario - 2 presentado por Ana Blanco. Sin embargo su andadura periodística comenzó en Radio Nacional de España tras realizar el Máster de RNE. Y lo hizo en el programa 'Buenos Días' con Julio Cesar Iglesias. Después llegó a la edición de 'España a las 6,7 y 8'. Tras su paso por los boletines de Radio 5 Todo Noticias, presentó junto a Luis Del Olmo uno de los programas más relevantes de la historia radiofónica en España: «Protagonistas». Como editora de este programa recibió la Antena de Oro por elaborar el mejor informativo nacional.

En 2018 fue también una de las 50 mujeres de todo el mundo seleccionada para el programa 'W50-Women On board', un programa internacional de alta dirección. Es embajadora de honor de la Fundación Inspiring Girls, vicepresidenta de EJE&CON y miembro del board Ellevate Network. Su labor de periodista la compagina con la presentación de eventos, conferencias como speaker y la docencia universitaria.

Paula Gómez de la Bárcena Ansorena

Licenciada en Derecho aunque demostró desde muy joven un gran interés por la política.

Influenciada por la carrera profesional de su madre, diplomático, se educó en el respeto a distintas culturas y el estudio de idiomas.

Durante su andadura estudiantil, estuvo muy involucrada en la política europea ostentando la vice presidencia dentro de la organización juvenil del PPE. Más tarde trabajó en el Ayuntamiento de Madrid ocupando puestos en diversas áreas durante 10 años. Fue durante esa etapa donde conoció de cerca la administración local y llegó a sentir verdadera vocación de servicio al ciudadano. Actualmente dirige en España la Fundación Inspiring Girls cuyos objetivos son aumentar la autoestima y las ambiciones profesionales de las niñas en edad escolar.

Juan Fernández-Miranda

Periodista. En la actualidad es redactor jefe de Política del diario *ABC* y colaborador habitual en programas de actualidad en radio y televisión. Ha publicado dos libros, «El Guionista de la Transición» (Plaza y Janés, 2015) y «Don Juan contra Franco (Plaza y Janés, 2018), y participó en la obra colectiva «España Constitucional (1978-2018). Trayectorias y Perspectivas» (CEPC, 2018).

Ana Céspedes

Directora general mundial de operaciones de IAVI, una organización global con sede en Nueva York y dedicada al desarrollo de vacunas y anticuerpos para enfermedades infecciosas, con el objetivo de que sean asequibles y accesibles a nivel mundial. Dentro de IAVI, Ana lidera las áreas de Acceso y Comercialización, Relaciones Externas, Comunicación, Operaciones en India y África, Legal, Estrategia y Desarrollo de Negocios, Finanzas y Recursos humanos.

Con más de dos décadas de experiencia en investigación básica, consultoría estratégica en el sector salud, e industria química, farmacéutica y de biotecnología, ha ocupado numerosos roles de liderazgo a nivel nacional en España, regional y mundial. Además fue durante 7 años Directora General de la Fundación Merck.

Doctora en Farmacia, Máster en Gestión de Instituciones Sanitarias; Grado Ejecutivo en Dirección General (PDG) por IESE; y certificada en Innovación Empresarial por el Instituto de Tecnología de Massachusetts (MIT). En su faceta emprendedora, Ana fundó el proyecto Living Mindfulness en 2018, dedicado a desarrollar espacios y metodologías que permitan a las personas ser «la mejor versión de sí mismos».

En 2012 Ana trasladó su residencia desde Madrid a Boston (Massachusetts) y en septiembre 2018 se trasladó a New York donde vive actualmente.

Eduardo Barrachina

Abogado español y *Solicitor* inglés, Eduardo ejerce como abogado en un bufete internacional donde asesora a empresas y entidades financieras en operaciones financieras.

Presidente de la Cámara Oficial de Comercio de España del Reino Unido que reúne a más de 250 empresas que invierten en el Reino Unido. También es Presidente de Federación Española de Cámaras de Comercio en el Exterior (FEDECOM) que agrupa a todas las cámaras oficiales de España en el mundo salvo América.

Estudió Derecho en la Universidad de Barcelona y la University of Sheffield. Eduardo obtuvo con Merit el Máster (LLM) en Derecho Internacional de las Finanzas por el King's Colllege University. Es autor del libro de Derecho del Mercado de Valores y ha publicado numerosos artículos jurídicos. Del mismo modo, Eduardo ha publicado en prensa española sobre el Brexit. Eduardo ha participado en numerosos foros y ponencias sobre el Brexit, incluyendo la Comisión Mixta del Congreso y del Senado en 2017.

Vive y trabaja en Londres.

Ana de Requesens Moll

Empresaria y directiva española afincada en Alemania, ha sido vicepresidenta de Desarrollo y Operaciones para Europa de Arvato Bertelsmann, multinacional alemana de medios de comunicación y servicios, y Directora General para la región DACH y Centro Europa de Innerworkings, empresa global americana cotizada en Nasdaq. Fundadora de varias empresas del sector digital, impulsora de numerosas iniciativas de ámbito social, particularmente comprometida con la implantación de la Formación Dual de los jóvenes en España y con el avance de la mujer y de la igualdad de oportunidades a través de la educación. Ana es licenciada en Derecho y Empresas por ICADE, Master of Busines Administration por la Universidad Marymount de Viginia y Master en International Business por la Universidad de Georgetown, Washington, Estados Unidos. Además del español, domina el alemán, inglés y francés.

Bijan Eghbal

Presidente de AmCham France (Cámara de Comercio Americana en Francia), recibió en 2019 el Premio «Client Choice Awards» de 2019 y fue nominado como abogado «Acritas StarsTM » en 2017, 2018, 2019 y 2020.

Ejerce principalmente en el área del Derecho Laboral francés. Además, representa a clientes locales e internacionales cuya actividad mercantil se lleva a cabo en Francia.

Su amplia experiencia abarca la tramitación de varias operaciones importantes con despidos colectivos, en el contexto de adquisiciones o enajenaciones, como resultado del cierre de plantas o de la reestructuración de actividades de fabricación, distribución y otras actividades comerciales o de servicios.

También ayuda a clientes en la preparación y negociación de acuerdos de empleo que incluyen compromisos de confidencialidad y de no competencia, la estructuración de compensaciones y paquetes de indemnización para ejecutivos, la rescisión de contratos de empleo individuales, la estructuración de propuestas y acuerdos de conciliación y la resolución de disputas relacionadas.

También asesora de manera regular a los clientes sobre la aplicación de programas de denuncia de irregularidades en Francia y de los códigos de conducta relacionados, las investigaciones internas que surgen en contextos como las denuncias de acoso y el uso de la tecnología del empresario por parte de los empleados.

Giuseppe Tringali

Vicepresidente International Advisory Board IE.

President Global Corporation Center IE/EY.

President Advisory Board 'Top Board Program' Headspring (Joint venture *Financial Times* - IE).

Senior Advisor Pedersen & Partners (Leading international executive search).

Board member Vodafone Spain Foundation.

Presidente 'Fundacion CurArte'

Former Ceo y vicepresidente Mediaset España.

Este libro ha sido realizado con la fuente de letra denominada Ibarra Real. Se trata de una bella tipografía histórica española que tiene su origen en la Imprenta Real de España, en tiempos de Carlos III, y que hoy, dos siglos y medio después, ha sido adaptada con el objeto de poder ser utilizada en nuevos soportes y con las actuales tecnologías.

Con esta elección Hispanic American College y Última Línea desean apoyar y contribuir a difundir el extraordinario patrimonio cultural y tipográfico español.